复旦企管·企业管理精品教材系列 苏勇○主编

苏勇 何智美○编著

组织行为学

格致出版社 上海人民出版社

苏勇，博士、教授、博士生导师。复旦大学企业管理系主任、复旦大学东方管理研究中心副主任。兼任上海生产力学会副会长、中国企业管理研究会常务理事、日本亚东经济国际学会常务理事，并担任多家上市公司独立董事和顾问。

研究领域为企业战略与管理文化、企业组织行为及品牌策略。荣获全国优秀教学成果一等奖、上海市哲学社会科学优秀著作一等奖等多个奖项，并曾获"上海市高校优秀中青年教师"、"东方讲坛最受欢迎的十佳讲师"、"复旦大学优秀研究生导师"等荣誉称号。主要著作有《现代组织行为学》、《现代管理伦理学》、《品牌通鉴》等20余部及论文160多篇。曾赴美国麻省理工学院（MIT）、英国曼彻斯特大学等国外大学任访问教授与讲学。主持国家自然科学基金研究课题、国家社科基金重点项目等多项国家级和省部级科研项目，并应邀至国内200余家企业和20多个省市做过演讲。

何智美，上海财经大学经济学博士，复旦大学管理学博士后。曾在企业做过管理及咨询工作，现就职于上海工程技术大学，副教授。在核心期刊上发表论文十余篇，参与市级课题、重大项目若干项，主讲课程主要有市场营销、企业伦理、管理学、组织行为学、网络营销等。

总 序

　　企业管理精品教材系列,是复旦大学企业管理系各位教师凝聚数年研究心血和教学经验汇成的丰硕教学成果。

　　渊源有自。作为改革开放后全国最早恢复建立的管理院系,复旦大学企业管理系源于复旦大学原经济管理系,是中国改革开放后最早成立的管理系之一。多年来,伴随着中国经济的发展,企业管理系各位教师紧跟时代步伐,在三尺讲台呕心沥血,教书育人,同时也在管理学理论和实践领域辛勤耕耘,上下求索。在战略管理、组织行为、人力资源、国际企业与国际商务、企业成长与企业家、东方管理等多个管理学重要领域取得了颇为丰富的成果,获得了包括国家级重大和重点课题等一批科研项目,在 SCI 收录的国际高等级期刊及国内权威和核心期刊上有数百篇高质量论文发表,在学术界产生了广泛的影响,并培养了数千名从本科直至博士的优秀学生,他们如今正活跃在中外各大企业和各类组织的中高级管理岗位上。

　　作为大学教师,编写教材毋庸置疑为其本职工作,我自 2003 年底担任复旦企业管理系主任以来,也竭力推进此项工作。但据实而言,起初教师们的积极性并不高。问题不在教师方面,究其缘由在于目前大学对教师的评价体系和考核机制。当今中国的大学,尤其是像复旦大学这样的研究型大学中,有一条不成文的规定,编写教材并不算科研成果,因而常常被忽略不计;而另一方面,科研成果的考核又非常具体而定量,且直接关系教师的职称、报酬等实际利益,教师们当然要将主要精力集中于能够达到考核要求,并能够更多产生实际效益的工作。于是,我们一方面年复一年地在各门课程中使用着大量的国外教材,对学生们讲着他们并不甚熟悉的国外企业案例和相关术语,一方面感叹我们自己何时能够编写出适合中国经济发展状况和企业管理运作实践的优秀教材,从而在借鉴国际先进管理思想和实践的同时,也完成我们自己的教材建设,做到兼容并蓄、博采众长。

鉴于上述思考，于是有了本系列精品教材的问世。

编写高质量教材并非易事。内容、体例、深度、广度、语言、案例皆需通盘考虑，反复斟酌。须将一门学科融会贯通之后，方能游刃有余。在复旦大学企业管理系全体教师的共同努力下，在本系列教材的编写中，我们力求做到：

1. 前沿性。力求融入当代最前沿的相关学科新理论、新观点、新方法。当今世界，经济形势日新月异，企业变化气象万千，作为教材，自然要介绍本学科经过发展历程检验的经典理论，使学生对本学科核心内容有一个系统、全面的了解，知悉其来龙去脉，熟悉其运用方法。同时，也要对目前正在发展过程中的，有些可能还具有一定争议性的相关理论和管理方法进行介绍和评述，使阅读者知悉当今管理学科发展的最新动向。

2. 研究性。我们致力于编写的是一套"研究性教材"。当代学术发展的趋势，是专著和教材的边界日趋模糊。尤其是大学教材，更应注重将作者对学科知识的融汇和感悟及最新研究成果体现于教材内容中，它已经远远超出了理论知识和实践方法介绍的范畴。因此，本套教材的各位编写者，都积数年对管理学科体系中某一专业方向的研究之力，厚积薄发，尽力将自己的学术研究成果体现其中，增强其学术深度和阐述力度。

3. 现代性。和当代管理实践的紧密结合，并用现代人的话语系统进行表述。管理是一门实践性很强的学科，著名管理学大师彼得·德鲁克就从实践角度强调"管理不在于知，而在于行"。当代企业管理实践为我们提供了丰富的理论源泉和鲜活案例，世界经济的一体化也为我们拓展了全球性视野。如何紧扣时代脉搏，并以青年学子熟悉的语言和方式，将学术问题阐述得鞭辟入里，深入浅出，激发读者对管理学科的兴趣和对管理实践的关注，不仅考验每一位作者的学术功力，更反映我们对学生和读者的重视程度。为此，我们也做了不少努力。

"理论是灰色的，而生命之树常青。"此言固然不谬，但是，如能尽我们的绵薄之力，在自己熟悉的研究领域内，为管理教学的图系添上几笔重彩，为管理学科的发展增加些许亮点，那么，本套系列精品教材出版目的也就达到了。

苏 勇

教授、博士、博导

复旦大学管理学院企业管理系主任

复旦大学东方管理研究中心副主任

2009 年 5 月

前 言

组织行为学是管理学科体系中的一个重要分支,也是我多年在复旦大学为 MBA 研究生、企业管理学术学位研究生和本科生,并在其他大学讲授过的主要课程。此课虽已讲过多次,但仍感兴味无穷,常讲常新。仔细想来,其原因有三:

1. 这是一门和管理实践结合特别紧密的课程。管理最主要产生于人与人之间,管理活动的主体——管理者是人,管理的客体——被管理者主要也是人。无论是作为个体的人、作为组成群体的人、抑或身处组织中的人,其行为有何特点和规律,如何针对不同的人进行卓有成效的管理,是永远需要认真探讨和深入研究的问题。

2. 企业的实际运作不断提出新课题。在市场经济的大海中,企业犹如风口浪尖上的航船,不断遭遇一个又一个惊涛骇浪。昨天尚运作良好的企业,今天就可能发生困难;去年被评为优秀的企业,今年也可能出现严重亏损。组织结构的变化、组织成员的激励、组织运作方式的转换,都给组织行为学研究提出一个又一个研究课题,也给组织行为学研究者提供了丰富的企业案例和一展身手的天地。

3. 组织行为学的相关新理论、新方法层出不穷。近年来,学习型组织创建、虚拟组织运行、经济与文化全球化趋势对企业管理的影响、商业伦理与企业社会责任等多个热点问题不断涌现,引起学界和企业界的广泛兴趣和努力实践,既取得不少成效,也产生一些问题,这也给组织行为学研究提出了新的挑战。

本书是我和上海工程技术大学副教授何智美博士合作的成果。何智美副教授曾在我联系指导下,在复旦大学工商管理博士后流动站做过博士后研究,在企业组织管理相关领域颇有建树。我们曾经合作编写了供研究生层面教学所用的《现代组织行为学》一书,于 2007 年在清华大学出版社出版。该书被列入清华大学出版社"新坐标管理系列精品课程"教材,问世后反响颇佳,被一些大学选用作为研究生教材。但《现代组织行为学》有 5 篇 18 章,73 万字,篇幅过大,在研究生课程中可以择其要点进行讲授,其他内容让学生自学,但如此篇幅用于一学期的本科生课程则显得内容过多。为此,本书在编写过程中充分考虑了本科生教学特点和需要,在不影响体系完整性的前提下删繁就简,高度浓缩,调整了部分案例,设计了12 章的内容,若再加上企业实地考察、案例讨论和报告、情景模拟练习等教学环节,可适用于本科教学一

1

学期的课程安排。

本书内容具备下列特点：

1. 全面性。每章开始都明确列出本章学习目标，提出学习导向，并安排一个篇幅较短的"预习案例"，激发学生兴趣，将学生引入相关领域。而每章内容最后都配有相关思考题，便于学生复习本章内容，同时还有一个篇幅较长、内涵丰富的中外企业案例供学生进行讨论，以便理论联系实际，并附有案例讨论题。

2. 现代性。本书既注重吸收国内外优秀教材和研究成果的相关内容，系统阐述组织行为学各种理论，又高度关注当今中国企业发展中本学科领域所涉及的最新问题，力求在有限篇幅内使这些内容得到较为充分的反映，做到与同类教材有所区别。学生在读完本书、修完课程后，对组织行为学的了解既有纵深感，又有前沿性。

3. 深刻性。本书融汇了作者对组织行为学理论及其运用的诸多研究成果，同时也包括我在参与中外企业决策和管理咨询工作中的思考和感悟。反映在书中虽为吉光片羽，却也体现出一定深度。

4. 可读性。既为教材，自然希望有更多人阅读，且读起来不太乏味。考虑到本科教学的特点，我们在语言表述上注意兼具学术性和可读性，尽量避免用语晦涩和故作深奥。

"教学相长"虽是校园老话，但在本书付梓之际，依然要深切感谢听过我讲授"组织行为学"课程的所有同学。正是你们在课堂讨论中的热情参与、尖锐提问和探索性发言，促使我不敢稍有懈怠，不断思考新问题，充实新知识，并将之体现在本书和其他论著中。

本书问世之日，正逢世界经济面临全球性金融危机，中国企业也面临新一轮严峻考验。但沧海横流，方显出英雄本色。

我曾经提出管理者的八字箴言曰："知常知变，做实做先。"知常知变已不易，做实做先则更难。

愿以此与本书读者共勉！

苏 勇

2009 年 5 月

目　录

第一章　现代组织行为学的基本概念与范畴…1

第一节　组织行为学的产生和发展…2

第二节　组织、行为与组织行为的含义…5

第三节　组织行为学的理论体系和研究方法…10

第二章　个体行为的基础…21

第一节　知觉与归因…22

第二节　态度与价值观…29

第三节　能力差异…36

第四节　个体决策…43

第三章　人格与情绪…52

第一节　人格特征…53

第二节　情绪管理…65

第三节　压力管理…71

第四章　激励与行为反应…83

第一节　需要与动机、激励…84

第二节　内容型激励理论…89

第三节　过程型激励理论…98

第四节　激励机制的建立…104

第五章　群体心理与行为…113

第一节　群体与群体关系…114

第二节　群体行为特性…123

第三节　团队建设…136

第六章　群体沟通与决策…150

第一节　沟通方式与沟通网络…151

第二节　有效沟通的障碍及其克服…163

第三节　群体决策…170

第七章　冲突与谈判…181

第一节　冲突的性质…182

第二节　冲突管理…188

第三节　谈判技能…202

第八章　领导者与领导行为…211

第一节　领导概述…212

第二节　传统领导理论…215

第三节　领导理论的当代发展…233

第九章　现代领导决策…246

第一节　领导决策的基本理论…247

第二节　领导决策技术和方法…254

第三节　领导决策心理…260

第十章　组织结构与组织设计…272

第一节　组织结构和基本模式…273

第二节　组织设计…286

第三节　传统组织与现代组织…294

第十一章　组织文化与组织伦理…318

第一节　组织文化的发展…319

第二节　组织文化建设…329

第三节　组织中的伦理道德与伦理行为…335

第十二章　组织变革与发展…353

第一节　组织变革的基础…354

第二节　组织变革的理论模式…360

第三节　组织变革的阻力及其克服…363

第四节　组织发展及其未来方向…369

第一章 现代组织行为学的基本概念与范畴

【本章学习目标】

通过本章学习,你应该了解:

1. 组织行为学的由来。

2. 组织、组织行为与组织行为学的含义。

3. 组织行为学体系的构成。

4. 组织行为学的研究方法。

预习案例

小黑羊救命:没有无能的员工①

农夫家里养了三只小白羊和一只小黑羊。三只小白羊常常为自己雪白的皮毛骄傲,而对小黑羊不屑一顾:"你看看你身上像什么,黑不溜秋的,像锅底。……像穷人用了几代的旧被褥,脏死了!"

就连农夫也瞧不起小黑羊,常给它吃最差的草料,还时不时抽它几鞭。小黑羊过着寄人篱下的日子,经常伤心落泪。

初春的一天,小白羊与小黑羊一起外出吃草,走出很远。不料突然下起了鹅毛大雪,它们只得躲在灌木丛中相互依偎。不一会,灌木丛周围全铺满了雪,因为雪太厚,小羊们只好等待农夫来救它们。

农夫上山寻找,起初因为四处雪白,根本看不清羊羔在哪里。突然,农夫看见远处有一个小黑点,跑过去一看,果然是他那濒临死亡的四只羊羔。

农夫抱起小黑羊,感慨地说:"多亏这只小黑羊呀,不然,大家都要冻死在雪地里了!"

俗语说,十个指头有长短,荷花出水有高低。组织内部,各种类型的员工都会有。作为管理者,不能一叶障目,厚此薄彼,而应因人而异,最大限度地激发他们的潜能。比如让富有开拓创新精神者从事市场开发工作;把墨守成规、坚持原则者安排在质量监督岗位等。从这个意义上说,没有无能的员工,只有无能的管理者。

现代社会是高度组织的社会。人们每天都直接或间接地与各种各样的组织打交道,组织

---

① 资料来源:http://finance. sina. com. cn/money/roll/20080923/05562437063. shtml(新浪网)。

构成了现代社会的基本形态,也深刻影响着人们的生活。有些组织,如军队、医院、大公司,有着非常正规的结构;而另一些组织,如社区篮球队、企业家俱乐部,其结构要随意得多。无论正式组织还是非正式组织,都是由一群致力于共同目标而协同工作、共同获益的人组成和维持的。任何组织都有其目标,但不同组织的目标可能会不同。例如,排球队的目标是获得冠军,乐队的目标是使听众获得娱乐,企业的目标是售出产品或提供服务以获利等;如果没有目标,组织就失去了存在的理由。

第一节 组织行为学的产生和发展

人类组织化的活动已经存在了几千年,管理的历史可能也与人类组织化的活动一样久远。然而,真正意义上的管理学理论是在上个世纪之初奠定的基础,组织行为学作为管理学的重要分支并成为一门独立的学科出现则要更晚些,心理学、社会学等相关学科的成熟对组织行为学的成型起到了积极的支持作用。

一、组织行为学的形成和发展

组织行为学的最初发展来源于科学管理理论中对人性的研究,虽然内容极少,但也开启了组织行为学的研究。上个世纪初,泰勒(Taylor)和加尔布雷思(Gilbreth)通过动作和时间研究来提高工作效率,即通过动作—时间分析来确定科学定额。加尔布雷思的妻子,美国管理心理学家莉莲·加尔布雷思(L. Gilbreth)却认为不能单纯从工作的专业化、方法的标准化、操作的程序化来提高效率,还应该注意研究工人的心理。她发现,由于管理人员不关心工人而引起的不满情绪也会影响工作效率。因此,她在《管理心理学》(*The Psychology of Management*:*The Function of the Mind in Determining*,*Teaching and Installing Methods of Least Waste*,1914)中指出,要把早期心理学的概念应用到科学管理的实践中去。但是这本著作在当时并没有引起人们的足够重视,未成为一门学科。"管理心理学"(psychology of management)这一概念在当时也未得到广泛的承认。

第二次世界大战前,西方国家特别是美国,经常被管理学家采用的名词是"工业心理学"(industrial psychology)。当时学者们研究的重点在于以个体为研究对象,对工作中个体差异进行测定,从而采取个性化的管理方式。此时的研究从严格意义上说还只是个体心理研究,对群体和组织层次的行为研究仍不多见。"霍桑实验"发现了工作群体的重要性,但建立在群体理论上的社会心理学研究的真正起步还是 20 世纪 50 年代的事情。那时候,人们清楚地看到,作为以群体特别是小群体为研究对象的社会心理学,对职工工作绩效的影响变得越来越大了。因此,美国斯坦福大学的莱维特(H. J. Leavitt)在 1958 年起正式开始用"管理心理学"这个名词代替原来沿用的"工业心理学"的名称,使之成为一门独立学科。据莱维特本人的意思,他用"管理"这个词来替换"工业"这个词的原意是要改变研究的基本出发点,即要将研究的出发点转移到管理者如何通过对员工差异的理解和掌握来有效地组织、领导和控制员工,使其产生符合组织目标的期望,并最终表现出理想的行为,从而提高组织绩效。

以后又出现了"组织心理学"(organizational psychology)这个名词,这是 20 世纪 60 年代初莱维特为《心理学年鉴》(*Annual Review of Psychology*)所写的一篇文章标题中首先采用的。这篇文章的目的也是要强调社会心理学,尤其是群体心理学在企业界日趋显著的作用。不久,美国心理协会第 14 分会——工业心理学分会改名为工业和组织心理学分会,其目的也是要承担比个体差异测定更广泛的组织问题的研究。随着这一学科从个体到群体的研究,再到组织和研究的演变,其研究和实验的机构也发生了变化,它从各大学的心理学系转入管理学院系,特别是这些学院的研究生部。20 世纪 50 年代末期,这些学院在教师队伍中又吸收了社会心理学家、社会学家和人类学家。从这批人中产生出来的研究项目,开始取名为"组织行为学"。从此以后,"组织行为学"这一名称就沿用至今。

从"管理心理学"、"组织心理学"到后来的"组织行为学",反映了这一领域研究的发展过程。应该说,从应用角度来看,"组织行为学"是更为广泛的。其发展概况如图 1.1 所示。

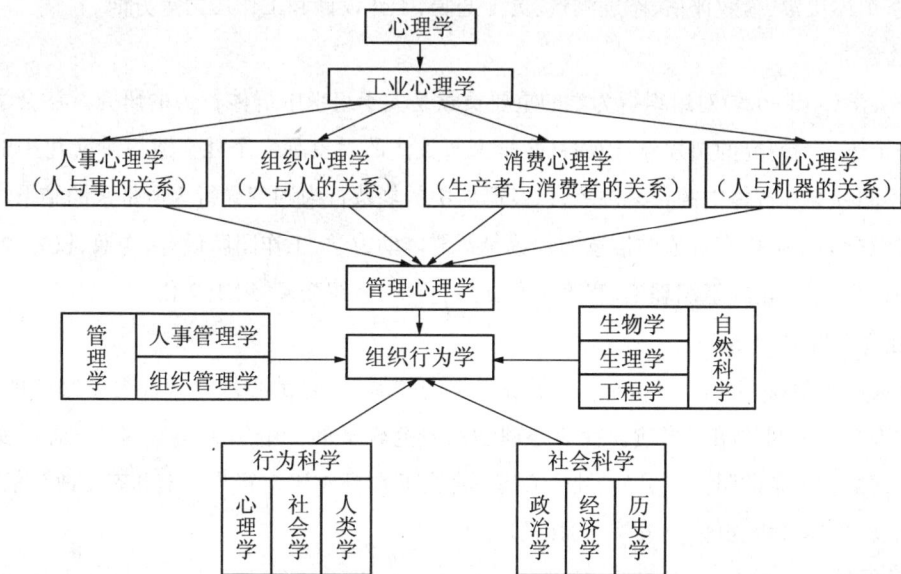

图 1.1　组织行为学的产生与发展过程

20 世纪 60 年代中期开始,组织行为学独立学科的地位得到了进一步的强化,学科吸引了大量的优秀人才加盟,发展迅猛,每年均出版大量有关的书籍。20 世纪 80 年代以来,组织行为学又进一步分为微观的组织行为学和宏观的组织行为学,前者主要研究个体和群体的心理

3

和行为,后者主要研究组织的行为。目前组织行为学已经成为管理学研究中的一个热门学科领域,每年都要出版和发表大量的学术研究成果。

二、相关学科的影响

组织行为学是一门交叉学科,由多个领域的研究成果发展而来。主要的领域是心理学、社会学、社会心理学、工程学、人类学和政治学。这些相关学科对组织行为学产生了重要的特定的影响,它们的贡献共同构成了组织行为学的基础,并使其逐步发展成一门独立的学科。

(一) 心理学

心理学(psychology)是寻求测量解释,关于人的行为的学科。心理学关心的是研究和理解个体的行为。心理学起源于哲学和生理学,后分化为一系列更专业的领域,如临床心理学、实验心理学、军事心理学、工业组织心理学和社会心理学等。组织心理学的研究课题与组织行为学十分相似,包括工作团队、工作动机、培训与发展、权力与领导、人力资源规划、工作场所保健等。

早期的工业组织心理学家主要关心疲劳、厌倦和其他与工作条件有关的因素,这些因素会妨碍工作的有效性。现在的研究已经扩展到学习、激励、人格、知觉、培训、领导有效性、工作满意度、个体决策、绩效评估、态度测量、员工选聘、工作设计和工作压力等方面。

(二) 社会学

社会学(sociology)对组织行为学的重要贡献是关于组织中群体行为的研究。社会学以社会而非个体作为研究的出发点,因而社会学家所关注的对象是一个社会或一种文化中的角色种类、不同社会和群体中的行为规范,以及群体中的规范行为和变异行为所带来的结果。社会学为组织行为学提供有价值的信息的领域包括群体动力学、工作团队设计、沟通、权力、冲突和群体间行为,以及正式组织理论、官僚主义、组织技术、组织变革、组织文化。

(三) 社会心理学

社会心理学(social psychology)属于心理学的领域,但它是心理学和社会学结合的产物。它关注人与人之间的相互影响。社会心理学家研究较多的一个领域是变革——怎样实施变革及如何减少变革的阻力。另外,社会心理学家的贡献还在于对行为改变和态度改变的研究,以及沟通、群体过程、群体决策等方面的研究上。

(四) 工程学

工程学(engineering)是关于物质与能量的应用科学。在对工作设计的理解方面,它为组织行为学作出了重要贡献。泰勒对早期的组织行为研究产生了深远的影响,他应用工程学的基本思想,研究生产组织中人的行为。由于具有工程学的背景,泰勒特别关注人在工作中的生产力和效率问题。他提出了绩效衡量标准和差别计件工资制度,并在美国国会应工会的要求而进行的关于科学管理的调查中作出了贡献。在他那个时代,泰勒在许多方面是超前的,因而他的思想在当时常常引起争议。时至今日,在企业的目标设定方面,许多公司仍在沿用他的思想,如美国国际商用机器公司(IBM)、中国海尔集团等。甚至连压力和紧张这样的概念,也可以在工程学的词典里找到其渊源。

(五) 人类学

人类学(anthropology)是关于人类学习行为的科学。它对理解组织文化尤其重要。而文化人类学则主要研究文化的起源,以及特定文化下的行为模式。目前这方面的研究包括:考察有效的组织文化对组织绩效的影响,以及病态的人格如何导致不良的组织文化。人类学对文化和环境的研究帮助人们了解不同国家和不同组织内人们的基本价值观、态度和民族文化的差异。

(六) 政治学

政治学家对于理解组织行为的贡献也是至关重要的。政治学家研究政治环境中个体和群体的行为,具体的研究题目包括冲突、组织内政治、权力。以前,研究组织行为学的人对政治学家的研究几乎没有什么兴趣。但如今,组织有可能是一个政治实体,要想准确地解释和预测组织中人的行为,就有必要在组织行为的分析中引入政治学观点。

第二节　组织、行为与组织行为的含义

组织是由人组成的,又是由人来管理的。几乎每个人都是一些组织的成员,在其中工作、学习、生活。研究组织行为学,涉及两个基本问题,其一是组织对其成员的思想、感情和行为的影响方式。组织行为学试图阐明组织影响其成员的种种方式,研究人在组织中的行为,揭示组织有效整合和个人规范自律的规律,以创造、管理更大规模、更为有效的组织。其二是组织的各个成员的行为方式及其绩效对整个组织绩效的影响。组织对其成员活动的协调方式决定了组织在完成其自身任务时是否会成功。

通过研究组织如何制约个人以及个人如何影响组织,有助于人们从新的角度看待问题,丰富我们对日常生活、工作的认识,进而不断完善组织的管理,使人类的群体活动更加和谐。

一、组织的定义

在管理学史上,关于组织的定义可谓林林总总,管理学家们从各个角度对组织下过定义。其中影响较大并为人们普遍接受的是美国著名管理学家巴纳德(C. I. Barnard)对组织所下的简单而明确的定义:"组织是由两个以上的人自觉协作的活动或力量所组成的系统。"组织包含三个基本要素:信息的联系、协作的意愿、共同的目标。从这个基本定义出发,可以概括各类组织三方面的基本特点:

1. 组织是由个体或群体集合而成

组织(organization)是由人群构成的，没有人群也就没有组织。当提到一个组织时，常常会想到它所在的地点和区域，所拥有的技术和品牌，所提供的产品和服务。但这并不反映一个组织的实质，地点和区域只是为人们提供了工作的场所和环境，技术和品牌是人所利用和创建的，产品和服务是由人制造和提供的。离开人组织不复存在，所以组织最本质的特征是由个体或群体集合而成。

2. 组织是适应于目标的需要而存在的

只有当一群人有一个共同的目标，而单个人又不可能完成这个目标时，组织才能产生和继续存在。每个组织又都有自己特定的使命和目标，如企业为社会提供所需的产品和服务，学校培养人才，医院治病救人，军队保家卫国等等。一个组织如果不能履行自己的使命，适应目标的需要，也就失去了存在的理由。所以，人们常说，一个组织的价值存在于组织之外。

3. 组织通过分工和协调来实现目标

组织的存在是由于单个人不能完成所有的功能和活动，而这些功能和活动对于实现组织的使命和目标又是必须的。或者有些工作虽然单个人也能够完成，但通过群体成员的分工和协调可以大大提高效率时，组织就出现了。分工和专业化可以看作组织的基本特征。一旦工作被分割开，组织成员出现分工和专业化之后，组织便要有一些方法来协调组织成员的活动，以确保所有的人为共同的组织目标而工作。

因此，"组织"这个词一般包括两方面不同的含义：

一是作为一个实体的组织(organization)，即把组织看作为了达到自身目标而结合在一起的、具有正式关系的一群人。对于正式组织，这种关系是指有意识形成的职务和职位的结构。

二是将组织视为一个过程(organizing)，组织的对象可能是人或者工作，即把组织看作一种管理活动，如确定要完成的任务，谁来承担这些任务，如何把任务归类，以及谁向谁报告，决策在哪一级做出等等。在正式的组织中，这是指组织成员认同和有意识建立的分工、协调和联系沟通的方式。

学习组织行为学，必须把组织作为一个系统来看待。组织系统内部各要素之间相互作用，同时又与组织外部环境的要素相互作用。莱维特提出了一个基本的框架，其重点是组织系统四个主要的内部要素，它们是任务、人员、技术和结构。[①]图 1.2 描述了这四个要素，以及组织的输入、输出和任务环境中的关键要素。组织的任务(task)是它的使命、目标或存在的目的。人员(people)是组织的人力资源。技术(technique)用来将输入转换为输出，它内涵较广，包括

---

① H. J. Leavitt, 1956, "Applied Organizational Change in Industry: Structural, Technological, and Humanistic Approaches", *Handbook of Organizations*, Chicago: Rand McNally, pp. 1144—1170.

工具知识以及技能。结构(structure)包括宏观和微观两个层次,在宏观层次上,指部门、分支机构乃至整个组织结构的设计;在微观层次上,指工作设计。

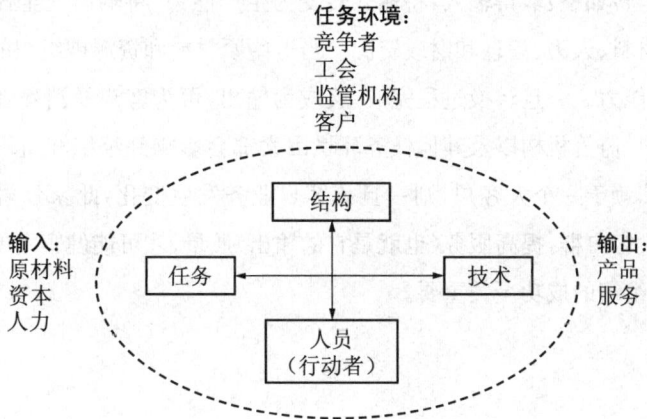

图1.2　组织的系统观

　　作为一个系统,除了这些内部要素之外,组织还有外部的任务环境。任务环境包括不同的组成部分,如供应商、客户以及联邦监管机构。汤普森(J. D. Thompson)将任务环境描述为与组织目标达成度相关的环境因素,即与组织的基本任务相关的环境因素组成了任务环境。[①]例如,当钢铁是汽车制造的主要材料时,宝山钢铁公司则可能是上海通用汽车公司和上海大众汽车公司的主要供应商,因而也是这两家公司任务环境中的一个主要因素。随着钢铁在汽

新闻中的组织行为学

善取环境之势的思科和爱普生公司

　　相比于营造环境、刻意造势,更妙的还是利用环境、自然取势。美国思科公司(Cisco),在其鼎盛之时,在美国平均每周兼并一家企业,但全部集中在硅谷地区。思科总裁的解释是,这样做是因为硅谷有大体相同的文化,可大大降低管理风险。而以产品设计研发闻名的爱普生公司(Epson),则注重在合适的地点设立合适的研发基地,先后在北美地区、英国、西班牙、亚洲地区建立起研发中心,尽取各地所长。

　　"天何言哉,四时行焉,万物兴焉。"在激烈的竞争中,善取环境之势、善用环境之利者会有更多的胜算。

---

① J. D. Thompson,1967,*Organizations in Action*. New York:McGraw-Hill.

车制造中的使用量渐趋减少,对于汽车制造公司而言,宝钢将不再是一个十分重要的供应商,因而它也不再是任务环境中的一个主要因素。

组织系统的运转如下:取得输入,将输入转变为生产能力,将输出送至任务环境。输入包括组织使用的原材料、人力、信息和财政资源。当这些原材料和资源被组织的技术要素进行转换时,即成为生产能力。一旦转换过程完成,又成为输出,可为客户及消费者所用。在这个过程中,供应商、客户、监管机构以及其他任务环境因素都会影响到组织和组织人员的行为。如果某家公司完全依赖于一个大客户,则一旦该客户业务发生变化,此家公司就会遭遇生存威胁。只有通过扩大客户群,提高服务(也就是它的输出)质量,才可能健康发展。将输入转换为高质量的输出,对组织的成功至关重要。

二、行为

日常生活中,"行为"(behavior)一词几乎随处可见,因为每个人都是行为主体,每天都必须有所行为。这里所说的行为仅指人的行为,而不是广义的一切动物的行为。人的行为是人的器官和肌体在客观事物刺激下所发生的反应形式。例如,走路、工作、打球、游泳,等等。著名法国心理学家勒温认为,行为是人及环境相互作用的结果,或者说,行为是人及环境的函数。可用函数式表示如下:

$$B = f(P, E)$$

式中:B 表示行为,P 表示人,E 表示环境。

这个函数式表明,人的行为取决于人的需要和动机及其所处环境的综合因素。人在同一环境中,行为之所以不同,是由于人的需要与动机存在差异;但在需要与动机相同的情况下,由于环境的不同,行为也会不同。因此,研究行为规律的关键是要研究和掌握变量 P 和变量 E 之间的关系。也就是说,人的动机和行为的产生,不仅取决于当时的需要,而且与社会环境及其对环境的认识都直接相关。人的行为也具有其自身的特点,一般说来,它有以下特点:

(一) 目的性

任何一种行为总是在一定的动机和目的驱使下产生的,并且这种目的不是在行动过程中才出现,而是在行动之前就在人的头脑中以超前反映的形式存在了。人的行为目的性规定了行为的方向,并成为控制行为进程内在的参照模型。当所做出的行为达到了参照模型要求,也就是达到了原定目的,行为即告结束。相反,如果所做出的行为不能满足这个内在的参照模型要求,也就是没有达到预定的目的,在这种情况下,人又会采取另一种行为,或会修正并调整这个内在的参照模型。

（二）能动性

人的行为并不是由外界环境单方面机械地决定的。在人与环境相互作用的过程中，往往会表现出积极主动的能动性特点。一方面，人能支配、调节和控制自己的行为，使自己适应周围的环境特点；另一方面，人还能主动地去改变环境，使环境符合自己的要求。

（三）社会性

人生下来只是作为一个自然机体而存在的。人要成其为人，就必须在社会中生活，接受社会对他的影响。人与动物的最重要的差别在于他们的发展条件不同。如果说在动物界发展历程中行为的发展按生物演化规律进行的话，那人的行为发展则服从于社会历史发展规律。如果不与同类交往，人就不会形成社会行为，就不会形成人的个性。人的行为的目的性和能动性，人对自己情绪的控制能力的发展，人的社会性要求，人的理想、价值观等等，都是在社会生活中形成的。离开了社会生活，人就失去了人原有的意义和价值。

（四）变动性

人的行为受外界环境和生理因素的影响。外界环境变了，生理和心理因素也会起变化，从而影响到人的行为的变化。人自身不是一个封闭的系统，而是一个开放的系统，随时都在与外界进行信息的交流。一方面，人能根据外部环境的变化来调整自身的行为结构去适应这种变化；另一方面，人又能根据自己的内部需求状态去寻找能满足自身需要的外部环境。行为的变动性反映了人的行为的可塑性与动力性。

三、组织行为

组织提供人们所需要的商品和服务，这些商品和服务的数量和质量取决于组织成员的行为和表现，取决于组织的管理者、技术人员、销售人员和作业人员的工作表现和行为。所以，一些企业家深有感触地说："做企业就是做人。"组织行为的研究也正是以对组织中人的行为的研究为基础。

由于组织活动的复杂性，因而组织行为的分析和研究也有不同的角度，呈现出多层面的特点。通常，把组织行为分为三个层次。在第一个层次上，把组织看成追求组织目标而工作的个人的集合。在第二个层次上，重在分析组织成员在群体工作中的相互影响。最后，把组织视为一个整体来分析组织行为。每个层面都表现出独特的观念并产生了对组织本质和功能的见解。

（一）个体

个体是构成组织的最基本细胞，是组织行为学研究的基础和出发点。从组织由人组成这个事实，可以联想到探讨组织行为的一个有效的方法，就是从单个组织成员的角度出发。在这个层面上，通常应用心理学的理论和方法研究个体特征对人们在组织中的工作行为和工作表现的影响，要考虑诸如价值观、知觉、归因、态度、个性、意志和情感等因素，并对他们在工作中的个体行为、作风与绩效的影响进行研究。同时要研究个体行为以及他们对不同的组织政策、实践和过程的反应,有关人性、需要、动机和激励等方面的理论可以用来说明单个组织成员的行为和绩效。这些研究有助于更好地理解在组织中的行为规律性。

(二) 群体

如果要完成组织目标,组织成员就必须在工作中合作并协调他们的活动,从而形成群体和团队。人们在一起工作的常规方式是小组、车间、部门、委员会这些组织形式。随着信息技术的发展,人们可以在不同的地点,通过电子计算机和通信技术共同工作,这样,新的群体形式——虚拟团队也出现了。在群体中人们是如何工作的?决定一个群体团结、富有成效或分散、一无所成的缘由何在?如何组织团队?领导如何影响群体成员以及他们的能力,以便他们一起通力合作,以较高的生产率工作?这些就是组织行为中有关群体功能所涉及的问题。因此,运用社会心理学的知识和理论分析工作群体的特征、结构、功能、发展过程和内聚力,就构成组织行为研究的重要部分,这个层次的研究会得出不同于研究单纯个体层面所产生的结论。

(三) 组织

组织作为一个整体,其组织结构、组织文化对个体和群体行为,从而对组织效率和气氛有重要的影响。例如,分配部门任务和责任的不同方法可能会影响这些部门及其员工的行为、信息沟通、能力发挥以及整个组织的工作效率;组织所应用的技术、组织规模、组织年限等因素会影响组织结构、组织效率;认识组织与环境之间的关系及其影响,把握组织变革和发展的规律,有助于提高组织的效率。把整个组织作为一个层面来研究的宏观方法是建立在社会学的理论和概念之上的。

从不同角度对组织行为所进行的研究并不矛盾,它们互相补充。对组织本质、组织效率影响因素的全面、充分的理解,要求我们综合每个方面所获得的知识。

第三节 组织行为学的理论体系和研究方法

组织行为学是行为科学的一个应用领域,它试图用行为科学的知识去解释、预测和控制人在组织环境下的行为特征和行为规律,尤其是个体、群体和结构对作为整体的组织,如企业或政府机构的行为的影响,并且用研究发现去提高组织的绩效。

一、组织行为学的定义和特点

(一) 定义

组织行为学是一门新兴学科,其内涵和外延都处在发展变化中,因而其定义也众说纷纭。美国学者安德鲁·J.杜布林(A. J. Dubrin)对此定义为:组织行为学是系统研究组织环境中所有成员的行为,以成员个人、群体、整个组织以及与外部环境的相互作用所形成的行为作研究的对象。在其著作《组织行为基础——应用的前景》一书中,他还推崇蒙特利尔大学管理学教授和组织心理学家乔·凯利(J. Kelly)所提出的定义:"组织行为学是对组织的性质进行系统的研究:组织是怎样产生、成长和发展的,它们怎样对各个成员、对组成这些组织的群体、对其他组织以及对更大些的机构发生作用。"

本书认为,组织行为学是采用系统分析的方法,研究一定组织中人的心理和行为的规律,从而提高管理人员预测、引导和控制组织中人的行为的能力,以实现组织既定目标的学科。

以上定义有三层含义:

(1) 组织行为学的研究对象是人的心理和行为的规律性。组织行为学既研究人的心理活动的规律性,又研究人的行为活动的规律性,是把这两者作为一个统一体来研究的。人的行为与心理密不可分,心理活动是行为的内在依据,行为是心理活动的外在表现,因此,必须把两者作为一个统一体进行研究。

(2) 组织行为学的研究范围是一定组织中人的心理与行为规律。这就说明组织行为学并不是研究一切人类的心理和行为规律,而是只研究一定组织范围内人的心理与行为的规律。这种组织范围包括:工厂、商店、学校、机关、军队、医院等组织。组织中的人的心理和行为规律,包括个体心理与行为、群体心理与行为以及整个组织的心理与行为的规律。对组织中个人、群体行为的研究构成组织行为学的微观理论。把组织作为基本的分析单元而进行研究构成组织行为的宏观理论。

(3) 组织行为学研究的目的,是在掌握一定组织中人的心理和行为规律性的基础上,提高预测、引导、控制人的行为的能力,以达到组织既定的目标。组织行为学研究一定组织中人的心理和行为规律,不是为研究而研究,而是为了通过掌握规律性来提高预测、引导、控制人的行为的能力,特别是要采取相应的措施,变消极行为为积极行为,以实现组织预期的目标,取得最佳的工作绩效。

(二) 学科性质

组织行为学是系统研究组织环境中人的行为表现及其规律的学科。就其学科性质来说,有以下特点:

(1) 跨学科性。组织行为学以行为科学(主要指心理学、人类学、社会学)、管理学(主要指人事管理学、组织管理学)的概念、理论、模式和方法为主要知识基础,同时吸取政治学、经济学、历史学、生物学、生理学等社会科学、自然科学中有关论述人类行为、心理的内容。整个学科体系包含了众多学科的研究成果,并影响到人力资源管理、市场营销、生产管理、战略管理等诸多管理领域。

(2) 层次性。从系统的角度出发,组织行为学的研究对象可分为四个层次:组织中的个体行为,包括认知、学习、个性、价值观、态度、动机、挫折等;组织中的群体行为,包括群体的形成、类型、动力、特征、规模、群体决策、团队建设等;从整个组织的角度研究成员的行为,包括领导、权力、沟通、冲突、组织结构、组织发展与变革;外部环境与组织的相互关系,包括环境的变化、环境对组织的影响、组织对环境的反作用等等。各个层次相互补充,相互作用,共同构成组织行为学的整个体系。

(3) 权变性。组织行为学以人的心理和行为规律为研究对象,而人的心理与行为千变万化,组织的类型也千差万别,因此组织行为学不主张采取通用的最佳模式,而主张根据不同情景采用不同的理论及管理方式。这种权变的观点使得组织行为学的研究贴近组织的实际,能够真正满足管理学理论研究和实践的需要。

(4) 科学性。组织行为学在研究中综合采用种种研究方法,不排斥直觉判断和推测,也通过抽样调查、实验等方法对理论假设进行检验,并借助科学仪器,通过科学的统计分析对结论进行探求。这些都使得组织行为学的研究展现出很强的科学性,特别是近年来的研究方法的发展和完善进一步提升了其科学性。

(5) 实用性。组织行为学并非一门简单的理论学科,研究者也并非为研究而研究。相反,组织行为学是管理学诸多学科中实用性很强的一门学科,它的很多研究结论都可以直接应用于具体的组织管理实践中。而且组织行为学以组织为对象,关注整个组织的绩效,它的应用好坏直接影响到组织的业绩。

二、组织行为学的理论体系

现代的管理以系统理论为指导原则。系统理论是从整体出发而不是从局部出发去研究事物的一种理论。

(一) 系统观

用系统的观点考察组织,就是把组织看成一个开放的社会—技术系统。所谓社会—技术系统是指一个组织是由各子系统构成的完整系统,其中包括目标价值系统、组织结构系统、心理社会系统、技术系统和管理系统等等。在一个组织中,各子系统之间是相互联系、相互影响的,从而构成一个整合的系统。例如,一个企业目标的改变(即目标价值系统的改变)会引起组织机构、工程技术的相应改变,同时在人的心理上和人与人之间的关系方面引起一系列变化。

组织不仅是一个社会—技术系统,而且也是一个开放的系统。不仅组织内部各子系统会发生相互作用,相互影响,而且组织本身并不是一个封闭的系统,而是要不断地与其他组织发生联系,组织本身也会受到社会的影响,与社会发生相互作用。这就是说,组织本身作为一个系统要与环境系统发生相互作用,产生相互影响。

上面所说的心理社会子系统,就是组织行为系统,因此,可以进一步从系统的观点来分析组织行为系统。

美国心理学家麦格拉思(McGrath)提出了组织行为系统的模型。图 1.3 表明了组织中人的行为各系统之间的关系。

麦格拉思认为组织中人的行为的发生和发展是三个系统相互影响的结果。这三个系统是:

系统 A——行为发生的物理—技术环境;

系统 B——行为发生的社会—人际环境;

系统 C——个人系统。

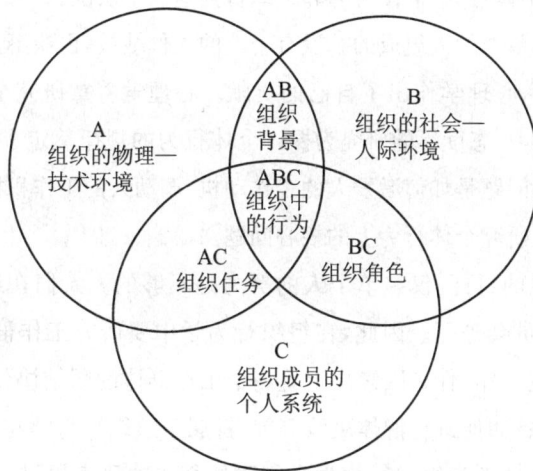

图 1.3　组织中人的行为相互联系的系统

图 1.3 表明,这三个系统有时两个相互交叠,有时三个相互交叠。物理—技术系统与社会—人际系统交叠(AB)构成人的行为的背景,只有在这个背景中,个人才能表现出其行为。

ABC 是三个系统的交叠部分,这一部分表明组织中的行为。虽然 AB 构成了个人行为的背景,但如果个人不在这个背景中进行活动,这个背景对个人行为也不会起什么作用。ABC 的交叠则表明,一方面,个人行为会受到行为的技术和人际关系背景的影响,另一方面,个人行为也会对行为背景的改变产生影响。例如,在一个追求技术进步和人际关系协调的背景下,个人也会积极投入技术革新,并与同事维持友好关系,反过来,各个人的积极努力也会使这种背景进一步得到发展。AC,即物理—技术系统与个人系统的相互交叠构成个人在组织中所要执行的任务。这种交叠也同样表明,一项工作任务是否能顺利完成,不仅取决于组织对该项任务规定的技术要求,而且取决于执行这项任务的个人的能力、技能、态度等等。

BC,即社会—人际系统与个人系统的相互交叠构成组织角色。所谓组织角色是组织中的其他人对个人期望的行为模式。这种行为模式同样既决定于组织中的其他人，也取决于个人自己。例如，企业中对熟练的老工人和刚进厂的新工人会有不同的期望、不同的要求。组织中的其他人对角色的期望一般要考虑个人的特点。

总之，从上述三个系统的各种交叠可以分析个人在组织中的行为。

（二）组织行为学的层次

组织行为学可以从不同的角度或不同的层次来分析。在第一个层次上，可以把组织看成为追求组织目标而工作的个人集合体，也就是说，从个体层次上分析人的行为。在第二个层次上可以把分析的重点放在组织内的班组、车间和科室等工作中人们的相互影响，也就是说，从群体的层次上分析人的行为。最后，可以把组织看成一个整体或结构，从而分析组织行为。总之，组织行为学要研究个体行为、群体行为和组织行为这三个层次。

任何组织首先是由单个的人组成的。没有个人的工作绩效，也谈不上组织的效率和成就。在个体行为的研究方面，心理学作出了自己的贡献。心理学着重研究个体行为，它对人的需要、动机、人格、知觉、学习、态度等的研究为探讨个体行为的规律奠定了基础。工作组织中个体行为方面的一个重要问题是如何激发人的工作动机，调动人的工作积极性，即激励问题。这一问题是组织行为学在研究个体行为上的核心问题。

组织为了达到自己的目标，仅靠单个人的努力是不够的。人们在组织必须结合成各种群体，如班组、部门、委员会等等。因此，在组织行为学中要研究工作群体中的行为。例如，人们在群体中如何一起工作，什么因素决定着一个工作群体的团结协作，群体的凝聚力与工作效率之间有什么关系，如何进行群体决策等等，都属于组织行为学在研究群体行为方面所要解决的问题。社会心理学为组织行为学进行群体行为的研究提供了必要的理论、原因和方法。

最后，组织行为学也把整个组织作为自己的研究对象。组织行为学的这种较宏观的研究则要借助于社会学和文化人类学的理论和概念。在组织行为方面，要研究组织与其内外环境之间的关系，研究组织结构和组织设计对组织效率的影响，还要研究组织发展和组织变革的手段和技术等问题。

组织行为学从不同的层次研究人的行为并不是相互矛盾的，而是相互补充的。只有把个人行为、群体行为和组织行为的研究有机地结合起来，才能全面地提高组织的效率，提高组织的管理水平。

（三）组织行为学的权变模型

图1.4所示组织行为学的权变模型。它表明了四个关键的因变量和大量的自变量的关系，自变量是根据分析水平来排列的。研究表明，这些自变量对因变量的影响是不一样的。虽然这个模型很复杂，它仍然没能完全反映组织行为学所研究的客观事物的复杂性。但它可以

帮助我们本书的章节安排,有助于读者解释和预测人们在工作中的行为。

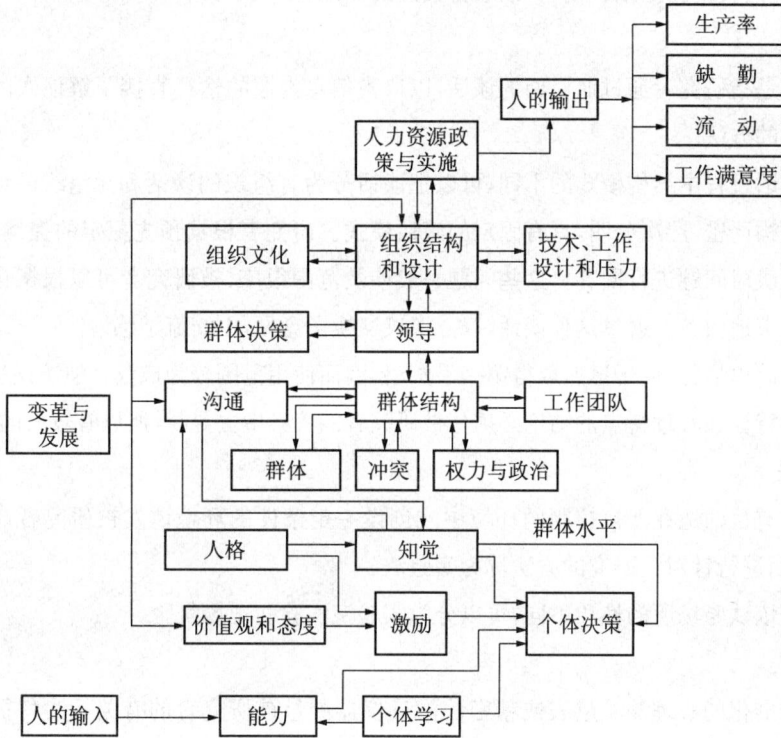

图 1.4 组织行为学的权变模型

三、研究方法

组织行为学研究的具体方法是多种多样的。目前常用的主要有观察法、访谈法、实验法、抽样调查法、测验法、个案法等。其中实验法和抽样调查法在组织行为学中应用最广泛。

(一) 观察法

在日常生活条件下,观察者通过感官直接观察他人的行为,并把观察结果按时间顺序作系统记录的研究方法,称为观察法。在现代研究中,观察往往借助于各种视听辅助手段,如录像、录音、摄影等。

观察法按被观察者所处的实际情境特点,可分为自然观察与控制观察两种。自然观察是在完全自然的条件下所进行的观察,被观察者一般并不知道自己正处于被观察状态。控制观察是在限定条件下进行的观察,被观察者可能知道,也可能不知道自己正处于被观察的地位。

按观察者与被观察者之间的关系,并在共同活动中进行观察的方法称为参与观察;观察者不参与被观察者的活动,以旁观者身份进行观察的方法称为非参与观察。

观察法目的明确,使用方便,所得材料比较系统,已在组织行为学中得到广泛应用。但运

15

用这种方法,只能了解大量的表面现象,很难了解复杂现象的本质特征,对"为什么"做出回答。因此,最好能与其他方法结合使用,以取得较好的效果。

(二)访谈法

访谈法是指研究者通过面对面的谈话,以口头信息沟通的途径直接了解他人的心理状态和行为特征的方法。

根据谈话过程中结构模式的不同,可以把谈话分为有组织的谈话和无组织的谈话。有组织的谈话结构严密,层次分明,具有固定的谈话模式。研究者根据预先拟定的提纲提出问题,被研究者依次对问题进行回答。这些问题一般涉及范围很广,被研究者可以根据自己的想法主动地无拘束地回答。通过这种谈话,双方不仅交换了意见,也交流了感情。

谈话法简单易行,便于迅速取得第一手资料,因而使用范围较为广泛。但访谈法的有关被研究者行为特征和心理特点的结论必须从被研究者的答案中去寻找,所以有较大的局限性。

(三)实验法

研究者有目的地在严格控制的环境中或创设一定条件的环境诱发被研究者产生某种行为特征,从而进行针对性研究的方法称为实验法。

实验法依试验场所的性质不同,可以分为实验室实验和现场实验。

(四)测验法

采用标准化的心理测验量表或精密的测量仪器测量被研究者的有关行为特征和心理品质的研究方法称为测验法。例如智力测验、机构能力测验、个性测验、驾驶员反应测验、手指灵巧度测验等等。在组织行为学研究中,测验法往往为人员选拔、安置和提升等提供依据。采用标准化的测验工具,应特别注意检验其信度和效度。

(五)个案法

对某一个体、某一群体或某一组织在较长时间里连续进行调查,从而研究其行为发展变化的全过程,这种研究方法即个案法,又称案例法。例如,研究者在某先进班组通过较长时间的调查研究,掌握了整个班组的人员状况、生产状况、智力结构、领导特征、关键事件等主要因素,并在此基础上进行深入分析,整理出能反映该先进班组特点的详细材料。这份材料就是个案,个案产生的全过程就是个案研究过程。

以上各种方法都有一定的应用价值,也都有一定的局限性。在许多情况下组织行为学研究并不是只采用一种方法,以期取长补短,相得益彰。究竟采用哪种方法最好,要根据研究的课题和所处的具体情境而定。

◆ 复习题

1. 如何从不同角度分析组织及组织行为?

2. 组织行为学的研究对象和研究范围是什么？

3. 组织行为学的内涵及主要特点是什么？该学科的主要研究方法有哪些？

案例

通用电气公司的组织管理①

美国各大公司的企业管理体制从 20 世纪 60 年代以后，为了适应技术进步、经济发展和市场竞争的需要，强调系统性和灵活性相结合、集权和分权相结合的体制。到 70 年代中期，美国经济出现停滞，有些企业在管理体制方面又出现重新集权化的趋向。有一种称作"超事业部制"的管理体制，就是在企业最高领导之下、各个事业部之上的一些统辖事业部的机构应运而生。美国通用电气公司于 1979 年 1 月开始实行"执行部制"，就是这种"超事业部"管理体制的一种形式。

公司的基本情况

美国通用电气公司是美国也是世界上最大的电器和电子设备制造公司，它的产值占美国电工行业全部产值的 1/4 左右。这家公司的电工产品技术比较成熟，产品品种繁多，据称有 25 万多种品种规格。它除了生产消费电器、工业电器设备外，还是一个巨大的军火承包商，制造宇宙航空仪表、喷气式飞机引航导航系统、多弹头弹道导弹系统、雷达和宇宙飞行系统等。美国《工业研究》杂志举办的 1977 年度 100 种新产品的评选中，美国通用电气公司的新产品获奖最多。闻名于世的可载原子弹和氢弹头的阿特拉斯火箭、雷神号火箭就是这家公司生产的。

这家电气公司是由老摩根在 1892 年出资把爱迪生通用电气公司、汤姆逊—豪斯登国际电气公司等三家公司合并组成。在两次世界大战中，这家公司大发战争财，获得了迅速发展。第一次世界大战后，该公司在新兴的电工技术部门——无线电方面居于统治地位，1919 年成立了一个子公司，即美国无线电公司，几乎独占了美国的无线电工业。第二次世界大战又使通用电气公司的产量和利润额急剧增长。

通用电气公司在创立后的 80 多年中，以各种方式吞并了国内外许多企业，攫取了许多企业的股份，1939 年在美国国内所辖工厂只有 30 多家，到 1947 年就增加到 125 家，1976 年底在国内 35 个州共拥有 224 家制造厂。在国外，它逐步合并了意大利、法国、德国、比利时、瑞士、英国、西班牙等国的电工企业。1972 年该公司在国外的子公司计：欧洲 33 家，加拿大 10 家，拉丁美洲 24 家，亚洲 11 家，澳大利亚 3 家，非洲 1 家。到 1976 年底，它在 24 个国家共拥有

---

① 资料来源：http://www.emkt.com.cn/article/46/4690.html（中国营销传播网）。

113家制造厂，成为一个庞大的跨国公司。

通用电气公司是摩根财团控制的一家大工业公司。它经营了几十年，攫取巨额利润，资产雄厚，规模庞大，1976年和1977年在美国大公司中都是名列第九位。据1978年5月8日美国《幸福》杂志的统计，美国通用电气公司1977年的总资产达136.96亿美元，销售总额达175.15亿美元，这一年的纯利润为10.88亿美元，在美国各大公司中占第五位，职工总人数38.4万人。该公司从1956年开始建新厂生产导弹，并向外国提供核武器。例如在日本搞原子能、原子燃料和海军鱼雷等。1976年与法国合作研制涡轮飞机和可以装备鱼雷潜艇或运载火箭的发动机。在1973年接受美国军事订货共14.2亿美元，在各大公司中居第二位。

不断改革管理体制

由于通用电气公司经营多样化，品种规格繁杂，市场竞争激烈，它在企业组织管理方面也积极从事改革。20世纪50年代初，该公司就完全采用了"分权的事业部制"。当时，整个公司一共分为20个事业部。每个事业部各自独立经营，单独核算。以后随着时间的推移和企业经营的需要，该公司对组织机构不断进行调整。1963年，当波契（Boych）接任董事长时，公司的组织机构共计分为5个集团组、25个分部和110个部门。当时公司销售正处于停滞时期，5年内销售额大约只有50亿美元。到1967年以后，公司的经营业务增长迅速，几乎每一个集团组的销售额都达16亿美元。波契认为业务扩大之后，原有的组织机构已不能适应，于是把5个集团组扩充到10个，把25个分部扩充到50个，把110个部门扩充到170个。他还改组了领导机构的成员，指派了8个新的集团总经理、33个分部经理和100个新的部门领导。同时还成立了由5人组成的董事会，他们的职责是监督整个公司，并为公司制定比较长期的基本战略。

新措施——战略事业单位

在20世纪60年代末，通用电气公司在市场上遇到威斯汀豪斯（Westing House）电气公司的激烈竞争，公司财政一直在赤字上摇摆。公司的最高领导为力挽危机，于1971年在企业管理体制上采取了一种新的战略性措施，即在事业部内设立"战略事业单位"。这种"战略事业单位"是独立的组织部门，可以在事业部内有选择地对某些产品进行单独管理，以便事业部将人力物力能够机动有效地集中分配使用，对各种产品、销售、设备和组织编出严密的有预见性的战略计划。这种"战略事业单位"可以和集团组相平；也可以相当于分部的水平，例如医疗系统、装置组成部分和化学与冶金等；还有些相当于部门的水平，如碳化钨工具和工程用塑料。通用电气公司的领导集团很重视建立"战略事业单位"，认为它是"十分有意义的步骤"，对公司的发展是一个"重要的途径"，1971年，该公司在销售额和利润额方面都创出了纪录。从该公司60年代到70年代中迅速发展的情况看，这项措施确乎也起了不少作用。从1966年到1976年的11年中，通用电气公司的销售额增长了1倍，由71.77亿美元增加到156.97亿美元；纯利润由3.39亿美元增加到9.31亿美元。同时期内的固定资产总额由27.57亿美元上升到

69.55亿美元。

重新集权化——执行部制

20世纪70年代中期,美国经济又出现停滞,于1972年接任为通用电气公司董事长的琼斯(Jones),担心到80年代可能会出现比较长期的经济不景气,到1977年底他又进一步改组公司的管理体制,从1978年1月起实行"执行部制",也就是"超事业部制"。这种体制就是在各个事业部上再建立一些"超事业部",来统辖和协调各事业部的活动,也就是在事业部的上面又多了一级管理。这样,一方面使最高领导机构可以减轻日常事务工作,便于集中力量掌握有关企业发展的决策性战略计划;一方面也增强了企业的灵活性。在改组后的体制中,董事长琼斯和两名副董事长组成最高领导机构执行局,专管长期战略计划,负责和政府打交道,以及研究税制等问题。执行局下面设5个"执行部"(即"超事业部",包括消费类产品服务执行部、工业产品零件执行部、电力设备执行部、国际执行部、技术设备材料执行部),每个执行部由1名副总经理负责。执行部下共设有9个总部(集团),50个事业部,49个战略事业单位。各事业部的日常事务,以至有关市场、产品、技术、顾客等方面的战略决策,以前都必须向公司最高领导机构报告,而现在则分别向各执行部报告就行了。这5个执行部加上其他国际公司,分别由两位副董事长领导。此外,财务、人事和法律3个参谋部门直接由董事长领导。

建立网络系统

通用电气公司在企业管理中广泛应用电子计算机后,建立了一个网络系统,大大加速了工作效率。这个网络系统把分布在49个州的65个销售部门、分布在11个州的18个产品仓库,以及分布在21个州的40个制造部门(共53个制造厂)统统连接起来。在顾客打电话来订货时,销售人员就把数据输入这个网络系统,它就自动进行下一系列工作:如查询顾客的信用状况,并查询在就近的仓库有无这种产品的存货,在这两点得到肯定的回答以后,这个网络系统就同时办理接受订货、开发票、登记仓库账目,如果必要,还同时向工厂发出补充仓库存货的生产调度命令,然后通知销售人员顾客所需货物已经发货。这全部过程在不到15秒钟的时间内即可完成。还有一点值得注意的是,除了办事速度快以外,这个网络系统实际上已把销售、存货管理、生产调度等不同的职能结合在一起了。

科研组织体制

同样,美国通用电气公司也非常重视科研工作,而且已有悠久的历史。从公司成立后的第二年,就有一位德国青年数学家斯坦梅兹搞科研工作,1900年即成立实验室。据1970年《美国工业研究所》报道,该公司共有207个研究部门,其中包括一个研发中心,206个产品研究部门。共有科研人员17 200余人,占公司职工总人数的4%。1973年通用电气公司共有31 000名获得技术学位的专业人员,其中半数以上从事研发工作。1972年,公司科研总费用超过8亿美元,其中3亿美元由本公司承担,5亿美元主要用于和美国政府订立合同的研究与发展工作上。

通用电气公司的科研工作分为基础理论和应用研究两个方面。它的研发中心从事这两方面的工作，而着重于基础理论研究，为全公司服务，同时对各行业共性的一些课题进行联合研究。这个研发中心的前身是该公司在 1900 年成立的一个实验室，也是美国从事基础研究的第一家工业实验室。它的创始人是美国麻省理工学院的一位青年化学家怀特纳和通用电气公司的两名技术人员。这个实验室的早期研究工作主要是在电灯泡、X 射线管、闸流管及有关的化学、冶金方面进行基础研究。在两次世界大战中，这个研究实验室研究战争中使用的通讯和雷达装置。第二次世界大战末期，研究实验室的研究人员扩充到 600 多人。1968 年，这个研究实验室正式命名为研发中心，到 1973 年共有工作人员 17 000 人，其中 325 人是物理学博士。目前，由公司的一名副总经理兼任研发中心的主任。这个研发中心下面设两个研究部：即材料学与工程部(分 4 个研究室)以及物理科学与工程部(分 5 个研究室)。此外有 3 个行政管理部：(1)研究应用部，下设对外联络、计划分析、人事研究、情报研究等 4 个科室，负责将研究成果迅速推广到公司的各个生产部门，并在通用电气公司以外建立广泛的技术联系；(2)研究管理部，负责管理实验工厂及服务站，领导财会科、设备科和福利科；(3)法律顾问部，由 11 人组成，负责对专利的审议，发明的评价和专利应用方面的法律事务。此外，公司的 206 个产品研究部门则一般设在产品生产厂附近，研究人员大致在几十人到数百人之间，重点放在应用研究方面。

◎ 讨论题

请用组织的基本理论说明通用电气公司组织管理的科学性。

【本章学习目标】

通过本章学习,你应该了解:

1. 什么是知觉? 为什么对同一个事物,不同的人会有不同的理解?
2. 归因是如何影响个人行为和管理行为的?
3. 态度是如何形成的? 组织中员工的工作满意度、工作参与度与组织认同感的重要性。
4. 价值观的形成与变化,如何区分工具价值观与终极价值观?
5. 能力的类型及其对工作绩效的影响。
6. 个体决策过程与决策模型。

预习案例

个体差异

在美国西部一家有几百名雇员的小型航空设计公司,领导者总是对使用先进的管理技术和拥有这种意识而自豪。最近,该公司已采取措施创造一种"高业绩"工作文化,强调团队合作、重新策划工作过程和对一个"无界限"组织观念的承诺。航空设计公司采取了"跨界限团队合作"的措施,即公司的任何人都不敢随便说"那不是我的工作"——每个个体的责任都扩展到要帮助他人完成任务,无论任务是什么。团队合作概念和责任的扩大对雇员的态度和行为产生了有趣的影响。航空设计公司的两名团队领导人安娜和戴维对他们在团队成员身上观察到的一些差异而迷惑不解。安娜说:"今天又出事了,艾米大发脾气并扬言要辞职,这已是本周以来第四次了。自从我重组了设计团队后,她就不能和团队和睦相处。但是,另外还有一个疑惑之处。雷丽在最后一项任务中表现平平,但她在你的设计工作中很快表现出色。她告诉我她确实喜欢重组的工作方式。使我疑惑的是艾米和雷丽有相似背景,她们都是很有才能的人并喜欢同一类型的设计工作,然而面对我们新的团队结构,她们的反应方式是很不同的。"

"我明白你的意思,"戴维回答说,"特里也一直如此。一点点小事就会使他变得怪怪的,这使我很困惑。他以前是我最好的团队队员,但现在他的确不能与任何人相处。"

"说到困惑,"安娜说,"这还有一个例子。凯特在我们搞的最新计划之前表现相当一般,而现在已成为一名真正的明星。这些变化究竟是为什么? 是什么能够驱使某些人的行为朝不同的方向发展?""我与瑞丽和汉娜也有同样的经历,"戴维回答说,"我想你还没有见过他们,自从我们上次召开部门会议以来,他们俩就加入了我的团队。无论如何,我的两个新人确实对新文化和他们新增加的责任做出了良好反应。他们似乎很适应这一切。"

"还有一点，"安娜说，"对我们的新思想和措施的各种反应，使我想知道我是否真的了解人类。我们的处境相同，为什么在行为上却有如此大的差异？"

人们对于组织变革通常会有不同的反应，对于同一事物，不同的人会有不同的知觉感受。管理者和普通员工都必须理解和领悟个体间的差异，以了解人们在复杂的社会环境中的行为。个体差异是指人们在许多方面的不同。

组织行为学在很大程度上是对组织中各不相同的人员的心理行为规律的系统研究。组织中的人都具有两重性，既是普通人，又是组织人。作为普通人，他们跟其他任何人一样是独立完整的个体，有着自己的欲求、情感、意识、理想等；而作为组织人，他们受其所在的组织的影响，其心理与行为又表现出明显的群体化和社会化的特征。本章就是从个体着眼，分析个体的人在社会和组织环境中形成的心理行为系统，包括个体的感知、行为规律、价值观、态度、能力等以及与之相关的管理意义。

第一节　知觉与归因

一、感觉与知觉

人对外界事物的一切认知和反应都是首先从感觉开始的。个体的一切心理活动可以说都源于其感知活动，更确切地说，人们生活在他们自己的感知世界中。人们的行为是建立在其对现实的感觉和知觉基础上的，没有两个人用完全相同的方法感知同一情境。认识到员工和管理者的感知世界和组织现实之间的差异，对理解组织行为是重要的。

（一）感觉

感觉（sensation）是事物刺激感觉器官后，在人的大脑里形成的直接反应，是感觉器官传送到大脑的有关刺激源的信息，能够从某一方面在一定程度上反映产生刺激的事物。

感觉的产生几乎都要经过如图 2.1 所示的过程。

```
┌────────┐      ┌────────┐      ┌────────┐      ┌────────┐
│ 事物作用 │ ───→ │ 感官刺激 │ ───→ │ 神经冲动 │ ───→ │ 大脑感觉 │
└────────┘      └────────┘      └────────┘      └────────┘
```

图 2.1　感觉的产生过程

一般地讲，感觉过程至少要包括图 2.1 中的各环节，缺少其中任何一个环节，感觉都不成立。首先，要有事物作用于感觉器官并产生刺激。这种刺激还必须在一定的范围内，并且具有一定的强度，否则仍然形成不了感觉。刺激的这一范围与强度就是感觉阈限。由于感觉刺激一般都必须具备这两方面因素，即强度和范围，所以我们可以用曲线来表示感觉阈限，图 2.2 和图 2.3 是视觉阈限和听觉阈限的曲线图。

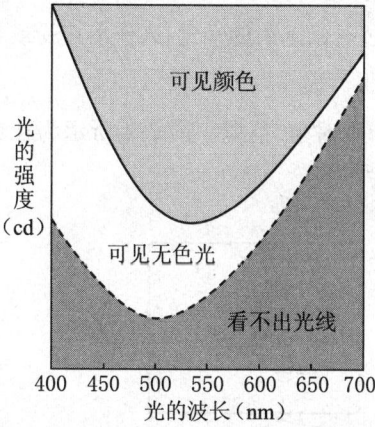

注：虚线表示对于每一波长看到无色光时所需要的最小强度；实线表示对于每一波长看出颜色时所需要的最小强度。

图 2.2　视觉阈限

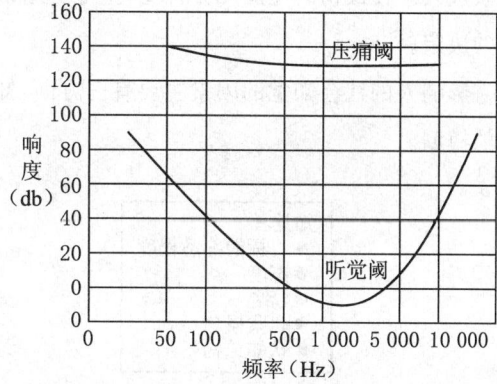

注：图中两条曲线所包围的范围是正常人听觉范围，它主要是由频率和响度所决定。

图 2.3　听觉阈限

其次，要有感官接受刺激，并且将这些刺激(物理刺激或化学刺激)转变成神经冲动。然后，这些神经冲动必须以脉冲的方式通过传入神经传送到大脑，来自不同感官的神经冲动被输送到大脑的不同投射区里。在那里，神经冲动被转变成各种感觉。

从这一感觉形成的过程可以看出，一切感官刺激，无论是产生视觉、听觉、肤觉等物理刺激还是产生味觉、嗅觉等化学刺激，都要转换成神经冲动传入大脑，然后在大脑的不同投射区里再转变成不同的感觉。

这一感觉形成过程揭示出，产生刺激的事物、感官刺激、神经冲动以及大脑感觉之间有密切的联系，但不是完全同一的。事物能产生刺激，但神经冲动和感觉并不等于感官刺激本身。总之，感觉是事物通过感官传达到大脑的信息，通过这些信息，大脑能在一定程度上了解和认识该事物，但不能认为这个信息就等同于该事物。

(二) 知觉和社会知觉

知觉(perception)是个体为了对他们所在环境赋予意义而组织和解释感觉印象的过程。此种反应是个体以已有的经验为基础，对环境事物作出的主观解释。知觉虽以感觉为基础，但远较感觉为广，而且不以现实环境中的刺激为限。知觉经验的获得，常常是多种感觉统合，甚至在统合中也包括了当时的心情、态度、动机、兴趣以及过去的经验和期待。因此，知觉是纯心理性的，对同一引起知觉的刺激情境，表现在各个人的知觉判断上，往往有很大的个体差异。

社会知觉(social perception)是解读关于他人的信息的过程。事实上,所有的管理活动都要依赖知觉。在评估工作绩效时,管理者将他们对员工行为的知觉作为评估的一个依据。招聘面试是最能体现知觉重要性的情境。第一次面试通常简短,主考官往往会在一天中面试许多候选人。在最初的短短几分钟里,主考官通常都是通过对候选人的知觉,来作出接受或者拒绝的决定。

影响人的社会知觉的因素主要有三方面:知觉者、知觉对象、情境。图 2.4 所示为社会知觉的模型。

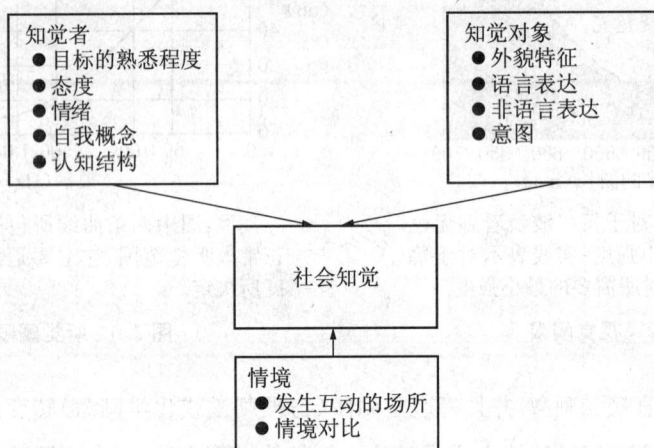

图 2.4　社会知觉模型

1. 知觉者

知觉者的许多特征可以影响社会知觉。首先是对目标的熟悉程度,如果很熟悉一个人,对他/她的印象就会建立在许多观察资料之上。如果通过观察获得的信息是正确的,对那个人就可能有一个正确的知觉。然而,熟悉并不总意味着准确。有时,对一个人太熟悉,则可能会漏掉一些信息,因为那些信息反映出来的东西与知觉者所认为的那个人该是什么样不一致。

其次,知觉者的态度也会影响社会知觉。比如,一个领导对两个下属,一个是他喜欢的或有些偏爱的,一个是他不喜欢的甚至有些偏见的。如果这两个下属犯了同样的错误,那领导可能对前者采取宽容、谅解的态度,并尽可能把他往好处想;而对后者则可能严厉有加,把他往坏的方面想。

再次,情绪也会对人的社会知觉产生很大的影响。人在高兴和忧郁的时候,想法是不一样的。当个体处在积极和快乐的情绪时,对他人会形成更加积极的印象;而当处在消极和苦闷的情绪时,则容易给他人不利的评价。

影响社会知觉的另一个因素是知觉者的自我概念。有积极乐观的自我概念的人会注意到他人身上的良好品质。相反,消极悲观的自我概念可以导致一个知觉者看到他人身上消极的特征。对自我更深入的了解,使人们可以对他人有更准确的认知。

认知结构即个体的思维模式也会影响社会知觉。有些人喜欢观察他人的外表物理性特征,如身高、体重、外貌等;而另一些人则喜欢关注核心特质或性格倾向。认知的复杂性使人们能够更多地知觉其他人身上的各种特征,而不是只注意少数几个特征。

2. 知觉对象

知觉对象的不同特征也会影响到知觉内容。在对他人或实物的知觉中,物理特征起了很大的作用。一个说话大声的人,一个穿着奇装异服的人,一个非常高大的人,或者一个特别活跃的孩子都很容易引起别人的注意。体貌的吸引力通常会改变人们对一个人的整体印象。面试时主考官会给外表优美、衣着得体的候选者更高的评分。

语言表达可以传达很多关于知觉对象的信息。倾听他们谈论的话题、他们的语音语调和他们的口音,并据此对他们作出判断。非语言表达也可以传达许多关于知觉对象的信息。目光的接触、面部表情、姿态、身体动作等都可以被知觉者破译,从而建立对知觉对象的总体印象。一般情况下,面部表情几乎具有全球通行的含义。来自不同文化背景的人,可以用同样的理解来识别和解释各种表情。但也有一些非语言的信号在不同的文化背景下具有截然不同的含义。一般人的"OK"手势都表示对他人"赞同"或"赞许"的意思,在南美却被认为是一个侮辱性的手势。

知觉者可以通过对知觉对象的行为进行观察,以此来推断其意图。例如,一个企业在一段时间里突然有几个人连续"跳槽",人们可能会认为这几个人是事先"串通"好,有"预谋"的。而也许他们的"跳槽"是巧合。在任何情况下,知觉者对知觉对象意图的解释,都会影响知觉者对知觉对象的看法。

3. 情境

知觉者和知觉对象发生互动的场所,即所处的社会情境则是影响知觉的主要因素。例如,在海滩上,看到一群身着泳装的女孩,大家会觉得很自然,而如果她们穿着泳装走在繁华的大街上,就容易引起人们的注意和非议,甚至成为一条新闻。这不是知觉者和知觉对象发生了变化,而是情境不同,使人们知觉感受发生了变化。

情境对比也是影响人的知觉差异的原因之一。一个普通身高的人站在巨人如林的篮球场上,会让人感到特别矮小。在安静的剧院里,即使是低声咳嗽、小声说话也使人觉得刺耳。这都是由于情境对比产生的反差,给人的知觉带来不同的感受。

人的知觉是知觉者、知觉对象和情境因素相互影响、相互作用的结果,是人的主观意识对客观事物的综合反映。人的知觉会存在相当的局限性,各种障碍影响人们正确地知觉他人。

(三) 社会知觉障碍

　　使人们无法对他人形成正确印象或看法的因素有很多,其中主要有以下 6 种障碍:选择性知觉、刻板印象、晕轮效应、对比效应、期待效应、投射。

1. 选择性知觉

　　选择性知觉(selective perception)是指个体选择那些支持自己观点的信息的倾向。个体常常会忽略那些使他们觉得不舒服或者威胁到他们观点的信息。例如,一个老板在评估其下属销售员的业绩时,如果一个销售员与同事相处不太好,而且很少能按时完成销售报告,但这个员工却是销售部完成销售量最多的人。这时,老板也许会忽略掉那些负面信息,而只选择以销售量作为评估销售人员的依据。这个老板就是在使用选择性知觉。

2. 刻板印象

　　刻板印象(stereotype)是对一组人的归类。刻板印象可将关于他人的信息减少到一个可操作的水平,可以有效地汇集和使用信息。刻板印象可以是正确的,但在大多数时候却是不正确的。如果刻板印象太僵化,或者建立在错误的信息之上,就不会有效。

　　在多元化的组织里,组织成员常常对共事的外籍员工有刻板印象,而不是在形成印象之前试着去了解他们。人们常常想当然地认为,来自发达国家的团队成员素质高,而来自不发达国家的团队成员学识不够。又如,人们总是假设,有魅力的人同样也是热情、亲切、敏感、泰然自若、独立、开朗、强悍的。而事实上有魅力的人并非都是这样。

3. 晕轮效应

　　晕轮效应(halo effect)是一种以点盖面的思想方法,以他人的某一特征如智力或外貌为基础,而形成一个总体印象。比如,一名教师可能知识丰富、水平很高,工作也很认真,但他的风格不够热情,则学生可能对这位教师的其他特点也会评价不高。管理者通常也会挑出某一特征用以评价员工的所有其他工作。晕轮效应就像一个光环遮住了知觉者应评价的、能帮助形成对他人的完整准确的印象的其他信息特征。中国有句老话,"情人眼里出西施",一对热恋中的恋人,双方由于感情的因素在起作用,因而关注对方时,往往放大对方的优点而忽略对方的缺点,这就是一种晕轮效应。

4. 对比效应

　　对一个人的评价并不是孤立进行的,而是受到人们最近接触到的其他人的影响,这就是对比效应(contrast effect)。在对一批应聘者进行面试时可以明显看到对比效应的影响。对任何一名候选人来说,评估的失真可能是他在面试中所处的位置带来的结果。如果排在该候选人之前的是个极为普通的应聘者,则可能会更利于对他的评估;如果排在他之前的是个非常出色的应聘者,则可能不利于对他的评估。

5. 期望效应

有时人们的期望影响了与他人交往的方式。期望效应（expectation effect）也称皮格马利翁效应（Pygmalion effect），以古希腊神话中的雕塑家皮格马利翁命名。①管理者对员工的期望，既会影响其对员工的行为，也会影响该员工的反应。举例来说，假设你对一名员工有一个初始印象，认为他具有较强的业务潜质，你可能会花很多时间对他进行指导和咨询，给他分派具有挑战性的任务，并且为了成功而培养他。而如果你对一名员工最初的印象一般或较差，对他的态度和行为可能不同，结果也可能完全相反。

6. 投射

投射（projection）就是人们把自己的特征视为他人的特征的倾向。人们把自己的感觉、人格特征、态度或动机投射到他人身上。如果你是个诚实可信的人，你会想当然地认为别人也同样是诚实可信的。这可能会使人的知觉失真。

由于人的需要、动机、经验、知识、兴趣和期望不同，对知觉对象的选择组织、理解感受和反应解释也不同。这就是为什么对同一事物，不同的人有不同的知觉感受。作为管理者既要防止自己对员工的知觉偏差，同时也要认识到，员工也是根据知觉而不是客观现实作出反应的。当知觉歪曲或不准确时，人们会作出以组织的观点来看是不适当或不受欢迎的行为。管理者要想更好地实现组织目标，必须保证组织成员正确地感知信息，准确理解组织对他们的期望。

二、归因：知觉行为的原因

归因理论（attribution theory）是美国心理学家海德（Heider）在有关社会知觉和人际关系理论的基础上发展起来的，是属于社会心理学的内容。归因理论是指人们理解他们自己和他人的行为原因的方式。在对他人的知觉过程中，归因起了重要作用。对某人行为的归因可能影响对个体根本特征或特质的判断。

管理者和员工就行为原因作出的归因对理解组织行为是很重要的。例如，把不良绩效直接归因于下属员工的管理者，比把它归因于其员工无法控制的具体情况的管理者更易产生惩罚行为。如果管理者认为下属未能正确履行任务是因为他缺乏适当培训，则会给该下属更好的指导或培训。而如果管理者认为下属出了差错是因为他没有努力，可能会十分愤怒。

对同样后果的行为反应存在如此戏剧性的差异，这可能是由于对情境知觉和归因造成的。例如，表2.1列出了当员工被老板正面知觉和负面知觉时管理行为的一些差异。下面进一步考查归因过程，会更清楚地看到归因与行为的可能关系。

---

① 传说皮格马利翁雕塑了一尊女性的塑像，虔诚地祈祷能让塑像变成有生命的活人。结果，他的愿望竟然实现了，塑像真的活了。

表 2.1　对绩效的知觉差异引起的可能结果

老板对知觉为高绩效者的行为	老板对知觉为低绩效者的行为
● 讨论项目的目标,给下属选择解决问题或达到目标的方法和自由 ● 把错误或不正确的判断视为应给予学习机会 ● 开放地接受下属的建议,征求下属的意见 ● 给下属有趣的或有挑战性的任务 ● 当有不同意见时往往遵从下属的意见	● 当讨论任务和目标时给予直接的指导 ● 对错误和不正确的判断密切关注,迅速指出下属做错了什么 ● 不大注意下属的建议,很少征询下属的意见 ● 给下属委派常规工作 ● 有不同意见时通常强化自己的观点

现实生活中,人们总是试图对影响人的行为的心理因素作出解释,包括外部原因和内部原因。换言之,归因可以分为内部责任来源(在个人的控制之下)或外部来源(在个人控制之外)。假设一个学生在一次考试中获得了好成绩,可能会被认为他学习努力或是天资聪颖。学习努力是一种个人控制之下的内部来源,天资聪颖则是个人控制之外的外部来源。

不同个体有不同的归因模式。如果一个人事业上的成功或失败,假定以"晋升"为衡量尺度,那么它显然受到多种因素的影响:个人的努力、才能、机遇、任务的难易等。个人努力和能力被视为内因,机遇和任务的难易则是外因。在特定的情况下,究竟何为导致结果的主要原因,则在很大程度上取决于归因的视角。成就导向型的个体将自己的成功归结为能力,而将失败归结为不够努力,这些都是内部归因。也有人将成功与失败更多地归因于机遇或领导的赏识等外部原因。

在归因理论中还有一项十分有趣的发现,即人们常常存在归因失真的错误或偏见。例如,在评价他人行为时,通常会倾向于低估外部因素的影响而高估内部或个人因素的影响,特别是出现问题时,容易将其归因于个人努力不够或能力不行,而忽略环境条件的影响。但在评价自己时,则往往倾向于把自己的成功归因于内部因素如能力或努力的结果,而把失败归因于外部因素,如环境条件太差或运气不好等。赫兹伯格的"双因素理论"中关于工作满意度的研究也证明了这一点,即人们通常把导致满意的原因,如成就、认可、晋升、成长等归因为内因;而把导致不满意的原因,如公司环境和政策、监督、与下属的关系、地位等归因于外因。因此,要认识到,当对员工的工作绩效作出评价和反馈时,很可能被接受者所歪曲理解,这取决于反馈是积极的还是消极的。

新闻中的组织行为学

将网络妖魔化,会给孩子带来很大心理压力

最近,中国青少年网络协会公布的《中国青少年网瘾数据报告》引发了社会各界的关注,一些惊心骇人的数字令"罪大恶极"的网络再一次成为众矢之的。多数媒体列举案例,把青少年刑事犯罪完全归因于迷恋网络;家长老师也一致痛斥差生都是上网者。已经对网络成瘾问题进行了多年学术研究的北京师范大学教育学院李宜嵘老师说,我国青少年网络成瘾问题虽然日益严重,但将网络妖魔化并不能解决问题,反而会产生不良的影响。

网瘾者会有一种矛盾情绪,他们长期处在一种因为习惯失调和失去自制力产生的自责与负罪感中。将网络"妖魔化"无疑使得他们的这种负罪感加深,并深入到道德层面。青少年因为网络成瘾而自杀的案例时有发生,这正是孩子由于负罪、自责和其他心理压力到了无法排解的地步而作出的极端行为。

李宜嵘老师说:"对网络或网络游戏危害的妄加渲染和夸大并无益于解决问题,只会产生更加不利的影响。我们应该理性地看待网络及网络游戏,正确地归因,从容地对待并积极地给予孩子全方位的帮助。对孩子的爱比对网络的恨更有利于让孩子摆脱网瘾!"

对一个人的行为归因,对管理有着重要的意义。有什么样的归因假设,管理者就会采取相应的管理对策。此外,通常人们认为,如果一个人的行为出自内部原因,那么他就应对行为后果负主要责任;如果出自外部原因,则他不应该对行为后果承担主要责任。判断一个人行为是内因还是外因,主要取决于三大因素:一贯性、一致性和区别性。

一贯性是指一个人的行为在不同时间里和相同的场合下都表现为相同的行为特征。一致性是指如果每个人在相同的情境下都有相同的反应,该行为就具有一致性。区别性是指个体在不同的情境下表现出不同的行为。

比如,某个员工平时上班总是很准时,突然有一天迟到,人们会归因于外因,天气恶劣或交通堵塞;而一个经常迟到的员工,即使由于同样的原因迟到,人们仍倾向于归因于内因。因为从两个员工一贯表现看,对前者的迟到会视为"反常"现象即区别性;而对后者,则会认为,无论如何,他总是会迟到,天气或交通不足以成为判断其行为的区别性因素。但假如,今天所有走相同路线的员工都迟到了,那么该行为就具有了一致性,人们就可能将迟到的原因归于外部原因。

第二节　态度与价值观

知觉和归因影响个体差异及其行为倾向。一个人的态度和价值观对其行为起着更为重要的作用。

一、态度

态度(attitude)是评价对某个特定的人或事物喜爱或不喜爱的心理倾向。人们对许多人和事物都有喜爱和不喜爱的反应:某领导人、工作伙伴、动物、自己的形象、政治纲领等。

态度与行为紧密联系。管理者常会说某员工"态度不好",并且要与该员工进行"端正态度"的谈话。通常,管理中存在的缺乏激励、反馈、信任或其他问题会导致员工产生消极态度,消极态度又会造成不良的工作业绩。对于管理者而言,了解态度的前因后果非常重要。此外,管理者还需要了解态度的组成要素有哪些,态度是如何形成的,影响工作行为的主要态度有哪些,如何通过说服来改变态度,等等。

(一) 态度的来源和构成

态度是通过学习获得的,并且是不太稳定的。人们小时候通常会模仿自己崇拜的、尊敬的人的态度,而长大后随着自己的经验和实践的增长,可能会改变原先的态度。个体对问题和他人的反应一直在进化、发展。态度的两个主要影响因素是直接经验和社会学习。

对人或事物的直接经验会对个人的态度产生强有力的影响。如一个学生喜欢物理,或者讨厌数学,很可能是他从学习这些科目的直接经验中形成的态度。来自直接经验的态度比来自间接经验的态度更强烈、更执着,也更不易改变。[①]

在社会学习中,家庭、同龄人群以及文化等,都以非直接的方式塑造了个体的态度。当儿童表现出与正确的态度相一致的行为时,家长会给予强化,这样他们就学会了接受这些特定的态度。这一点从非常小的孩子就表现出与父母相似的政治倾向中可以很明显地看出。来自同龄人群的压力也塑造了态度。集体通常会接受那些态度受欢迎的人,而冷落或拒绝那些态度不受欢迎的人。

真正的社会学习是通过榜样来学习。个体仅仅通过观察他人来获得态度。观察者可能无意中听到别人表述了一个观点,或者看到他们正在从事反映了某个态度的行为,这个态度就被观察者所接受。文化也影响着人们对许多事物的态度。如欧洲对休假的态度是,休长假对健康和工作业绩都有重要意义。中国人则通常都主张做事不要太张扬,因为"枪打出头鸟"。

态度是在人和事物的评价性反应基础上产生的,由认知、情感、行为三部分构成:

认知(cognition)是指对人或事物的一种价值陈述,是由个体所持的信念、观点、知识或信息组成的。如"我看这件事恐怕没那么简单"、"我相信中国的航天技术是处于前沿的"都是带有个人倾向性的价值陈述,反映了态度的认知要素。

情感(affection)则是个体对某人或事物的感情、情操、心境和情绪。这也是左右一个人的

---

① 转引自黛布拉·L. 纳尔逊(Debra L. Nelson)、詹姆斯·坎贝尔·奎克(James Campbell Quick):《组织行为学——基础、现实与挑战》,中信出版社 2004 年版,第 114 页。

态度并导致其行为的关键。如"我喜欢这个"、"我喜欢那个"之类的表达,就反映出了态度的情感因素。

态度的行为(behavior)成分是指以某种方式对某人或某事物作出赞赏或反对的意向。态度的行为要素是通过观察行为,或者询问关于行为和意图的问题来测量的。例如,对女性管理者的态度,可以通过观察人们在女性领导者面前的行为表现而推知。有人可能是支持的,也有人可能是被动的或者是敌对的,依其态度而定。

(二) 态度的类型

一个人可以有许许多多种态度,但组织行为学主要关注数量有限的与工作相联系的态度。对工作的态度非常重要,因为它会直接或间接地影响工作行为。对工作态度的研究主要集中在工作满意度、工作参与度和组织认同感三种态度。

1. 工作满意度

工作满意度(job satisfaction)是由一个人的工作评价或工作经验所产生的愉快或积极的情绪状态。工作满意度既被视为一般的态度,又被视作对 5 个特定工作维度的满意程度,即报酬、工作本身、提升机会、组织管理和同事。表 2.2 所示为不同工作维度对工作满意度的影响。

一个人可能对工作的不同方面持有不同的态度。例如,一个员工可能会喜欢他的工作职责,但却对提升机会不满意。个体的特点也会影响工作满意度。有消极情绪的人更可能对工作不满意。有挑战性的工作、高价值的回报、提升的机会、良好的管理和愿意提供支持的同事等等,都是可以产生满意感的维度。工作满意度是一个组织员工管理状况重要的衡量指标,与员工流失率、工作积极性和工作业绩密切相关。

表 2.2　工作维度对工作满意度的影响

工作维度	工　作　满　意　度
报酬	报酬是主要影响因素,但不是报酬的绝对数额,而是分配制度和政策是否公平
工作本身	
挑战性	个体能成功地完成有挑战性的工作,这是令人满意的
生理要求	劳累的工作令人不满意
个人兴趣	个人感兴趣的工作令人满意
提升机会	在工作中获得个人发展和提升的机会是令人满意的
组织管理	个体对具有能帮助他们获得奖励的决策和做法的组织满意
	个体对角色冲突、角色混乱的组织不满意
同事	个体对那些能帮助他们获得奖赏的上级、同僚及下属产生满意感,同时对与自己观点一致的人也会有满意感

2. 工作参与度

工作参与度(job involvement)是指一个人在心理上对他的工作的认同程度,并将工作绩效视为其价值观的反映。人们通常所说的"人到了,心没到",就是指一个人的工作参与度不高。而通常所说的"调动员工积极性"实质上就是改善个体对工作的态度,增加工作参与度。工作参与度与缺勤率和员工流动率相联系。一般来说,对工作持积极和认同态度的员工,往往工作参与度高,出勤率高,离职率低。反之,出勤率低,员工离职率也高。调动员工的积极性,首先要从改善态度、提高工作参与度着手。

3. 组织认同感

组织认同感(organizational commitment),或称组织承诺,是指员工对特定组织及其目标的认同,并希望维持组织成员身份的一种状态,通常表现为员工是否以自己是该企业(组织)的一员而感到光荣和自豪。高工作参与度意味着一个人对特定工作的认同;高组织认同感则意味着对于所在组织的认同。

与工作参与度类似,组织认同感与缺勤率和员工流失率呈负相关。事实上,员工的组织认同感是预测流动率的更好指标,虽然人们过多地用工作满意度作测量指标。原因可能在于,组织认同感是对组织整体的更全面更长久的反应。一名员工可能对他的工作不满意,并认为这是暂时的现象,然而并不对组织的整体感到不满意。但是当不满意蔓延至组织本身时,员工更可能考虑流动。见表 2.3。

表 2.3 态度调查示范

请根据下面列出的分数等级评估每一项陈述:

5＝非常同意
4＝同意
3＝不确定
2＝不同意
1＝非常不同意

陈述

1. 这家公司是个非常不错的工作场所;
2. 在这里只要我努力就能成功;
3. 与其他公司相比,这里的薪酬水平很有竞争力;
4. 在这里,员工的晋升决策很公平;
5. 我知道公司提供了各种各样的福利政策;
6. 这份工作能够使我人尽其才;
7. 我的工作很有挑战性但并非无法接受;
8. 上司对我十分信任;
9. 我可以很坦率地告诉上司自己的想法;
10. 我知道上司对我的期望是什么。

二、价值观

个体差异的另一来源是价值观(value)。与态度相比,价值观存在于一个更深的层次里,而且价值观在本质上也更加普遍,更具有基础性。人们用不同的价值观来评估自己或他人的行为。价值观是一个人对事物的总的看法和评价尺度。它代表了一系列信念:从个人或社会角度来看,某种具体行为类型或存在状态比与之相反的行为类型或存在状态更可取。

价值观包括内容和强度两种属性。内容属性告诉人们某种方式的行为和状态是重要的;强度属性则表明其重要的程度。当人们根据强度来排列一个人的价值观时,就可以获得一个人的价值体系(value system)。比如,"人不为己,天诛地灭","人人为我,我为人人"和"毫不利己,专门利人"就代表了三种截然不同取向的价值观。再比如,"生亦我所欲也,义亦我所欲也;二者不可兼得,舍生而取义者也",说的就是在有价值的几种东西中,对个体来讲哪个相对重要性更大,就会作出哪样的选择。这种在个体心目中对事物看法的主次、层级的评价和选择,就是价值观体系。价值观和价值观体系是影响个体行为的核心因素之一。

(一) 价值观的形成

一个人价值观的形成主要受家庭、学校教育、民族文化、朋友以及其他环境因素的影响。一个人的价值观很大一部分是在早年从父母亲、老师、朋友和其他人那里获得的。一个人关于对错、好坏、美丑等的许多早期观点,是受父母所表达出来的观点影响而形成的。随着年龄的增长,一个人价值观更多受到学校教育,特别是教师和同学的影响。在这样的群体中,一些为当时社会意识形态所公认的价值准则被灌输给学生,如诚实、正直、勤奋、平等、合作等等。但更多的时候这些价值观体系是通过故事、传说和英雄人物传递的。每个时代都有该时代的价值取向,都有时代英雄。通过学校教育、社会舆论、大众传媒以及其他文化要素的综合作用,使之成为社会主流的价值观,并深刻影响一代人的价值判断和选择。

作为社会文化的一部分,价值观对人行为的影响是稳定的和持久的。比如,我们从小被教育要勤俭、诚实、尊老爱幼,读好书做个成功者被认为是优良的行为,"学而优则仕","万般皆下品,惟有读书高";而懒惰和无所作为则为社会不齿,"少壮不努力,老大徒伤悲";做人要有气节,"富贵不能淫,贫贱不能移,威武不能屈"等等。这些经过很长时间形成的特定价值观,在岁月的长河中不断得到强化,成为社会文化的一部分,从而深刻地影响着人们的行为。价值观一旦形成就具有相对稳定性,并且在同一时代的人身上具有明显的一致性。但这种社会价值评价系统并不是一成不变的,随着社会的发展进步,也会出现变化。

中国改革开放前后的社会价值取向就发生了明显的变化。20世纪五六十年代参加工作的人,对组织有强烈的认同感和归属感,集体主义占主导地位,尊崇权威、敬业、听话是共同的特征。60年代到70年代末,由于受到"文化大革命"的影响,传统的价值观受到质疑,但追求个人利益的价值取向仍不被社会主流的价值观体系所承认。80年代是中国社会价值观体系变化最大的时期。个人成长和发展的需要开始受到重视,追求过好日子和扩大民主、自由成为公众的普遍祈求,社会价值取向趋于多元化。90年代以后,随着经济的高速发展和全球化的影响,年轻一代更加注重生活质量和工作带来的愉悦性,职业选择也更加灵活。收入、成长和发展机会、对工作的喜爱成为最主要的择业标准。而职业的稳定性和对组织的忠诚似乎不再被看重。

不同的个体价值观往往不同,但同一时代的人,价值观却有着明显的相似性,而且较之其他文化类型,社会价值观体系是相对稳定和持久的,变化也更为缓慢。

(二) 价值观的分类

对价值观的分类方法很多,这里主要介绍奥尔波特(Allport)和罗克奇(M. Rokeach)的分类方法。①

1. 奥尔波特的分类

奥尔波特及其助手对价值观的分类是该领域中最早的尝试之一。他们划分出6种价值观类型:

(1)理论型:重视以批判和理性的方法寻求真理。这类人经常寻找事物的共同点和不同点,尽量不考虑事物的美或效用。他们的主要目标就是把知识系统化和条理化。

(2)经济型:强调有效和实用。这类人是实用主义者,完全按照商人通行的原则办事,他们主要关注生产商品、提供服务和积累财富。

(3)审美型:重视外形与和谐匀称的价值。这类人通常喜欢象征华丽和权力的漂亮勋章,反对压制个人思想的政治活动。

(4)社交型:强调对人的热爱。这类人善良、富有同情心和利他倾向,他们把爱本身看作人际关系的惟一合适的形式。

(5)政治型:重视拥有权力和影响力。这类人不一定是政治家,但在任何需要有高权力价值才能获得成功的职业或工作上会做得很好。

(6)宗教型:关心对宇宙整体的理解和体验的融合。这类人想方设法把自己与对宇宙整体的信仰联系起来。其中有些人试图与外界的现实生活脱离关系(如寺庙里的和尚);另一些人则通过宗教活动进行自我克制和反省。

奥尔波特发现,不同的工作环境下这6种价值观对人有不同的重要性。例如科学家重视理论,采购代理商重视经济价值,艺术家关注审美,社会工作者注重社交的价值,政治家偏爱政治,牧师则重视宗教信仰。这些价值中的每一种几乎都存在于人们的整体价值观之中,因而都是重要的,只不过各种价值观对某些人很重要,而对另一些人不那么重要。

---

① 参见斯蒂芬・P. 罗宾斯(Stephen P. Robbins):《组织行为学》,中国人民大学出版社1997年版,第139页。

2. 罗克奇的分类

罗克奇区分了两种类型的价值观:终极价值观和工具价值观。终极价值观(terminal value)代表所要达到的目标或者存在的终极状态,是一个人希望通过一生而实现的目标。工具价值观(instrumental value)反映了达到目标的手段;也就是说,它们代表了为达到某种终极状态而采用的可接受的行为。如表2.4所示,这两种价值观类型分别有18项具体内容。

表2.4 终极价值观和工具价值观

终极价值观	工具价值观
世界和平(没有战争和冲突)	诚实(正直、真挚)
国家安全(免遭攻击)	宽容(谅解他人)
家庭安全(照顾自己所爱的人)	乐于助人(为他人的福利工作)
自由(独立、自主选择)	自控(自律的、约束的)
快乐(快乐、闲暇的生活)	独立(自给自足、自力更生)
平等(兄弟情谊、机会均等)	服从(有责任感、尊重的)
成就(持续的贡献)	雄心(辛勤工作、奋发向上)
内心平静(没有内心冲突)	开朗(心胸开阔)
自然与艺术的美(美丽世界)	整洁(卫生、整洁)
自尊(自重)	情感/爱(温情的)
救赎(救世的、永恒的生活)	礼貌(性情好、有礼的)
友谊(亲密关系)	理性(符合逻辑)
成熟之爱(性和精神上的亲密)	责任(负责、可靠)
幸福(满足)	勇气(坚持自己的信仰)
智慧(对生活有成熟的理解)	能力(能干、有效率)
繁荣(富足)	愉快(轻松、欢快)
社会尊重(社会承认、赞赏)	智力(有知识、善思考)
振奋的生活(刺激、有活力的生活)	想象力(大胆、有创造性)

罗克奇研究发现,终极价值观中排在前几项的有世界和平、家庭安全、自由、快乐、自尊和智慧。工具价值观中排在前几项的是诚实、雄心、责任、宽容、开朗和勇气。与奥尔波特的研究发现一致,价值观在不同人群中有很大差异,但相同职业或类别的人倾向于拥有相同的价值观。

群体的价值观是较为稳定的,但个体的价值观体系却变化很大。例如,社会尊重就是一个在各人之间十分不同的终极价值观。有些人需要别人的尊重,并且不懈努力,以实现这一价值观;而另一些人,则对别人如何看待自己并不太看重。人们可能都会认为成就是一个重要的终极价值观,但在如何达到这一目标上,也许会有不同的看法。

(三) 工作价值观

工作价值观非常重要,它影响个体对正确与错误的判断,并进而影响个体的工作行为。与个体相关的四种工作价值观是成就、关心他人、诚实和公平。成就是对个人事业进步的关心,体现在努力工作,寻找发展新技能的机会等行为上。关心他人反映在富有同情心的行为上,如鼓励其他员工,帮助他人攻克难题等。诚实是指准确地提供信息,并且不肯为了个人的利益而误导他人。公平则强调公正无私,并能够考虑不同的观点。个体可根据这些价值观在自己工作和生活中的重要性,对它们进行排序。了解自己的价值观是否和组织的价值观相吻合。

虽然人们的价值观体系各不相同,但当他们在工作中具有相似的价值观时,其结果就是积极的。与领导有着相同价值观的员工,对工作更满意,对组织也更尽职。价值观对工作的选择也具有深刻影响。传统上对工作选择最具影响力的是报酬和提升的可能性。不过近年来的研究发现,另外3个工作价值观,即成就、关心他人和公平,在工作选择的决策中所发挥的影响,比报酬和提升机会更大。这意味着,组织在招聘新员工时,应该更细致全面地关注个体的价值观,以及组织所传递的公司价值观。

在全球市场环境下经营,管理者会遭遇不同文化背景下的价值观冲突。比如"忠诚"价值观在不同国家表现不一样,日本员工完全忠诚于他们的公司,在他们看来,对集体的忠诚度,甚至比家庭忠诚度和政治忠诚度更重要。而韩国人更重视对自己老板的忠诚。在美国,对家庭和其他个人的忠诚,要高于对公司或者上司的忠诚。

第三节　能力差异

能力(ability)是个人顺利完成某种工作或活动所必备的心理特征。任何一种活动都要求参与者具有相应的能力。例如,从事管理工作,需具备一定的组织、交际、宣传、说服等能力;从事外交工作,要具有灵敏的思维、较强的语言表达和答辩、记忆等能力。事实上人们生来就有能力差异,有的人无论如何都成不了文学家,有的人无论多努力也不可能和比尔·盖茨媲美,或无论怎么训练也不可能获奥运冠军。从管理的角度看,关键是要了解人们的能力具有哪些方面的不同,并运用这一知识尽可能使员工更好地从事工作,从而提高组织效率。

一、能力的分类

能力反映了个体在某一工作或活动中完成各种任务的可能性。一个人的总体能力可以分为两大类:心理能力和体质能力。[①]

---

① 参见斯蒂芬·P. 罗宾斯(Stephen P. Robbins):《组织行为学》,中国人民大学出版社1997年版,第72—73页。

(一) 心理能力

心理能力(intellectual ability)是指从事心理活动所需要的能力,主要包括一个人的认知能力——智力以及情绪情感能力。

智力是一种综合性能力,它是以个体自身具有的遗传条件为基础,在其生活的环境中,在与周围的人、事、物的交往中,表现出的运用经验、吸收、贮存、支配知识,以及适应变化了的环境和解决问题的能力。一般认为,心理能力包括 7 个维度:算术、言语理解表达能力、知觉速度、归纳推理、空间视知觉想象能力、记忆力,见表 2.5。

表 2.5　心理能力的维度

维　度	描　述	工作范例
算术	快速而准确进行运算的能力	会计、保险精算师、数学家
语言理解、表达	了解读到和听到的内容,能清晰、准确地表达自己思想	企业管理者、社会工作者、推销员
知觉速度	迅速而准确地辨别视觉上异同的能力	事故处理者
归纳推理	鉴定一个问题的逻辑后果,并解决这一问题的能力	市场调查员、律师、侦探
演绎推理	运用逻辑评估一项争论价值的能力	哲学家、软件程序员、主管
空间视知觉想象	当物体空间位置变化时,能想象出物体形状的能力	建筑师、装饰工程师
记忆力	保持和回忆过去经历的能力	销售员

智力受遗传因素的影响比较大,通常被称为"天资",即天生的潜能。天资对一个人的工作绩效及可能达到的程度显然十分重要。比如奥地利音乐家莫扎特,3 岁就会演奏乐器,6 岁登台演出,在其一生短暂的 35 年中创作了 20 余部歌剧、40 余部交响乐等 700 多件音乐作品,创造了"18 世纪奇迹"。又如发明家爱迪生、中国唐代"诗仙"李白,尽管这些人也有后天的努力和生活环境因素,但仅从他们小时候就表现出的异于常人的禀赋和成就,如果不用"天才"便很难解释。

一个人的智力发展不仅受遗传因素的影响,很大程度还取决于后天的环境和教育。如果说天资只是一种"潜能"的话,那么环境和教育则是开发潜能并为这种潜能转化为现实能力提供了条件和机会。一个天资平平的人经过后天的努力学习也可能获得非凡的成就,而一个天资聪颖的人,如果后天不努力,则可能庸碌一生。

自从美国斯坦福大学心理学家路易斯·特曼(Lewis Terman)教授首先研制纸笔形式的IQ 测试以来,IQ 测试便风靡起来。现在最常用的智力测验有韦克斯勒(D Wechsler)创立的

"韦克斯勒智力量表"和特曼提出的"斯坦福—比奈智力量表"等。每种量表中的题目有文字的,也有非文字的(如图形、操作等)。智力测验的结果用智商(intelligent quotient)表示。如"斯坦福—比奈智力量表"使用的是比率智商即"智商等于智力年龄除以实际年龄":

$$智商(IQ) = 智力年龄 / 实际年龄 \times 100\%$$

例如,一个人的实际年龄为 10 岁,智龄为 11 岁,则其智商为 110。

韦克斯勒智力量表中首创的"离差智商",指的是"以每一个年龄段内全体成员的智力分布作为正态分布,以个体在这一年龄段分布中距离均数的位置,判断个体的标准分数"。这是一种与常模比较的相对位置的比率分数。尽管人们对智力测验的可信度仍存在争议,但作为能力测量的一种方式,还是得到普遍的应用。

不同的工作要求不同的心理能力,比如,从事软件开发、物理数学研究的人通常需要有较强的数理逻辑能力;社会工作者和律师则需要有很好的语言表达能力;而建筑师则需具备良好的空间想象能力。当然,高智商并不是所有工作的前提条件。事实上,很多规范性工作,很少有机会使他们表现出差异。一个人的智力水平与他的个人成就或工作绩效并没有必然的联系。

现实中,人们常常会看到一些智力出众、学业超群的人在工作中并没有表现出突出业绩;而有的人在学校功课平平,但工作后却成绩卓著。出现这种情况的原因是什么呢? 美国贝尔实验室是驰名世界的科学思想库,云集了一大批智商一流的工程师和科学家。人们曾对那时最有成就者进行了研究,发现这个精英荟萃的实验室,一些人成为科学泰斗,而另一些人却表现一般。还有,领导者的行为和他们的管理风格为什么会有那么大差异,他们对工作业绩和组织氛围又有什么样的影响? 管理学家和心理学家经过多年研究,发现其差异不在于他们智力能力(智商)的高低,而在于他们的情绪智商即情商(emotional quotient,EQ)的差异。

对于是否存在一种"情绪智商"的能力,现在仍有争议。但情绪、情感对人的心理能力的影响以及对行为的影响已受到广泛的关注。一般认为,情商是指有效地管理自我以及处理人际关系的能力,它由 4 种基本素质构成:自我意识、自我管理、社会意识和社交技能。如表 2.6 所示,每一种素质又由一系列具体的技能组成。

目前,对情商的争议主要在情商的"商"难以度量测定和通过实验来证明。但对人的情绪和情感能力影响和支配一个人的行为和决策,对人的工作绩效有着很大影响,这一点是没有争议的。并且认为,通过学习提升个体的情商,对于改善人际技能和组织氛围,提高工作绩效有着积极作用。

表 2.6　4 种素质及其特点[①]

自我意识	自我管理	社会意识	社交技能
● 情感的自我意识:觉察与理解自己的情感并认识到其对工作绩效、人际关系等产生的影响 ● 准确的自我评价:客观评价自己的优势与不足 ● 自信:对自身价值的极强的正面认识	● 自我控制:能控制破坏性情感与冲动 ● 可信赖性:一贯表现出诚实与正直 ● 尽职:管理自己,恪尽职守及职责 ● 适应能力:适应环境变化,能克服困难 ● 成就导向:具有追求卓越的内驱力 ● 主动性:时刻准备抓住机遇	● 同情心:能深究他人的情感,理解他人的观点并关心他人利益 ● 组织意识:能洞察组织动态,建立决策网络并驾驭内部的权力争斗 ● 服务意识:了解和满足客户的需求	● 远见:能运用远景目标激励他人 ● 影响力:熟练地运用说服技巧 ● 培养他人:不断地给他人提供反馈与指导,支持他们进步 ● 沟通:聆听他人,传递明确、可信、恰当的信息 ● 变革的催化剂:擅长实施新思想,领导他人朝着新方向努力 ● 冲突管理:能减少争执以及协调不同的解决方案 ● 建立纽带:娴熟地建立并维护关系网 ● 团队协作:能促进合作并建立团队

(二) 体质能力

在要求信息加工的复杂工作中,心理能力起着极为重要的作用,而对于那些技能要求较少而规范化程度较高的工作或对身体素质要求较高的活动来说,体质能力(physical ability)则十分重要。比如有些工作的顺利完成要求耐力、手指灵活性、腿部力量以及其他相关能力,因而需要在管理中确定员工的体质能力水平。研究表明,体力活动的工作主要包括如表 2.7 所示的 9 种基本能力。

表 2.7　9 种基本的体质能力

力量因素	
1. 动态力量	在一段时间内重复或持续运用肌肉力量的能力
2. 躯干力量	运用躯干部肌肉尤其是腹部肌肉以达到一定肌肉强度的能力
3. 表态力量	产生阻止外部物体力量的能力
4. 爆发力	在一项或一系列爆发活动中产生最大能量的能力
灵活性因素	
5. 广度灵活性	尽可能远地移动躯干和背部肌肉的能力
6. 动态灵活性	进行快速、重复的关节活动的能力

---

① 引自丹尼尔·戈尔曼(Daniel Goleman):《卓有成效的领导艺术》;载《哈佛商业评论》(中文版),2002(9),pp. 114—127。

其他因素	
7. 身体协调性	躯体不同部分进行同时活动时相互协调的能力
8. 平衡性	受到外力威胁时，依然保持躯体平衡的能力
9. 耐力	当需要延长努力时间时，保持最高持续性的能力

和心理能力一样，体质能力也受先天遗传及后天学习和训练双重因素影响。体质能力尤其是从事运动项目所需要的体质能力很多时候是需要天赋的。如篮球运动员的身高、游泳运动员的水感、举重运动员的爆发力以及田径运动员的肢体比例和协调性等许多都是需要培训的。当然，仅有"天资"是不够的，还需要后天的努力学习、良好的培训等，才能将一个人的"潜能"发挥出来。

二、能力差异

由于先天遗传和后天获得的教育和训练等因素的不同，人的能力存在个别差异。这种差异具体可以从质、量、发展三方面加以分析。质是指能力类型及具体维度的差异；量是指能力水平的高低；发展是指能力表现在时间上的早晚。

新闻中的组织行为学
阿里巴巴：不招最好的学生，只招最合适的学生

马云说："我们不招最好的学生，只招最合适的学生。"

大学毕业生越来越多，招聘单位却把工作经验方面的门槛越抬越高，但是阿里巴巴——雅虎联合校园招聘会让应届生再次重温了当年的礼遇。12月1日阿里巴巴CEO马云在杭州的招聘会表示："大学应届生容易接受新事物，成才概率相对比较高。"

此次招聘会主要是以技术人员为主，人数为80人—100人，但是马云又称人数不是问题，多多益善，只要是人才都要。

"我们不招最好的学生，只招最合适的学生。"马云用这句话来鼓励在座的学生，"我们需要的人才，一要讲诚信，二要有学习能力，好学的精神，三要有拥抱变化的能力，四要乐观上进。只要具备这四方面的素质，我们都要。"

"雅虎中国是否也会像微软等公司一样，注重学历和名校背景？"在场部分学生似乎在这方面心有余悸。对此，马云坦然地称自己从来就不是传统意义上的优秀学生。初中考高中考了两次。大学考了三次才考了杭州师范学院，而且还是由专科升本科。"如果我能成功，

我相信在座的80％都能成功。"

对于阿里巴巴—雅虎招聘为何不注重工作经验,马云告诉记者自己一开始并不喜欢应届生,"一天三个主意,一年换三个工作",但是后来他开始修正自己的观念。"在淘宝网前期开发阶段,主创人员中就有些刚毕业的大学生,他们经受了默默无闻和勤苦工作的考验。很多当初的大学生现在已经开始管理几百号人了。"马云开始相信,人才还是自己培养的好。因此,马云表示,这次他会多招一些应届生,只要他们够踏实。

(一) 能力的类型差异

从前述能力分类看,有的人心理能力占优势,有的人则体质能力强,少数人则可能是二者兼具。具体来说,能力的差异尤其是心理能力的差异则主要表现在认识过程中心理品质的不同。知觉差异方面,知觉综合型的人,概括力较强,对事物的整体性感知较好,但对细节感知较差;知觉分析类型的人,分析力较强,对事物的细节感知清晰,但对整体性感知较差;知觉分析综合型的人,两者的特点兼而有之。在能力的记忆差异方面,视觉记忆型的人,视觉记忆的效果好,表象清晰,可谓"过目不忘";听觉记忆型的人,听觉记忆效果好,大有"余音绕梁,三日不绝"之感;运动记忆型的人,动作感受深刻,识记效果好;形象记忆型的人,识记物体、图、画效果好;抽象记忆型的人,记忆概念、数字效果好;综合记忆型的人,综合运用多种记忆,效果较好。在能力的思维差异方面,可分抽象思维、形象思维、逻辑思维等类型。另外,人们在思维的速度、灵活性、独立性等方面也存在差异。

(二) 能力发展水平的差异

能力发展水平的差异,指的是同龄人之间在同等条件下,从事同类活动,有的人效果显著、成绩突出,有的人则效果不佳、成绩平平。前者称为能力超常,后者称为能力低下。其中能力超常者的特点是:观察敏锐、全面、细致、精确;注意力集中而又灵活,范围较广;记忆迅速、准确、持久;思维敏捷,有条理、有广度;分析力、概括力高,富有创造性;自信心强,求知欲旺,意志力坚定。

(三) 能力表现早晚的差异

人的能力在未得到发挥或表现以前,只是一种潜能。这种潜能,有人在儿童时期就表现出来了,称为"人才早熟"或"神童"。有人在生命后期才表现出来,称为"大器晚成"。

另外,心理学家还发现,成才的最佳年龄是25岁—45岁之间。人在这一年龄段的特点是观察敏锐、精力旺盛、思维活跃、记忆力强、身强体壮、不保守、敢创新等。当然,学科不同,最佳创造年龄也有区别,详见表2.8。当然,此表中所列出的最佳创造力的年龄段,并不能排除在其他年龄段可能有创造和发明。因为,现实中"人才早熟"和"大器晚成"不乏其例。

能力表现早晚的差异更多地表现在一个人所处不同的年龄段。对应于生命周期的各年龄段，不同能力的平均发展水平如表2.9所示。

表2.8　不同学科的平均最佳创造年龄

学　　科	最佳创造的平均年龄(岁)	学　　科	最佳创造的平均年龄(岁)
化　学	26—36	歌　剧	35—39
数　学	30—34	诗　歌	25—39
物　理	30—34	小　说	30—34
医　学	30—39	哲　学	35—39
心理学	30—39	绘　画	32—36
生理学	35—39	雕　刻	35—39
声　乐	30—40		

表2.9　不同能力的平均发展水平

年龄(岁)	10—17	18—29	30—49	50—69	70—89
知　　觉	100	95	93	76	46
记　　忆	95	100	92	83	55
比较和判断	72	100	100	87	59
动作及反应速度	88	100	97	90	71

三、能力与工作的匹配

　　组织行为学主要关心的是解释和预测人们在工作中的行为，使人们改善并提高组织工作绩效和有效性。能力是个体完成各项任务的可能性，由于人的能力存在差异，工作的要求也各有不同。高工作绩效对具体的心理能力和体质能力方面的要求，取决于该工作本身对能力的要求。比如，高楼建筑工人需要有很强的平衡能力，飞行员需要有很强的空间视知觉能力。仅仅关心员工的能力或仅仅关心工作本身对能力的要求都是不够的，只有当能力与工作匹配时，员工的工作绩效才会提高，员工的满意度也会较高。

　　如果能力与工作匹配不良，则会影响个人及整个组织的工作绩效。譬如一个人的能力达不到工作的要求，那么无论他的态度多么好，如何努力，最终绩效仍会很低。而一个人的能力远远超出工作要求，虽然他的工作绩效不会低，但组织会缺乏效率，且该员工的满意度也会降低。

　　每个人在能力方面都有自己的强项和弱项，在他从事工作或活动时，相比其他人既有有利的一面，又有不利的一面。对于个人来说，应该清楚自己在智力和体力上的优势和局限，知道自己能干什么不能干什么,各尽所能;对于一个组织的管理者来说,应了解员工因能力上的不同,适合干什么不适合干什么,以使其各得其所。当然,要完成一项工作或活动除了需具备天生的潜能,还需后天的学习和训练。先天的遗传加后天的学习才构成人的实际能力。一个组织应尽可能为其员工提供学习和培训的机会,为员工创造成长的环境和条件。

第四节　个体决策

组织中的个体都要在工作中作出决策,也就是说,通常要在两个或两个以上的备选方案中进行选择。如高层管理者通常要决定组织目标、产品或服务的方向,中层管理者要决定日常的生产、销售活动安排,非管理层的员工也要对自己的日常工作安排作出决策。

一、决策与决策过程

组织行为学中所说的决策(decision),通常是广义的,它不仅指高层重大问题的决策,也包括小问题的决定。

(一) 决策

决策是一种判断,是在若干方案中对一个缺乏确定性的环境情景所作的选择。在组织管理中随时随地都面临决策的抉择要求,都要决定做什么、谁去做、何时何地做、如何去做等问题。决策的正确与否直接影响组织的绩效。决策合理,执行起来就顺利得多,效率也会高。如果决策时粗心大意,决定错了,或考虑不周,结果执行起来免不了要碰壁或反复,管理效率就必然低下。因此,组织中个体作好决策是非常必要的。

制定决策是管理者工作中的重要一环。管理者所面临的决策问题范围很广。对于非常简单的程序化的事务的决策,称为程序化决策(programmed decision)。这类决策通常已经有固定的决策规则。如为员工安排午餐时间,管理者每天都要面对这样的决策,心里已有一个固定的程序,这些程序都是相同的、明确的。而对于复杂的、新生的决策问题则要求管理者提出创造性的解决方法,这类决策属于非程序化决策(nonprogrammed decision)。如收购其他公司的决策是特殊的、非结构性的,是非程序化的,它需要具备较强的判断能力。

(二) 决策过程

制定决策是包含一系列步骤的过程,如图2.5所示为一个理性决策者的决策过程模型。

第一步,认识问题,也就是个体意识到需要决策的问题。认识问题的本质非常重要,否则,个体只能对表面现象作出反应,只是担任救火队的角色,而不是解决引发问题的根本原因。

第二步,个体必须认识决策的目标,即必须决定要完成的任务是什么。

第三步,收集与问题有关的信息。关于问题产生的原因,个体必须收集充分的信息。这就要求对环境进行全面的诊断分析,并且要坚持探究事实的目的。

第四步,列出可供选择的行动方案并对其进行评价。在这个步骤中,要进行全面的"如果怎样,会怎样"的分析,以此来判断各种因素是如何影响方案可能导致的结果的。而为顺利完成这一步,必须结合下面一个步骤。

第五步,提出广泛的选择和创造性的解决问题的方案。

第六步,实施选中的方案,同时对方案所需的条件进行控制。

最后,收集反馈信息,看看决策的实施是否达到了它的目的。持续跟踪检查方案的实施情况,并定期反馈信息。

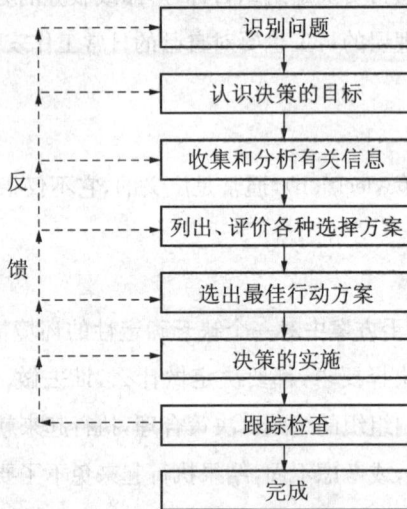

图 2.5　决策过程

制定决策是有压力的。个体尤其是管理者制定决策通常包含显著的风险和不确定性。管理者通常无法掌握充分的信息。他们作出决策时,必须相信并依赖其他人,但是最终承担责任的还是他们自己。决策有时候是痛苦的,比如某企业因市场环境所迫需退出某个经营领域或解聘员工等。这类决策通常需要管理者具备制定重大或痛苦决策的勇气。

二、决策模型

任何组织的成功都取决于其成员特别是管理者制定有效决策的能力。对有效决策的研究很多,这里主要介绍以下三种基本决策模型:

(一) 理性模型

理性(rationality)是指符合逻辑的、按部就班的决策方法,这种方法要对各种选择方案及其结果进行全面的分析。决策的理性模型来源于古典经济学理论,它认为决策者是完全理性

的。理性模型包含以下几点基本假设:

（1）决策者是追求最大限度的组织目标的完美的有理性的人;

（2）决策者拥有为作出最好决策所必需的正确和全部的信息;

（3）决策者知道所有可能的选择方案;

（4）决策者可以计算出每一种选择方案成功的概率。

在理性模型中,决策者追求最优化,即从各种可能的备选方案中选出最佳方案。

就理性模型的假设来说,它是不现实的。事实上存在时间的约束、人类知识和信息处理能力的限制。此外,决策者的偏好和需要也是经常变化的。因此,理性模型只是在决策过程中所追求的理想模式。它总结了如何制定决策的方法,但是没有反映决策的现实情况。

（二）有限理性模型

诺贝尔奖获得者赫伯特·西蒙(Herbert Simon)认为决策者的理性实际上是有限的,他提出的决策理论即有限理性模型(bounded rationality model)。其中心思想是,由于种种限制使个体无法达到完全理性,决策者不可能处理涉及一个问题的所有方面的信息和不同的方案,而只能选择处理其关键部分。

有限理性模型有 4 个假设:

（1）决策者选择最满意的方案;

（2）决策者认识到,他们对世界的理解是简单的;

（3）决策者可能愉快地作出决策,而不需要判断所有的选择方案;

（4）决策者依靠经验或直观判断来作决策。

有限理性理论认为,决策者追求的是满意解(satisfice)。也就是说,由于追求最优化所要付出的时间和努力成本太大,只能实现局部的最优化,而这种最优化的判断标准是决策者主观的东西,因此,其实质是实现决策者的满意化。

对于不确定问题的解决方法,只能遵循快乐原则或悲观原则等。快乐原则是指最满意的原则;悲观原则是指损失最小的原则。

（三）垃圾桶模型

有时候,组织中的决策似乎是偶然的、无法预料的。在垃圾桶模型(garbage can model)中,决策是随意的,不系统的。在这个模型中,组织就是一个垃圾桶,问题、解决办法、参与者和可供选择的机会,在这个桶内随意漂浮。如果这 4 个因素碰巧撞在了一起,就形成了一个决策。决策的质量取决于时间的长短,适当的参与者必须在适当的时间里,针对合适的问题,提出正确的解决方法。

垃圾桶模型阐述了这样一种思想,即并非组织的所有决策都是以按部就班、系统的模式作出的。特别是在高度不确定的条件下,决策过程可能是无序的。有些决策似乎纯粹是靠运气。在如今高速运转的经营领域中,管理者必须在信息不完全的情况下迅速作出关键性的决策,而且必须让员工参与到决策过程中来。

三、个体决策方法

决策方法一般有定量与定性两类。定量决策法即数学模型决策法,它是利用一定的数学模型表示出来,把决策过程中各变量之间、变量和目标之间的关系用数学模型表示出来,然后通过具体的分析计算,进行方案的比较,最终求得理想方案的决策方法。如量本利分析法、线性规划、决策树等。定性决策法即直接利用决策者的知识、智慧和经验,根据已掌握的信息对所需要决策的问题进行决策。如后面第七章将讨论的群体决策中的头脑风暴法、德尔斐法等,这种方法简便、迅速,但容易受主观因素的影响。这里先介绍几种个体决策方法。

个体决策是决策者直接利用自己的知识、智慧和经验,根据已掌握的信息对所需要决策的问题进行决策。个体决策具有极强的普遍性,但对每一个决策者来说,决策的内容、范围以及影响面不同,高层领导的决策涉及组织的目标、产品结构、资源配置和管理模式等,而一般人员的决策更多涉及日常事物。近几年来,组织权力下移,组织把越来越多的与工作相关的决策权交给非管理层的员工,从组织发展角度看,个体决策成为组织决策的一种重要决策形式。个体决策方法包括:理性决策、满意决策、隐含偏好决策、直觉决策。

(一) 理性决策

如上所述,理性决策是决策者在完全客观和符合逻辑的条件下,作出最佳选择,也称最佳决策。理性决策有一定的前提或假设。理性决策适合决策的问题非常简单,备用方案不多且搜寻和评估这些方案的代价(经济和时间)不高。但组织中绝大多数的决策问题不符合这些前提条件,因此,实际上很少采用。

(二) 满意决策

与经济人假设相对应,诺贝尔奖得主赫伯特·西蒙(Herbert Simon, 1960)提出了管理人决策(administrative-man decision)假设。他认为,个体在决策时并不完全受理性引导,也没有机会和实力作出完全理性的决策,只能做到部分理性即有限理性而已。

西蒙把人的决策过程分为三个阶段:第一阶段是搜索活动,主要是对环境进行搜索,确定决策的情境。第二个阶段是设计活动,主要是探讨、开发和分析可能发生的行为方案。第三阶段是选择活动,也就是进行实际的选择,从第二阶段开发出的可能行为方案中选择一种行为。

由于人的大脑容量远远达不到完全理性的要求,因此,个体只能在有限理性的范围内活动。他们不是抓住问题的所有复杂方面,而是建构简化的问题,然后,在简化问题的范围内进行相对理性的行为。人们满足于找到一个可以接受的或符合要求的问题解决方案,而不是一个最恰当的方案。满意解决决策模型刻画的正是这种决策过程。

满意决策(satisficing decision)是指个体在有限理性的前提下采取的决策。有限理性是指人们在以下受限的情况下作出"理性"判断,受限的情况有:人们只能获得与决策有关的部分信息;只能了解部分信息的价值,并在此基础上制定出可行的方案;决策者不可能完全理性且稳定地选择决策标准,不可能将所有的可行方案的所有未来结果的价值都认识清楚。

满意决策的过程是:首先对遇到的问题进行简化处理,使问题变得清晰而单一。然后,个体便开始寻求标准和备选方案。但是,他列出的标准可能远远不够详尽彻底。决策者会确定一个有限的列表,其中包括一些最为重要的项目和十分熟悉的内容。备选方案也主要包括一些明显的、易于实现的解决办法。一旦确定了这些有限的备选方案,决策者就开始考察它们。第一个达到了"足够好"标准的备选方案,就会使搜寻工作结束。可见,在满意决策基础上,最终的决策是一个符合要求的选择,而不是一个最恰当的选择。

(三) 隐含偏好决策

隐含偏好决策(implicit favorite decision)是一种非常规决策,这种决策与满意的决策相似,都是个体通过简化过程来解决复杂问题。但与满意决策不同的是个体在决策前就已确定一个隐含偏好的方案,在整个决策过程中,只是决策者在现实中检验或证明自己偏好方案的过程。

在隐含偏好决策过程中,面对某一问题,决策者已经隐含地确定了一个自己偏好的方案。但决策者并不因此而结束搜索工作。事实上,决策者有时并没有清楚地意识到自己确定了一个隐含偏好方案,他们还会继续寻找其他备选方案,只不过其余的过程都带上了偏见色彩。这一点十分重要,因为实际上决策者尔后的比较仅仅是提供了一个客观的假象。接下来,证实性过程开始了。决策者建立了决策标准和权重,为了确保偏好模型的成功,在标准和权重的选择中出现了很多知觉和解释的失真。其他备选方案中的若干选项会在相互比较中削减为一个证实性方案。随后是代表性备选方案与隐含偏好候选方案的比较。即使隐含偏好方案是唯一可行的方案,决策者也会努力获得另一个可接受的方案作为证实候选方案,以使自己有东西进行比较。

(四) 直觉决策

直觉决策(intuitive decision)是个体决策者在自己成功经验中提取精华,面对复杂决策问题,在不同的情景下凭个人的直觉无意识的选择过程,是一种不经过复杂的逻辑操作而直接、迅速地感知事物的思维活动。过去,人们总认为依赖直觉进行决策是非理性的和缺乏效率的。其实,直觉的产生并非毫无根据,它建立在牢固的知识和丰富的经验基础上。它也不一定要脱离理性分析而独自运作,事实上,二者是相辅相成的。

适合直觉决策的情况一般有以下几种:①事实不足以明确指明前进的道路;②不确定性水平很高;③几乎没有先例存在;④难以科学预测变量;⑤事实有限;⑥需要从几个差别不大的可行方案中选择一个;⑦分析性资料用途不大;⑧时间紧迫压力大。

由于理性分析更符合社会期望,人们常常把自己的直觉能力隐藏起来。事实上,组织生活中直觉决策所占的比例比我们目前了解的多得多。直觉决策模型有助于解释为什么我国民营企业在创业阶段的决策大多都属于直觉决策。必须说明的是,直觉决策的有效性取决于很多条件,在某些条件下的直觉决策是有效的,但直觉决策并不总是有效的,有时会导致错误的决策,甚至是致命的。

四、决策与风险

由于个体差异,人们对同一问题可能会作出不同决策。个体的知觉、态度、价值观、人格等都会对决策产生影响。许多决策都包含一些风险因素。对于管理者来说,聘用、提升、授权、兼并与合并、海外扩张、新产品开发及其他决策,都存在风险。

个体在承担风险方面的意愿是不同的。有些人是风险规避型的,他们往往选择承担风险最小的方案,偏好熟悉的、确定的事情。另一些个体则属于风险爱好者,他们能够承受较大的潜在的决策损失,能够容忍较大的不确定性,因而更喜欢作出有风险的决策。

研究表明,女性比男性更厌恶风险;年龄大的、有经验的人比年轻人更厌恶风险;成功的管理者比不成功的管理者承担的风险要多。当然,对风险的承受程度不仅受个体倾向的影响,而且还受组织因素的影响。如在商业银行,制定贷款决策要求每天进行风险评估。

个体应对不确定性和风险的行为方式对组织有着重要的意义。许多人认为,不确定性会带来压力,这种压力给组织带来的负面影响之一,就是个体在压力下可能会作出错误决策。为鼓励员工及时有效作出决策,组织应向员工表明,在组织中什么样的冒险行为是可以接受的。

高层管理者面临一项艰巨的任务,就是要对风险承担行为进行管理。限制基层管理者冒险,有可能压制他们的创造性和创新性。但是,如果高层管理者要鼓励冒险行为,他们就必须允许员工失败而且不必害怕遭受处罚。要做到这一点并不容易,首先得把失败看作"启发性的试错",其次要在组织内部建立起前后一致的对待风险的态度。

然而,个体承担风险时也可能给组织带来损失。例如,某位石油生产商认为,重新开发某个开采过的旧油田还有机会钻出石油来。他召集了一群投资者,向他们说明了这一设想,然后这些投资者共同向这项开采事业提供资金支持,开采到一定深度却什么也没有发现。生产商认为开采的深度还不够,就又去找投资者让他们继续增加资金投入。接着继续进行更深的开采,仍然是什么也没有发现。再次找到投资者提供更多的资金,以开挖得更深些。这种连续承诺向一项失败的行动方案投入资源的行为,被称为执着愚守(escalation of commitment)。

显然,坚持一个错误的决策对于组织来说是要付出成本的。组织可以通过几种方式来处理这种错误决策。一种方法是把项目的决策责任分离开来。比如前期的决策由一个人负责,后期的决策由另一人负责。另一种方法是,为作出了不良决策的人提供一种体面的退出方式,让他的形象不受威胁。有研究表明,由群体而不是个体来制定最初的投资决策,可以避免"执着愚守"。因为群体决策(后面将在第八章中阐述)的众多参与者分散了决策失败的责任和风险。这样,因为不会过多威胁到个体的形象,所以他们会撤销一个错误的决策。

总之,个体在制定决策时的理性是有限的。大多数决策都包含相当大的风险,不同的个体对风险条件的反应不同。

◆ 复习题

1. 哪些因素影响社会知觉?举例说明导致社会知觉失真的几种障碍。

2. 什么是归因理论?它在解释组织行为方面有什么意义?

3. 态度和价值观是怎样形成的?两者分别对人的行为产生什么样的影响?

4. 为什么组织必须关注员工的工作满意度?

5. 区分终极价值观和工具价值观。这些价值观通常是稳定的,还是会随着时间而改变?

6. 管理者应如何关注员工的能力差异?

7. 为什么说个体制定决策是有限理性的?

案例 1

老板不在你就是老板①

老板出差了,究竟是好事还是坏事?平日里,看够了老板老是板着的脸,一本正经的说教和训斥,有时候真巴不得老板立刻在自己眼前蒸发。这回终于天遂人愿了。可问题也接踵而至,没有了老板这根定海神针,突发事件该如何应付?究竟是一推了之,还是灵活应变?做不好,老板回来还得给你一顿呵斥,所以,老板不在家,对办公室女性来说,还真是一种考验。

逃避,还是应对?

忠诚可不是一句空话,作为基本的职业精神,忠诚应体现在员工工作的方方面面。比如你是否把公司的利益和自己的利益捆在一起?你是否把公司的利益放在首要的位置?老板不在的时候,你是否仍然以公司利益为重而不是明哲保身、推卸责任?在这个时候,在同一件事情的处理上,不仅可以看出员工的工作能力,更看出其忠诚度。

李娜是一家公司的销售部经理。一天,她到一家销售公司联系一款最新洗涤用品的销售事宜,因为是一款定位为大众化的新品,并且厂家即将开展大规模的广告宣传,为争取更大的

---

① 资料来源:http://club.china.alibaba.com/club/post/view/64_7840404.html(阿里巴巴网)。

市场份额,对经销商的让利幅度也非常大。李娜决定在媒体大量宣传报道之前,同一些信誉与关系都比较好的经销商敲定首批的订量。就在她联系业务的过程中,恰巧有两家公司的老板都不在,而两家公司的员工,则表现出了截然不同的态度。

公司一:群龙无首欲断魂

在第一家公司,当李娜提起即将推出的新品时,负责接待他的女员工王蓓冷冷地说:"老板不在,我们可做不了主!"李娜继续把厂家准备如何做该款产品的宣传,需要经销商如何配合进行渠道开拓的设想向王蓓讲解,试图得到她的理解和回应。但是,令她失望的是,王蓓根本不听她的解释,只用非常简单的一句话搪塞:"老板不在!"李娜没有任何办法,只好悻悻地走了出来。

后来,这家公司的员工却因为老板不在而丧失了很好的商机,等再要求补货的时候,李娜在极不情愿的情况下为他们加了几件货,但此时已经失去了获得厂家促销期的优惠待遇,利润自然大打折扣。

公司二:老板不在,我做主

李娜来到有业务联系的第二家公司。不巧的是,这家公司的老板也不在。虽然很失望,李娜还是想试一试,看能否说服接待她的人。接待她的是一位新来不久的女青年尹兰,不仅面容姣好,惹人怜爱,工作也特别有热情。当得知李娜是来自一家著名公司的销售经理的时候,她立即表现出了一个公司员工应有的热情,马上倒了一杯水给李娜,还主动介绍了自己的情况。

李娜向尹兰说明了来意,尹兰以自己刚刚学到的营销知识,敏锐地感觉到这是一个不错的商机,无论如何不能因为老板不在就让它白白溜走。她主动要求第二天就为他们公司送货,其他具体事宜等老板回来以后再由老板定夺。结果很清楚,这家公司的员工在老板不在的时候,用自己的热情为公司谈成了一桩生意,这款产品在整个城市的市场上只有它一家经营,不到一个月就销售了近 9 000 件,为老板净赚了 9 万多元。

李娜后来把这件事告诉了第二家公司的老板,老板当然非常高兴,对自己招聘的这名新员工尹兰很是满意,不仅在公司全员大会上表扬了她,并且对她进行了奖励,鼓励她继续把公司的事情当成自己的事情做。

对于第一家公司那个员工王蓓的行为,李娜没有告诉他们的老板,怕他因此惩罚甚至开除那个员工,虽然这并不关员工的事,老板既然没有授权,员工当然可以不管,但是李娜坚持认为,公司的业务不能因为老板不在而搁置下来。

◎ 讨论题

1. 针对两家公司出现的不同状况,有人说,如果追查起来,责任不在员工,员工完全可以借老板不在推脱一切责任。你如何看待这个问题?

2. 从这个案例中你得到什么启示?

中年人的失落①

俗话说,四十不惑,可是对 A 科长来说近来却是常常有很多困惑埋在心头,不知该如何面对。A 科长今年 46 岁,在这个国营大企业里已经有 22 年的工龄了,没有大起大落,一切按部就班。从实习生到科员再到副科长干了 10 年,副科长任上 6 年,如今在科长任上又是近 6 年了。虽然算不上企业元老,却也是将青春奉献给了企业。A 科长本以为按资历可以向副厂长的职位作点想象,没想到上级的精神却是要年轻化、高学历,新提拔副厂级以上干部年龄不得超过 45 岁,学历不得低于本科。A 科长倒是正规本科毕业,倒霉就在于年龄问题。最后,经过考察,另一位年轻的拥有硕士文凭的 5 年工作经验的 B 同志被上级看中并得到提拔。

A 科长怏怏不平,认为自己无论工作能力、工作经验都比 B 同志强,凭什么被他领导?

然而 A 科长没有想到的是,更倒霉的事情在后头。上级的年轻化精神要贯彻到底,科室负责人似乎也要年轻化,A 科长甚至还听到谣言,说他的这个科长是肯定要被别人取代的。A 科长有些坐不住了,连夜去找厂长,没想到厂长也是含含糊糊,不作正面回答,只是说安心干好工作,厂里暂时不会调整人事,即使有调整也是微调。

A 科长越想越觉得不对劲——微调不就是冲我来的吗? A 科长想到自己上初中的小孩、在车间三班倒的老婆、在农村的老母亲;想到自己经常为工作加班加点,吃了晚饭还常到办公室里转悠;想到前几年有机会跳槽到外资企业而放弃;……A 科长困惑不解,事到如今我该怎么办?

A 科长开始经常不按时上班,常出去很久也不回办公室,有时甚至不来办公室,只是打两个电话问问科里的情况。科员向他请示工作,他总是不置可否,甚至还回答说马马虎虎就行了。

科室工作真的开始马马虎虎了。

A 科长经常挂在嘴边的"我们厂……"不见了,现在经常说"他们……",科里的年轻人则更进一步,常说"管他们怎么怎么"。科里的工作眼看着就这么一天天松懈下来了。

◎ 讨论题

1. A 科长失落了什么? A 科长的年龄是不是一个尴尬的问题?

2. A 科长应该以怎样的态度对待工作?

---

① 资料来源:http://bbs.21manager.com/dispbbs-151468-0.html(栖息谷)。

【本章学习目标】

通过本章学习,你应该了解:

1. 什么是人格?决定个体人格的因素有哪些?

2. 工作类型、工作绩效与个体人格的关系。

3. 情绪不良的表现及原因。

4. 管理者应如何管理员工的情绪。

5. 压力的概念与工作压力的来源。

6. 个体如何管理自己的压力?组织如何管理员工的压力?

预习案例

心神不定的小江

小江早晨 7 点半才醒来,他已经睡过头 45 分钟了。他惊慌地意识到这个月他要第三次迟到了。为了尽快出发,急急忙忙喝牛奶却给烫了一下舌头,领带又没找着,还不时担心进办公室时老板的脸色。路遇塞车,他不断地摁喇叭,一边小声嘀咕着该死的交通,身体下意识地紧张,手紧紧握着方向盘。

一进办公室,他就发现昨天老板要求一早发给客户的那份资料居然还没翻译,并想着为什么秘书没有事先向他说明。老板听到这件事,告诉他说,秘书正在处理一件特别工作,并训斥了他。听完了训斥,小江"砰"地把茶杯往桌上一扔,茶水溅湿了桌上的一些重要文件。那一天,在员工会议上,小江一直在想心事,以至于没有发现有一个问题是针对他提的,结果老板话中有话地说道,如果小江集中注意力的话,他应该对公司的业务有更好的见解。

熟悉小江的老员工都知道,他平时工作还是很努力的,业务能力也很强,就是上班不时会迟到,易发泄情绪,这都是源于从小养成的这一坏习性。

小江的行为并不独特,每个人都受到自身人格特点的影响,工作中也会遇到来自各方面的压力。我们要了解的是,人格对于工作绩效会产生什么样的作用,情绪对工作和个人身心健康会带来什么影响,情绪是否应该释放,组织和个体应如何管理情绪和压力。

第一节　人格特征

管理的本质是"让别人把事情办成"。管理工作的特点便是要影响他人的行为。了解人格有助于管理者懂得他人的行为,进而预见并影响他人的行为,从而提高员工管理的有效性。

一、人格形成与发展的决定因素

人格(personality)又称个性,它是一个复杂而广泛的概念,不同的心理学家对人格的定义不同,有代表性的定义包括特质论(可观察的、长时间存在的行为模式),弗洛伊德的心理分析或心理动力学理论(行为的无意识因素),以及罗杰斯(Carl Rogers)和马斯洛的人本主义理论(自我实现和实现个人潜能的动力)。本书从组织行为学的角度,把人格定义为影响个体行为的、相对稳定的一系列个人的特征。对于人格的成因,尽管存在争议,但一般认为人格的形成主要由以下几个因素决定(图 3.1):

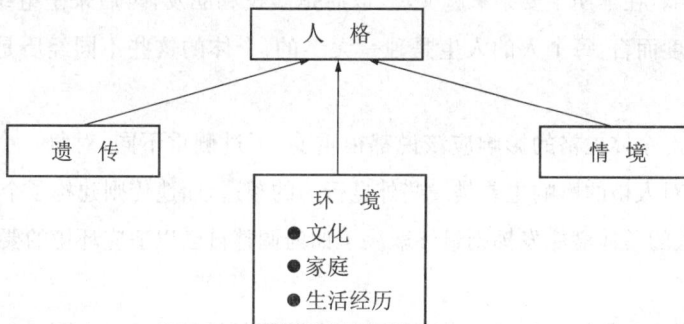

图 3.1　人格形成的主要决定因素

(一) 遗传

个体的人格特征可以根据染色体上基因的分子结构得到解释。每个人都有一组独特的基因,在此基础上生长出的中枢神经系统、内分泌系统和感官等,对人的行为有约束控制的作用。遗传是人格形成的一个决定性因素。有研究表明,同卵双胞胎出生时即被分开,在完全不同的环境下被抚养成人,结果发现他们仍然共有一些人格特质和职业偏好。一些特质如外向、冲动、灵活、害羞、畏惧、不安等在很大程度上是由于内在的基因特点决定的。研究者还发现,50%—55%的人格特征来自遗传,30%的娱乐和业余兴趣特征来自于遗传。这说明一些人格特质是由与影响我们身高和肤色相似的基因编码决定的。

(二) 环境

许多行为学家相信,环境对人格的形成起着更大的作用。影响人格的环境因素包括社会文化背景、家庭环境、个人的经历特别是早年生活经历。

文化是指不同人群或他们所处社会组织的独特方式。生于某种特定文化中的个人，接受来自家庭和社会的价值观念以及普遍认可的行为规范。文化同时还界定了不同社会角色的规范。比如在美国崇尚个性和独立，而合作及团队倾向在日本备受推崇。文化决定了某一群体行为的相似性。生活在某一特定文化中的人们，往往有着共同的关于正统行为的标准，也会形成相同或相近的行为模式。在环境对人格形成和发展的影响中，值得关注的还有地域和组织环境的影响。如我国浙江温州地区，由于地理、文化和风俗的影响，温州人普遍具有吃苦耐劳、勤奋坚韧、敢于冒险的个性。

家庭环境对个人的性格有很大的影响，父母的为人处世及对生活的态度也会对子女的人格形成产生潜移默化的作用。一个生活在父母离异、家境贫寒环境中的孩子，性格多半比较孤僻内向，可能早熟，自理能力强。而一个生活在和睦、富裕家庭的孩子，则往往比较外向，活泼开朗，但可能较为娇气，自理能力弱。而家庭的突然变故也会使一个人的性格发生变化。

环境对个体人格的影响，主要是指家庭、社会和个体周围人群的行为举止对一个人性格形成所造成的影响，在早期主要是家庭父母，以后是学校和朋友，再后来是组织环境。从特殊事件和经验的角度而言，每个人的人生是独一无二的，个体的这些不同经历是人格差异的又一重要原因。

遗传和环境对个体人格的影响应该说都很重要，不过侧重不同，对每一个人影响的程度也不一样。环境对人格的影响主要是一些外显行为的塑造，而遗传则建构了个体人格的基调。人格的发展、个人的总体潜能发挥则最终取决于如何调整自己以适应环境的要求。

（三）情境

一般来说，个体的人格是稳定的、持久的，但在不同的情境下会有所改变。情境是指在特定情况和环境下表现出的人格的"特殊性"，这种"特殊性"既有在平常环境条件下没有表现出的"潜在"人格，也有在特殊环境条件下表现出的一些"反常"举动。比如，一个平时柔弱温顺的女子，在关键时刻可能会表现出比男子更坚韧的刚强；而一个平时巧舌如簧、大大咧咧的男子，在他喜欢的女孩面前，却可能显得语无伦次，手足无措。"情境似乎与其他影响行为的限制因素有本质的不同。在某些情境中，如教学、聘用面试，限制了许多行为；而另一些情境，如公园中野餐，则相对较少限制了行为"。[①]不同情境会使一个人的人格表现出不同的侧面，因此不能孤立地看待人格模式。

个体的人格是由先天的生物遗传和后天的环境影响、社会实践活动相互作用和融合的产物。但是，在人格的形成过程中，人并不是消极、被动地接受先天遗传和后天环境的影响。人

---

① 转引自斯蒂芬·P. 罗宾斯(Stephen P. Robins)：《组织行为学》，中国人民大学出版社1997年版，第76页。

是在实践活动中与外界环境相互作用的过程中形成和发展自己的人格的。因此,在大体相同的环境中生活和成长的人,由于他们的实践活动及主观努力的倾向不同,会形成不同的人格。另一方面,也应看到,在同样社会环境生活和发展的人,由于他们的生活条件和实践活动有许多共同的东西,因此,他们的人格也会有相同或相似的方面。这就是人们人格上的共同性和典型性。

二、人格特质

早期的一些人格研究者认为,要想了解个体,必须将行为模式分解成一系列可以观察的特征。这些特征包括害羞、进取心、顺从、懒惰、雄心、忠诚、畏缩等,当一个人在不同情境下均表现出这些特征时,就称其为人格特质(personal traits)。根据特质理论(trait theory),将这些特质组合到一起就形成了个体的人格。特质理论的代表人物戈登·奥尔波特(G. Allport)认为,特质可以广泛、全面地引导行为保持一致性。目前已有数千种特质被识别、命名和研究。这里主要介绍以下几种特质理论:

(一)卡特尔人格特质理论

雷蒙德·卡特尔(Raymond Cattel)经过长期的研究和大量的量化分析,找出了16种根源特质,代表行为差异的基本属性。他又用低分特征和高分特征的两极性形容词组来形容每种特质(表3.1)。这16种特质是个体行为稳定而持久的原因。通过权衡这些人格特质与情境的关系可以预测在具体情境中个人的行为。

表3.1 卡特尔的16种特质

低 分 特 征	高 分 特 征
缄默、孤独	乐群、外向
迟钝、学识浅薄	智慧、富有才识
情绪激动	情绪稳定
谦虚、顺从	好强、固执
严肃、谨慎	轻松、兴奋
权宜、敷衍	稳定、负责
畏缩、退却	冒险、敢为
理智、注重实际	敏感、感情用事
依赖、随和	怀疑、刚愎
现实、合乎成规	幻想、狂放不羁
天真、坦白直率	世故、精明能干

低 分 特 征	高 分 特 征
安详沉着、自信	忧虑抑郁、烦恼
保守、服从传统	自由、批评激进
依赖、随群附众	自主、当机立断
矛盾冲突、不明大体	知己知彼、自律严谨
心气平和	紧张困扰

（二）麦尔斯—布瑞格斯的人格类型指标

人格理论在组织中的一个应用就是荣格的方法及其测量工具：麦尔斯—布瑞格斯类型指标（Myers-Briggs Type Indicator，MBTI）。瑞士心理学家卡尔·荣格认为，人们在本质上是不同的，但在本质上又是相似的。他把人分成外向型和内向型两种基本类型，又对感觉和知觉、思维和情感进行了区分。荣格指出，可以通过综合偏好来理解人类的相似性和差异性，并且认为，没有哪一种偏好一定比其他的好，差异性需要被理解甚至被赏识。不少人对人群中的个体差异性和荣格的理论感兴趣。迈布尔斯类型指标则使荣格的类型理论得到了实际应用。

麦尔斯—布瑞格斯类型指标是一种由 100 个问题组成的人格测验，用以了解个体在一些特定情境中会有什么样的感觉和什么样的活动。近年来在美国应用很广泛，每年约有 150 万人接受这项测验。包括苹果电脑公司、美国电话电报公司、施乐公司、通用电气公司、3M 公司等以及一些医院、教育机构和美国陆军都采用了这项测验。

MBTI 把个体的人格划分为四个维度：外向型或内向型（E 或 I），感受型或直觉型（S 或 N），思考型或情感型（T 或 F），知觉型或判断型（P 或 J）。这四种维度可构成 16 种人格类型（这与前述表 3.1 中卡特尔的 16 种特质不一样）。例如 INTJ 型人爱幻想，具有创造性思想，并有很强的实现自己的想法和目标的愿望。他们的特征是怀疑、批判、独立、决断，甚至常常有些顽固。ESTJ 型人组织能力强，重实务，喜好组织活动和管理事务，是典型的企业人士。ENTP 型人则是思维型，思维敏捷，精通许多事务，适合应付有挑战性的问题，但忽视常规的例行事务。

目前尚无有力证据证明 MBTI 是一项有效的人格测量工具，但其在组织中还是得到广泛运用。采用该测验主要是想使员工更充分地了解自己，也为使管理者了解员工的心理与行为。

（三）"大五"模型

与 MBTI 正好相反，"大五"模型是目前有代表性的人格理论。该理论认为，所有的人格特质都可以归为 5 个最基本的因子或维度，即"大五"（Big Five），或称"大五"模型。5 个因子包括:外向性(extraversion)、随和性(agreeableness)、责任感(conscientiousness)、情绪的稳定性(emotional stability)和经验的开放性(openness to experience)。图 3.2 是对"大五"的具体描述。每个因子潜在地包括大量广泛的具体特征,即每个因子既是一连串相关的特征,又是一个统一体。例如,就随和程度而言,处于一个极端的某个个人也许会被说成是热情或合作,但是就这一要素的另一个极端而言,这个人可能被认为是冷漠或敌对的。

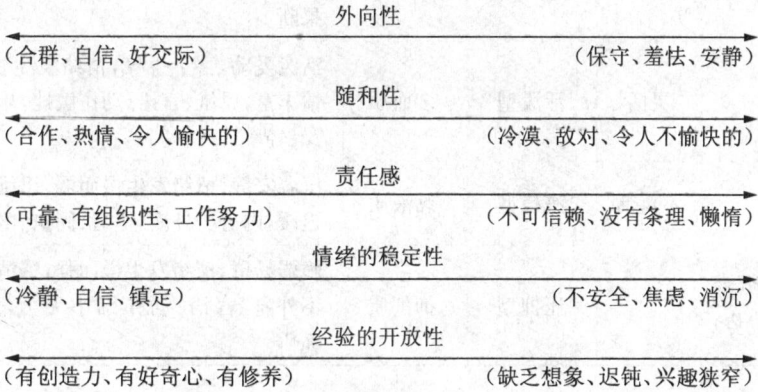

外向性
(合群、自信、好交际)　　　　　　　　　　　　　(保守、羞怯、安静)

随和性
(合作、热情、令人愉快的)　　　　　　　　　(冷漠、敌对、令人不愉快的)

责任感
(可靠、有组织性、工作努力)　　　　　　　　(不可信赖、没有条理、懒惰)

情绪的稳定性
(冷静、自信、镇定)　　　　　　　　　　　　(不安全、焦虑、消沉)

经验的开放性
(有创造力、有好奇心、有修养)　　　　　　(缺乏想象、迟钝、兴趣狭窄)

图 3.2　大五模型①

(四) 气质类型理论

古希腊名医希波克拉底(Hippocrates)根据他所提出来的"体液优势论",将人的气质划分为四种类型:胆汁质、多血质、粘液质、抑郁质(图 3.3)。这一分类为后来巴甫洛夫关于"高级神经活动类型特点"的实验研究所证实(表 3.2)。

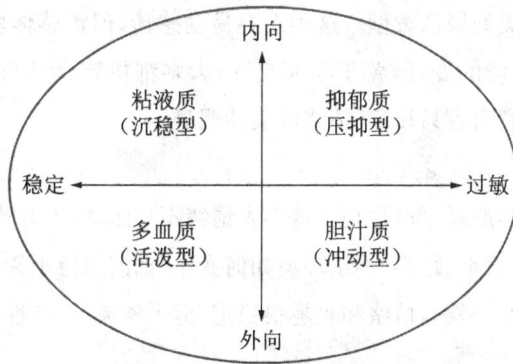

内向

粘液质　　　　抑郁质
(沉稳型)　　　(压抑型)

稳定　　　　　　　　　　　　　过敏

多血质　　　　胆汁质
(活泼型)　　　(冲动型)

外向

图 3.3　气质类型示意图

① 　参考并转引自黛布拉·L. 纳尔逊(Debra L. Nelson),詹姆斯·坎贝尔·奎克(James Campbell Quick):《组织行为学——基础、现实与挑战》,中信出版社 2004 年版,第 80 页。

表 3.2　高级神经活动类型与气质类型

| 强度 | 神经系统的特性 | | | 气　质 | |
	平衡性	灵活性	特性组合的类型	气质类型	主要心理特征
强	不平衡(兴奋占优势)		冲动型	胆汁质	精力充沛,情绪发生快而强,言语动作急速而难以自制,内心外露,率直、热情、易怒、急躁、果断
		灵活	活泼型	多血质	活泼爱动,富于生气,情绪发生快而多变,表情丰富,思维、言语、动作敏捷,乐观、亲切、浮躁、轻率
		不灵活	沉稳型	黏液质	沉着安静,情绪发生慢而弱,思维、言语、动作迟缓,内心少外露,坚毅、固执、扭怩、淡漠
弱	不平衡(抑制占优势)		压抑型	抑郁质	脆弱易倦,情绪发生慢而强,感情体验丰富但不外露,言语、动作细小无力,胆小、扭怩、孤僻

1. 胆汁质

胆汁质的人的神经类型属冲动型,在行为上表现出不均衡性。在情绪活动中,一般表现为暴躁、热情、开朗、刚强、直率、果断,但往往自制能力差;在实际行为特点方面,胆汁质的人表现出精力旺盛、反应迅速、行动敏捷、动作有力、勇敢坚定;胆汁质的人接受能力强,对知识理解得快,但粗心大意,性急好动,考虑问题往往不够细致。

2. 多血质

多血质的人的神经类型属活泼型。这类人容易动感情,但情感体验不深刻、不稳定;有很高的灵活性,容易适应环境的变迁,善于与人交际;大多都机智、聪明、兴趣广泛、接受新事物快,但兴趣不够稳定,注意力容易转移,情绪两极性明显。

3. 黏液质

黏液质的人的神经类型属于沉稳型。这类人情绪不易激动,不喜欢交际,经常表现为心平气和、行动迟缓,但冷静、稳重、踏实,不论环境如何变化,都能保持平衡;善于自我克制,能严格遵守纪律;态度持重、耐心、坚毅,情绪和兴趣很稳定;但不够灵活,惰性较大,容易保守。

4. 抑郁质

抑郁质的人神经类型属于压抑型,具有高度的情绪易感性,对情感的体验深刻、有力、持久,但是这类人稳定的情感形成也很慢,情绪体验的方式较少。他们常常为一些微不足道的小事而动感情,在情绪上产生波动,但却很少外露;外表温柔、恬静,在行动上表现得非常迟缓,常常显得扭怩、腼腆、优柔寡断;不抛头露面,遇到困难或危险,惊慌失措、紧张恐惧。但是抑郁质的人对事物有较高的敏感性,思想敏锐、观察精细、谨慎小心,能观测到别人观察不到的东西,体验出别人难以体验的情感,因而有些心理学家把忧郁质人的这一特点称为艺术家气质。

以上四种基本气质类型的典型个体在同一处境中,举止、言行表现各不相同。例如,对于上司的批评都不服气:胆汁质的人马上暴跳如雷,与批评者争吵起来,甚至说些不三不四的话;多血质的人立刻明白问题出在什么地方,在接受对方批评的同时,又婉转幽默地进行了解释;黏液质的人则表面上不动声色,心里却生闷气;抑郁质的人情绪十分懊丧,夜不成寐,茶饭不香,思想负担沉重。

在现实生活中,典型气质类型的人很少,多数人介于各种类型之间。因此,国外一些心理学家把人们的先天性气质归纳成 A 型、B 型两种人,同时提出第三种人——C 型人。

A 型人又称"外向型人",基本属于多血质和胆汁质综合类型。

B 型人又称"内向型人",基本属于黏液质和抑郁质综合类型。

C 型人又称"分裂质型人"。这种人思维能力很强,善于向别人学习,不拘泥于条条框框,创造性强,善于按照自己的标准行事,善于利用他人的奥妙感情做事,往往先思考后行动,或者思考不行动。这类人常驻被评价为"很有独到见解",不过也往往被指责为"喜欢空想,不切实际"。

人的一些心理特点是后天形成的,与人们在实践中的经历有关,有的人获得成功,有的人遭失败,有的人成败相间。针对这三种人,心理学家又把后天心理特征分为三种:

P 型(positive)又称积极型、肯定型。这种人随着事业的成功,行动逐渐强化,活泼而有坚强的信念,做事光明正大,相当积极,不怕挫折,斗争性强。常被评价为"过度自信"。

N 型(negative)又称消极型、否定型。这种人与肯定型的人相反,常遇到的都是不愉快的事,因而行动越来越消极,渐渐地把自己关在小圈子里。沉默寡言,依赖性强,一切听从指挥,畏首畏尾,对社会活动不感兴趣,生活平淡,自卑感强,缺乏自信、自尊、自强意识,更无雄心、野心。

PN 型(positive negative)又称积极、消极折中型。这类人有成功和失败,其情绪出现愉快的交替变化,行动稳定性差,某些行动往往变得无法收拾。常被评价"做事没有条理,草率慌张",有时易冒险,有时当逃兵。

新闻中的组织行为学
星巴克关注员工长期成长

星巴克一直被称为用人典范而被誉为全球最佳雇主。在业界,星巴克并不是薪酬最高的企业,其30%的薪酬是由奖金、福利和股票期权构成的,中国的星巴克虽然没有股票期权这一部分,但其管理的精神仍然是关注员工的成长。

中国星巴克有"自选式"的福利,让员工根据自身需求和家庭状况自由搭配薪酬结构,有旅游、交通、子女教育、进修、出国交流等等福利和补贴,甚至还根据员工的不同状况给予补助,真正体现人性化管理的真谛,大大增强了员工与企业同呼吸共命运的信心。

而这一企业文化的形成来源自舒尔茨的童年经历。他曾经在上海再次讲述他的童年故事:从小在纽约的贫困街区长大,父母没有固定收入来源,7岁时,当卡车司机的父亲外出送货时脚踝受伤后,企业没有给予健康保险和工资,使得父亲在身体和自尊上都受到极大伤害。

亲眼目睹这一点,对舒尔茨的世界观形成产生极大影响,从而萌发出要打造一个不一样的企业的信念,"在维护股东利益与社会良心责任中建立一个平衡"。

三、人格与行为

个体的人格与行为是相互联系的,人格特质是个体在不同情境下表现出的行为特征。人们往往关注与之交往的同事、朋友的人格品质,管理者更应尽可能了解员工的人格。人格特质有数千种之多,这里主要介绍与工作绩效有关的以下6种基本人格特质及其对个体和组织行为的影响。

(一) 控制点

个体对内部(自己)控制和外部(情境或其他)控制的一般性信念,叫做控制点(locus of control)。如果一个人相信自己能主宰命运,控制发生在自己身上的事情,则称其控制点为内控型(internal)。相反,相信环境或其他人控制着自己命运的人,则称其控制点为外控型(external)。内控型的人被发现对工作有更高的满意度,更加适合管理职位,并且偏好参与型的管理方式。内控型的人相信努力工作会带来更好的绩效,获得更高的薪水。他们表现出的焦虑程度也比外控型的人要低。外控型的人认为重要的组织行为结果均是他们自己无法控制的;而内控型的人则把这些组织行为结果归因于自己的活动。如果自己所处的情境缺乏吸引力,内控型的人把责任归咎于自身。另外,内控型的人一般会离开自己感到不满意的工作。

研究控制点对组织有非常重要的意义。一般来说,内控型的人在工作上会干得更好,但这一结论在不同的工作中也存在差异。内控型人在决策之前积极搜寻信息,对获得成功有强烈的动机,并倾向于控制自己的环境。而外控型人则更为顺从,更乐于遵循别人的指导。因此,内控型的人在复杂的工作中做得很好,包括绝大多数的管理和专业技能的工作,因为这些工作需要复杂的信息加工和学习。另外,内控型的人也适合于要求创造性和独立性的工作活动。相反,外控型的人对于结构明确、规范清楚、只有严格遵从指示才会成功的工作来说,会做得很好。

(二) 自尊

自尊(self-esteem)是个体对自我价值的一般性认识。自尊心强的人对自己有一个积极的认识。他们认识到自己有缺点,同时也有优点,并相信自己的优点比缺点更重要。自尊心弱的人对自己的看法是消极的。他们更强烈地受到别人对自己看法的影响,恭维那些给他们积极评价的人,贬低那些给他们消极反馈的人。

一个人的自尊会影响其他多方面的态度,并对组织中的行为有重要影响。自尊心强的人表现更好,对他们的工作也更满意。在找工作时,他们会寻找那些职位高一些的工作。自尊心强的人组成的工作团队,比自尊心弱的人组成的团队更有可能获得成功。不过过于强烈的自尊也并非是件好事。自尊心强的人在某些压力较大的情境中,会不切实际地夸大其词。

自尊也会受到情境的强烈影响。成功会增强自尊,失败则会降低自尊。一般而言,自尊是一个积极的特质,管理者应该给予员工合适的挑战和成功的机会,鼓励员工提高自尊。另一方面,由于自尊心弱的人对外界影响更为敏感,他们更倾向于按照自己尊敬的信念和行为行事。从这个意义上说,自尊心弱的人更注重取悦他人,很少站在不受欢迎的立场上,也更易于管理。

(三) 自我监控

自我监控(self-monitoring)指的是个体根据外部情境因素而调整自己行为的能力。自我监控能力强的人在根据外部环境因素调整自己行为方面表现出相当强的适应性,他们对环境线索十分敏感,能根据不同情境采取不同行为,并能够使公开的角色与私人的自我表现出极大差异;而自我监控能力弱的人则易在各种情境下都表现出自己真实的性情和态度,因而在他们是谁以及他们做什么之间存在高度的行为一致性。

有研究表明,自我监控能力强的人更易得到职业提升,因为他们通过满足别人的预期来完成工作任务。但由于他们灵活性高,随时准备跳槽,也许并不适合每一种工作和组织。[①]自我监控能力强的人把自己的行为建立在他人或情境的线索上,因而,他们在管理中显示出更高水平的自我认识。作为管理者,他们能正确地评估自己在工作场所的行为。自我监控能力强的人比自我监控能力弱的人更乐于接受团队规范、组织文化和来自管理监控方面的反馈;而自我监控能力弱的人,则更执着于个体内部的行事方针。此外,自我监控能力强的人热心于参加各种工作团队,因为他们具有充当各种角色的灵活能力。

---

① M. Kilduff and D. V. Day, "1994, Do Chameleons Get Ahead? The Effects of Self-Monitoring on Managerial Careers", *Academy of Management Journal*, Vol. 37, pp. 1047—1060.

自我监控水平测试

对下列每一个陈述,写出最符合你的情况的数字:

0 = 完全不符合　　1 = 大部分不符合　　2 = 有一些不符合

3 = 有一些符合,但也有例外　　4 = 大部分符合　　5 = 完全符合

1. 在社交情境中,只要我觉得有必要,我有能力改变我的行为。

2. 我能从对方的眼神中读到他的真情实感。

3. 在人际交往中,我有能力控制交往方式,这取决于我希望给对方留下什么印象。

4. 在交谈时,我对对方面部表情中极微小的变化十分敏感。

5. 在理解别人的情感和动机方面,我的直觉能力非常强。

6. 当人们觉得一个笑话很庸俗无聊时,即使他们真的笑了,我也能辨别出来。

7. 当我发觉自己所扮演的形象并不见效时,我立即改变和调整它。

8. 我敢肯定,通过阅读听众的眼神,我能知道一些不一致的东西。

9. 我在改变自己的行为以适应不同的人和环境方面存在困难。

10. 我发现自己能够调整行为以适应任何环境的要求。

11. 如果有人欺骗我,我可以从他的面部表情中立刻觉察到。

12. 尽管事情可能对我有利,我还是很难伪装自己。

13. 只要我知道环境要求的是什么,我会很容易相应调整我的活动。

将9、12题反向计分,即5分计为1分,4分计为2分,以此类推。然后将所有题的分数加总。如果你的得分高于53分,则是一个高度自我监控者。

(四) 积极/消极情感

关注自己、他人以及整个周围世界的积极方面的人,被认为具有积极情感(positive affect)。相反,那些看重自己、他人以及整个周围世界的消极方面的人,则具有消极情感(negative affect)。一般地,有积极情感的员工不会经常缺勤。有消极情感的人会感受到更多的工作压力。个人情感对工作团队也会有影响。消极的个人情感会导致消极的集体情感,从而使工作团队中合作行为减弱。

积极情感在工作场合无疑是一种财富。管理者可通过许多措施来提高积极情感,包括允许参与决策、创造愉快的工作环境等。当然,还需要更多地了解如何在工作场合激发积极

情感。

(五) 马基雅维里主义

马基雅维里主义(Machiavellianism)与权威主义密切相关。马基雅维里是 16 世纪意大利著名的政治学家,著有《君王论》一书,讲的是如何获得权力、维持权力及操纵权术,主张为了达到目的可以不择手段,目的最终会证明手段的正当性。高马基雅维里主义个体与低马基雅维里主义个体相比,十分讲究实用,对人保持着情感距离,相信结果能替手段辩护。"只要行得通,我就采用它。"这种做法与高马基雅维里主义观点一致。高马基雅维里主义者会不会是好员工呢?这取决于工作的类型,以及你是否在评价绩效时考虑道德内涵。对于需要谈判技能的工作(如劳工谈判、签订合同)和由于工作成功带来实质效益的工作(如销售代理商),高马基雅维里主义者会十分成功。而对那些结果不能为手段辩护或工作绩效缺乏绝对标准的工作而言,很难预期高马基雅维里主义者会取得良好绩效。

(六) 冒险性

人们的冒险意愿各不相同。这种接受或回避风险的倾向性,对个体行为和决策有较多的影响。并呈现出较大的差异性。一般说来,具有高冒险倾向的管理者比具有低冒险倾向的管理者决策更迅速,在作出选择时所需的信息量也更少。认识这些差异并且根据工作具体要求考虑冒险倾向性是很有意义的。比如,对于一名股票经纪人来说,高冒险倾向性可能会导致更高的工作业绩。这类工作通常需要迅速决策;相反,这种性格特质则可能成为一名从事会计或审计工作人员的主要障碍,最好安排低冒险倾向的人从事这种工作。

研究人格特质有助于了解组织中的人的行为。对个人来说,就是要有"自知之明",知道自己适合干什么,不适合干什么,使人格与工作达到合理匹配。只有人格与职业相匹配时,才会产生更高的满意度和更低的流动率。对于管理者或领导者来说,就是要"知人善任",对下属员工的人格有充分的了解,选更为合适的人去从事适合他的工作,以获取最佳工作效益和员工较高的满意度,使组织目标和个人发展有效结合起来。

需要注意的是,以上几种特质,仅仅影响组织中行为和绩效的一部分人格特征。通过了解员工的人格来预测他们的行为,并不完全有效。在预测行为时,另外一个需要考虑的因素是环境影响的强度。有些情境是强情境(strong situation),在这些情境中,个体人格因素的作用被压倒。这些情境给恰当的行为提供了线索。不同的个体对这些情境的理解基本一致,对这些情境下的恰当行为也有一致认同。如绩效评估会议,员工们都知道要听从于老板,并且在被要求时,才能发言。相反,一个弱情境可以有多种理解。在弱情境下,对于什么是恰当行为,它提供不了多少线索,也显示不出一个行为明显优于其他行为。此时,个体的人格因素就会产生更明显的影响力。组织所提供的一般是强情境和弱情境的结合。因此,在某些情境下,人格因素对行为的影响力会比另外一些情境下更强。

四、人格与工作的匹配

预测人的行为时,除了解一个人的人格特质,还需要结合情境因素。同样地,在人格特质与工作绩效之间的关系中还需考虑中间变量——工作要求,应该重视人格特征与工作要求的协调一致。在此方面,心理学家约翰·霍兰德(John Holland)提出了人格—工作适应性理论(personality-job fit theory)。另外,随着管理者对人格的不断重视,组织行为学对"管理者职业风格"的研究也越来越深入。

(一) 人格—工作适应性理论

霍兰德指出,员工对工作的满意度和流动的倾向性,取决于个体的人格特点与职业环境的匹配程度。他还划分了 6 种基本人格类型。其中每一种都有与其相适应的工作环境。如表 3.3 所示,表中对 6 种类型进行了分别描绘,列举了其人格特点以及与之匹配的职业范例。

表 3.3 霍兰德的人格类型与职业范例

类　　型	人格特点	职业范例
现实型:偏好需要技能、力量、协调性的体力活动	害羞、真诚、持久、稳定、顺从、实际	体力劳动者、机器操作工、飞行员、农民、司机、木工、工程技术人员等
研究型:偏好需要思考、组织和理解的活动	分析、创造、好奇、独立	物理学家、化学家、数学家、生物学家、经济学家等各类研究人员
社会型:偏好能够帮助和提高别人的活动	社会、友好、合作、理解	社会工作者、教师、临床心理学家、社交人员等
传统型:偏好规范、有序、清楚明确的活动	顺从、高效、实际、缺乏想象力、缺乏灵活性	会计、业务经理、银行出纳员、档案管理员、行政人员等
企业型:偏好那些能够影响他人和获得权力的言语活动	自信、进取、精力充沛、盛气凌人	法官、房地产经纪人、公共关系专家、小企业主
艺术型:偏好那些需要创造性表达的模糊且无规则可循的活动	富有想象力、无序、杂乱、理想、情绪化、不切实际	诗人、艺术家、小说家、音乐家、雕刻家、剧作家、导演、室内装饰家等

霍兰德还开发了职业偏好测量表,并据此建构了六边形人格剖面图,如图 3.4 所示,将以上六种人格类型排序。一般来说,在六边形中相毗邻的人格和职业类型最为相似,而成对角线的人格和职业则最不一致。例如,一个企业型的人最有可能选择企业型的职业,而传统型和社会型的人也可能有这一方面的倾向。但是一个研究型的人最不可能选择一种企业型的职业。这一模型的关键在于:①个体之间在人格方面存在本质的差异;②工作具有不同的类型;③当

工作环境与人格类型协调一致时,会产生更高的工作满意度和更低的离职率。

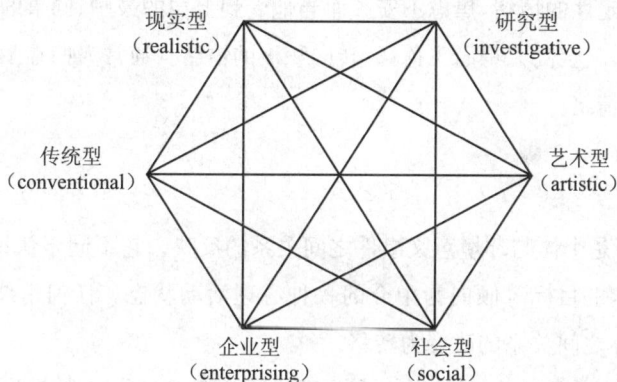

图 3.4　职业人格类型之间的关系

(二) 管理者风格

行为科学家麦柯比(M. Maccoby)花了 6 年时间,对 12 家发展迅速的美国高科技公司中 250 位高层、中层和基层的男性管理干部,进行了深入的访问调查,有的甚至还采访了他们的家属,发现这种组织背景中的管理者职业风格大致可以分为 4 大类型:

(1)"工匠"型。这类管理者一般是技术专家,热爱自己专业,渴望发明创造,搞出新成果,有坚忍刻苦和努力钻研精神;但对行政性事务和职务无兴趣,对人际关系不敏感,不善于人际交往与处理矛盾;他们凡事总想求得最优化方案,不够现实,知识面窄。

(2)"斗士"型。麦柯比把这类管理者又分作两种。一种是"狮型斗士",他们领袖欲很强,渴望权力,想建立自己势力的"王国";干劲十足,闯劲大,敢冒风险,有魄力,但不能容忍别人分享他的权力,"一山不容二虎",只能他说了算。另一种是"狐型斗士",他们虽颇具野心,却无"狮型"的胆魄与能力,只好利用搞阴谋、耍权术之类手段去试图攫取权力。

(3)"企业人"型。管理者中其实这类人最多。他们忠实可靠,循规蹈矩,严守组织的既定政策与计划,工作中兢兢业业,办事稳妥,是组织规章制度的最佳维护者;但墨守成规,保守怕变,革新性与进取心不高。

(4)"赛手"型。这类管理者视人生为竞赛,渴望成为其中的优胜者;但他们不同于"斗士"之处是并不醉心于个人主宰,而只想当一个"胜利集体中的明星";他们善于团结和鼓舞别人,乐于提携下属;同时他们又具有强烈的进取心和成就动机。

以上是 4 种典型类型的管理者风格,多数人是兼具数种类型的特点,但是以不同强度组合。

第二节　情绪管理

一个人当遇有积极意义的事件,如得到上司的赞赏,分派做久已向往的工作,就会引发个体肯定性的愉悦情绪。而当遇到有消极作用的事件,如与客户洽谈业务不顺利,拿不到订单,就会引起消极的否定性的情绪,焦虑不安。而当他受到上司的鼓励、同事的指点,经过努力,拿到了第一份订单时,又会高兴得眉飞色舞,转向积极的情绪。通常人们在工作和生活中会产生或转变各种各样的情绪。

一、情绪的功能

情绪(emotion)是个体与环境意义事件之间关系的反映。它不同于认识,而是以个体的愿望、需要、渴望、追求的目标等倾向为中介的一种心理活动状态。任何情绪的产生、维持或改变,均以主体与客体之间关系的改变为转移。

情绪在构成上有外显行为、内在体验和生理唤醒等多种成分。情绪的每次发生,都兼容生理和心理,本能和习得,自然和社会诸因素的交叠,表示人的精神状态;一种动态的心理体验和感受状态的活动过程。概括地说,它有以下几种功能:

(1)适应生存。服务于改善和完善个体的生存和生活条件。例如,快乐表示情况良好;痛苦表示情况不良,急需改善。悲伤和忧郁表示无奈和无助;愤怒表示行将反抗的主动倾向。

(2)激发心理活动和行为动机。例如,"情绪好时,万事顺;情绪坏时,万事糟"。情绪的作用在于能够放大内驱力的信号,从而更强有力地激发行动。例如,人在缺氧、缺水的情况下,会产生恐慌和急迫感,起着放大和增强内驱力信号的作用。合并为驱策人行动的强大动机。无论何时何种情况发生,恐惧均能使人退缩,厌恶必会躲避,愤怒使人发生攻击。兴趣必导致注意力的选择与集中,从而支配感知的方向和思维加工,支持对新、异事物的探索,对知识的渴求。

(3)情绪对个体的其他心理活动有组织作用。情绪是独立的心理过程,有自己的发生机制和操作规律,体现在:对活动的瓦解或促进两个方面。一般说来,正情绪起协调组织的作用;负性情绪起破坏、瓦解或阻断作用。

当人处在良好的情绪状态时,更易回忆那些带有愉快情绪色彩的材料。某些材料在某种情绪状态下被记忆,则在同样的情绪状态下易被回忆出来。这说明了情绪有干预记忆效果和记忆内容根据情绪性质进行归类的功能。

情绪的组织功能还表现在影响人的行为上。当人处于积极乐观的情绪状态时,倾向于注意事物美好的一面,态度和善、乐于助人,并勇挑重担;而消极情绪状态则使人产生悲观意识,失去希望与渴求,也更易产生攻击性。

有研究证明,情绪对认知活动的背景产生影响。过低或过高的愉快唤醒均不利于认知操作。对负面情绪而言,痛苦、恐惧的强度与操作效果呈现直线相关。情绪强度越大,操作效果越差。称之为叶克斯—道森规律(A. Welford, 1974;Yerkes-Dodson Law),见图3.5。愤怒情绪具有自信度较强的性质和指向于外的倾向,中等强度的愤怒一旦爆发出来,有可能使组织个体倾向于面对艰难任务,导致较好的操作效果。

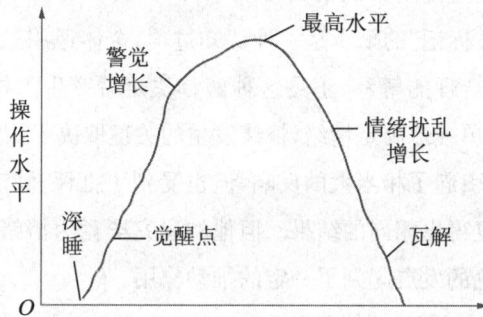

图 3.5 情绪强度(唤醒水平)与操作效果

(4) 情绪信息的传递是语言交际的重要补充,反映出人际之间的感情联结。有些思想不愿或不宜言传时,就能依靠表情来加以传递。例如,卓别林就是通过其幽默、惟妙惟肖的动作来表达其丰富的思想和信息,反映了生活在资本主义社会底层的民众的痛苦心声与对未来美好生活的向往和憧憬。中国人通常所说的"只可意会,不可言传",往往就是通过情绪的传递来表达某些言语之外的信息。

二、情绪理论

关于情绪心理的研究理论很多,学派林立,这里只介绍几个较典型的、与组织行为有关的理论:

(一) 阿诺德的"评定—兴奋学说"

美国女心理学家阿诺德(M. Arnord)于 20 世纪 50 年代提出了情绪的评定—兴奋学说,强调情境的评估,而这种评估是在大脑皮层产生的,如在森林中见到熊会恐惧,而在动物园中见到关在笼子里的熊就不会害怕。因此,她认为:情绪产生于人对情境的认知和估价,通过评价来确定刺激情境对人的意义。她对情绪的定义:情绪是对趋向知觉为有益的,离开知觉为有害的东西的一种体验的倾向,这种体验倾向被一种相应的接近或退避的生理变化的模式所伴随(图 3.6)。

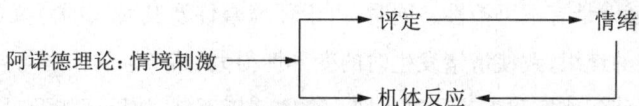

图 3.6 阿诺德的"评定—兴奋学说"

(二) 沙赫特的"认知—激活理论"

美国心理学家沙赫特(S. Schchthe)提出了情绪受环境影响、生理唤醒和认知过程三种因素所制约,其中认知因素对情绪的产生起关键作用。沙赫特和另一位心理学家辛格(T. Singer)于1962年设计了一项实验,用以证明上述三因素在情绪产生中的作用。

实验结果表明:生理唤醒是情绪激活的必要条件,但真正的情绪体验是由对唤醒状态赋予的"标记"决定的。这种"标记"的赋予是一种认知过程,个体运用过去经验中和当前环境的信息对自身唤醒状态作出合理的解释,正是这种解释决定着产生怎样的情绪,所以无论生理唤醒还是环境因素都不能单独地决定情绪,情绪发生的关键取决于认知因素。

沙赫特的实验和理论引起了相当大的反响,但也受到了批评,缺乏对实验的效度分析,实验设计复杂,后人难以重复得出相同的结果。但他的研究毕竟为情绪的认知理论提出了最早的实验依据,并对认知理论的发展起到了一定的推动作用。

(三)汤姆金斯和伊扎德的"动机—分化理论"

前述理论都把情绪归结为其他心理活动的伴随现象或副产品,而20世纪60年代汤姆金斯(S. Tomkins)和伊扎德(Carroll E. Izard)的动机—分化理论至今已成为很有影响的情绪理论之一。他们认为情绪具有动机性和适应性。

汤姆金斯认为,情绪就是动机。他否定了把动机归结为内驱力的看法,着重指出内驱力信号需要一种放大的媒介才能激发有机体去行动,而起这种放大作用的正是情绪过程;而且情绪是比内驱力更加灵活和强有力的驱动因素,它本身可以离开内驱力信号而起动机作用。

伊扎德提出,情绪是一种基本的动机系统。于是他从整个人格系统出发,建立了情绪—动机体系。他认为,人格具有以下6个子系统:内稳定、内驱力、情绪、知觉、认知和动作。人格系统组合成4种类型的动机结构:内驱力;情绪;情绪—认知相互作用;情绪—认知结构。在这个庞大的动机系统中,情绪是核心。无论是与内驱力相联系的情绪或是同知觉、认知相联系的情绪,抑或是蕴藏在人格结构中的情绪特质,都起着重要的作用。并进一步指出,情绪的主观成分——体验正是起动机作用的心理机构,各种情绪体验是驱策有机体采取行动的动机力量。

三、情绪管理

每个人都有情绪。情绪是人类自然属性和社会属性的交织。从人类的社会本质而言,情绪作为交际手段和活动动机,受社会规范的制约;从人类自然属性而言,它受大脑的低级中枢的支配,在一定程度上带有不可控性。同时,由于环境事件及其对人的意义的复杂性,以及情绪在种类和维量上的交织,致使情绪发生时的变异性很大,其产生的频度与强度均可不同。例如,愤怒恐惧导致紧张,挫折和痛苦导致压抑。个体情绪不良,如果不能及时调整,就会影响到工作甚至身体健康。组织中的情绪管理对工作绩效有着重大的影响。

(一)情绪适应不良及其成因

负面情绪具有一定的适应性功能,但若负面情绪发生过频和过强时,就会发生情绪之间、情绪与认知及人格适应性冲突,这时就会导致适应不良。情绪适应不良的规律有:(1)人的负担和经受能力超负荷,引起身体疾病;(2)人在经受能力上超负荷导致严重适应不良,以致社会适应行为异常,从而可能导致心理疾病。

情绪之间的转化与合并,互相补充或加强,互相削弱或抑制,都在人的主观上产生复杂的体验。例如,痛苦被压抑可导致忧郁,愤怒与厌恶结合可产生敌意,痛苦的延续可转化为愤怒。

情绪的激活效应在一定程度上构成情绪的不可控性,因此,从一定意义上说,情绪有时是超理性的,情绪的过度激活、压抑、紧张所引起的身心疾病和情绪病变,有来自生理、遗传等原因,也可能有社会环境原因,还可能有认识上的以及情绪本身活动规律的原因。

1. 过度的心理应激

心理应激是包含多种负面情绪的紧张状态,它可能以震惊、恐惧、愤怒等爆发形式出现,也可能以处于高唤醒水平的压抑的潜在形式而存在,它可以是短暂的,也可能是持久的。

一定程度的应激,即一定水平的心理紧张度,对人从事各种活动是必要的。但是,重大的打击,无论是天然的还是社会的,都会引起过度惊恐、忧愁或焦虑的应激状态。暴怒或剧烈的惊恐能给生命带来威胁。持久地忍受挫折和打击,经常处于紧张状态、高度激活水平,尤其是在高度应激而又压抑的情况下,将会对身体器官产生某些方面的不良影响,甚至引起疾病。如过度肌肉紧张导致肩部或颈部风湿痛或纤维组织炎症。长期的心理应激还能使某些器官发生物理性变化,例如,胸腺退化致使有机体免疫系统功能下降,是导致身体任何部位细胞异常增生而发生癌变的原因之一。

2. 抑郁

几乎每个人都有过抑郁的体验,因此,抑郁可属正常情绪范围,然而,在持久和严重的情况下,抑郁可能转化为病态情绪。一般说来,处于抑郁状态的人如能对自身遭遇作恰当的分析与认识,对自身行为的控制与调节符合社会常规,并有一定的自信与自尊,虽有忧郁体验但无异常行为,也属正常情绪反应。若抑郁状态使人对自身处境不能作出如实判断,并产生偏离社会常规的行为,如由于过度压力感而情绪低落或绝望,失去兴趣和责任感而不能正常工作,甚至产生回避社会和企图自杀等极端意念和行为,均属已转化为情绪异常。

3. 焦虑

焦虑也属负面情绪。在某些情境中,恐惧、痛苦、愤怒、羞愧和内疚等复合发生。当焦虑状态严重和持续存在时,就可能导致神经性焦虑的病理状态。经常感受焦虑者可能养成一种焦虑特质,其特点为脆弱性格。焦虑由危险或威胁的预感所诱发。个人遭遇利害冲突、灾难灾害、疾病困扰或竞争威胁与挑战时,预感到无力避免、无法应付的威胁时,恐惧就可能转化为焦虑。

焦虑状态对人的精神生活有严重影响。焦虑持续或频繁发生导致身体全面衰弱,食欲减退、睡眠不良和过度疲劳,恐惧、紧张和无助感加剧,注意力涣散,记忆力减退,思维慌乱,无所适从,易产生极端念头。有时对恐怖的预期还会导致易怒和暴躁,怨天尤人和厌烦。

情绪受到压抑,违反了情绪的本性,情绪需要释放与缓解。人们在感情上的联系、互相理解与宽容,彼此关怀与扶持,其所创造的心理环境是使人克服困难、进取和奉献的力量源泉。

(二) 情绪管理

组织中的情绪管理有双重意义:管理者既要管理自己的情绪,也要管理员工的情绪,管理组织中人的情绪氛围。情绪虽不能立即降服于理智,但情绪总是能够降服于行动。行动可能是生理上的,也可能是心理上的。情绪能激励人,并有效地将消极的情绪变为积极的情绪;反之,情绪也能影响工作、产生隔阂,伤害别人。

1. 管理者的情绪影响与员工的沟通,影响工作效率和人际关系

在一个组织里,大多数工作都需要管理者与他人协作才能完成,特别需要处理和协调人与人之间关系。能否与他人很好地相处,也受管理者情绪的影响。当你情绪良好时,踌躇满志,办事得力,同时你也觉得其他人都讨人喜欢,工作认真,善于合作,为人正派。由于自我感觉良好,也就善于应付尴尬的处境,处理问题合情合理。此时,你变得善解人意,认为即使是最难相处的人也有他们的苦衷。知道如何区分恶劣情绪和真正的坏人。因此,在与人相处的过程中,要持乐观、建设性的态度。"我保持正常的情绪,他们也保持正常的情绪。"这种情绪氛围使人们彼此尊重,是一种有利于工作的积极态度。

然而,当你哪一天工作不顺利,或事情的发展令你失望时,就易出现其他的情绪状态。情绪坏时,常常考虑不周,不公正地批评别人及对待工作。我们有时对自己不满,却将不满发泄在工作、下属甚至机器上。当我们情绪激动时,常常不能自控,特别是如愤怒这类的坏心情最难应付。有时你可能会越想越生气,可能由此而失去理智。有位员工说:"我出错时,经理就大发脾气,我就很害怕。结果,我越害怕就越出错。"

有时候,当员工做的事让你非常恼火时,与其大发雷霆,不如遏制住,做深呼吸,控制住自己的情绪。如果此时你不能控制自己的情绪,员工与你的隔阂就易滋生。当你不得不批评员工的时候,也有必要抱着积极的态度,将积极向上的情绪表现出来,这对受批评的员工是非常重要的。员工可能接受批评,改正错误;也可能持对立态度,发生冲突。这取决于你处于什么样的情绪中。例如,一位员工显然有能力完成某项任务,但由于某种原因没有做好,你可以说:"你前几个月一直做得很好,但是最近你在计算机上的失误上升了,这很让我失望。我可以知道这是为什么吗?"常言道:"晓之以理,动之以情。"很多时候,员工并不是不接受批评本身,而是不接受批评的方式。

2. 在执行计划的过程中,管理者要善于自我激励

人们在执行计划的过程中,由于受到各种因素的干扰,而常使实践活动偏离原来的计划。

为了保证目标的实现，就需要控制情绪。在控制过程中，我们的情绪也发挥着举足轻重的作用。一旦做了决定，就要贯彻始终。最成功的人往往不是最聪明的，而是凭着毅力、百折不挠的勇气和苦干精神，取得骄人业绩。对你计划中的发展方向，其他人可能很善于指出各种负面的因素，列举无数理由，以证明有些事会行不通，但就是不太善于给你打气。因此，往往要靠自己坚持。如果你对有些事情有足够的信念，便坚持下去，决不放弃。你就能克服所有不利因素，取得重大成就。

3. 管理者的情绪会触发员工的类似情绪，并有放大效应

情绪也在沟通中传达着某种信息，情绪影响沟通效果。当人们在一定的情绪状态下，会把这些情绪带入传递的信息中去，使传递的信息变得情绪化，从而干扰原信息被正确地接收和解码。例如，人在愤怒的情况下传递中性信息时，接收者会把中性信息解码为不愉快信息，从而影响信息的理解和相应的决策。管理者要警惕，你的情绪会触发员工类似的情绪，就像一粒石子投入水中，波纹从水面的接触点扩散开去，所造成的影响可能超过你的想象。

4. 要创造一种宜于创新的情绪氛围，鼓励员工发牢骚

谁都不喜欢没完没了发牢骚的员工，但你是否知道鼓励员工合情合理地发牢骚有助于提高成效？美国某杂志说，当你鼓励员工说出不满的时候，将产生两个很重要的结果：①公司能在不满愈演愈烈并爆发之前把问题解决掉；②公司能向员工表明，公司不仅愿意倾听员工的心声，而且还会在必要时采取措施。员工的情绪得到疏导，有助于巩固公司与员工关系。

采取一种适应于创新的情绪是十分必要的。由于科技的发展，社会经济活动空前活跃，市场需求瞬息万变，社会关系日益复杂，每位管理者，每天都会遇到新情况、新问题，都要求我们对具体问题作具体分析，采取积极的对策。若因循守旧，墨守成规，就无法应对实际问题的挑战。若我们保持积极乐观的情绪，就会产生更多的更有建设性的方法来处理新问题。

人是有感情的，因而难免会对各种事物产生各种各样的情绪。情绪和理性思维并不是根本对立的。情绪可能和理性思维发生关系，也可能不发生关系，可能是相互对立的，也可能是相互促进的。从这个意义上来说，关键并不是如何回避情绪，而是如何有效地控制它，使它有助于人类的思维活动及其他生存活动。实际上，情绪使我们的工作和生活丰富多彩，更耐人寻味，更有质量，如果没有了情绪，我们同时也会失去很多工作和生活的乐趣。

第三节　压力管理

现代社会节奏加快，竞争日益激烈，使人们普遍处在高压力的状态下。压力已经成为每一个现代人不得不面对的一个心理健康问题。虽说适度的压力是一种"生活的刺激剂"，但过度的压力则可能对一个人的健康、个人生活和工作业绩产生严重的消极影响。如组织中的高压

力员工经常出现"容易疲劳、焦虑、担心、感觉沮丧、压抑、缺乏耐心"等身体症状。而这些高压力员工在面临压力时可能采取如回避、自责、幻想等消极的处理方法。消极的处理方法不仅无法缓解压力,更容易形成恶性循环。因此,压力管理就成为组织管理工作中的重要一环。

一、压力及工作压力的来源

个体在工作和生活中普遍感受到压力。压力(stress),或应激反应(stress response),是将特殊的身体或心理需求或二者强加于一个人身上的行为或情形的一个结果或对其作出的一般性反应。换言之,压力是一个人面对需求时所体验到的抗争或逃避的一种无意识的准备状态。紧张性刺激或需求,是指引发应激反应的人或事件(stressor)。忧虑(distress)或紧张(strain),是指不利的心理、生理、行为和组织结果,它一般是压力导致的后果。

(一) 关于压力的四种学说

应激反应是由哈佛大学著名心理学家沃尔特·B.坎农(Walter B. Cannon)在20世纪早期提出来的。以后的研究者对压力的定义与坎农有所不同。为更全面理解什么是压力,这里主要介绍以下4种压力学说:

1. 内部平衡/医学学说

坎农是最早发现压力的医学生理学家,他称之为"紧急反应"或"军事反应",并解释其来源于"战斗情绪"。他考察了人们在处于寒冷、缺氧、失血状态下表现出来的紧急备战,即搏斗、逃跑反应的机制。这个反应包含一个复杂的交互作用,是交感神经的唤醒与肾上腺分泌的激素之间的交互作用,以使有机体在面临压力时保持平衡。坎农认为,当外部环境的需求搅乱了一个人本来的稳态平衡时,压力就会产生。这种稳态平衡,即均衡,又称内部平衡(homeostasis)。坎农认为,人体有天生的防御机制,用来保持内部平衡。

2. 认知评价说

理查德·拉查勒斯(Richard Lazarus)更关注压力的心理学方面。他不再强调反应的医学和生理学方面,而是强调它的心理认知方面。与坎农一样,拉扎勒斯把压力视为一个人与环境相互作用的结果。他强调个体在将人和事区分为有压力和没有压力的过程中的认知评价。个体在评价人和事时是各不相同的。对一个人有压力的人或事并不一定会对另一个人形成压力。知觉和认知评价在决定什么是有压力的人或事方面非常重要,个体的组织地位能塑造这种知觉。例如,烦躁的上司更易给下属员工带来压力。拉扎勒斯还引入了问题导向的处理法和情绪导向的处理法。问题导向的处理法强调对紧张性刺激的管理,而情绪导向的处理法则强调对个体反应的管理。

3. 个体—环境匹配说

罗伯特·卡恩(Robert Kahn)关注的是压力的社会心理学方面。他的学说强调在个体的社会角色中模糊和冲突的期望是如何给该个体制造压力的。他将这个学说扩展到测量个体与环境的匹配程度上。当个体的技能和能力与角色期望相匹配时，就会出现良好的个体—环境匹配。这时，个体就没什么压力。当角色期望模糊和产生冲突时，或者当个体的技能与能力不能达到社会角色的要求时，就会产生压力。经历一段这样的压力之后，该个体就可能会体验到紧张状态，像抑郁状态的紧张等。

4. 精神分析说

哈里·莱文森(Harry Levinson)基于弗洛伊德的精神分析理论对压力进行了定义。莱文森认为是人格中的两个元素之间的相互作用导致了压力。其一是自我理想(ego-ideal)，即一个人完美自我的化身。其二是自我意象(self-image)，即这个人对自己的真正看法，它包括积极方面和消极方面。压力来自于理想化的自我(自我理想)与现实的自我(自我意象)之间的差异，这个差异越大，个体体验到的压力也越大。更普遍地说，精神分析理论可以帮助人们理解无意识人格因素作为个体内部压力来源的作用。

无论是被自我理想与自我意象之间的差异所激发，还是被社会角色所塑造，或是由认知评价暗示的威胁所引起，抑或平衡的缺乏所导致，应激反应的特点是一系列可预示的精神或者身体活动。应激反应在对一个人应对常见的紧急情况和取得高绩效方面非常有用。它并非天生不好，也并不一定具有破坏性。

(二) 工作压力的来源

引起人们工作压力的原因是多种多样的。上述 4 种学说在定义压力时，分别强调了工作中对人的需求或者压力的来源。此外，组织还应对非工作方面的紧张性刺激加以注意，比如，来自个人家庭方面的或者非工作性质的活动的需求，外部经济和社会环境等，都为个人制造了各种各样的压力。图 3.7 演示了导致工作压力的主要因素。

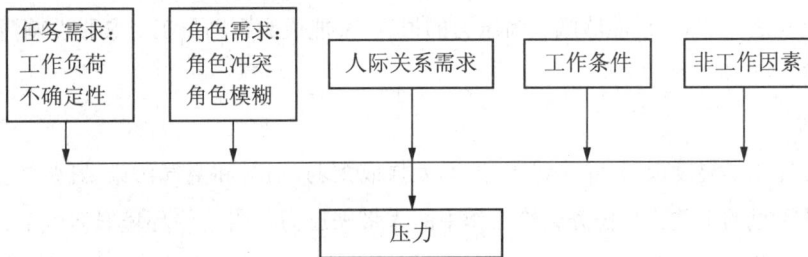

图 3.7　工作压力的来源

1. 任务需求

对许多人来说，当有太多的工作需要做而又没有足够的时间和资源去做时，就会产生压力。当工作超出个体能力时，就存在角色过载或工作超负荷。许多产生压力的工作可能最终处于角色过载状态中,研究普遍把工作超负荷或"工作太辛苦"视为一个主要的压力根源。而另一方面,无工作可做的环境也可能制造压力。当工作缺乏挑战时,管理者也可能屈尊做一些下属工作。这样可能减轻管理者因无聊产生的压力,却又会增加对下属员工的压力,因为上司不断地监视或对他们的决策进行事后批评。

不确定性是导致压力的另一任务因素。现代经济环境下,竞争日益激烈,企业间的竞争带来了大范围的合并、收购和缩减规模,使得员工产生了巨大的不安全感。科技及科技创新也会导致变化和不安全感。尽管可以使生活和工作更轻松、更方便,但信息技术可能会带来矛盾的效果,它更有可能成为压力的制造者而不是压力的缓解者。

2. 角色需求

人们在工作中通常会遇到两类主要的角色压力:角色冲突和角色模糊。角色冲突是由对一个人的角色的不同期望或要求产生的。它可以是角色之间的冲突,如某员工有重要工作任务在身,同时却又知道孩子犯病了,这时他就出现了工作角色与家庭角色的冲突;也可以是角色内容的冲突,如领导要求下属把工作做得又快又好,在某种程度上会被认为是制造角色冲突。角色模糊是对所分配的任务和责任不明确的情形。角色模糊可能源于不理解究竟什么是被期望的行为、不知道如何去做,或者不知道如果失败了会有什么后果。许多人都深受角色冲突与角色模糊之苦。

3. 人际关系需求

群体对组织中的人的行为有着巨大影响。与同事、下属和上司的良好工作关系和相互影响是组织生活的重要方面,它帮助人们实现个人和组织目标。当缺乏这些方面时,它们就会成为压力的根源。有研究表明,他人的侵犯,如被吵闹的同事打扰、嘟嘟作响的电话和在工作场所走动的他人,都是办公室员工的压力之源。高级别的政治行为或"办公室政治",也有可能造成对管理者和员工的压力。与同事的关系的性质可能影响员工对其他的紧张性刺激如何作出反应。换言之,人际关系能够既成为压力的根源,又能成为帮助员工对紧张性刺激作出反应的社会支持。

4. 工作条件

极端的环境如温度极限、噪声过高、照明太强或太弱、辐射和空气污染、紧张的活动、危险的物品以及繁重的出差旅行任务会给工作中的人带来压力。当这些环境紧张性刺激出现时,工作业绩会恶化。办公室工作也有其压力来源,嘈杂、拥挤的办公场所,如股票交易所,会给在其中工作的人造成压力。在计算机终端前工作也会有压力,尤其是在人机之间的环境不适应时,眼睛疲劳、脖子僵硬、手臂和手腕的问题都可能出现。办公室设计使用分区而不是整面墙的隔离也会制造压力感,这些装置给它们的占有者提供的个人隐私空间太小,而且对干扰也没有防范保护措施。

5. 非工作因素

非工作因素也会给人们带来压力。当然不是所有的员工都会受到与婚姻、子女或父母的家庭需求的影响。对于那些受影响的人来说,这些需求可能会导致难以应对的角色冲突或超负荷。例如,无法给孩子好的日托照顾,尤其会使那些双职工和单亲家庭产生压力感。工作和家庭之间的紧张关系可能引发为了获得生活的平衡而进行的斗争。另外,诸如失业、考试失败、失恋等创伤性事件,如果不能妥善处理,都可能导致压力。

新闻中的组织行为学
奥美员工过劳致死

北京奥美广告公司的资深客户总监,来自台湾的广告人林宗纬,昨晚在准备陪同客户工作时,有可能因为心脏病突发去世。

据了解,他是在准备陪客户看电影,洽谈事情时,有可能因心脏病突发去世的。据他身边的同事反映,林生前喜爱健身,没想到,意外还是不期而至。

广告人、传播人工作时间不固定,持续时间过长,一直处于亚健康状态,一直是这个行业的最大隐患。此前,两岸三地的广告人过劳死现象,就频频出现过。这一现象的出现,对部分工作劳累过度、不注意调节身体状况的广告同仁也敲响了警钟——记住,你的生命才是这个世界最重要的部分,请珍惜这一切。

如果你是部门领导,请多加体察,对部门的工作进行合理调度,请一定保护好你团队员工的健康;如果你处在一个忙碌的小组,请对工作和生活时间进行合理的配置,请好好保重。

二、压力导致的后果

工作压力可能有消极和积极作用。不过对工作压力的关注往往集中在它的消极作用。

(一) 压力对健康和工作绩效的积极作用

耶尔克斯—多德森定律(Yerkes-Dodson law)指出:压力在一个最适宜的程度时会导致工作绩效提高(图3.8)。这就是俗话所说的"人没压力轻飘飘"。而超过这个适宜程度,再多的压力和激励只会对绩效产生有害的影响。因此,健康范围内的良性压力(eustress)是有益的,它可以通过激励一个人采取行动来提高绩效。只有在曲线的中间地带,压力才能产生出最大的绩效。约瑟夫·麦格拉思(Joseph McGrath)曾经指出,在耶尔克斯—多德森曲线中,超过中点以后会导致绩效下降,因为完成任务的困难程度提高了。应激反应的确会在短时间内提高瞬间的力量和动力,因此为体育竞赛或其他事件中的高峰绩效奠定了基础。

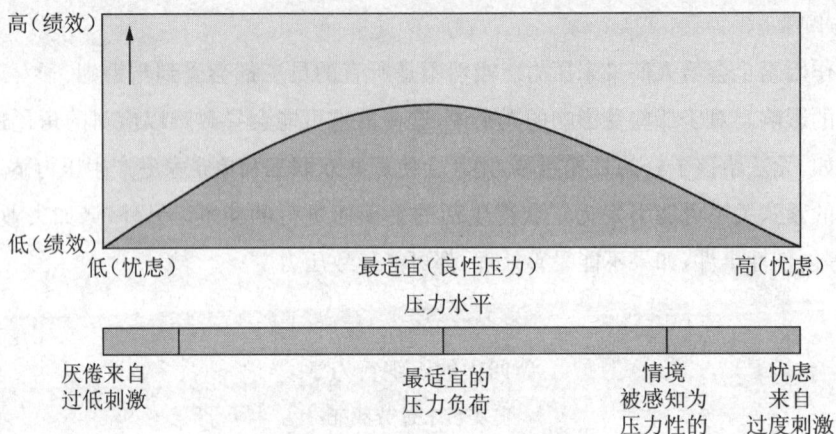

高（绩效）

低（绩效）

低（忧虑）　　　　　　　　最适宜（良性压力）　　　　　　　　高（忧虑）

压力水平

厌倦来自　　　　　　　　最适宜的　　　　　　情境　　　　　　忧虑
过低刺激　　　　　　　　压力负荷　　　　　被感知为　　　　来自
　　　　　　　　　　　　　　　　　　　　压力性的　　　　过度刺激

图 3.8　耶尔克斯—多德森定律

　　一些特定的压力性活动,包括有氧运动、举重训练以及柔韧性训练等,能促进健康并提高一个人应对压力性需求或情境的能力。坎农认为,应激反应可以帮助士兵更好地为战斗做好准备。在求生或战斗情绪中,压力给一个人提供了必要的推动力,使之能成功地应对情境。

(二) 压力的消极作用

　　虽然应激反应并不一定是不好的或破坏性的,但过度的或长时间的压力则对人的生理、心理、行为乃至工作都会产生消极作用。

1. 对生理方面的影响

　　过度的工作压力或个人对工作的过于沉溺,都对身体健康有不利影响。首先,压力使人时常感到身体不适,经受工作压力的人易于患头痛、胃病、背痛和胸痛等。其次,压力对大病的诱发因素有重大影响。在重压下,人们更能感到心跳加快、血压升高、呼吸困难、肌肉紧张和胃肠功能紊乱,胆固醇量也会增加。而这些因素使人更易患上像心脏病之类的大病。研究表明,长期承受压力的人更易遭受重大疾病的侵扰,尤其成为溃疡、关节炎、吸毒、酗酒及心脏病的诱因。一些研究成果表明,承受较高压力的管理人员得心脏病的可能性是常人的两倍,遭受第二次心脏病打击的可能性是常人的五倍,得致命心脏病的可能性是经受较低压力管理人员的两倍。还有确凿证据表明,工作压力将缩短人的寿命。

2. 对心理方面的影响

　　压力对人的心理影响最主要是增加了人的忧虑。忧虑是一种不安或不祥的模糊感觉。人们也许并不能确切指出是什么妨碍了他们,但是,他们隐隐约约地感觉到易于受工作环境及他人或事件的伤害。他们更担心如何处理潜在威胁。压力也增加沮丧情绪。当人们的行为受到妨碍或要求得不到满足时,情绪就受到挫伤。个人对挫伤有如下几种反应:

　　(1) 消极情绪。个人在工作中尽管一再努力,但还是有可能遭受挫折,或者经常出差错,那么这个人就可能失望并对事物不热心。例如有些较长时间的失业人员由于总是被拒之门外，遭受到极大的挫伤，以至于不再寻找工作。

（2）敌视态度。持敌视态度的员工会攻击周围的人。如果员工对管理人员或同事持敌视态度，他们就会在会议上出难题；他们变得易于对一些小事大发雷霆，甚至还可能走得更远，无论对什么事或什么人都吹毛求疵。

（3）悲观情绪。当人们在工作中遭到挫折时，他们常常会伤心，可能变得悲观失望、缺乏自信心及自尊心，开始变得不爱社交，并感到更加孤独。比如，当一时没有赢得某种曾期望的特别奖励或承认时，他们就会觉得失望，把失败归咎于自身，感到自己对周围的事物无能为力。

绝大部分人偶尔会遭到严重的悲观失望情绪的打击。当他人对某人的工作评价不好时，或是工作申请信被退回或婚姻破裂时，此人就可能感到真正的悲观失望。一般说来，经过一段时间之后，人们会忘掉不幸，重新振作起来。然而，如果悲观情绪不能自行消退而是不断延续下去，就将会出现严重问题，甚至出现厌世情绪。

3. 对工作的影响

强烈的压力会在人们的行为上有明显的表现。在压力状态下常常表现出来的直接行为是食欲减退、失眠、过量吸烟和饮酒以及滥用药物甚至吸毒、交际困难等。从工作的角度看，压力与工作绩效、缺勤率、离职率以及决策失误等有着密切关系。

首先，如上述耶尔克斯—多德森定律指出，压力处于适度水平时，工作绩效会提高；但如果人们处于高度的压力状态时，工作绩效会急剧降低，甚至发生差错或事故。

其次，一些研究表明，压力与缺勤、离职有一定关系。缺勤和离职与对工作的不满有密切联系。一项研究以访谈方式测定了一家航空公司管理人员的压力程度，然后把压力的测量与工作满意度的测量加以对照，发现高度压力的管理人员在工作性质、与同事的关系、群体的工作士气这三个方面的工作满意度都很低，这种不满导致了缺勤率与离职率的上升。

最后，压力也与决策失误有关。一些观察和研究表明，当人们处于强烈压力的状态时，会拖延或回避作出决策，常常忽视重要的信息，而且不愿收集有助于作出更好决策的新信息，在面临多种备选方案时犹豫不决，结果使决策质量受到影响，甚至产生失误。

总之，过度的压力对人的身体健康和行为都会产生消极作用，所以每一个组织都应采取有效的对策防止高压、重压及其不良后果的产生。

三、压力管理[①]

适当的压力有助于工作效率的提高，能激发员工的工作热情。然而，工作压力过重或时间

① 该部分参考唐·荷尔瑞格(Don Hellriegel)、小约翰·W. 斯劳卡姆(John W. Slocum Jr.)、理查德·W. 渥德曼(Richard W. Woodman)著，胡英坤等译：《组织行为学》，东北财经大学出版社 2001 年版，第 187—193 页。

过长,则对人的身心健康起负面影响。因此,组织和员工都需进行压力管理,即通过理解压力反应、发现压力源、运用处理的技巧,减少压力的副作用。

(一) 个体压力管理方法

个体的压力管理包括一些活动和行为,旨在消除或控制压力源和使个体更能抵制或能更好地处理压力。个体压力管理的第一步,包括发现影响个体生活的紧张性刺激。其次,个体需要决定如何处理这些紧张性刺激。具体来说,个人压力管理的现实方法如下:

(1) 时间管理。工作超负荷和巨大的工作紧张性刺激,会导致时间压力和超时工作。时间管理技能可帮助员工们最有效果、最有效率地利用他们花在工作上的时间。一个好的时间管理者并不一定是那个做得最多的人,因为他们知道什么活动才能对他们的长期发展有最大的贡献。时间管理使一个人能够将超负荷的工作压力最小化,为工作和业余活动划分优先次序。组织和划分优先次序,也许是成功人士管理异常繁忙的活动时间表的两个最重要的时间管理技能。

(2) 体育锻炼。锻炼身体,可增强压力承受能力。首先,有氧运动可以提高一个人对压力性活动的迅速反应能力。其次,柔韧性训练非常重要。因为应激反应伴随着肌肉收缩。应激反应的一个组成部分就是屈肌的收缩。柔韧性练习帮助人们伸展和放松这些肌肉组织,预防不必要的肌肉张力的蓄积。

(3) 平衡饮食。饮食平衡在压力和压力管理中也扮演了一个非直接的角色。例如,饮食中的高糖成分能激活应激反应,而高胆固醇食物则对血液的化学性质有不利影响。好的饮食习惯对一个人的全面健康很有帮助,使之不易受到忧虑的侵袭。

(4) 业余活动,注意休息,学习放松技巧。连续不断地努力奋斗是许多具有高成就需要的人的特点。业余活动给员工提供了一个休息和从紧张的活动中恢复的机会。业余时间可以用于自发行为、享受生活以及与生活中的其他人联系交往等,关键是要会享受乐趣。另外还需要保证足够的休息时间以恢复体力和精神。

在感到压力时,学习"放松反应"的普遍方法有:选择舒适的位置,闭上眼睛,放松肌肉,注意自己的呼吸,坚持一段时间,如 20 分钟左右。

(5) 坦诚交谈。每个人在生活中都难免会经历创伤性的、充满压力或痛苦的事件。对这类事件的最有治疗作用的方法就是向另一个人倾诉。与别人讨论困难和烦恼并不容易,但却有益于健康。向他人倾诉并非是减小压力的唯一途径,有规律地在日记中如实记述也能起到同样的作用。

(6) 专业帮助。坦白和坦诚交谈也可以通过专业帮助来实现。需要康复的人可以选择心理咨询、职业咨询、物理疗法、药物治疗、手术介入治疗以及其他可利用的治疗技术。对忧虑和紧张反应进行早期检查,并配合及时的专业治疗,在逆转持久性生理和心理损害方面是有帮助的。

有研究表明，成功的高级管理人员使用类似的方法处理压力收效明显。首先，他们努力平衡工作和家庭事务，有效利用休闲时间减轻压力。其次，他们善于管理时间和制定目标；最后，这些人在对压力的处理中引用了社会支持这一重要角色，即从家庭、朋友、同事和同行们的多元化网络中获得情绪支持和重要信息，当然，他们也给予他人支持。

（二）组织压力管理方法

组织压力管理关注的是员工的工作需求和减少工作忧虑的方法。如图3.9所示，组织进行的压力管理，目的是从三个方面减轻压力的消极作用：①发现并调节或消除压力源（或工作紧张性刺激）；②帮助员工调节他们对工作压力的知觉和了解；③帮助员工更有效地处理压力的后果。

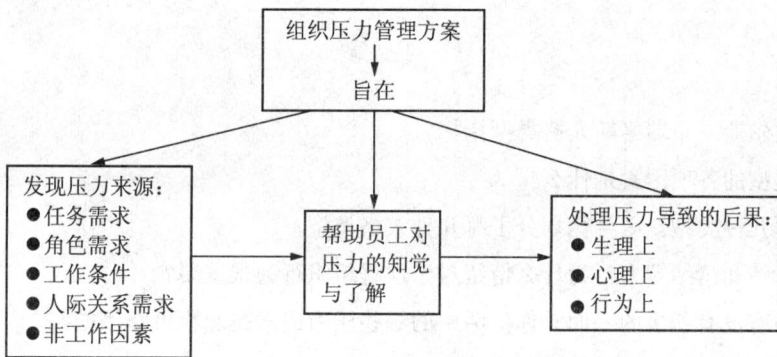

图3.9　组织的压力管理方案

组织消除或调节工作紧张性刺激的压力管理方案通常包括以下几方面：

（1）工作重新设计。工作重新设计的主要关注点是提高员工控制力，以降低忧虑和紧张。这是一种预防压力的管理策略，可以通过许多途径来实现。首先，通过提高工作决策范围来实现，如对工作顺序、时间安排、工具选择和使用顺序、工作小组的选择有更大的决策权；其次，减少工作场所的不确定性，提高可预测性。因为不确定性也是主要的紧张性刺激来源之一。

（2）减少角色冲突。角色冲突和角色模糊是造成工作压力的重要原因之一。因此，从组织的角度来看，应为管理人员和员工设置明确的、特定的、具有挑战性的工作目标，并且为目标完成的程度提供及时的信息反馈。明确的目标不仅对管理人员和员工有激励作用，而且可以使他们清楚了解组织的期望、消除角色冲突，从而降低工作压力。同样，及时提供目标完成的反馈信息，也会使管理人员和员工更清楚地了解自己的实际工作绩效。而且也有助于减少角色冲突、减轻工作压力。

（3）社会支持系统。团队建设是一个在工作场所发展对员工支持性的社会关系的方法

（这将在第八章讨论）。不过，团队建设从本质上说主要是任务导向的，而不是社会情感导向的。当然员工也可从非工作场所的私人关系中得到社会情感上的支持，但来自工作环境下的社会情感性支持也是很有必要的。社会支持系统可以通过许多途径得到提高，如同事或上下级之间的情感关怀和帮助、支持，信息的反馈，授予员工参与决策权等，从而形成良好的组织氛围，增强员工的归属感与集体感，有助于缓解员工的压力。

此外，还可进行组织结构重组，改变工作负荷，实行员工参与计划、员工健康计划等方案来达到压力管理目的。

组织对压力知觉、压力体验和压力结果等方面的压力管理措施包括团队建设、行为塑造、事业咨询、帮助员工处理精神衰竭、实行放松训练、提供身心健康等项目。在做此类工作时应注意：员工个别差异；项目应随压力源而改变；鼓励个体或群体积极参与项目的设计与修改；让员工一起处理压力；让员工的家庭成员也投入到压力减少项目来；正确评估项目效果。

◆ 复习题

1. 什么是麦尔斯—布瑞格斯人格类型指标？

2. "大五"模型的各项因素是什么？

3. 气质有哪几种类型？霍兰德划分了哪几种人格类型？

4. 什么是情绪和情绪智力？为什么情绪对于理解组织行为很重要？

5. 工作压力有没有积极的一面？你生活中的哪些压力因素是起积极作用的？

案例 1

频繁跳槽的 L 小姐[①]

时下，许多企业在对求职者进行简历筛选时，会很刻意地将工作变动频繁者从候选人中划掉。究其原因，不外乎跳槽者的稳定性、动机、能力乃至品行都值得怀疑。一些猎头公司也声称，"跳槽频繁者，不在考虑之内"。如何看待跳槽者？企业乃至人力资源管理者褒贬不一。某公司人力资源总监 L 小姐的亲身经历，或许能使您对跳槽者有一番新的认识。

L 小姐在 20 世纪 90 年代南下，先是在一家上市公司工作了 6 年，从一般员工做到总经理助理。为解决两地分居，L 小姐放弃了又一次升职的机会，随先生来到深圳。原本对跳槽者没有多少好感的 L 小姐，没想到自己在短短的 3 年里，竟然跳了 4 次槽。

---

① 资料来源：http//www.chinahrd.net/zm_qysq/content.asp? articleid＝26284（中国人力资源开发网）。

L小姐在深圳应聘的第一家企业是港资集团公司,职位是总经办主任。当初,该企业最吸引L小姐眼球的是墙上悬挂的企业精神条幅。该公司强调双赢,关注企业与员工的共同发展。经过系列考试测试,一路过关斩将,终于拿到录用通知的L小姐兴奋不已。但接下来发生的几件事,却让L小姐最终选择了离开:

上班第一周,L小姐偶然发现,办公室里布满摄像头,自己与所有同事每天上班,都处在老板的严密监控当中;

上班第二个月,L小姐得知,当初面试他的考官中,那位不露声色的人竟然是老板请来的算命先生,据说算命先生相面的结果是L小姐能给公司带来财运;

上班第三个月,L小姐发现一个秘密,所有员工转正后,将只能得到公司承诺基本工资的1/3;另2/3将被公司当作奖金发放——而当月不论何种情况,只要休假达到3天,则奖金全数取消。

经过慎重考虑,L小姐拒绝老板的挽留,离开了第一家公司。

L小姐应聘的第二家是投资公司,职务是人事经理。这一次,L小姐只工作了一个月。公司以北京人为主,L小姐以及其他非北京籍人员在保险、补贴等方面,都明显低于北京籍人员。更让L小姐难以忍受的是,连北京籍的保安员都大过她这个非北京籍经理。于是,不想当二等公民的L小姐,开始了第三次跳槽。

L小姐的第三份工作是一家广告公司的人力资源经理。公司只有30多人,环境很好,总经理也很和善。但L小姐发现自己除了调动车辆、采买办公用品、办理营业执照等,别无他事。关于工作的开展,L小姐同总经理沟通过多次,写了好几份建议书,都如石沉大海。悠闲的工作,让L小姐心里怅然若失,为使自己不失去工作的动力,L小姐提出了辞职。

经过几次挫折,L小姐在求职上变得比较冷静。接下来应聘的是一家高科技公司。在通过相关测试后,L小姐坚持先见过公司总经理,经过几次沟通交流后,才开始上班。现在,L小姐已经从人力资源经理做到行政总监。"辛苦、充实、开心"是L小姐对自己目前工作的评价。

案例2

让企业充满"情绪"①

美国成功企业家得宝(HomeDepot)公司,曾提出一条十分别致的用人策略,即"所聘用的经营、管理人员,如在聘用一年内不犯'合理情绪',将被企业解聘"。对此,该公司的副总裁斯

---

① 资料来源:http://www.chinahrd.net/case/(中国人力资源开发网)。

蒂夫·麦塞纳认为,如果聘用员工不犯一些"合理情绪",则说明这个人没有创造性,更没有竞争力。一个平庸保守、安分守己的人,是绝对不可能有所建树的。最重要的是,一个不"闹"情绪的人,在竞争中丧失的机会要比捕捉到的机会多得多,对企业可能造成的损失将无可估量。这种鼓励带着情绪工作的用人策略,既表现出公司领导敢于承担责任的胸怀,也增加了员工们的工作信心,结果是家得宝不仅利润增长,股东权益在同行业中领先,而且高昂的士气还成为公司获得良好业绩的动力。

如今许多企业也逐渐悟出,只有在员工情绪管理上营造良好的氛围,才能以情绪带动潜能,以潜能的发挥创造高效业绩。原宏基公司总裁施振荣把自己的创业叫"对人的创造",他说"我们要激发有创造力的东西,在管理上一定要合乎人性"。毋庸置疑,企业与员工之间的关系,除了理性外,还需要感情投入或者是激发员工积极情绪的方式。

事实证明,今天的企业,唯有成功激发员工的工作热情,才能激发员工不断突破与成长。有 N 种激发员工情绪的方式,都将是可以维持员工自我实现与企业创出成效两者间动态稳定的"均衡"定理。我们认为,没有情绪的企业,是平庸的企业;拒绝情绪的企业,是悲哀的企业;扼杀情绪的企业,是残酷的企业。

◎ 讨论题

1. L 小姐频繁跳槽的原因有哪些?
2. 你认为家得宝减轻员工工作压力的措施是否可行? 为什么?
3. 从以上两个案例,你分别得到什么启示?

【本章学习目标】

通过本章学习,你应该了解:

1. 什么是激励?区分内在激励与外在激励。
2. 需要、动机与行为的关系。
3. 几种主要的激励理论及应用。
4. 高成就需要者的特点。

预习案例

赶鸭子上架的销售激励

张老板的公司成立于20世纪90年代初,主要业务是向重庆城内大大小小的餐馆推销鸡精。这两年,由于很多人也做起了鸡精生意,张老板感到生意越来越难做了。去年,公司每个月的销量还有1 200件左右,今年连1 000件都难保了。善于动脑筋的张老板发现,除了竞争的因素,公司目前的提成政策也是销量下滑的主要原因。前几年,因为生意比较好做,张老板一直采用的是用固定工资加年终奖的办法支付业务员的工资;可是现在竞争这么激烈,这个办法都快把业务员养成老爷了。

老办法看来是行不通了!很快,张老板制定了一个新的提成办法:业务员一律取消底薪,卖一件提成10元;业务经理的底薪降至500元,其奖金和总销量挂钩,每件提成1元(注:方案内容有所简化)。

新办法果然"见效奇快",短短两个月公司就发展了20多家新客户,月销量又回到了以前1 200件的水平;业务员也纷纷主动出击,不再"眷恋"办公室了。看着公司内外一片繁忙的景象,张老板暗自得意……

不料,没过多久张老板就碰到了一件麻烦事。

"张总,周胖娃的火锅店今天上午关门了。"业务经理急匆匆地赶回公司告知张老板。"啥子,周胖娃上个月才和公司签了一年的合同啊。"张老板顿时急火攻心。"周胖娃的灯箱、雨棚、围腰都是公司赞助的,他一关门,公司的赞助不就泡汤了吗?"(注:为了争取生意好的大店,"赞助"是鸡精行业普遍采用的促销手段,甚至是与大店合作的先决条件。一般来说,张老板赞助一家大店的支出在1 500元左右。)

一波未平,一波又起,类似的麻烦接踵而至……

管理的目的在于充分利用所拥有的资源,使组织高效能地运转,提高组织绩效,实现组织的既定目标。对于企业来说,就是要提高它的经济效益与社会效益,保证所提供产品或劳务的质量、工作效率、收益与增长速度。提高绩效的关键还在于对人的激励和管理,因为其他资源都需要依赖人的操作,才能发挥其功能。所以激励与行为的反应研究对组织管理的研究就具有十分重要的意义。

第一节 需要与动机、激励

人的行为往往是由某种未满足的需要在一定的外界刺激作用下引发动机而产生的。在管理实践中,管理者要想通过激励使员工的行为符合组织目标的要求,首先要找出员工的需要是什么,在此基础上提供适当的刺激以引导员工的行为。

一、需要

需要(need)的本质是一种心理状态,是个体在某种重要而有用或必不可少的事物(目标)匮缺、丧失或被剥夺时内心的一种主观感受。像一切思想上、意识上的因素那样,需要总是客观要求的反映,是有其物质性、生理性的基础的。除了极少数需要是先天性、本能性的无意识的固有倾向外,大多数需要,尤其是在工作组织背景下的需要,是后天性的,是外界环境诱发的,是从实践中学习、领悟来的。因此,需要虽然是客观上存在的某种要求的反映,但并非完全消极被动,而是人与客观环境间积极相互作用和交往过程的产物。

需要可以按不同维度进行分类,以下两种分类法较为有意义:

1. 按需要产生的根源分为初生性需要(原始性需要)和次生性需要(后天性需要)

(1) 原始性需要(primary needs),是指那些天然性的、生物性的需要。这类需要反映了人们对于维持、延续与发展自己生命所必需的资源与客观条件的需求与欲望,它们的满足是通过利用对应的特定资源或获取一定的生活状态而实现的。此类需要必须是本能性的,不是在后天环境中学习来的。最常见的人类的原始性需要有饥、渴、睡、眠、性、对痛苦的躲避、母性的爱与关怀等。应当指出,动物也具有这类需要,只是动物与人在满足这类需要的方式上有着本质的差异:动物只能依靠客观环境中现成的天然资源或条件来满足它们的这类需要;人则可以通过社会劳动去改造天然资源和条件,创造出新的资源和条件,从而满足自己的需要。

(2) 后天性需要(secondary needs),是指那些社会性的、后天学来的需要,即人们在其社会交往与实践中,通过成功的喜悦和经验以及失败的痛苦和教训,逐渐领悟、建立和产生的需要。从根本上说,这类需要仍是以原始性需要为基础的;但它们不是与生俱来的,是人类在自己社会历史的发展过程中,通过自己的社会实践,学习、体验、总结而养成的,是人类所独有的一类需要。属于这一类的需要很多,其中较重要的有成长的需要(即丰富自己的知识、能力和经验)、成就的需要、友谊和温暖的需要、自主自尊的需要、实现抱负与价值的需要、获得人身安全与生活保障的需要等等。这类需要被称为次生的,因为它们是由原始性需要衍生出来的。

尽管人的原始性需要更为根本,但就对组织行为的影响而言,最重要的仍是后天性需要。

2. 按需要获得满足的来源分为外在性需要和内在性需要

(1) 外在性需要。这类需要所指向的目标,是当事人自身所无法控制而由外界环境来支配的。换句话说,外在性需要是靠组织所掌握和分配的资源或奖酬即外在性激励来满足的。在外在性激励条件下,被激励者的注意力只在那些诱激他的外在性奖酬,这些奖酬操纵在组织的领导者手中,将根据对他工作绩效的考评情况发给他。对他来说,工作只是一种获取这些外在性奖酬的手段,只具有工具性;至于这些工作活动本身,他是不在乎、不关心也没有兴趣的;即使他卖力工作,也只是为了那些奖酬。

这里所提到的资源或奖酬是广义的,不能狭义理解为工资、奖金等物质性的资源。从这点出发,按资源的性质来区分,外在性需要又可进一步分为两小类:

① 物质性需要。这类需要通常是指由工资、奖金、住房以及其他各种福利待遇等物质性的资源来满足的需要。物质性需要必须用物质性的资源来满足。这类资源的性质,首先在于它们是客观的、可以感知和测量的。此外,它们是消耗性的,分掉一些便少一些,因此是成本较高的。同时,由于组织掌握的这类资源通常都是总量有限的,它们的分配便常具竞争性,即有人分多了,有人就会分得少。物质性资源还有一个特点,就是它们都是通用性的、泛指性的,钱、房子等等,谁都能用,不是只供特定的人享用的。

② 社会情感性需要。这类需要通常要用友谊、温暖、特殊的亲密关系、信任、认可、表扬、尊重、荣誉等社会情感性的资源来满足,这类需要与物质需要相比是较高层次的。

(2) 内在性需要。这种需要不能靠外界组织所掌握和分配的资源直接满足,而依靠工作活动本身或工作任务完成时所提供的某些因素来满足。这些因素都是与工作有关的,它们都是抽象的、不可见的,要通过当事者自身的主观体验来汲取或获得。这说明,和外在性需要相反,内在性需要与工作密切相关,其满足或激励源存在于工作之中,此时工作本身具有激励性而不再是工具性的了。可见,所谓"内在性",是指内在于工作之中,并非指内在于受激励者自身之内,"内在"与"外在"都是相对于工作而言的。内在性需要的满足取决于受激励者自身的体验、爱好与判断,内在性激励才是真正的工作激励;它不像外在性激励那样由组织控制的刺激物所牵引,而是由工作中的内在力量所推动。外在性激励在外在刺激消失时便会随之消退;内在性激励则不管环境如何变化,都能持续地坚韧地发挥作用,并且它基本上不另外增加成本,所以是很值得管理者重视、发掘和利用的有效激励手段。

二、动机

动机(motive)是在需要的刺激下直接导致个体产生行为的原因,促使该行为朝某一目标进行。动机本身不属于行为,它只是行为的原因。

(一) 动机的来源

动机的产生主要有两个来源:内在条件需要和外在条件刺激。

(1) 内在条件需要,是个体缺乏某种东西的程度。所缺乏的可以是个体内部维持生理作用的物质要素,也可以是社会环境中的心理要素,个体缺乏这些东西的时候,身心便失去平衡而产生紧张状态,感到不舒服。

(2) 外在条件刺激,是个体身外诱因,它可以是物质的,也可以是精神的。外在条件不变时,个体对某一事物(目标)的动机强度与身体组织缺乏的程度直接相关。而内部条件一定时,则对事物(目标)的动机强度随外部因素的强弱而定。动机性行为经常是受到内外条件交互影响的结果。

动机产生的基本模式如图 4.1 所示。

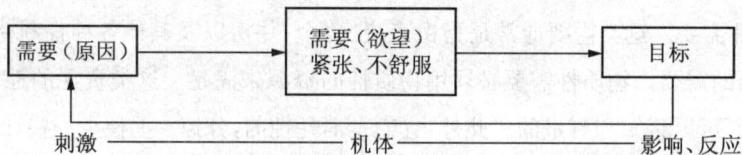

图 4.1 动机产生模式

(二) 动机的功能

动机在激励过程中具有以下一些功能:

(1) 唤起行为的始动功能。一般来说,人们有了某种需要,当需要与能够满足它的具体目标相结合时,才能转化为动机,并在一定的外部条件下,按头脑中已经储存的模式去行动。动机是行为的真正起点,有动机才有行为。

(2) 指向性功能。任何动机都指向某种事物,如食物、知识、工作等。某种事物动机一旦发挥作用,它就引导人的行为向着满足其需要的方向发展,使行为具有一定的强度和持久性。

(3) 强化功能。强化可以是来自外在诱因产生的刺激;也可以是由内在性的需要所产生的行为后果。一个人的成功和失败的体验对其行为有一定影响,可以起强化作用,使其活动能够顺利进行。在一般情况下,一个人在成功地完成某项工作之后,可以增强把工作做好的信心,希望下次工作能做得更好。

(4) 调整功能。动机好比是汽车的发动机和方向盘,它既给行为以动力,起发动作用,又可以及时地对行为的方向进行调整。动机对人的行为的调整具体表现为:(1)建立在与人的直接利益有关的基础上的动机,如家庭观念、道德感等常常使人不自觉地、无意识地使其他动机服从于这种动机;其次,理想、信念等高级动机,可以使那些与自己的观念相矛盾的直接冲动服从于它提出的意图和目标。

三、需要、动机与行为的关系

(一)需要与动机

需要与动机是两个密不可分又不可相互等同的概念。需要是内心体验到的某种重要事物的匮缺或不足;动机则是一种信念和期望,一种行动的意图和驱动力,它推动人们为满足一定的需要而采取某种行动,表现出某种行为。需要是动机的源泉、基础和始发点,动机才是驱动人们去行动的直接动力和原因。有需要不一定有动机,需要只有与不同的目标相结合才会产生不同的动机,并在适当的外部条件下显现为外在的可见行为。例如,当某人体内缺乏足够的碳水化合物、蛋白质等物质时,他会感到饥饿,产生进食的需要。这时,如果他在家,而且家中有米、面、菜等原料,他可能产生自己做饭的动机。如果这时在单位,可能产生去食堂或餐馆吃饭的动机。而如果某人被困在阴暗的矿井里,井下根本无食物可寻,这个人即使十分饥饿,也不会有寻找食物的动机,因为无谓的行动根本不可能解决他的需要。

从一定意义上讲,人是一种需要的动物,永远在不断出现的、未获满足的需要的推动下,去从事新的追求、活动、探索和创造。需要一经满足,便失去作为动机源泉的功能,动机活力即消失,行为也就终止了,新行为的产生需待新的需要的出现。需要的不满足才是激励的根源。

需要与动机对于激励既然如此重要,所以对它们的研究一直是管理理论工作者和实践工作者共同关心的热点。然而,需要与动机的研究却是十分艰巨而复杂的。这是因为:

(1)人的需要与动机是隐藏在人内心中的状态,看不见、摸不着,难以直接测量。

(2)人不是纯理性的,不像动物那样只服从于较单纯的理性规律。人是感情性的、能动的、有其心理活动的,他们的动机是复杂的,行为是多因的。因此同一动机对不同的人或同一人在不同的处境下,可能有不同的行为表现;反之,同一种行为方式也可能源于不同动机。

(3)动机的行为表现,不仅受本人的性格、气质、经历、兴趣等个性品质的影响,从而带有独特的个人特色,而且还受家庭、单位、社会、国家等众多环境性、文化性因素的影响。

因此,不能指望用简单化、一般化的答案来分析人的行为与动机。但它们虽如此复杂,却不是不可认识的;而且正因如此,对它们的研究才更有挑战性和吸引力,只是人们必须用应变的观点去做深入的、具体的分析而已。

(二)需要、动机与行为的关系

一般来说,当个体产生某种需要而又未得到满足时,会产生一种不安和紧张的心理状态。在遇到能够满足需要的目标时,这种紧张的心理状态就转化为动机,推动人们去从事某种活动,向目标前进。个体达到目标时,紧张的心理状态就会消除,需要得到满足。这时,人又会产生新的需要。这是一个不断循环往复的过程,使人不断地向新的目标前进。这一过程可用如图4.2所示模型表示出来。

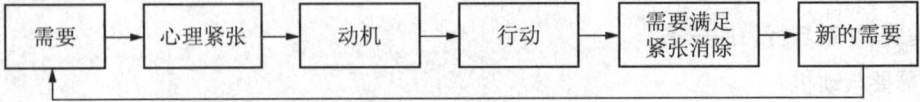

```
┌──────┐   ┌──────┐   ┌──────┐   ┌──────┐   ┌──────────┐   ┌────────┐
│ 需要 │──▶│心理紧张│──▶│ 动机 │──▶│ 行动 │──▶│需要满足   │──▶│新的需要│
└──────┘   └──────┘   └──────┘   └──────┘   │紧张消除   │   └────────┘
    ▲                                        └──────────┘        │
    └─────────────────────────────────────────────────────────────┘
```

图 4.2　需要、动机、行为关系模型

人们的需要与动机千差万别。要想研究需要与动机,必须首先对它们进行合理的分类。如上所述,需要总源于某种资源的匮缺,而除了像缺氧那样极个别的例外以外,需要总会导致相应动机的产生。所以需要的分类以及与这些需要相关联的动机的分类是一致的。换言之,需要、动机可以按相同的标准进行分类,对需要的分类,也就是对相应动机的分类。

四、激励

"激励"一词源于古拉丁语"movere",意为"促动"。许多学者对激励作了界定,一般认为,激励(incentive)是行动的一种导向和持续,即涉及人们为什么选择一种行动以及为什么即使在面对困难的情况下仍会持续其行动。罗宾斯认为"激励是去做某事的意愿,并以行为能力满足个人的某些需要的条件"。"需要"一词意味着使特定的结果具有吸引力的一种生理和心理上的缺乏。激励的基本过程如图4.3所示。

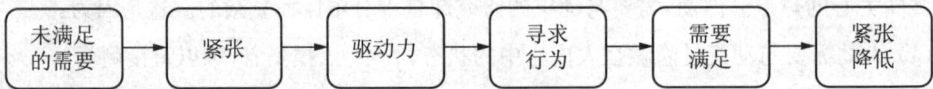

```
┌──────┐   ┌──────┐   ┌──────┐   ┌──────┐   ┌──────┐   ┌──────┐
│未满足 │──▶│ 紧张 │──▶│驱动力│──▶│寻求  │──▶│需要  │──▶│紧张  │
│的需要 │   └──────┘   └──────┘   │行为  │   │满足  │   │降低  │
└──────┘                          └──────┘   └──────┘   └──────┘
```

图 4.3　激励的基本过程

未被满足的需求产生紧张的心理状态,紧张刺激个人内存的驱动力,这些驱动力产生寻求特定目标的行为。如果目标达到,则需要得以满足,紧张心态也就降低。员工受到激励后,就处于紧张状态。为了缓解紧张状态,他们就会忙于工作。紧张程度越高,越需要做更多的工作来缓解。

可见,对员工的激励是指通过满足个体的某些需要,调动个体提供高水平的努力以实现组织的目标。激励的实质在于通过有效的外在刺激来引发内在动机,达到激发潜能、发挥能力、努力工作、实现组织目标的目的。激励的对象是产生某种行为的个体或群体,目的在于引导该类行为的重复与强化,以期实现组织的目标。总之,激励是在个人需要和组织目标整合的基础上,形成强烈实现目标的意愿,并促使其付出努力行为的整个过程。

激励促进和推动生产力的提高。它有助于导引和构筑企业风格,规范员工工作行为,提高员工的工作效能感,不断改善员工工作和生活质量,提高员工组织承诺度。激励的最终目标是提高员工和组织的绩效,促进员工成长,增强组织生存发展能力,提升组织外部形象,从而实现组织目标。

第二节 内容型激励理论

内容型激励理论着重研究激发动机的因素,由于其理论的内容基本上都是围绕着如何满足需要进行研究,故又称需要理论。研究与传播最广的四种内容型激励理论是:需要层次理论、双因素理论、ERG 理论、成就需要理论。这些理论在研究领域和管理实践中都受到了高度重视。

一、需要层次理论

需要层次理论(hierarchy of needs theory)是美国心理学家马斯洛(A. Maslow)于 1943 年提出的。这一理论多年来流行甚广,影响深远。

(一) 需要层次理论的基本内容

马斯洛认为,每个人都存在一定的内在价值。这种内在价值就是人的一些潜能或基本需要。人的需要应该得到满足,潜能要求得到实现,这是马斯洛的"自我实现"论的要点。马斯洛认为,在人类价值体系中有两类不同的需要,一类是生理需要或称低级需要,另一类是高级需要。他把人的需要按其产生的先后顺序分成五个等级。

(1) 生理需要。这是人类为了生存而必不可少的最原始的需要,包括饥、渴、性和其他生理机能的需要。马斯洛认为,生理需要在人类各种需要中占有最强的优势。如果一个人为生理需要控制时,那么,其他的需要均会被推到次要的地位。例如,一个饥肠辘辘的人,只会想到如何觅食,而不会有兴趣于交响乐或科学研究。

(2) 安全需要。人的生理需要基本得到满足后,就会产生新的需要,即安全的需要。人会产生要求安全与稳定的欲望、受保护的欲望等等。马斯洛认为,对健康的成人来说,其安全需要能得到充分的满足,所以他们不再有任何安全需要作为他们活动的动机,但是在儿童与精神病患者身上,可以经常看到这种安全需要的表现。

(3) 归属与爱的需要。上述需要获得满足后,人就会产生进一步的社会性的需要,即归属与爱的需要。归属的需要就是参加一定的组织,依附于某个团体等。爱的需要包括给予和接受爱,实质上也是一种归属。马斯洛认为,通常的性行为不仅为生理上的需要所决定,还受其他的需要所决定,而其中主要是爱与情感的需要。

（4）尊重的需要。人都希望自己有稳定的社会地位，有对名利的欲望，要求个人的能力和成就得到社会的承认等。尊重需要可以分为内部尊重和外部尊重。内部尊重是指一个人希望在各种不同情境中有实力、能胜任、充满信心、能独立自主，总之，内部尊重就是指人的自尊。外部尊重指一个人希望有地位、有威信、受到别人的尊敬、信赖和高度评价。马斯洛认为，尊重需要得到满足，能使人对自己充满信心，对社会满腔热情，体验到自己生活在世界上的用处和价值。但尊重需要一旦受到挫折，就会使人产生自卑感、软弱感、无能感，会使人失去生活的信心。

（5）自我实现（self-actualization）的需要。自我实现的需要是指实现个人的理想、抱负、发挥个人的能力于极限的需要，是实现人的自我价值和对于社会的价值意义的需要。也就是说，人必须做称职的工作，是什么样的角色就应该做什么样的事。演奏家必须演奏音乐，画家必须绘画，诗人必须写诗，这样才会使他们得到最大的满足。总之，自我实现的需要是实现自己潜力和继续自我发展的需要，是需要层次中最高级的需要。

马斯洛认为，上述五种需要是按次序逐级上升的。当下一级的需要获得基本满足之后，追求上一级的需要就成为驱动行为的动力。但这种需要层次逐级上升并不遵照"全"或"无"的定理，不是一种需要100％地满足后，下一种需要才出现。事实上，社会中大多数人在正常情况下，他们的每一种需要都是部分得到满足，部分却得不到满足，而且越是高级的需要，得到满足的程度也越小。应该注意的是，马斯洛所列举的需求各层次，绝不是一种刚性的结构。所谓层次，并没有截然的界限，层次与层次之间往往相互叠合，某一项需求的强度逐渐降低，则另一项需求也许将随之而上升。此外，可能有些人的需求始终维持在较低的层次上，而马斯洛提出的各项需求的先后顺序，也不一定适合于每一个人，即使两个行业相同的人，也并不见得有同样的需求。图 4.4 说明了这种情况。

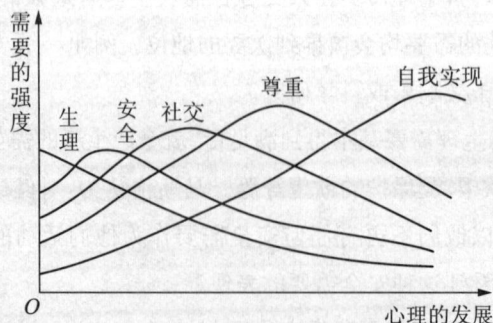

图 4.4　需要层次与心理发展

人的需要千差万别，在实际管理中是难以一一识别与区分的。马斯洛的主要理论贡献在于，他以结构的观点和方法论，将人的千差万别的需要归结为五种基本需要，并且这些基本需要有其内在联系和相对重要性。正如马斯洛本人所言:"人类的基本需要是一种有相对优势的层级结构。"如图 4.5 所示,与"人性假设"理论相对照。

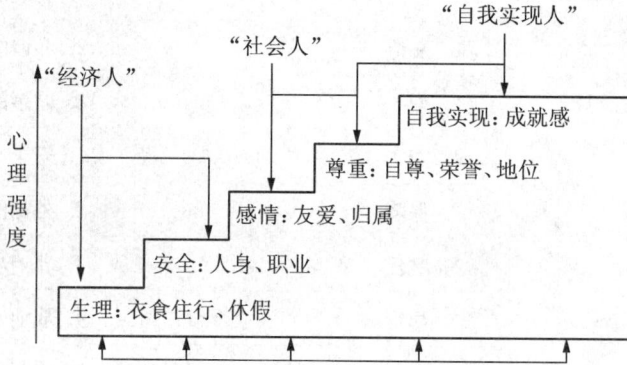

图 4.5　需要层次理论与人性假设理论

(二) 在管理中的应用

马斯洛的需要层次理论,其最大的意义在于它指出了人都有需求。作为管理者,为了激励下属,必须了解当前其下属要满足的主要是什么需求。但是,不论管理者采取的是怎样的途径,其措施总是以他对下属所持的假定及对需求与满足的假定为基础的。

(1) 满足不同层次的需要。既然五个层次的需要是客观存在的,管理者的任务就在于找出相应的激励因素,采取相应的组织措施,来满足不同层次的需要,以引导和控制人的行为,实现组织目标。这种需要与相应的激励因素和组织措施的关系,如表 4.1 所示。

表 4.1　需要层次与相应的激励因素、组织措施

组织措施						一般激励因素
自我实现			1. 成长			1. 有挑战性的工作
			2. 成就			2. 创造性
			3. 提升			3. 在组织中提升
						4. 工作的成就
尊　重	复杂需要		1. 认可	上升顺序		1. 工作职称
			2. 地位			2. 奖励增加
			3. 自尊			3. 同事和上级认可
			4. 自重			4. 工作本身
						5. 责任

组织措施			一般激励因素
归属与友爱	基本需要	1. 志同道合	1. 管理的质量
		2. 友谊	2. 和谐的工作群体
		3. 爱	3. 同事的友谊
安全与保障		1. 安全	1. 安全工作条件
		2. 保障	2. 外加的福利
		3. 胜任	3. 普遍增加薪水
		4. 稳定	4. 职业安全
生　理		1. 空气	1. 暖气和空气调节
		2. 食物	2. 基本工资
		3. 住处	3. 自动食堂
		4. 性	4. 工作条件

从表4.1中可以看到,要满足不同层次的需要,应找出一般激励因素并采用相应的组织措施。比如满足职工的生理需要,就采用适当加薪、改善劳动条件、创办各种福利事业等组织措施,以保证职工的基本生活条件,使他们的吃、穿、住和婚姻等问题得以基本解决。又比如,当自我实现需要占主导地位时,人们最富创造性与建设性的技巧就会融会到他们的工作中去。为了满足这种需要,管理者就应认识到,无论哪种工作都会有着允许进行创新的领域,每个人都具有创造性,从而充分发挥人们的能力、技术和潜力,允许他们发展和使用具有创造性或革新精神的方法,以便为个人成长、成就和提升提供保证。

(2) 满足不同人的需要。图4.4表示的仅是一般人的需要,实际上每个人的需要并不都是严格地按图上的顺序由低到高发展的。对管理者来说,了解这种情况十分重要,因为,有些人对社交的需要比尊重的需要更为重要;有些人对某些生理需要也许要求多些,金钱仅仅是激励他们的一种东西而已。

马斯洛的研究成果对管理者来说是很重要的。因为它表明,当某层次需要基本上得到满足时,激励作用就不能保持下去,为了激励个人就必须转移到满足其另一个层次的需要。然而对管理者来说,了解和把握到底什么是员工的真正需要,而不是管理者主观所认为的员工的需要是非常重要的。总的来说,作为管理者,只有了解员工的需要,才能了解他们各自的行为动力,从而更有效地激励他们。

新闻中的组织行为学

"重奖"能不能激励出游戏人才？

现在网络游戏活动不只在游戏内,各种各样的线下活动花样也越来越多,推出送礼品送现金的活动吸引玩家,而近日网域为了新游戏《英雄岛》的研发拿出价值百万的奔驰跑车奖励员工,本期我们的话题就来议论一下:"重奖"到底能不能激励出游戏人才做出好游戏? "中奖"能不能吸引更多的玩家?

在今年的 Chinajoy 上,盛大网络公司总裁陈天桥曾现场备下奔驰车接待游戏团队和人才,凸显出游戏厂商对于游戏人才的追求,完美时空、金山、巨人、网龙的相继成功上市则使得人才的竞争更加激烈。对于人才的渴求,中国游戏厂商已经到了前所未有的高度。

每个行业的人才当然应该受到尊重获得丰厚的待遇,但依靠"重奖"又能不能激励自己的员工发挥自己的才能做出好游戏呢? 所谓人才除了外部环境因素外,自身的天赋条件也很关键,如果行业或者公司的大环境不具备培养人才的氛围的话,即使再重的奖励也没用。如今的中国网络游戏行业,靠"重奖"能不能激励出员工做出好游戏来还得靠时间来检验。

二、双因素理论

(一)双因素理论的基本内容

双因素理论(two-factor theory)是由美国心理学家赫兹伯格(F. Herzberg)提出的,此理论又叫"激励—保健理论"(motivation-hygiene),简称为"双因素理论"。20 世纪 50 年代后期,赫兹伯格在匹兹堡地区的 11 个工商业机构中,征询了 200 多个工程师、会计师的意见。他设计了许多问题,比如"什么时候你对工作特别满意","什么时候你对工作特别不满意","满意和不满意的原因是什么"等等,向一批会计师、工程师征询意见。根据对调查所获得大量资料的分析,他们发现员工感到不满意的因素与使员工感到满意的因素是不同的,前者往往是由外界的工作环境引起的,后者通常是由工作本身产生的。赫兹伯格把调查结果列成图 4.6 的形式。

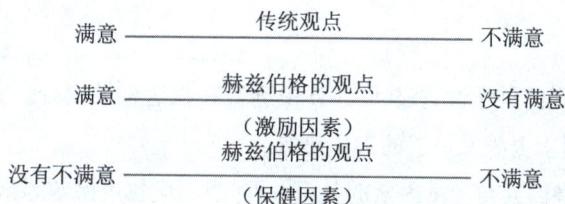

满意 ——————传统观点—————— 不满意

满意 ——————赫兹伯格的观点—————— 没有满意
（激励因素）

赫兹伯格的观点
没有不满意 —————————————— 不满意
（保健因素）

图 4.6　与传统观点相比较

93

赫兹伯格从 1 844 个案例的调查中发现,造成员工非常不满的原因,主要是由于公司政策、行政管理、监督、与主管的关系、工作条件、与下级的关系、地位、安全等方面的因素处理不当。这些因素改善了,只能够消除员工的不满,还不能使员工变得非常满意,也不能激发其积极性,促进生产率的增长。赫兹伯格把这类因素称为"保健因素"(hygiene factor),意即只能防止疾病,不能医治疾病。另外,他又从 1 753 个案例的调查中发现,使员工感到非常满意的因素主要是工作富有成就感,工作成绩能得到社会承认,工作本身具有挑战性,负有重大的责任,在职业上能得到发展和成长等。这类因素的改善能够激励员工的积极性和热情,从而提高生产率。如果处理不好,也能引起员工不满,但影响不是很大。赫兹伯格把这一类因素称为"激励因素"(motivation factor)。他认为传统的满意—不满意的观点(即满意的对立面是不满意)是不正确的,满意的对立面应该是没有满意,不满意的对立面应该是没有不满意。

因此,赫兹伯格认为只有靠激励因素来调动员工的工作积极性,才能提高生产率。而保健因素所起的作用是维持性的,处理得当即可消除不满。激励因素与保健因素的比较如表 4.2 所示。

表 4.2　激励因素与保健因素的比较

项　目	激励因素	保健因素
起　源	人类形成的趋向	动物生存的趋向
特　征	性质上属于心理方面的长期满意	性质上属于生理方面的短暂满意
	满意/没有满意	不满意/没有不满意
	重视目标	重视任务
满意和不满意	工作性质:对个人来说主要是内部的工作本身	工作条件:对个人来说主要是外部的工作环境
	个人标准	非人标准
显示出来的需要	成就	物质的
	成长	社交的
	责任	身份地位
	赏识	方向、安全
		经济的

(二) 在管理中的应用

双因素理论有一定的科学性,在实际工作中确实存在这样的划分。管理者要充分注意保健因素,并利用激励因素去激发员工的工作热情。

(1) 正确处理保健因素与激励因素的关系。首先,不应忽视保健因素,但又不能过分地注重于改善保健因素。双因素理论指出,满足员工保健因素,只能防止反激励,并没有构成激励。

赫兹伯格通过研究还发现,保健因素的作用是一条递减曲线。当员工的薪资等报酬达到某种满意程度后,其作用就会下降,过了饱和点,还会适得其反(图5.6)。其次,要善于把保健因素转化为激励因素。保健因素和激励因素是可以转化的,不是一成不变的。例如员工的工资、奖金,如果同其个人的工作绩效挂钩,就会产生激励作用,变为激励因素。如果两者没有联系,奖金发得再多,也构不成激励。一旦减少或停发,还会造成员工的不满。因此,有效的管理者,既要注意保健因素,以消除员工的不满,又要努力使保健因素转变为激励因素。

(2) 区别内在激励和外在激励。双因素理论实际上是说明了对员工的激励,可分为内在激励和外在激励。内在激励,是从工作本身得到的某种满足,如对工作的爱好、兴趣、责任感、成就感等。这种满足能促使员工努力工作,积极进取。外在激励,是指外部的奖金或在工作以外获得的间接满足,如劳保、工资等。这种满足有一定的局限性,它只能产生少量的激励作用。因为人除了物质需要以外,还有精神需要,而外在激励或保健因素难以满足人的精神需要。管理者若想持久而高效地激励员工,必须注重工作本身对员工的激励。第一,改进员工的工作内容,进行工作任务再设计,实行工作丰富化,从而使员工能从工作中感到成就、责任和成长。第二,对高层次的管理者来说,应简政放权,实施目标管理,减少过程控制,扩大干部、员工的自主权和工作范围,并敢于给予他们富有挑战性的工作任务,使他们的聪明才智得到充分发挥。第三,对员工的成就及时给予肯定、表扬,使他们感到自己受重视和信任。

三、ERG 理论

美国耶鲁大学教授阿尔德弗(C. Alderfer)于 1969 年提出了一种新的需要层次理论。他把人的需要归纳为生存需要(Existence)、关系需要(Relation)和成长需要(Growth)。由于这三种需要的英文名称的第一个字母分别是 E、R、G,因此被称为 ERG 理论。

(一)ERG 理论的基本内容

ERG 理论把人的基本需要设定为生存、关系和成长的需要。这三种需要与马斯洛提出的五种需要的对应关系如图 4.7 所示。

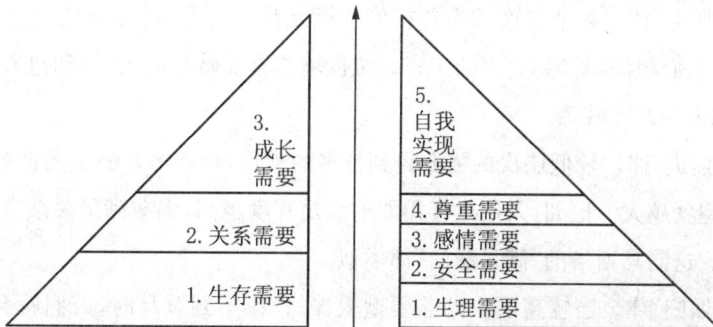

图 4.7 ERG 理论与需要层次理论对比

（1）生存需要（E）。这种需要是指维持人的生命存在的需要,相当于马斯洛的需要层次理论中的生理需要和安全需要。它们包括衣、食、住以及工作组织为使其得到这些因素而提供的手段,如报酬、福利和安全条件等。

（2）关系需要（R）。这是个对社交、人际关系和谐及相互新生的需要,相当于马斯洛需要层次理论中的社交需要和尊重需要。这种需要通过工作中或工作以外与其他人的接触和交往得到满足。

（3）成长需要（G）。这是个人要求得到提高和发展,取得自尊、自信、自主及充分发挥自己能力的需要。这相当于马斯洛需要层次理论中的自我实现需要。这种需要通过发展个人的潜力和才能而得到满足。

作为对马斯洛需要层次理论的拓展,ERG理论认为:需要的满足既可以是"满足—前进",也可以是"受挫—后退",即较高层次未能满足时,有可能退而求其次(较低层次需要)。生存、关系、成长三种需要的内在联系如图4.8所示。

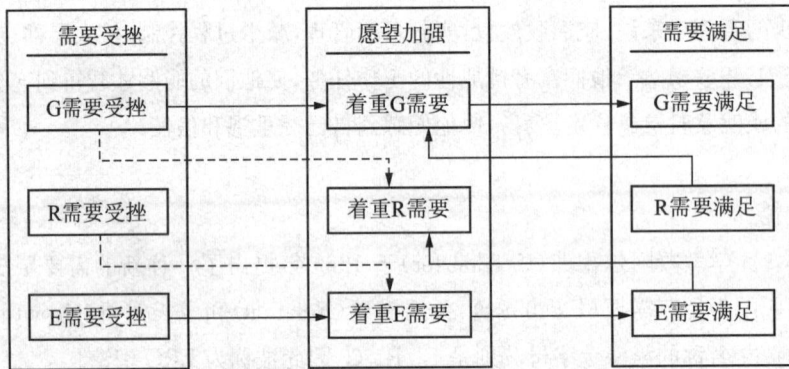

图示说明:—满足→前进 ---受挫→倒退

图4.8 生存、关系、成长三种需要的内在联系

ERG理论揭示了以下规律:

（1）"愿望加强"律。各个层次的需要得到的满足越少,则这种需要就越大。满足生存需要的工资越低,人们越渴望得到更多的工资。位低境差常受歧视的人,得到他人尊重的需要最强烈,因而对他人的态度敏感。

（2）"满足前进"律。较低层次的需要得到越多的满足,则该需要的重要性就越差,满足高层次需要的渴望就越大。比如,人们生存需要的满足程度越高,渴望满足关系需要和成长需要的程度就越大。这同马斯洛的"满足激活"律类似。

（3）"受挫回归"律。当较高层次的需要遭受挫折,得不到满足时,人们就会退而求其次,对较低层次的需要的渴求就越大。例如,某人想通过承担挑战性的工作来满足其成长需要,但由于领导不信任等外部原因而不能如愿,那么他就会转而寻求一种能更好地满足其关系需要或生存需要的东西,以达到心理平衡。

(二) 在管理中的应用

阿尔德弗的 ERG 理论修正了马斯洛理论的某些缺陷。首先,ERG 理论并不强调需要层次的顺序,这种理论指出,某种需要会在一定时间发生作用,而当这种需要得到基本满足后,可能上升为更高级的需要,也可能没有这种上升趋势。其次,该理论指出,当较高级的需要受到挫折,未能得到满足时,会产生倒退现象,而不是像马斯洛所指出的那样,继续努力去追求。再次,该理论认为人的需要有的是生来就有的,而有的则是通过后天学习产生的。因而,国外不少学者认为,ERG 理论或许比马斯洛的需要层次理论更切合实际。

应用 ERG 理论,主要是掌握个体需要的"满足前进"律和"受挫回归"律,以正确对待职工的个人需要,设法为职工提供能满足其高层次需要的环境和条件。如果忽视或压抑个体高层次的合理需要,就会使其倒退回追求低层次需要的进一步满足。

四、成就需要理论

美国哈佛大学教授麦克莱兰(D. C. McClelland)从另一个侧面研究论述了人们高层次的需要,并提出了他的成就需要理论(theory of needs for achievements)。

(一) 成就需要理论的基本内容

麦克莱兰把人的高级需要设定为权力、合群和成就的需要,并以成就需要为主导。

(1) 权力需要(need for Power)。这种需要是影响和控制他人的欲望。具有较高权力需要的人对影响和控制别人表现出很大的兴趣,这种人总是追求领导者的地位。他们常表现为喜欢争辩、健谈、直率而且头脑冷静的形象;善于提出问题和要求,喜欢教训别人,乐于讲演。组织中管理者的权力可分为两种:

① 个人权力。追求个人权力的人表现出来的特征是围绕个人需要行使权力,在工作中需要及时的反馈和倾向于自己亲自操作。

② 职位权力。职位权力要求管理者与组织共同发展,自觉地接受约束,从体验行使权力的过程中得到一种满足。

(2) 合群需要(need for affiliation)。这是指建立友好和亲密的人际关系的欲望,具有高合群需要的人努力寻求友爱,喜欢合作性的而非竞争性的环境,渴望有高度相互理解的关系。注重合群需要的管理者容易因为讲究交情和义气而违背或不重视管理工作原则,从而会导致组织效率下降。

(3) 成就需要(need for achievement)。这种需要是追求卓越以实现目标的内驱力。具有高成就需要的人,对工作的成功有强烈的要求,他们乐于甚至热衷于挑战性的工作。这种人喜欢长时间地工作,即使失败也不过分沮丧。一般来说,他们喜欢表现自己。

麦克莱兰对成就需要作了重点研究,提出这类人通常具有以下特点:①他们能够为解决问题承担责任,而不是将结果归于运气或其他的行为;②他们希望及时获得对自己绩效的反馈以便于判断自己是否需要改进;③他们具有适度的冒险性,中等难度的任务对他们最有挑战性。高成就者不是赌徒,他们不喜欢靠运气获得成功,他们逃避那些他们认为非常容易或非常困难的任务,他们想要克服困难,但希望成功或失败是由于他们自己的行为所致。当高成就需要者认为一项任务成功的可能性有50%时,他们的绩效最高。他们不喜欢偶然性很高的赌博,因为从偶然的成功中他们得不到任何成就满足感。同样,他们也不喜欢成功的概率过高,因为那样对他们的能力没有挑战性,他们喜欢设置需要经过一定努力才能实现的目标,所谓"跳一跳才能摘到桃子",当成功和失败的可能性几乎相等时,是一个人从个人努力中获得成功感和满意感的最佳时机。高成就需要者在创造性活动中更容易获得成功,如经营自己的公司,在大组织中管理一个独立的部门和担任销售员。

(二) 成就需要理论在管理中的应用

成就需要理论对于把握管理者的高层次需要具有积极意义。对于具有高成就需要的管理者,组织可以分配给他们具有挑战性和一定风险的工作任务,以满足他们的成就需要,激发他们的工作积极性。相反,如果将毫无挑战性的工作分配给他们,则会挫伤他们的积极性。而对于低成就需要的管理者,组织可以分配给他们一些例行的工作任务。

心理学家常常通过投射测验和问卷的方法来判断一个人是否是高成就需要者。事实证明一个人的成就需要是可以通过训练激发出来的。培训者指导个人根据成就、胜利和成功来思考问题,然后帮助他们学习如何通过寻求具有个人责任、反馈和适度的冒险性的环境并以高成就者的方式行动。所以,如果工作需要高成就需要者,管理者可以选拔具有高成就需要的人,也可通过成就培训来开发原有的下属员工。组织应尽可能创造有利条件,将他们培养和训练为具有高成就需要的人。

上述内容型激励理论虽然广为流传,但应注意的是这些理论基本上都是美国学者提出来的。事实上,不同文化背景中的人,其需要的内容和结构是不一样的。比如,美国管理者最关心的是成就、尊重及自我实现,但日本和希腊的管理者却更关心安全。在北欧的一些国家,社交需要被认为是最重要的。法国、日本和瑞典的研究者都不承认麦克莱兰的成就需要理论,因为那些国家的人的行为往往是群体导向而非个人导向。

第三节　过程型激励理论

过程型激励理论主要研究一个人的激励认知过程,以及这种认知过程是如何与其工作行为相关联的,包括期望理论、公平理论以及目标设置理论(该理论将在第六章目标管理中介绍)。

一、期望理论

期望理论(expectancy theory)最早是由托尔曼(E. Tolman)和勒温(Kurt Lewin)提出的，但将期望理论用于说明工作激励问题是从弗隆(V. H. Vroom)开始的。1964年弗隆在其《工作与激励》一书中提出他的期望理论。它是一种通过考察人们的努力行为与其所获得的最终奖酬之间的因果关系，来说明激励过程并选择合适的行为目标以实现激励的理论。

人是决策者，要在各种可能的决策中选择最有利的行为。但人在智力上和认识备选方案的能力上又是有限的，因此人只能在备选方案的有利性和自己认识能力有限性的范围之内进行选择。工作激励的期望理论正是在这种假设的基础上提出的。

(一) 期望理论的基本内容

弗隆的期望理论基于这样一个基本发现，激励取决于行为主体对目标的理解和重视程度。这一发现在管理中的应用尚不具备可操作性。为了解决这一问题，先是将上述基本发现分解为效价和期望，后再加上关联性，从而形成一种可操作的过程模式。

1. 基本公式

$$激励 = 效价 \times 期望$$

记为：

$$M = V \cdot E$$

式中：激励(Motivation)——对行为动机的激发力度；效价(Valence)——目标价值的主观估计，取值范围不限；期望(Expectancy)——目标概率即实现可能性的主观估计，取值范围$[0, 1]$。

显然，若要提高激励水平，就要相应地提高效价和期望水平。由此得到启示：目标设置应是"所愿"(效价↑)又是"所能"(期望↑)，即值得去做而又经过努力有可能做到。

2. 基本公式的扩展

上述基本公式再加上关联性(I)因素，则有下列公式：

$$激励 = 效价 \times 关联性 \times 期望$$

记为：

$$M = V \cdot I \cdot E$$

式中：关联性(Instrumentality)又称工具性，指工作绩效与所得报酬之间相关联系的主观估计，取值范围$[-1, 1]$。

期望理论各因素之间的关系如图4.9所示。

以图4.9提示的关系内容为依据，将其数量化，可得到相应计算公式。

绩效取决于激励(M)与能力(A),故有:

$$P = f(M, A) = M \cdot A$$

激励取决于一阶结果(完成任务的情况)的效价(V_j)与期望(E),故有:

$$M = f(V_j, E) = V_j \cdot E$$

一阶结果的效价(V_j)取决于二阶结果(完成任务后的报酬)的效价(V_k)与一、二阶结果之间的关联性(I_k),故有:

$$V_j = f(V_k, I_k) = V_k \cdot I_k$$

以上各因素的综合效应为:

$$P = f(M, A) = M \cdot A$$
$$M = f(V_j, E) = V_j \cdot E$$
$$M = f(V_j, V_k, E) = V_k \cdot I_k \cdot E$$

V_k	I_k	V	E	M	A	P
Valence2	Instrumentality	Valence1	Expectency	Motivation	Ability	Performance

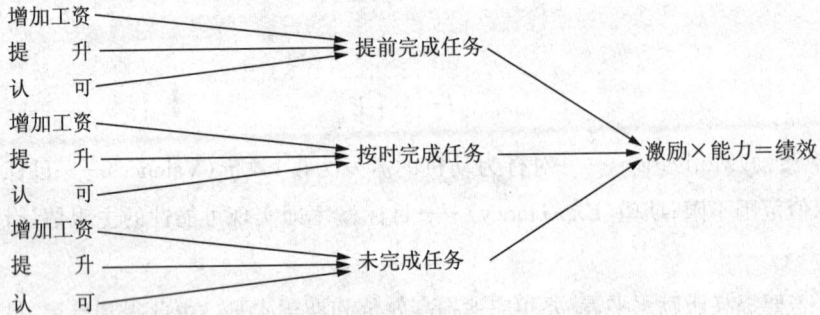

图 4.9 期望理论各因素间的关系

3. 扩展的期望理论模式

这一模式如图 4.10 所示,其要点列述如下(其中效价、期望和关联性前已说明)

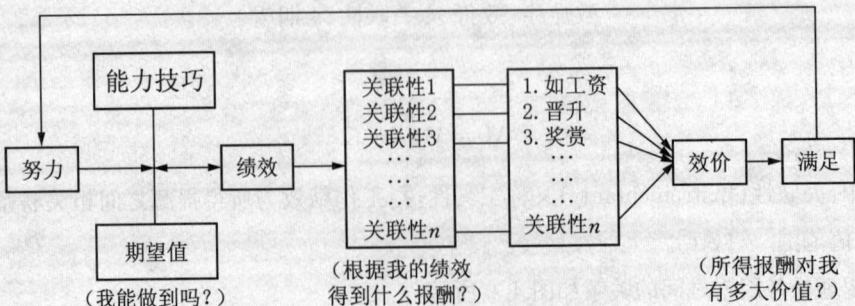

图 4.10 期望理论过程模式

100

一阶结果:指个人经过努力而取得的工作成就,是为了达到二阶结果所必须达到的最初结果。

二阶结果:与工作绩效相对应的报酬,如工资。

能力:个人能做什么,而不是指他愿意做什么。

选择:个人选择的特定行为目标。不同的选择会有不同的结果。

（二）期望理论在管理中的应用

期望理论的基础是自我利益,它认为每一个员工都在寻求获得最大的自我满足。其核心是双向期望,管理者期望员工的行为,员工期望管理者的奖赏。期望理论的假定前提是管理者知道什么对员工最有吸引力。员工判断的依据是员工个人的知觉,与实际情况关系不大。不管实际情况如何,只要员工以自己的知觉确认自己经过努力工作就能达到所要求的绩效,达到绩效后就能得到具有吸引力的奖赏,他都会努力工作。因此,期望理论的关键是,正确识别个人目标和判断三种联系,即努力与绩效的联系、绩效与奖励的联系、奖励与个人目标的联系。

效价和期望值都是个人的一种主观判断。期望理论启示管理者要认识人的心理因素的影响作用。领导者在激励工作中就必须注意,一方面应当明确员工个体的需要,设法了解某项报酬对员工到底具有多大的吸引力,并尽可能加大这种吸引力;另一方面要根据员工的能力合理地指派工作和设定目标,使其形成通过个人努力能达到预定结果的高期望值。管理者应确保每个员工都有能力和条件(时间和设备)得到这些结果,即尽力发现员工在技能和能力方面与工作需求之间的对称性。通常,要达到使工作的分配出现所希望的激励效果,应使工作的能力要求略高于执行者的实际能力。总之,管理者应使个人的努力程度和工作绩效与其所取得的报酬奖励的大小紧密结合起来。

二、公平理论

公平理论(equity theory)是美国行为学家亚当斯(Stancy J. Adams)于 1967 年在他的著作《奖酬不公平时对工作质量的影响》中提出来的。这一理论也称社会比较理论,认为人与人之间存在社会比较,且有就近比较的倾向。

（一）公平理论的基本内容

1. 亚当斯比较模式

亚当斯通过大量的研究发现:员工对自己是否受到公平合理的待遇十分敏感。他们的工作动机,不仅受其所得报酬的绝对值的影响,更受其相对值的影响,也就是说每个人不仅关心自己收入的绝对值,更关心自己收入的相对值。这里的相对值,是指个体对其工作的付出与所得与他人的付出与所得进行比较,或者把自己当前的付出与所得与过去进行比较时的比值。通过比较,便产生公平或不公平感,用公式表示如下:

$$公平（公平感）：O_p/I_p = O_r/I_r$$

$$不公平（吃亏感）：O_p/I_p < O_r/I_r$$

$$不公平（负疚感）：O_p/I_p > O_r/I_r$$

I(input)代表投入，是指个人对自己或他人的努力、资历、知识、能力、经验、过去成绩、当前贡献的主观估计，也就是参与者认为自己所做出的值得或应该获取回报的贡献。人们在考虑自己总的投入量时，是把所有投入因素分别乘以相应的重要性加权，再相加起来的。用数学方式表示如下：

$$I = \sum_{k=1}^{n} W_k I_k$$

式中：I_k 是各投入因素的量，W_k 是相应的重要性加权系数。

O(outcome)代表所得结果，是指个人投入后所得到的奖酬，如地位、工资、奖金、福利待遇、晋升、表扬、赞赏、进修机会、有趣的挑战性工作等。

p 代表当事者，即进行比较的人。

r 代表参照者，即所选择的比较对象。

亚当斯公平理论的一个重要前提，是把所有的社会交往者视为一种广义的交换过程。在企业里，员工们以自己贡献的劳力和技能，交换到组织付给的奖酬。他们当然会把这些奖酬去和自己的贡献作比较，以直接判断此交换的公平性。不过，他们还常会找一个与自己的交换对象也发生交换关系的第三者，如同一组织的另一员工，去进行间接的比较。

在判断分配的公平性时，人们当然可选择其他人作为参照者。他也可以选择一个参照群体比较，这虽然不像前者那样明确具体，却是常被人选用的。这都属横向的人际性比较。

人们有时也会选择自己为参照者，但这指的是过去条件下的自己，如"我以前在那家公司时待遇如何"，这属于纵向的历史性比较；也可指在某一不是现实的假想条件下的自己，如"我要是去那家公司，待遇将会怎样"等。人们在比较时，往往会同时选择不止一名参照者。

当事者 p 通过与参照者 r 比较，感到自己的投入与所得之比与 r 的投入与所得之比相等，便认为公平，因而心情舒畅，努力工作。

当事者 p 感到自己的收付比例小于 r，于是产生吃亏感。这时，当事者往往采取下列方式以求恢复公平感：①采取相应对策，改变自己收付比例，如减少工作投入、降低工作质量与数量，或者要求增加收益，以达到平衡；②采取进一步行为，减少参照对象的收益或增加其投入，改变他的收付比例，以求平衡；③改变参照对象，即所谓"比上不足，比下有余"，获得认识上新的平衡；④发牢骚、泄怨气，甚至放弃、破坏工作，退出交换关系。

当事者的比值大于比较对象，也就是占了便宜时，也会感到内心不安，有一种负疚感。这时,当事者可能有三种表现方式:①受到激励,增加自己的投入或要求减少报酬,以减少负疚感;②通过认识歪曲或改变自己投入、收益因素,如重新估计自己的贡献,从而达到心理平衡;③把多得归结于运气好而回避心理不安。

亚当斯公式表明,一个人所获得的奖酬的绝对值,与他的积极性高低并无直接的必然的联系,真正影响人的工作积极性的是他所获得奖酬的相对值。也就是说,一个人的工作热情,并非只受"自己得到什么"的影响,而往往要受到"别人得到什么"的影响。一旦有了不公平感,奖酬的绝对值乃至它的本身,对激励都不起作用。

2. 公平理论的新观点

从公平理论创立以来,就不断有新的理论和研究对它进行修正。其中一个重要的理论修正,是根据对公平的偏好,将组织成员分为三类:公平敏感者(equity sensitives),指喜欢公平比值与比较对象相同的人;仁慈者(benevolents),指喜欢公平比值低于比较对象的人,他们可以被看做是给予者;特权者(entitleds),指安于公平比值高于比较对象的人,这些人可以被看作是索取者。

研究表明,个体的组织地位会影响其自定的绩效期望。比如,在组织中提升两级职务但不加薪,与提升一级职务并适当加薪相比,可促使一个人设定更高的绩效期望。与此类似,降低两级职务但不减薪,与降低一级职务并适当减薪相比,可能会导致更低的绩效期望。这意味着在决定一个人的绩效期望方面,组织地位可能比报酬更重要。公平理论的局限性在于,它过分强调了报酬的作用,难以控制比较对象的选择,同时该理论在解释过高的报酬方面也存在困难。

(二) 公平理论在管理中的应用

公平理论对组织管理的启示是非常重要的,它告诉管理者,工作任务以及组织的管理制度都有可能产生某种关于公平性的影响作用。而这种作用对仅仅起维持组织稳定性的管理人员来说,是不易觉察到的。员工对工资提出增加的要求,说明组织对他至少还有一定的吸引力,但当员工的离职率普遍上升时,说明组织已经使员工产生了强烈的不公平感,它需要引起管理者高度重视,因为它意味着除了组织的激励措施不当以外,更重要的是,组织的现行管理制度有缺陷。

公平理论的不足之处,在于员工本身对公平的判断是极其主观的,这种行为对管理者施加了比较大的压力,因为人们总是倾向于过高估计自我的付出,而过低估计自己所得到的报酬,而对他人的估计则刚好相反。因此,管理者在应用该理论时,应注意实际工作绩效与报酬之间的合理性,并注意留心对组织的知识吸收和积累有特别贡献的个别员工的心理平衡。

由于人们藉以作比较的标准是由个人选定的,所以对公平与否的感觉实际上只是一种主观判断。人们对公平进行比较时,通常出现的一个情况是,个人会过高地估计自己所付出的投人和他人所得到的报酬,这样个人就更容易感到不公平和不满足,鉴于公平的感觉常常产生于比较之中,目前有些企业在发放工资奖金时往往采取保密的"发红包"方式(实际很难保密),以避免员工在相互比较中产生不公平感。这是一种比较消极的对策。更积极的对策是,管理者对客观上确已存在的差别予以公开,同时向员工解释清楚差别的原因和管理者有意拉开差别的意图,从而使员工们对这种差别感到心悦诚服,以此引导更多的人朝着组织所希望的方向付出更多的努力。

第四节 激励机制的建立

激励机制是组织运行的动力机制,是解决如何调动人的积极性的问题。管理者应综合运用激励理论,采取合理的激励措施,建立有效的激励体系。

一、综合型激励模式

前述介绍了几种经典的激励理论,每一种理论又论述了有关激励的某一方面内容。其实,这些理论是可以互补的。综合激励理论试图将各种激励理论归纳起来,探讨激励的全过程。这里主要介绍一下波特(L. W. Porter)和劳勒(E. E. Lawler)提出来的综合激励模式,如图 4.11 所示。

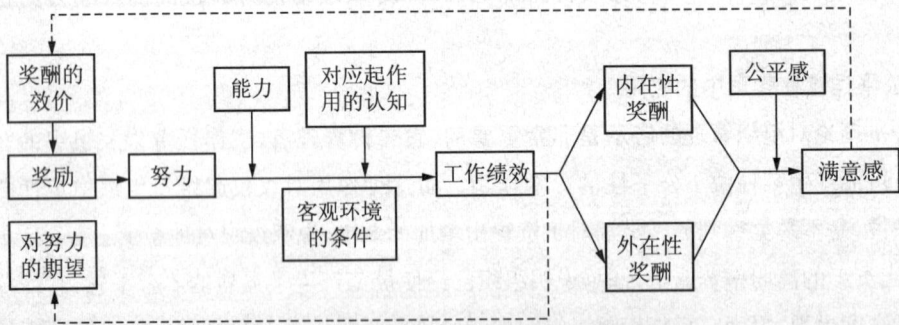

图 4.11 波特—劳勒综合激励模型

这一模式是以期望理论为基础的,它表明:先有激励,激励导致努力,努力导致绩效,绩效导致满足。这一模式包括了以下主要变量:

(1) 努力程度。不同的激励决定了一个人的努力程度、努力方向以及努力的持续时间。而一个人每次行为的最终结果又会以反馈的形式影响个人对这种奖酬的估价(图 4.11 中虚线所示)。同时,第一次的工作绩效也会以反馈形式影响个人对成功的可能性的估计(图 4.11 中虚线所示)。

（2）工作绩效。工作绩效不仅取决于个人的努力程度,而且有赖于一个人的能力与素质,以及对自己所承担的角色应起作用的理解程度、客观条件。

（3）奖酬。奖酬包括内在性奖酬和外在性奖酬,它们和主观上感受的公平感一起影响个人的满意感。内在性奖酬更能带来真正的满足,并与工作绩效密切相关。此外,公平感也受到个人对工作绩效自我评价的影响。

（4）满足。是个人当实现某项预期目标时所体验到的满意感受。满足依赖于所获得奖酬同所期望获得结果的一致性。期望大于结果,产生失望;期望等于或小于结果,获得满足。

综合激励模式是把激励过程看作外部刺激、个体内部条件、行为表现、行为结果的相互作用的统一过程。这就把行为主义激励论的外在激励和认知派激励论的内在激励综合在一起了。这一模式说明了个体工作定势与行为结果之间的相互关系,也明确说明了满足与绩效关系。

二、构建有效的激励系统

上述关于激励的各种理论,分别突出不同的激励环节。在管理实践中,孤立地看待和应用它们都是不完善的。实践中激励和绩效之间并不是简单的因果关系。要使激励能产生预期的效果,就必须综合考虑各相关因素,在组织中形成有效的激励系统。

有效的激励系统应包括激励要素的组合、激励时机的选择、激励的效果等,所有这些因素都要受组织成员的个人、群体特征和组织文化的影响,如图4.12所示。当然,组织所处的环境将对整个激励系统产生影响,例如,员工在对待遇进行公平性判断时,就会考虑到组织所在的地区、行业的收入水平以及组织竞争对手的待遇情况,这些都是组织难以控制只能适应的环境因素。

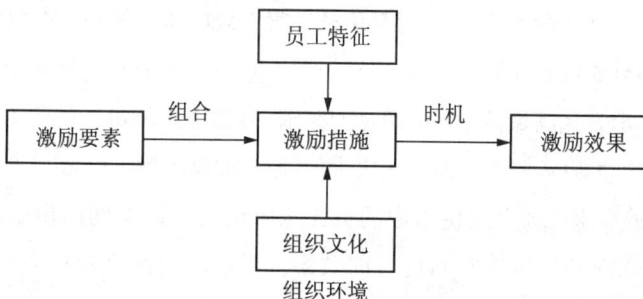

图 4.12　组织激励系统

组织要采取各种方式有效地激励员工,首先应明确希望使员工受激励后表现出什么样的行为,即希望达到什么样的激励效果。尽管一名优秀的员工应有许多种行为表现,但主要可从以下5个方面来总结组织对员工的行为期望:①加入组织;②留在组织内;③按时上班;④工作积极努力;⑤多方展示其优秀品质。员工的前两种行为表明组织的有效激励措施使其对员工产生吸引力,让员工愿意成为组织的一员;后三种行为表明员工不仅愿意成为组织的一员,而且愿意为实现组织目标最大限度地贡献自己的知识、技能和努力,争取优质高产,并愿为组织利益承担职责范围外的工作,使组织运行更趋平衡,管理者的工作压力降低。

组织要想达到上述的激励效果,必须寻找需要、动机、诱因、行为等适当的激励要素,并将这些要素进行有机的组合,形成一系列的激励措施。组织中的激励要素有许多种,实际上,由于组织目标最终是要通过员工的行为来实现的,组织的每一项管理措施都要落实为员工的具体行为。因而,从广义上讲,组织的每一项管理措施都有可能影响员工的工作积极性,也就是都有可能成为激励要素。不能忽视的一点是,在管理实践中,组织有能力控制与改进的激励要素是很有限的,如图 4.13 所示。

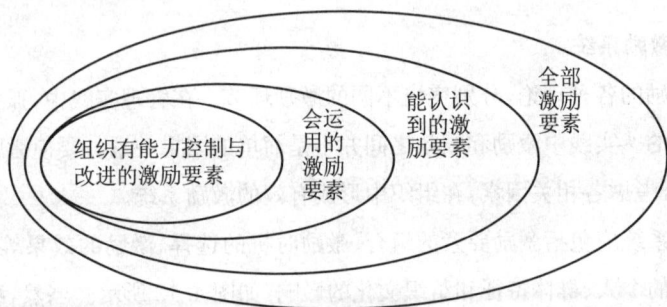

图 4.13 激励要素

组织中常用的激励措施有工作设计、考核方式、分配方式、奖励制度、目标体系、领导风格等等。

组织中经常会有这样的现象:曾经对某位员工很有效的激励措施(如金钱激励)一段时间后再使用效果不明显或没有效果了,这说明组织要有效地实施激励措施必须合理选择激励时机。激励是通过一定方式满足员工尚未满足的需求,以此来影响员工的行为。根据内容型激励理论,人的需求是动态的,处于不断变化之中的,原有的需求满足以后,人的需求内容和结构发生变化,形成新的需求。如上述例子中的员工很可能在一段时间内由于生活的原因急需用钱,这时用金钱来激励他可以收到良好的效果。当他的用钱高峰过去,不再那么急需金钱,以职业发展为核心的激励措施可能对他更有作用。所以组织针对员工需求的激励措施应该是权变的,只有在适当的时机,与员工的需求、动机相吻合的激励措施才能产生最好的激励效果。

需要注意的是,所有的激励理论都是对一般情况而言的,而每个员工都有自己的特性,他们的需求、个性、期望、目标等个体变量各不相同。例如,有研究表明,知识型员工需求结构中列前四位的因素为:个体成长、工作自主、业务成就和金钱财富。这与非知识型员工的需求结构显然是不相同的。

没有适用于所有人的"万金油"式的激励方式。领导者根据激励理论处理激励实务时,应该针对员工的不同特点采用不同的方法。积极的组织文化建设也可以起到持久的激励效果。

新闻中的组织行为学

盛大推"游戏式管理" 员工"练级"加工资

在刚刚进行了历年来力度最大的一次调薪,并使自己的薪资水准达到业内最高之后,盛大随即在企业内部推出了首创的"游戏式管理"模式。今后,要拿到业内最高的工资也许并不是一件难事,盛大的员工将像游戏中的人物一样,通过练级提升经验值,级别到了则"自动"得到晋升或加薪的机会。

"这将是盛大最后一次手工调薪,今后所有的调薪、晋级将都由经验值说了算。"盛大高级副总裁张燕梅解释道。

据了解,盛大所谓"游戏式管理"的核心就是所有的员工都将有一个自己的经验值。就像游戏中的人物一样,员工平时的表现和工作业绩,将被其经验值忠实地记录。

"什么时候给员工晋升和加薪,原来是上司或者人事部门说了算,现在是'经验值'说了算。只要你是真正优秀的人才,按照一定的标准练级,就能在这个制度下脱颖而出,这在行业内是独一无二的。"张燕梅指出了盛大"游戏式管理"的核心。

这是一次近乎颠覆式的行动。据盛大新闻发言人介绍,盛大内部酝酿"游戏式管理"已经有近一年时间。盛大光建立计算经验值的数学模型就花了半年的时间,目前已经形成了专业岗位和管理岗位的"双梯"发展序列,每一个级别都对应不同的经验值。同时,为了配合游戏式管理,盛大内部的信息化系统也已经全面和"游戏式管理"挂钩,所有的员工都可以实时查询并管理自己的经验值。

据盛大内部人士介绍说,经验值区分为"时间经验值"和"项目经验值"两部分,前者就像游戏里面一般的打怪升级,只要不犯错误,经验值就随着时间的推移自然增长;而后者就如同游戏里面的"做任务"、"做副本",以项目为单位拿到更多的经验值。

三、常用的激励方法

对于管理者而言,激励下属员工没有一个简单易行、放之四海而皆准的行为指南,但还是有些常用的技巧和方法。从总体上来看,概括起来有以下几方面:

（一）认清个体差异

　　几乎所有的当代激励理论都认为每个员工都是一个独特的不同于他人的个体，他们的需要、态度、个性及其他重要的个体变量各不相同。比如，期望理论对内控型人比外控型人预测得更准确。为什么？因为前者认为自己的生活在很大程度上由自己所掌握，这与期望理论中的自我利益假设是一致的。

（二）使人与职务相匹配

　　大量研究表明，将个体与职务进行合理匹配能够起到激励员工的作用。比如，高成就需要者应该从事小企业的独立经营工作，或在规模大的组织中从事相对独立的部门运作。但是，如果是在大型官僚组织中从事管理工作，候选人必须是高权力需要和低归属需要的个体。同样道理，不要让高成就需要者从事与其需要不一致的工作，当他们面对中度挑战水平的目标，并且具有自主性和可以获得信息反馈时，能够做得最好。但是，不是每位员工都会因工作的自主性、变化性和责任感而受到激励。这类工作只对高成就需要者具有很强的吸引力和激励作用。

（三）个别化奖励

　　由于每位员工的需要不同，因此对某人有效的强化措施可能并不适合于其他人。管理者应根据员工的差异对他们进行个别化的奖励，管理者能够支配的奖励措施包括加薪、晋升、授权、参与目标设定和决策的机会。

（四）奖励与绩效挂钩

　　管理者必须使奖励与绩效相统一，只有奖励因素而不是绩效才能对其他因素起到强化作用。主要的奖励如加薪、晋升应授予那些达到了特定目标的员工。管理者应当想办法增加奖励的透明度，如消除发薪的保密性，代之以公开员工的工资、奖金及加薪数额，这些措施将使奖励更加透明，更能激励员工。

（五）检查公平性系统

　　员工应当感到自己的付出与所得是对等的。具体而言，员工的经验、能力、努力等明显的付出项目应当在员工的收入、职责和其他所得方面体现出不同。但是，在公平性问题上，存在众多的付出与所得的项目，而且员工对其重要性的认识也存在差异，因而这一问题十分复杂。比如，美国一项对比白领、蓝领员工的研究确定出将近20项付出与所得项目。研究表明，白领员工将工作质量、工作知识列在付出因素的首位，但蓝领员工却将这些因素列在付出因素的末位，他们认为最重要的付出因素是智力和个人对完成任务的投入，这两个要素对于白领员工的重要性程度却很低。在所得方面，也同样存在差异，只不过差异不太显著。比如，蓝领员工将晋升放在很高的位置，而白领员工却将它的重要性排在第三位。这些差别意味着对某人具有公平感不一定对其他人也有公平感，所以理想的奖励系统应当能够分别评估每一项工作的投入，并相应给予合适的奖励。

◆ 复习题

1. 比较需要层次理论、ERG 理论和双因素理论的相似性和差异性。
2. 描述麦克莱兰的三种需要及其与员工行为的关系。
3. 识别期望理论中的各项变量。
4. 你对公平理论如何理解？

案例 1

格兰仕的激励体系①

格兰仕是微波炉界的"大白鲨"，它凭借持续不断的价格战，大幅吃掉竞争对手的利润空间，提前结束了微波炉行业的战国时代。它在拼搏 3 年夺下中国第一的宝座之后，仅用 2 年的时间又拿下了全球第一的桂冠。如今的格兰仕用实力和业绩成为世界家电行业 500 强中国入选企业第一名，中国家电出口的两强企业之一。是什么驱动着格兰仕这个"大白鲨"，斗志不已、不停游弋呢？答案是格兰仕的激励体系焕发了广大员工的热情和积极性，从而为自身的发展提供了澎湃的动力和竞争的活力。

格兰仕首先看重员工对企业的感情投入，认为只有员工发自内心的认同企业的理念、对企业有感情，才能自觉地迸发出热情、为企业着想。在 1 万多人的企业里，要让员工都具备主人翁的心态，站在企业利益的角度来做好各环节的工作，在保证质量的同时严格控制住成本，这无疑是很难的。因而他们加强对全体员工的文化培训，用群众的语言和通俗的故事，将公司的理念和观点传达给每位员工。为自己的长远、共同的利益而工作，成了格兰仕人的共识。

在注重感情投入、文化趋同的基础上，格兰仕对待不同的员工采取不同的激励方法和策略。对待基层工作人员，他们更多地采用刚性的物质激励；而对待中高层管理人员，则更注重采用物质和精神相结合的长期激励。

基层工人的收入与自己的劳动成果、所在班组的考核结果挂钩，既激励个人努力又激励他们形成团队力量。基层人员的考核的规则、过程和结果都是公开的，在每个车间都有大型的公告牌，清楚地记录着各生产班组和每位工人的工作完成情况和考核结果。对生产班组要考核整个团队的产品质量、产量、成本降低、纪律遵守、安全生产等多项指标的完成情况，同时记录着每个工人的完成工件数、加班时间、奖罚项目等。根据这些考核结果，每个人都能清楚地算出自己该拿多少，别人强在什么地方，以后需要在什么地方改进。也许这些考核

---

① 资料来源：http://www.hc360.com(慧聪网)。

设计并不高深,但要持之以恒地坚持,保持公正透明地运行,却不是每个企业能做到的。依靠这个严格、公平的考核管理体系,格兰仕将数十个车间和数以万计的工人的业绩有效地管理了起来。

中高层管理层是企业的核心队伍,关系到企业的战略执行的效率和效果,他们往往也是企业在激励中予以重视的对象。格兰仕同样对这支骨干队伍高度重视,但并没有一味地采用高薪的方式,因为他们认为金钱的激励作用是递减的,管理者需要对企业有感情投入和职业道德,不能有短期套利和从个人私利出发的心态。他们在干部中常常用"职业军人"作比喻来说明这个道理,说抗美援朝战争中,美军的失败是"职业军人"的心态,他们打仗拿着工资奖金,所以从心理上不敢打、不愿打,能打赢就打;打不赢就跑;遇到危险,举手投降。而中国的志愿军心中有着爱国热情、民族尊严,不因危险、困难而退缩,士气如虹、坚忍不拔,所以才最终赢得了"小米步枪对抗飞机大炮"的战争。

所以格兰仕对中高层管理者更强调用工作本身的意义和挑战、未来发展空间、良好信任的工作氛围来激励他们。格兰仕的岗位设置相当精简,每个工作岗位的职责范围很宽,这既给员工提供了一个大的舞台,可以尽情发挥自己的才干,同时也给了他们压力与责任。在格兰仕没有人要求你加班,但是加班是很经常的,也是自觉的,因为公司要的不是工作时间和形式,而是工作的实效。同时这也是公平的赛马机制,众多的管理者在各自的岗位上,谁能更出色地完成工作,谁就能脱颖而出。格兰仕为员工描绘了美好的发展远景,这也意味着给有才能的人提供了足够的发展空间,这大大的激励着富有事业心、长远抱负的管理者们。

在平时,格兰仕对管理者们工作的业绩和表现进行考核,只发几千元的月度工资,而把激励的重点放在财务年度上。他们将格兰仕的整体业绩表现、盈利状况和管理者的薪酬结合起来,共同参与剩余价值分配,从而形成长期的利益共同体。他们采取年终奖、配送干股、参与资本股的方式,递进式地激励优秀的管理者。如所有考核合格的管理者,都会有数量不等的年终奖;另外公开评选优秀的管理者,参与公司预留的奖励基金分配,这个奖励基金是按公司的盈利状况提取的;其中最优秀的几名管理者则配送次年的干股,不需要支付现金购买公司股份,能够参与公司次年一定比例的分红;经过几个年度考核,能提升到公司核心层的高层管理者,则可以购买公司股权,成为公司正式的股东。目前已有50多名中高层管理者拥有格兰仕的股份(资本股),有70多名管理者拥有干股,这构成了格兰仕在各条战线上与公司利益高度一致的中坚力量。这样通过层层的激励方式,不断培养、同化、遴选了格兰仕忠诚度高、战斗力强的核心队伍,构成了格兰仕长远发展的原动力。

"适合就是最好的",每个企业都有自身的特点,都有千差万别的历史背景、人际关系和经营理念,但最关键的是要设计和运行适合自身特点的激励体系,才能更好地解决好发展的动力问题,格兰仕的激励体系无疑能给我们一些有益的启示。

1. 请结合有关激励理论,分析格兰仕公司的激励体系所起的作用。

2. 试分析格兰仕对不同层次员工采取的激励措施,你如何看待这样的激励方法?

案例 2

西南航空激励模式:以低成本赢得员工高度忠诚[①]

美国西南航空公司是世界上最知名的公司之一,它取得成功的重要原因是其飞机从到达那一刻至起飞时,通常只需 15 分钟的周转时间,远低于同行业其他航空公司的 35 分钟。为什么西南航空公司能够创造这宝贵的 20 分钟的优势?和其他航空公司的飞行员傲慢地等待起飞命令不同,西南航空的飞行员会帮助打扫客舱并在登机口协助乘客登机,可以说西南航空的空服人员、地勤人员齐心协力完成了飞机地面周转的工作,大大缩短了飞机的周转时间。

也许有人认为,西南航空的飞行员一定会有额外的补助,或者他们拿到了高薪。然而,数据显示,西南航空的空服人员每小时收入为 18 美元,大陆航空为 20 美元,美国航空为 23 美元。西南航空的薪酬并不高,甚至低于市场的平均水平,但西南航空的员工流失率非常低,很多跳槽到西南航空的飞行员拒绝了 2 倍于西南航空起薪的挽留,这些跳槽的员工说:有竞争力的薪酬很多时候远远比不上付出得到及时的认可更吸引人。

战略激励模式:员工利益第一

关键在于,西南航空一直很好地把握了员工激励模式的变化。从战略性福利、战略性激励及战略性认可计划三个方面入手激励员工。

西南航空最为突出的人力资源战略是保持有价值的雇员并承诺长期雇用,把"永远不解雇员工"这一保障条款写进了劳工协议,经过谈判后员工获得的底薪与市场平均水平持平或略低,按照这种薪酬的执行办法,CEO 的薪酬低于市场平均水平,其他高管人员的底薪略高于市场平均水平。

然而,雇员可通过多种补偿方式分享企业的成功,从而提高整体的薪酬收入水平,补偿方式主要有利润和员工股票购买两种,这是可变薪酬体系的主要组成部分。利润分享计划始于 1973 年,员工平等分享企业利润,工作时间较长或飞行时数较多的员工有机会获得更大份额的利润分享。过去西南航空的利润分享主要是现金兑现。现在,在员工的要求下,新增了员工退休福利,这不仅使公司可以积极地提拔长期服务的员工,也使不少员工在退休后就变得非

---

① 参考王宜庆:"低薪酬如何赢得员工高度忠诚",载《中国民航报》2005 年 12 月 27 日第 5 版。

常富有。

　　员工股票购买是指允许所有的雇员和管理人员共同分担企业的成功与风险，雇员可通过每月扣减薪水的形式购买折扣价的股票。通过该计划，目前西南航空的雇员拥有企业12％的股权，飞行员在股票期权上有更大的特惠。

　　所以，尽管西南航空的员工获得的现金薪酬较低，但员工与经理人员均有同等的机会拥有股票，他们对企业的业绩也就变得非常敏感，关注企业的业绩发展，因为这对他们的钱包影响非常大。

　　此外，西南航空提供了一系列的员工福利计划，例如医疗保险，牙齿和视力保险，养老保险，伤残保险，看护，养老补助和精神健康援助等，员工及其家人免费乘坐西南航空的航班。重要的是，这一系列的福利计划体现的理念是，西南航空永远把雇员的利益摆在第一位，企业会尽最大的努力，照顾好企业最重要的资产。

　　同时，西南航空公司制定了一系列的认可计划用于鼓励和嘉奖一些积极的行为，对员工具有模范性的服务和行为，特殊的日子给予奖励与祝贺，如员工生日、周年纪念日等等，并将此作为一种可变薪酬的补充。

◎ 讨论题
　　1. 比较格兰仕公司与美国西南航空公司的激励机制。
　　2. 从美国西南航空公司的激励模式可得到什么启示？

第五章 群体心理与行为

【本章学习目标】

通过本章学习,你应该了解:

1. 什么是群体、正式群体和非正式群体?

2. 影响群体行为的主要因素有哪些?

3. 群体对个体行为的影响。

4. 凝聚力强的群体的利与弊。

5. 团队的基本类型。

6. 团队建设的一般途径。

预习案例

群体的力量

A 公司是一个有 300 多人的小企业,主要产品是半导体收音机。原来经济效益不错,职工收入也可以,但是最近,由于市场疲软,原来热销的收音机一下子变得滞销了,仓库内积压了 10 万台收音机。其他类似小公司在这种情况下往往停止生产,工人工资打七八折回家,等待市场复苏。但是该厂并没有这样做,他们提出:"工人是工厂的主人,团结一致渡难关。"由总工程师带领技术人员加紧设计,开发新产品;由销售部经理领导一支 100 人的推销大军,走遍全城乡;由财务经理率 30 人的催款队伍赴各地催收欠款;剩下的人在公司领导下,从事高质量的生产和良好的售后服务。不久新产品开发出来了,新的市场打开了,该公司生产又上了一个台阶,职工的收入也相应提高了。

B 公司本来是一家效益比较好的制造型企业,但是从 2002 年末开始,由于行业内竞争的加剧,企业市场份额不断受到竞争对手的挤压,同时单件利润也在不断下滑,工厂频频出现开工不饱满的现象,上班时间可以随处看到工人聚集在一起闲聊;到 2003 年 9 月,形势更加严峻。面对这种情况,管理层决定采取措施降低成本,提高企业的竞争力,其中包括减少年终奖金额,逐步降低工人的单件效益奖金,以及夏季的高温费由原来的按月发放改为按实际工作日发放等等。正当管理层逐步将这些措施一一实施的过程中,少数的基层员工突然对管理层的措施提出了异议,很快这种异议在工人中获得广泛的反响和支持。在管理层对这种突然的发难还没有反映过来的时候,大部分工人同时自行停止了工作,并出现在最高管理层的面前,集体提出了谈判要求……由于管理层对事件缺乏必要的准备和充分的认识,所以在突发事件中最高管理层陷入孤立,最后在事件的解决中企业不得不作出巨大的让步。这次严重的事件不但在当地对企业的声誉造成了十分严重的负面影响,也使企业在经济上蒙受了巨大损失。

社会是有组织的,组织是由群体构成的,而群体又是由个体组成的。因此,任何生存在社会中的人都不可能脱离群体而单独活动。在现代化大生产中,群体所发挥的作用越来越为人们所重视。所以,研究群体发展的内部规律,研究影响群体活动效率的因素等,已成为组织行为学研究的重要内容之一。这就要求管理者自觉掌握人的心理活动规律,改善对群体的管理,更好地培养员工的团体精神,使其形成一种凝聚力,以提高工作效率。

第一节 群体与群体关系

人只有在与他人发生的联系中才能表现他的存在,现实中的个体都为避免孤独而聚合为群体。人是社会性的,合群是人的天性。在群体中,个体的行为往往会受群体心理气氛、价值观念、行为规范的影响。

一、群体的内涵

到底什么是群体? F1赛场上的观众算不算群体? 大街上看热闹的人群,电影院的观众,企业中的质量活动小组,大学里的课题组,何者是群体? 何者又不是群体? 这就需要首先弄清群体的内涵。

(一) 群体的概念

现实社会中的每一个人都生活在各种群体中,如家庭、学习或工作小组、班级、部门等。从现象上看,群体是两个或两个以上相互作用、相互联系的个体的组合。但并非任意集合起来的一些个体都可以称为群体。群体(group)是个体和条件的特殊组合,是建立在社会—工作关系与社会心理双重基础上的人群集合体。

群体一般具有以下特征:

(1) 由一定数量的个体组成,各成员相互依存,在心理上能够彼此意识到其他成员的存在。

(2) 群体的构成必须是由共同的活动需要为基础,这种共同的活动可能是短期的,也可能是长期的。随着共同活动的结束,群体的成员脱离原来的群体,又会加入一个新的群体。在这个共同的活动过程中,群体成员在行为方面和情感方面相互作用,相互影响。群体的共同活动往往表现为有共同的目标和利益,群体成员具有群体意识和归属感。归属感是以成员感情联系为基础的,人们长期在一个群体中活动,自然会产生感情的联系,对一些问题有相同的理解和感受,容易培养共同的信念和态度,逐渐形成集体意识。群体凝聚力就是集体意识的表现。

(3) 群体成员间的关系比较稳定,有一定的群体结构。群体的结构有"正式的"与"非正式的"之分。例如,一个处室有处长、副处长、科员等,这是由组织确定的工作角色,但是在实际的工作过程中,各个成员之间的相互作用不完全是按照这种正式的角色规范发生,而是有种种变化,因此,在正式群体结构中,难免有非正式群体结构的存在。

(4) 群体有一套比较稳定的行为规范,这种规范在群体的发生、发展过程中形成,以确保群体行为有效地获取目标。这些规范有些是成文的,如群体规定的规章制度、工作标准等;有些规范是不成文的,如群体中约定俗成的行为模式。在规范的作用下,群体成员之间可以相互影响和制约。

(二) 个体与群体的关系

心理学研究表明,人的活动是受动机和情景因素支配的,作为个体的人有其自身的行为动机和目标。但人又是社会的人,从一出生就生活在群体的环境中,其行为又必然受群体的影响。因而必须处理好个体行为和目标与群体行为和目标的关系。

1. 个人主义与集体主义

个人主义(individualism)和集体主义(collectivism)作为不同的文化价值观,对在群体中个体的认同感和群体运作方式会产生重要的影响。

个人主义意味着与群体相区分和隔离,在工作设计中强调个人目标,表现出对群体很少关心和感情依附。在宣扬个人主义的文化氛围里,员工根据他们自己的个人目标和自我利益行动。在一些国家,包括美国和加拿大,许多人都深信个人的重要和独一无二。在这些国家里,教育机构、政府部门、商业机构都反复强调他们是为服务个人目标和需要而存在。这种文化信念通常会因为超越组织中群体的影响力而引起不协调。

集体主义意味着个人是整个群体中的一员,个人目标从属于群体目标,注重整个群体的利益,个人与群体之间有强烈的情感纽带。集体主义产生了与以上个人主义相反的影响,团队精神成为文化价值观的一个自然延伸,蕴含丰富儒家文化的日本企业就非常注重集体主义精神。集体主义精神曾经为我国社会主义建设发挥了巨大作用,集体主义精神所激发的巨大能量为世人瞩目。

2. 个人目标和群体目标

在组织中,群体目标与个体目标一般是相容的,但二者也会发生冲突。

(1) 目标冲突(goal conflicts)。在研究观察个体与群体目标冲突的过程中,人们归纳了目标冲突的以下几种表现:①目标冲突的确存在,必须加以考虑;②目标冲突能转变为最大的能量,这种能量能对个体和他们的行为产生深远的影响;③目标冲突既可以产生好的结果也可以产生坏的结果,并且在一定条件下可以相互转化。

(2) 搭便车对群体的影响。"搭便车"(free rider)的概念是表现目标冲突的另一典型例子。所谓"搭便车"就是指群体成员从成员关系中获得了利益,却没有在产生这些利益的过程中承担相应的责任。这种现象在现实中大量存在,例如"吃大锅饭"的现象。

绝大多数群体成员都不喜欢搭便车者。搭便车者违背了公平原则,群体成员不想其他人付出较少努力而获得相同的报酬。搭便车者也违背了社会责任的标准以及交换或交易原则。如果群体中存在大量的搭便车者,群体将很难获得良好的绩效。

(三) 群体的功能

群体是介于组织和个体之间的人群结合体,因而它具有重要的沟通与桥梁功能,主要体现在:

(1) 组合功能。群体能够把个体力量组合成新的力量。由于群体是个体有条件的特殊组合,所以它能够把不同个体的知识、能力和资源等有机组合成一种新的集体的力量。尽管群体既可能产生好的结果,也可能产生不良的结果,但是当群体的组织与管理适当时,群体目标、群体行动、群体关系和群体意识与组织和个体的需求相统一时,就可以完成个体力量往往无法完成的重大而复杂的任务。

(2) 分工协作功能。组织中的群体广义上包含正式组织的部门(正式群体),狭义上与正式部门有别,在实际应用中,人们则常常把部门与正式群体混用。群体的重要功能之一是对组织赋予的任务分解,分工到个体,并把个体所承担的任务和职责进行协同与合作,从而有效地完成组织所规定的任务和职责。显然,任何一个大的组织必须依靠群体的作用来把其整个任务和目标合理分工,逐层分配,落实给基层和个人去执行,必须依靠群体的作用来使不同的工作者,不同的工种或岗位密切合作,把个人或小集体的行为活动整合为有组织、有目标的整体性生产与工作活动,从而保证组织目标的实现。

(3) 协调功能。世界上没有两片相同的树叶,也没有两个完全相同的人。不同的个体在个性、兴趣、价值观、态度、利益、立场、职业观等方面都有其不同的特点,会决定其不同的行为倾向、价值取向以及知识、能力、积极性的发挥。一个成熟的群体可能通过其群体意识、群体规范、群体任务、群体角色、群体关系等内容和手段来潜移默化地影响其成员,较好地协调组织、群体、个体之间的利益关系,较好地协调个体与个体、个体与群体以及个体与组织的矛盾冲突,从而促进成员的社会化水平,有助于个体在群体或社会中健康、舒心地工作和生活。

(4) 平台或手段功能。群体既是组织达成其总体目标的平台或手段,也是个体解决问题的工具,是个体实现其目标的平台或手段。前者主要体现在群体对组织的分工协作、力量整合、利益与矛盾的协调与贡献上。后者则主要体现在群体可以增加个人交往面,可以给予个人权力和地位,可以提供给个人更多的资源,可以放大个人的能量和作为,从而实现个体在单独奋斗时,无法企及的个人目标或宏伟事业。

（5）满足成员需求的功能。群体对个人的主要功能是能满足其心理的需要,而这也正体现了个人加入群体的动机。群体成员的需求是多种多样的,其中有的可以通过工作得到满足,而有的则需要以群体内人际之间的相互作用、相互依存、相互交流而得到满足。例如个体通过加入一个群体可减少独处时的不安全感,免于孤独、恐惧,会感到自己更有力量,从而满足心理上的完全需要;通过加入一个被别人认为是很重要的群体以得到别人承认,满足其尊重需要;群体能使其成员觉得自己活得很有价值,从而满足自我实现的需要;群体还可以满足其成员的社会需要。对许多人来说,这种工作中的人际相互作用是他们满足情感需要的最基本途径。另外只有在群体活动中,个体才可能实现其权力需要。

二、群体的类型

根据不同的划分标准,可以将群体划分为以下几种类型:

(一) 小群体和大群体

根据群体的规模,可以将群体划分为小群体（primary group）和大群体。有人把大群体称为"第二级群体"（secondary group）,这类群体的成员关系比较松散,接触较少,成员之间以间接的方式通过组织机构、目标等发生联系。小群体的成员数目没有确切的规定,但它的一个重要特征是,成员之间能够直接地相互交往和沟通信息。

组织行为研究的重点是小群体,在小群体中存在直接的互动关系。常见的小群体像学校的班级、教研室,工厂的班、组,部队的班、排,机关的科、室,体育代表队,各种不同单位的领导班子等。

(二) 正式群体和非正式群体

根据群体的组织性可以将群体划分为正式群体（formal group）和非正式群体（informal group）。

1. 正式群体

它是按组织设计正式组织起来的群体,它有正式的规章制度,成员有固定的编制和组织形式,有明确的职责分工,有规定的权利和义务。在正式群体中,群体成员主要从事由组织所规定的活动,受到正规的奖惩制度的激励和约束,个体所表现的行为是趋向组织目标的。所以,正式群体又称为工作群体,正式群体最常见的有命令型群体和任务型群体。

（1）命令型群体（command group）。军队中的一名班长和他管辖的士兵就组成了一个命令型群体;一个营业部经理和他领导的几名营业员也构成了一个命令型群体。所以,命令型群体是由组织结构所规定,正式的命令与服从关系所维系的,由直接向某个上司报告工作的下属和该上司所组成,他们之间总是具有直接的上下级关系。

(2) 任务型群体(task group)。任务群体是由组织结构和组织关系所决定的,那些为完成一项组织赋予的工作任务而在一起工作的人所组成。例如,一个项目经理部是一个任务型群体;一个由公司多个部门上、中、下各层人员组成的"危机处理小组"也是一个任务型群体。所有的命令型群体必然是任务群体,但任务型群体不一定是命令型群体。这是因为任务型群体可以由来自组织不同部门、不同层次的人员所组成,并非局限于直接的上下级关系。任务型群体是工作群体的基本形式,它又可以按照群体成员之间的关系分为对抗群体、协力群体和互动群体。

① 对抗群体又称抵制性群体(counteracting group)。这种群体常常是由要通过谈判和协商来解决某种矛盾冲突的不同方面人员或不同利益主体的代表所组成。这种群体的成员所代表的相互冲突行为或利益取向不一的不同主体,拟借助抵制性群体来解决或调和某些矛盾冲突。企业的劳资谈判群体就是一种对抗性群体。

② 协力群体也称共同行为群体(co-acting group)。这种群体的特点是其成员可以在短期内相对独立地开展工作。例如,一个保龄球队就是一个协力群体,球队的得分等于每个队员各自得分的总和。当个体的工作和努力并不需要旁人多少合作或者并不互相干扰时,协力群体可能效率更高。但是,协力群体成员间依然彼此依存,只不过是在工作过程中"相对""短期"地减弱了相互依赖,如果长时间不存在相互依赖关系,该任务群体就名存实亡或者不复存在了。

③ 互动群体也称交互群体或相互作用性群体(interacting group)。这种群体的主要特点是:只有当群体的每位成员都完成其所分担的工作份额后,整个群体才能实现群体的目标。例如,一个科研课题项目小组,只有当每位课题成员承担的子课题工作完成后,群体目标——完成的科研课题报告才能完成。互动群体一般包括工作班组、董事会、篮球队、委员会、咨询机构、公关小组等类似组织。

2. 非正式群体

非正式群体是指不为组织所正式承认,也不是由正式组织的目标、任务和组织结构所决定的群体。非正式群体与正式群体相反,它的建立与组织分工、权力、责任、规范、规定等没有必然联系,而是组织中的人们在工作生活中为了某些需要而自然结成,成员之间的关系是松散的。由于组织成员除了通过工作满足某些需求之外,还有许多其他的个人需求通过与其他成员之间的非正式交往来满足。所以,任何组织内部都会存在各种类型的非正式群体。在竞争日益激烈、工作压力不断加剧的今天,组织必须重视和利用非正式群体对员工的积极作用,但也要正确引导和纠正对组织不利的小团体,使其对整个组织目标的实现和员工的利益产生积极的影响。

按照形式、动机的不同，常见的非正式群体主要可分为友谊型群体、利益型群体和兴趣爱好型群体。

（1）友谊型群体（friendship group）。这类群体是为寻求友谊、情感的交流、归属感等目的而结成的。譬如，各种同学会、同乡会、战友联谊会等。在我国，这种类型的非正式群体往往对满足人们的心理需要有很大的作用，对其工作本身也有重要的影响。

（2）利益型群体（interest group）。这种群体由于人们对某类特定事物和利益共同关心，为了特定的目标共同活动而形成的群体。如在某企业中为了支持受到上级不公平对待或解雇的同事，一些具有相同背景和利益的员工自发组成一个群体进行声援。再如，企业中一些员工自发组成企业业余质量小组，经常在一起讨论如何改进产品质量、降低成本、提高效率，并向企业提出各种具体建议，从而得到组织的褒奖。

（3）兴趣爱好型群体（hobby group）。这种群体是由具有共同的业余爱好和兴趣的个人自行结成的群体，如各类琴、棋、书、画、唱小组等。这种群体可以丰富组织成员的生活，减缓工作压力。

非正式群体的主要特点是自发性、凝聚性、不稳定性和领袖人物的权威性。它一般有不成文的群体规范约束、影响成员行为。违反者将受到该群体的冷淡、排斥，甚至被抛弃和受到严厉惩罚。它有一条灵敏的信息沟通渠道，有较牢固的感情纽带，有很强的自卫性和排外性，有自然形成的权威性领袖人物，但具有相对的不稳定性。

非正式群体是一种客观存在。它对于组织和个体行为的作用和影响可能是积极的，也可能是消极的。管理者既不能回避、拒绝，也不能简单地把它看作反面的"小团体"而加以禁止，更不能将其取缔。而是要创造条件，使非正式群体的目标与企业目标一致。如果引导得当，与正式组织协调起来，能成为促进组织目标完成的积极动力；反之，若处理不当，与正式组织发生矛盾，就会抵消正式组织的作用，阻碍组织目标的完成，成为一种阻力。由于非正式群体中领袖人物的态度在相当程度上能左右群体的态度。为此，要特别注意非正式群体的产生背景及其领袖人物的特点，有针对性地积极地做好转化工作。

（三）实属群体和参照群体

实属群体（membership）是个体实际归属的群体；参照群体（reference group）是个体在心理上希望成为的群体。个体往往把参照群体作为自己学习的榜样。参照群体不是个体实际归属的群体，它甚至可能是想象中的群体。研究参照群体有重要的实际意义。在我国的企业管理中，树立先进典型是管理工作的一条重要经验。但是，要使这条经验收到更大效果，必须进一步研究如何使先进集体成为全体职工或多数职工的参照群体，即真正成为职工心目中努力达到的标准。有时树典型、树标兵的活动虽然表面上搞得轰轰烈烈，但实际效果不大。其中一个重要原因就是这些典型、标兵没有真正成为人们心目中的参照群体。个体各有个性,但在群体中由于受群体规范尤其是群体中其他成员的影响,往往会表现出不同于个体单独情景下的行为反应。这种反应是群体压力下的产物,也是个体借以适应环境的方式。

(四) 创新群体

创新群体的产生背景是 20 世纪科技迅猛发展,市场瞬息万变。例如,1951 年日本市场上老产品占 93%,到 1961 年为 59%,而到了 20 世纪 90 年代,则不足 30%。环境的动态变化,迫使企业组织不断开发新产品,开拓新市场,解决新问题,以增强近期和远期的经营效果。但是,产品开发过程的复杂性却面临组织结构科层化所带来的官僚主义倾向,对创新活动起着抑制作用。近几年来,许多企业建立了一种新的群体形式——创新群体(venter group)。美国通用电气、联合碳化、杜邦等大公司都设有这种群体。美国 3M 公司至少有 24 个创新群体在同时工作,它的 6 个事业部就是在创新群体的观念上发展起来的。通用面粉厂将创新概念列入到公司组织结构中,成立创新部来负责这方面的工作。杜邦公司设有 30—50 个新产品开发小组。

创新群体是一种革新者汇集的小组,企业管理者赋予创新群体很大的自由,以摆脱对创新开发的种种束缚。创新群体具有以下特征:

(1) 工作对准单一目标。

(2) 成员是来自各个职能领域中优秀的专家和管理人员,人数不多,由一个组长领导,该组长对企业最高层领导负责,群体成员享有充分的自主权。

(3) 是针对某一专题组建的临时性小组,任务一旦完成,小组立即解散,其成员或回到原来的职能部门,或转入新的创新群体。这个群体常成为新产品开发部门的核心。

(4) 是培训管理人员的良好基地。

然而,西方企业的管理实践表明,创新群体也存在不容忽视的负面影响。比如,它过分地集中了有才能的人员,所提出的设想有时缺乏商业价值。此外,当小组开发了一个新产品或一种新服务措施时,其成员脱离原来所属的企业,而自办小公司,给原来所属的企业造成无形资产损失。

(五) 电子化群体①

电子化群体(electronic group)是指利用计算机系统,把群体成员联系起来的群体。它们的特色在于利用通过网络连接起来的个人电脑或工作站,创造出一个信息技术的环境。这种网络既可以是在一个单独的房间里,也可以是在组织的内部网或者互联网上。这种群体可以采用各种不同的时间模式和实体模式来连接,如可以同时在一个单独的房间里召开会议,也

---

① 该部分参考 Joseph E. Champoux:《组织行为学基本原则》,清华大学出版社 2004 年版,第 177 页。

可以在不同时间在多个地点召开会议。系统中的软件可以为商议解决问题的群体和决策群体提供支持。在单个房间里,一群人坐在电脑前,可以进行实体上的交往。而另一种模式让群体成员可以在多个办公室里,进行自己的工作,这种群体模式,其成员无法进行直接的实体上的交往。通常这种模式利用在各个办公室里为电子化群体所配备的电脑,通过互联网把群体成员联系在了一起。在这种模式中,人们可以散布在世界任何地方。这种类型的群体也变成了后面第十五章将阐述的虚拟组织中的一部分,它们通常也被称为虚拟群体或虚拟团队。美国著名记者托马斯·弗里德曼所著《世界是平的》一书中,提供了很多这样的例子,例如美国和澳大利亚的会计师可以进行合作来为同一个客户服务,美国医生则可能和印度医生一起,借助先进的仪器和网络为同一个病人诊断。

三、群体发展阶段

各种类型的群体都会经历一系列发展阶段,如经历方向确定、冲突和挑战、凝聚、迷惑、醒悟和承认接受等不同的阶段,要确切地指出群体发展到哪一个阶段是非常困难的。但是,管理者必须了解群体的不同发展阶段,了解一个群体如何从无效率、无效益的"萌芽"雏形状态开始,逐步发展演化到有效率、有效益的"完全成熟"状态,因为群体形成与发展的每一个阶段都关系着群体的建设质量,都会影响到群体的整体效用的发挥。

在群体和群体动态变化研究中,对群体发展的阶段是具有争议的。其中较为普遍接受的是四阶段论(即相互接受,制定决策,激励与约束,控制与许可)[1]和五阶段论(形成,震荡,凝聚,执行任务,中止)[2]。而五阶段论似乎更有说服力而广为传播。因而这里介绍关于群体发展的五阶段论描述:

(一) 形成阶段

群体形成阶段(forming stage)的一般特点是,群体的目的、结构、领导都不确定。群体成员各自摸索群体可以接受的行为规范,相互介绍、揭示自己的特性和能力。有时候这个过程进展较慢,群体成员还要相互讨论如何从事群体任务的初步设想。一般来说,当群体成员开始把自己看成是群体的一员时,这个阶段就完成了。

(二) 震荡阶段

震荡阶段(storming stage)是群体内部的冲突阶段(conflict stage)。群体成员接受了群体的存在,但对群体加给他们的约束,仍然不习惯而予以抵制。并且,对于谁可以控制这个群体,

---

① 参见黛布拉·L.纳尔逊(Debra L. Nelson),詹姆斯·坎贝尔·奎克(James Campbell Quick):《组织行为学——基础、现实与挑战》,中信出版社 2004 年版,第 276 页。

② 参见斯蒂芬·P.罗宾斯(Stephen P. Robins):《组织行为学》,中国人民大学出版社 1997 年版,第 228 页。

还存在争执。在相互竞争的非正式领导者之间,可能会爆发权力斗争。在关于群体应当怎样从事群体任务的问题上,也会发生冲突。这个阶段结束时,群体的领导层次就相对明确了。

(三) 凝聚阶段

群体凝聚阶段(cohesion stage)(或称规范化阶段,norming stage)之前,群体已经确定了自己的角色和角色关系。群体对不同成员的适当行为已经认同,成员之间也相互接受了对方,开始形成亲密关系,群体表现出一定的凝聚力。和前一阶段相比,这个阶段的冲突已经没有那么激烈了。即使有冲突,也较少集中在群体的社会结构,而更多地集中在履行群体任务的不同方式上。群体结构基本稳定下来,群体成员产生强烈的群体身份感和友谊关系,群体对于什么是正确的成员行为达成共识。

(四) 执行任务阶段

在执行任务阶段(performing stage)(或称任务定位阶段,task orientation stage),群体成员之间开始相互喜欢对方,而且已经接受了群体的规范。群体成员已经选定了自己的目标,并设计安排了他们之间的劳动分工,明确了任务,并集中精力进行工作,完成群体任务。

(五) 中止阶段

有些群体实现了自己的目标,完成了群体任务,就准备解散了,注意力放到群体的收尾工作。从而结束了群体的存在状态即进入中止或终止阶段(adjourning or termination stage)。有的群体则会重新确定自己的任务和成员资格,使群体又回到第一阶段,重新开始演化过程。在这个阶段,群体成员的反应差异很大,有的很乐观,沉浸在群体的成就中;有的则很悲观,惋惜在共同的工作群体中建立起的友谊关系,不能再像以前那样继续下去了。

职能型群体和有凝聚力的非正式群体到上述执行任务阶段即是最后一个阶段,并保持稳定状态。但是,在特定的条件下,这些群体也会重复前面各个阶段,经历重新发展的过程。如当新成员加入某个已经建立起来的群体的时候,群体的社会结构和组织从事自身任务的方式常常会发生一些变化。群体中既有成员,尤其是正式或非正式领导,会帮助新成员适应群体的规范。在这个适应过程中,群体行为和群体规范也会或多或少地发生变化,对于新来者都会起作用。

如图 5.1 所示的五阶段模型,许多解释者包含了这样的假设:随着群体从第一阶段发展到第四阶段,群体会变得越来越有效。虽然这种假设在一般意义上可能是成立的,但使群体有效

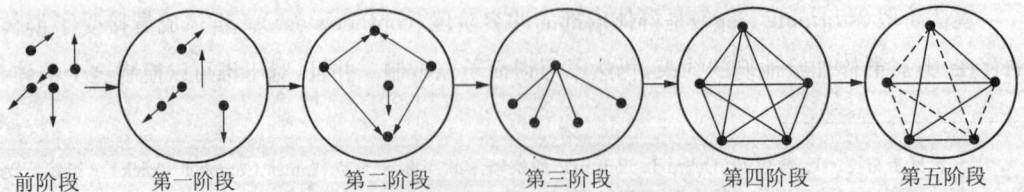

前阶段　　　第一阶段　　　第二阶段　　　第三阶段　　　第四阶段　　　第五阶段

图 5.1 群体发展的五阶段模型

的因素远比这五阶段所涉及的因素要复杂。在某些条件下,高水平的冲突可能会导致较高的群体绩效。所以,人们也可能会发现:群体在第二阶段的绩效超过了第三或第四阶段。同样,群体并不总是明确地从一个阶段发展到下一个阶段。事实上,有时几个阶段同时进行,比如震荡和执行任务就可能同时发生。群体甚至可能回归到前一阶段。因此,即使是这个模型的最强烈支持者也没有假设所有的群体都严格地按照五阶段发展,或者认为四阶段总是最可取的。

在理解与工作有关的行为时,五阶段模型的另一个问题是它忽视了组织环境。例如,一项关于飞机驾驶员的研究发现,三个陌生人被指定同时驾驶一架飞机飞行,他们在首次合作的十分钟内就成为高绩效的群体。促使这种群体高速发展的因素是环绕着飞机领航员的强烈的组织环境。这个环境提供了群体完成任务所需要的规则、任务的定义、信息和资源。他们不需要五阶段模型所预测的那些过程,如形成计划、分配角色、决定和分配资源、解决冲突、建立规范。

第二节　群体行为特性

为什么有些群体比另一些群体更容易成功? 个体在群体中的行为与其处于独立情境下的行为反应往往不同。群体是如何影响个体,并把个体组合成群体行为的? 这些就是本节所要探讨的群体行为特征问题。

一、制约群体有效性的因素

群体并不总是有效的,群体的外部环境条件、群体成员、群体结构都会对群体行为及其绩效产生重大影响。

（一）群体的外部环境条件

群体的外部环境条件是工作群体无法实际控制的影响群体行为的外界作用因素和条件。外部环境条件是群体行为的背景因素、边界条件和活动基础。由于任何群体都是其所依附的更大组织系统中的一个子系统,因而可以从群体所归属的组织解释中抽取出相应内容来解释群体的外部环境条件,以促进对群体行为的理解。

（1）组织战略。组织的整体战略一般是由组织中的中高级管理者制定,它规定着组织的目标和实现目标的方针与手段,影响着组织赋予工作群体的权力和职责,决定着组织分配给工作群体的任务和资源。比如,如果某公司通过出售或关闭其主要业务部门,来实现其紧缩战略,就会缩减其工作群体的资源,增加群体成员的焦虑感及引发群体内部冲突的可能性。

（2）权力结构。组织中的权力结构规定了谁向谁发布命令,谁向谁汇报工作,谁有权决策,谁执行,谁监督。这种结构通常决定着工作群体在组织权力结构体系中的位置,决定着群体的正式领导、群体成员与群体之间的正式关系。

（3）正式规范。组织通常会制定规则、程序、政策以及其他形式的规范来使员工的行为标准化。如麦当劳公司对填写菜单的格式、烹调汉堡和灌装饮料的方法都设有标准的工作程序,因此,麦当劳公司的工作群体自己制定独立的行为标准的余地是很有限的。组织对员工施加的正式规定越多,组织中工作群体成员的行为就越一致,就越容易预测。

（4）组织资源。有些组织规模较大,而且利润丰厚,资源丰富,它们的员工就可能拥有高质量的工具和设备来完成工作任务。而有些组织可能就没有这么幸运了。如果一个组织资源有限,那么它的工作群体所能拥有的资源当然也就比较有限。工作群体所能做的事情在很大程度上取决于其资源条件。资源是富裕还是短缺,对工作群体的行为有着巨大的影响。

（5）人员甄选过程。工作群体的成员首先是这个群体所属的组织的成员。比如,海尔公司一个降低成本任务小组的成员首先必须是海尔公司的员工。因此,组织在甄选员工的过程中所使用的标准,将决定其中工作群体成员的类型。

（6）绩效评估和奖酬体系。组织绩效评估和奖酬体系是影响组织内部各部门和每位员工的组织变量。群体作为更大组织的一部分,其绩效目标、成员的工作积极性和群体行为成效都会受到组织评估标准、评估方式、组织奖励的行为类型、奖励方式等考核——奖励体系的约束和奖励。

（7）组织文化。组织文化(将在第十七章详述)是一个组织在生存与发展过程中所形成的,并区别于其他组织,是该组织成员的共同价值观、基本信念、组织哲学、行为规范等的总和。组织文化规定着组织成员哪些行为是可以接受的,哪些行为是不可以接受的。员工在进入组织几个月之后,一般就能了解其所在组织的文化。如上班时该如何着装,组织的规章制度是否都应该严格地遵从,哪些类型的出格行为会使自己遇到麻烦,哪些则没有多大关系等诸如此类的东西。虽然许多组织存在亚文化——通常以工作群体为中心产生——从而存在组织正式规章制度之外的一些规则,但这类组织中仍然是由主文化向所有的组织成员表明,组织所重视的价值观是什么。如果工作群体的成员想得到组织的承认,就必须接受组织主文化所蕴含的价值标准。

（8）物理工作环境。物理工作环境主要是指工作群体成员工作地点的远近,工作场所的外观、设施、噪音、照明情况,工作群体领导和成员之间的沟通条件等群体运行的基本工作硬件,物理工作环境对群体行为也有重要影响。

（二）群体成员

一个群体可能达到的绩效水平在很大程度上取决于群体成员个人给群体带来的资源。这里从成员个体能力、人格特质、需求与期望等资源来考察其对群体行为和绩效的影响。

(1) 个体能力。个体完成工作,解决问题的能力各有高低,群体成员所拥有的与工作有关的能力和知识、智力水平是影响群体绩效的重要因素之一,可以用来部分地预测群体行为的有效性。事实证明,一个人如果拥有完成群体任务的重要能力时,他通常更愿意参加群体活动,对群体的贡献会更多,在群体中地位的上升空间更大,对工作的满意度会更高。群体成员的智力与工作任务相关的能力都与群体绩效有关,但相关度不高,这说明,其他因素,比如群体的规模,所从事的工作任务类型,群体领导的行为方式,群体内部的冲突水平,都对群体绩效具有一定影响。

(2) 人格特质。大量研究探讨了人格特质与群体态度和群体行为之间的关系。一般认为,具有积极意义的人格特质对群体生产率、群体士气和群体凝聚力有积极的影响,这些人格特质主要包括善于交往、独立性强。相反,那些具有消极意义的特质,如独断、统治欲强、反传统性等,对群体生产率、群体士气、群体凝聚力有消极影响。这些人格特质通过影响群体成员在群体内部的相互作用方式,而影响到群体的绩效。

(3) 需求与期望。不同群体可以为其成员提供不同的利益,满足个体的不同需要。个体对群体的需要价值取决于其价值观能动地作用于需要客体和需要手段。个体对群体可能满足自己需求的期望程度,将决定其加入群体的动因,影响其完成群体任务的积极性和主动性,从而影响群体的绩效水平。

当然,群体成员的资源远不止以上三方面,成员的态度、年龄、性别、工作经历、家庭状况等因素都会影响群体绩效。

(三) 群体结构

群体结构(group structure)塑造群体成员的行为,使人们可以解释和预测群体本身的绩效和大部分群体成员的个体行为。群体结构主要变量有正式领导、群体规模、群体构成等因素。

(1) 正式领导。几乎每个工作群体都有一个正式领导。他们的头衔可以是部门经理、项目领导、任务小组领导或委员会主席。群体领导对群体绩效具有巨大影响。

(2) 群体规模。群体规模能够影响群体的整体行为。有观点认为,12 个人可能是群体成员可以同时对其他各个成员作出反应和进行交往的上限。事实证明,小群体比大群体完成任务的速度要快,大群体在集思广益解决问题过程中比小群体有效,而 7 个人左右的小群体在执行生产性任务时更为有效。

有关群体规模的研究还有两个结论:①成员为奇数的群体似乎比成员为偶数的群体更受欢迎;②5 人或 7 人群体在执行任务时,比更大一些的群体或更小一些的群体,都更有效。群体成员为奇数,在投票时就能降低发生僵局的可能性。而且,由 5 人或 7 人组成的群体足以形成大多数,允许发表各种不同意见;而且又可以避免与大群体相联系的一些弊端,如少数人占据统治地位,发展小团体,禁止某些成员参与决策,在决策时拖延时间,等等。

（3）群体构成。群体构成即群体组成成分的构成，它是指在一个群体中各个成员所有的各项个体特征的分布和组成情况。根据群体组成成分的不同，群体的构成可以分成同质结构和异质结构两种类型。

异质结构群体也称异类群体，是指群体成员在性别、年龄、个性、专业、观点、能力、技能、视野、经历等个体特征方面存在显著不同的群体。这种群体更可能拥有多种能力和信息，在需要具备多种技术和知识的群体活动中，运行效率会更高。但是这种群体可能冲突较多，沟通相对困难，可能不太容易随机应变。一般认为，异质结构群体在完成复杂任务、创造性的任务、须并行完成的工作以及时间性不强的任务时效果较好，更为适宜。例如，企业中的新产品开发小组，大学里一些综合课题组，一些组织的领导班子、委员会，政府等组织中的决策机构、咨询委员会等多采用异质结构。

同质结构群体是指群体成员在性别、年龄、个性、专业、观点、能力、技能、视野、经历等个体特征方面都比较接近的群体。这种群体的特点与异质结构群体基本相反。一般认为，同质结构群体在完成简单任务、连续任务、合作性任务，以及要求速度快、工作时效性较高的任务时，效果较好，更为适应。例如，机械制造厂的车床组、钳工组、铣工组即是以同质结构来组建的群体。又比如，学校中的物理教研室、数学教研室、化学教研室，许多组织的工作班子、执行小组等采用的也是同质结构。

群体的构成成分对于预测成员的离职率来说可能是一个重要变量。比如，经历不同的人组成的群体中，由于群体成员之间沟通比较困难，因此，这种群体中的员工离职率较高。在这种群体中，冲突和权力之争一旦开始，就可能难以控制。冲突愈演愈烈，群体对其成员的吸引力就变得更小，成员离职的可能性就更大。此外，人们还发现群体成员之间的社会背景差异、性别差异、教育水平差异等，也会因为造成群体成员之间的不平衡而促使某些员工离职。

差异本身也许不能预测群体成员离职率的高低，但一个群体内部存在巨大差异，就会导致群体成员离职率升高。在一个群体中，如果每个人都与其他人存在一定差异，他们就不会有很强的局外人之感。因此，群体成员在某些方面的差异大小，而不是他们在某些方面的水平高低，才是最重要的。

在实践中，到底是采用同质结构还是异质结构来组建群体，还须考虑组织和管理者的管理能力。一般而言，同质结构群体成员容易沟通，冲突较少；异质结构群体成员在很多方面差别较大，沟通上困难，容易发生冲突，处理这些潜在的沟通和冲突问题就需要正式领导具有相应的管理能力。否则，群体是很难取得良好绩效的。

总之，群体构成对群体的心理气氛、和谐程度、凝聚力和工作成效都会有较大的影响。组建工作群体时，应根据工作的性质、类型、特点、员工个体特征以及正式领导的组织管理能力等实际情景进行合理的人员搭配，从而优化结构，建设高效群体。

（四）群体任务

群体互动过程对群体绩效和群体成员满意度的影响，也受到群体从事的任务的影响，群体任务的复杂性和相互依赖性影响群体的有效性。

群体任务的因素主要是指确定群体任务的目标（或群体目标）、群体任务的类型、群体任务的结构和难度以及完成群体任务的方法等内容。群体任务可以简化为两类：简单任务和复杂任务。简单任务是指简单化、标准化的任务，复杂任务是指非常规化的新颖特殊任务。

群体和群体成员承担的工作任务越复杂，群体成员完成任务时的相互依赖性越强，群体就越需要在成员之间的方法讨论、信息交流、沟通协调、适当冲突等互动行为中获得收益，从而提高群体绩效。由于复杂任务的复杂性强、相互依赖度高并有着较高的不确定性，因此群体在承担这类任务时需要较强的信息加工能力和成员互动能力，这又反过来加强了群体互动过程的重要性。群体和群体成员在承担简单工作任务时的情形则可能相反。即使一个群体领导不力、沟通不良、交流不够，甚至冲突水平较高，如果他是承担简单任务，对成员间相互依赖性要求不高时，他的群体绩效并不一定就是低劣的。

二、群体压力与从众行为

群体成员通常具有跟随群体的倾向。当一个人发觉自己的行为和意见与群体多数人不一致时，一般会感到心理紧张，产生一种心理压力，这就是群体压力（group stress）。这种压力促使人与群体主流的行为和意见趋于一致。人在群体中的这种要求与多数人一致的现象，称为从众行为（conformity behavior）或社会从众行为。

（一）从众行为产生的原因

从众行为的产生，一方面是源于马斯洛指出的人的"安全需要"。在群体中，标新立异或与众不同往往会使一般人担心由于背离群体的主流做法而丧失安全感，从而感到孤立、不安和不和谐。反之，当个人与群体保持一致时，就会有一种安全和舒服感。群体压力与正式的权威命令不同，它不一定是强制地影响个体的行为，而是由于多数人的意向在影响着个人的行为反应，个体在心理上往往难以违抗。因此，群体压力对人行为的影响，有时并不一定亚于权威命令。从众行为的产生另一方面也是因为个体其他方面的实际需要。譬如，一个人在工作或生活中所需要的大量信息，都是从别人那里得到的，离开了他人，个人几乎难以活动，这样就使人逐渐形成不自觉地依赖他人的心理，从而导致从众行为产生。还有，人要在工作和生活上有所成功，必须依赖于他人的努力和群体的力量。总之，个人生活在群体之中，任何一个群体、组织或整个社会都是一个合作系统。这就意味着，在一个群体中，个体在某些时间和场合都可能会作出某种程度的让步，不愿意犯众怒，甚至委曲求全。

从众行为的研究来自美国心理学家阿希（Salomon Asch）于 20 世纪 50 年代所作的实验。

他将几组大学生作为被试者,让他们对图 5.2 所示几条线的长短进行比较,判断图右边的
ABC 三条线中哪一条是真正的被试者,其他几个都是实验人员事先串通的合作者。试验用 12
套卡片,每套卡片有 2 张。每次给被试者看 2 张卡片(1 套),看完后请他们一个个地指出右边
卡片中的哪一条与左边卡片中的 X 线同长。根据事先对合作者的交代,开始几次实验让合作
者作正确的反应,以后就故意一致地作出错误的反应,从右边卡片中选出错误的线段,在这种
情况下看那一位真正被试者的选择和反应受其他人一致性错误影响的程度。阿希在 1951 年、
1956 年、1958 年多次重复试验发现:当真正的被试者只遇到一个成员作出的错误回答时,他将
坚持自己的正确意见;当组内作错误回答的人增加到两个人时,他就会感到群体压力,这时被
试者接受错误判断的次数据统计达 13.6%;当组内作错误回答的人增加到三个人时,被试者
接受错误判断的次数比率达 31.8%。

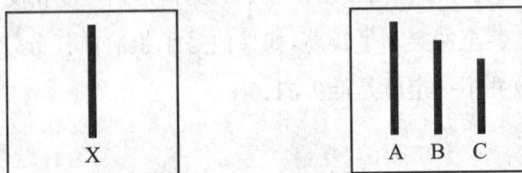

图 5.2　阿希实验的卡片

阿希实验结果表明,群体规范能够给群体成员形成压力,迫使他们的反应趋向一致。人们
都渴望成为群体的一员,而不愿意与众不同。

(二) 从众行为的表现形式

继阿希试验后,一些心理学家进一步研究分析群体压力和从众行为问题。结果发现,不是
所有的群体都能给予自己成员相同的从众压力。人们通常要参加多个群体,这些群体的规范
各不相同甚至可能互相矛盾。所以,人们并非对所有参与群体的规范都予以接受,而是遵从自
己认为是重要的群体的规范,这些群体可能是自己已经参与或希望今后参与的群体。影响个
体从众行为的因素主要包括个体特征、群体特征以及其他情境因素。例如,如果某一群体比较
团结,意见一贯比较一致,个体了解群体中的其他人并感到他们对自己很重要,个体认为自己
是渴望成为这个群体的一员时,就容易顺从该群体压力而产生从众行为。又比如,当一个人的
智力和能力较低、情绪稳定性差、自信心低、对他人依赖性强、对人际关系敏感性强等个体特征
时,就容易产生从众行为。

事实上,从众行为有表面的和内心的两个层面。表面的行为可表现为从众或不从众,而内
心的反应却有容纳与拒绝之分。对同一个人来说,内外两个层面的反应,并不一定都是协调一
致的,它有以下 4 种情况:

(1) 表面从众,内心也接受。这就是所谓的"口服心服"。这是群体与个体之间最理想的

关系。当组织的目标与员工的期待一致时，即为这种状态。

（2）表面服从，内心却拒绝。这是一种权宜的从众或假从众，即"口服心不服"。

（3）表面不服从，内心却接受。领导内心同情、支持员工辛苦了一周后应休假一天，但上级领导不批准。这时，该领导不敢公开表示从众，而内心却认为员工的要求是合理的。

（4）表面不从众，内心也拒绝。这是心口一致的行为。比如一个革新者，面对一个固步自封、不求改革的群体，便可能采取这种态度。

（三）影响个体从众行为的因素

影响个体从众行为的因素主要包括个体特征、群体特征以及其他情境因素等。

（1）个体特征。人的从众行为倾向性在很大程度上取决于个体的特征。这些特征包括：①智力和能力的高低，智力低者更易于从众；②情绪的稳定性，焦虑且不稳定者易于从众；③自尊心强弱，自尊心弱的人易从众；④社会赞誉需要高低，社会赞誉需要高的人易从众；⑤对人际关系的敏感性，看重人际关系的人易从众；⑥态度与价值观，对社会评价和舆论敏感、重视道德与权威、墨守成规者易于从众；⑦对他人的依赖性，对他人依赖者易于接受别人的暗示而放弃己见；等等。

（2）群体特征。这方面的因素包括：①群体的作用，一个能够满足个体愿望和需要的群体，易使个体产生从众行为；②群体的组成，当群体内多数成员的地位、能力、经验高于个体时，个体容易产生从众行为；③群体的气氛，当群体不容忍个人主见，总是对从众的人有利时，这使得个体易于产生从众行为；④群体的凝聚力，群体的凝聚力越高，越容易使个体从众。

（3）其他情境因素。个体的从众行为还取决于其他情境因素。譬如，问题的性质，如果群体针对的问题本身复杂模糊、没有标准，则个体易于从众；个体对群体的依赖度，当个体非常依赖于群体来达到其需要和目标时，个体就会考虑群体的意见和需要；外界对群体的支持度，当整个组织对该群体非常认同和支持时，个体也容易产生从众行为；等等。

（四）从众行为的作用

从众行为的作用也有两重性，既有积极的一面，也有消极的一面。

（1）积极作用：从众行为的实质是通过群体来影响和改变个人的观念和行为。为此，无论先进或落后的群体都会影响到其成员的个人行为。例如，一名原来表现不好的新进员工，领导有意识地安排他到一个先进工作小组中去工作，那么，这名新员工有可能逐步改变其原来不好的行为。

（2）消极作用。从众行为的消极作用表现如下：

① 束缚成员创造力的发挥。从众行为倾向于"舆论一致"，这种压力容易使成员的独创性窒息。因为一个人如果不敢冲破"舆论一致"的束缚而深受其控制，便会"人云亦云"，扼制创造力的发挥。

② 掩盖表面一致情况下强行通过或仓促作出的结论的不正确性。在作决策或决定时,千万不要被这种"表面一致"所迷惑,要细心观察,采取谨慎的态度。在决策过程中,要善于听取和分析反面的意见,提高运用反面意见的能力。因为任何一个决策,只有经过反复的争论,对正反两种意见作过全面的分析,才有可能作出比较正确的判断。

由此可见,个体在群体中从众行为的倾向性是个体与群体力量的相对比结果。当个体的力量能抵抗群体压力时,则会按自己的真实意见行动;当个体的力量不足以抵抗群体压力时,则会表现出从众行为。

三、群体规范

群体对个体行为的影响,还表现在群体规范上。

(一) 群体规范的含义

群体规范(group norms)是指群体为达到共同目标,在一定时期内成员相互作用而形成的、每个成员必须遵守的行为规范。

早在 20 世纪 30 年代初,著名的霍桑试验已经注意到群体规范对群体及其成员行为的影响,霍桑试验发现,梅奥及其他人所认为的对生产中起作用的社会因素几乎没有对生产力产生任何作用。工人们已经建立了一套无法改变的群体规范。梅奥和其他人在报告中认为,如果工作群体中的人们在一起工作的时间非常长,那么,他们往往能够形成自己的行为规范和价值观念。他们研究中的其他证据也证明了这一点。梅奥认为,有效的管理目标应该是该组织能直接从其工作群体的行为规范和实践中获益。如果忽视这些观念,任其发展,它们就会与管理目标发生冲突。

在梅奥以后,人们对群体规范作了大量研究。研究者发现,就大部分群体而言,群体规范是无意识的通过习惯的力量形成的,它们起源于群体成员对工作性质的构想和信念;起源于由经理人员向群体成员传递的有关群体成员是否负责的一种隐含期待;起源于群体成员工作的实际条件以及其他许多类似的因素。

当然,群体规范不可能详细具体规定每个成员的一举一动、一言一行,给出的只是一个基本的行为框架。群体规范可分为正式规范和非正式规范。前者是由正式文件明文规定的,如各种规章制度和守则等;后者是群体自发形成的、不成文的,如成员之间的沟通方式和态度,各种行为和风俗习惯等。但正式和非正式规范都有约束和指导成员行为的效力。成员的行为符合这个框架和标准,就会得到群体的认同。反之,当成员偏离或破坏这种规范时,就会引起群体的注意。轻者要受到教育和指责,群体还会运用各种纠正方法,使其回到规范的轨道上来;重者则要受到惩罚,甚至被排除出群体之外。这些都说明,群体规范是控制其成员有效的方法。

（二）群体规范的功能

群体规范对群体成员的行为有着重要影响，其功能主要表现在以下几方面：

（1）表现群体的核心价值观。通过这种方式，使群体成员能够具有一种强烈的"我们的群体是什么样的"意识，群体成员可以借此来指导自己的行动，并指导自己与群体外部人群的关系。群体规范也有助于清楚地界定该群体不做什么——可以辨别出哪些是该群体可以接受的行为，哪些是该群体不能接受的行为。

（2）增进内聚力，促进群体生存的作用。群体规范通过保护群体的特性，拒绝其成员的越轨行为，强化那些能够增加成功机会的规范，以致把群体成员的意见和行为协同起来，实现共同的目标。从而尽力减少其他群体和个人的干扰，防止"一盘散沙"，增强群体的整体性和内聚力，对群体起到维持作用。

（3）增加群体行为的可预测性。群体规范通过建立共同准则和行为基础来促进群体的平稳运行，降低人们预期行为中的不确定性，从而使群体和群体成员能够相互预测彼此的行为，简化群体的工作方式，并作出适当的反应而提高群体的效率。

（4）减少人际摩擦，改善人际关系。群体规范通过界定和引导群体成员间的适当行为，能减少成员中令人尴尬或难堪的人际关系问题，避免成员间对抗或者有可能威胁或破坏整个群体合作的事情发生。这样，群体成员就可以在一种相对"安全"的心理环境中工作。

新闻中的组织行为学
摩托罗拉受困人才流失

摩托罗拉手机新任掌门人桑杰·贾（Sanjay Jha）在为该公司手机部门开医治良方时遭遇了严重挑战，他发现摩托罗拉的竞争对手一波又一波地招用即将离任或已裁撤的摩托罗拉经理、工程师、设计师和销售人员。

贾曾表示，他将在2008年10月底前从公司外部招聘人员，以填补手机部门的管理层空缺。自2007年年初开始，也就是该公司的旗舰机Razr走下坡路时，摩托罗拉手机部门的部分高管职位就一直空缺。一个事实是，摩托罗拉从2007年1月到2008年6月共裁员8 300人，数千人都来自手机部门。

贾承担手机部门扭亏为盈的重任，截至2008年6月底，该部门在过去18个月内共亏损19亿美元。贾曾是高通的二号人物，上个月到摩托罗拉走马上任，如果他扭亏为盈的计划成功，那么他可以获得将近1亿美元的收入，如果该部门按计划在2009年末分拆为一家独立公司，贾的收入还会增加。

但贾面对的竞争对手却有摩托罗拉前员工的大力支持,特别是那些一起共事过多年、弥足珍贵的工程师整体团队。目前,美国成长最快的手机厂商,如苹果、RIM等都聘有摩托罗拉的关键员工。例如,苹果挖来的iPhone全球销售负责人、经验丰富的供应链主管和销售代表都助其打入了摩托罗拉在拉美的市场,而RIM透露,该公司自2007年年初以来已招聘了500多名前摩托罗拉员工。

摩托罗拉在全球手机销售市场的份额呈下滑趋势,从2007年初的超过20％跌至2008年6月底的不到10％。贾的前任罗恩·加里克斯(Ron Garriques)2007年2月离职赴戴尔履新后,摩托罗拉手机部门的众多资深经理纷纷离职。摩托罗拉上月宣布,该公司手机部门最高级别人物——高级副总裁兼消费者产品主管罗布·沙多克(Rob Shaddock)离职。上月初贾离开高通就任,他是18个月来该部门的第五位掌门人。

员工流失是贾面临的头疼难题。此外,他还要重新赢取电信运营商的信任,他们可不愿为促销摩托罗拉手机白送钱。可是由于Razr系列手机长期延期发布,与摩托罗拉签约的电信运营商的客户们纷纷改弦更张,选择其他运营商。

其实,摩托罗拉前高管们就曾表示,该公司裁撤实验室研究人员、裁减摩托罗拉软件测试工程师团队等做法将导致其面临巨大压力。

四、群体凝聚力

(一) 群体凝聚力的内涵

在社会心理学中,群体凝聚力(group cohesiveness)是群体对成员的吸引力,它既包括群体对成员的吸引程度,又包括群体成员之间的相互吸引力。这种吸引力表现为成员在群体内团结活动和拒绝离开群体的向心力。吸引力达到一定程度,而且群体成员资格具有一定的价值时,我们就说这是一个具有高度凝聚力的群体。

凝聚力强的群体的一般特点是:群体成员之间的信息交流畅通频繁,气氛民主,关系和谐。群体成员有较强的归属感,参加群体活动的出席率较高。群体成员愿意更多地承担推动群体发展的责任和义务,关心群体,维护群体的权益等等。

群体凝聚力与日常所说的群体团结性有类似之处,但也有区别。凝聚力主要是指群体内部的团结,而且可能出现排斥其他群体、与其他群体不团结的倾向。而我们所提倡的团结,往往既包括群体内部的团结,也包括与其他群体的团结和相互支持。

(二) 影响群体凝聚力的主要因素

影响群体凝聚力高低的主要因素有:

（1）群体目标与目标的达成。如果群体的目标和利益与成员的目标和利益相一致，群体成员就会自觉承担义务，为群体目标而团结奋斗，因为这样做对个人切身利益有利。而达成群体目标的情况对其成员也会产生影响。例如，某群体在完成任务中达到所期望的高效率，会提高其成员的身份，成员会因为他是该群体的一员而感到自豪。成功地达成目标与凝聚力是相互关联的，达成目标会增强凝聚力，而有高凝聚力的群体又与达成目标和凝聚力是相互关联的，达成目标会增强凝聚力，而有高凝聚力的群体又是达成目标的重要条件。但当群体的目标与组织的目标不一致时，凝聚力多半会产生有害的作用。

（2）群体成员的共同性。群体的成员若是具有相同的背景、共同的爱好和兴趣、共同的利益等等，凝聚力就越大。其中，共同的利益和共同的目标是最为关键的因素，一个好的群体需要有一个共同一致的明确目标与利害关系。

（3）群体规模大小。群体之所以能存在，其必要条件之一是群体成员要相互交往和相互作用。群体规模小，则彼此作用与交往的机会多，容易凝聚。一个非常大的群体中，其成员之间彼此了解少或不了解，这个群体就不大可能有强的凝聚力。因此，在通常情况下，群体的大小与凝聚力成反比。

（4）群体与外部的关系。一般情况下，与外界比较隔离的群体凝聚力相对较高。国外一些行为科学家认为，为什么矿工最坚韧，其原因之一就是因为矿工是经常在一起且与外界比较隔离的。另外，群体存在外部压力时其凝聚力增强，因为外来的威胁会增强群体成员相互间合作的需要。但是，如果群体成员认为本群体无力应对外部攻击或认为只要放弃本群体就能终止外部攻击时，群体凝聚力可能降低。

（5）成员对群体的依赖。个人参加一个群体是因为他觉得群体是一个有助于满足其经济和社会心理需求的集体。一个群体对个体需求的满足程度越高，对个体的吸引力越大。

（6）群体的地位、声望和成功经验。一个群体如果具有一贯成功的表现，如果在组织中的级别地位声誉和知名度很高，就容易建立起良好的形象和合作精神来吸引和团结群体成员，其凝聚力就会很强。比如，著名大学的成功研究小组就是如此。

（7）成员之间的沟通。群体成员相互之间的沟通机会越多，信息越畅通，越容易相互理解支持，群体凝聚力越高。群体成员在一起的时间长短和物理距离远近都会影响彼此间的沟通，从而影响相互间的凝聚力。

（8）领导方式。领导方式和领导要求会影响领导的感召力和向心力，从而影响群体的凝聚力。成员信服、钦佩、拥护的领导会增加群体的凝聚力。

另外，群体凝聚力还与加入群体的程度、群体成员的性别构成和从前的成功经验等方面有关。

（三）群体凝聚力与生产率

群体生产率由群体活动的效果和效率两个方面组成，如果一个群体能够成功完成任务，满足相关利益者的需要，就是有效果的；如果该群体还能以较低的成本做到这一点，就是有效率的。因此，群体生产率主要是衡量群体能否以较低的成本来实现它的目标，能否最为经济地完成群体的“投入—产出”转换过程的一个群体行为的因变量。在一般情况下，凝聚力强的群体比凝聚力弱的群体更有效，但是群体凝聚力的强弱与群体生产率的高低并不一定是正相关关系，它们之间的实际关系是复杂的，不能简单地断言，凝聚力高群体效率就一定会高。这是因为：一是群体凝聚力与群体生产率是相互影响的，凝聚力既是生产率的起因又是其结果，成功的群体绩效和体验会导致群体成员彼此间吸引力的增强；二是群体凝聚力对群体生产率的作用还要受到群体目标、态度、群体规模、群体规范等因素的影响。

社会心理学家沙赫特(Schachter)的实验，对于我们理解和分析凝聚力与生产率的关系有一定的启发意义。沙赫特等人在严格控制的条件下检验了群体凝聚力和对群体成员的诱导对于生产率的影响。实验的自变量是凝聚力和诱导，因变量是生产率。除了设立对照组进行对比以外，沙赫特等人把实验组分为四种条件，即高、低凝聚力和积极与消极的诱导，实验条件如图 5.3 所示。

	高凝聚力	低凝聚力
积极诱导	高凝聚力 积极诱导	低凝聚力 消极诱导
消极诱导	高凝聚力 积极诱导	低凝聚力 消极诱导

图 5.3　群体凝聚力与诱导关系图解

凝聚力的高低由指导语控制。诱导则主要是以团体其他成员的名义写积极和消极的字条给被试者，其中积极的诱导要求增加生产，消极的诱导要求减慢完成任务的速度(限制生产)。实验任务是制作棋盘。实验分两个阶段，前 16 分钟(第一阶段)没有进行诱导，被试者只收到中性的字条，后 16 分钟(第二阶段)每组都收到 6 次诱导的字条。实验结果如图 5.4 所示，在实验第二阶段(后 16 分钟)，两种诱导产生明显不同的效应，极大地影响了凝聚力与生产率的关系。无论凝聚力高低，积极诱导都提高了生产率，而且高凝聚力组生产率相对升高，而消极诱导则明显降低了生产率，此时，高凝聚力组的生产率更低。

这个实验和其他一些研究都证明，群体凝聚力越高，其成员就越遵循群体的规范和目标。群体规范也是决定群体凝聚力与生产率关系的重要因素。

然而，当群体的凝聚力过高、群体封闭或领导推行其所倾向的方案时，可能产生小团体意识。因为当一个群体的凝聚力过强时，从众行为会明显加强人们在决策等群体活动过程中，群体不合理地、过分追求一致的现象和倾向,即小团体意识。当小团体意识发生时,群体成员更关心的是群体内部的团结和友谊,而不是群体决策的质量。

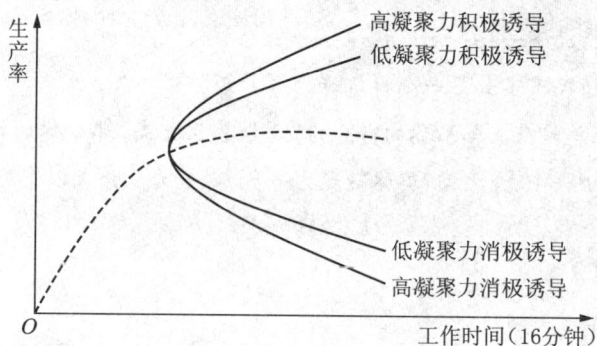

图5.4 凝聚力与生产率关系

自我评价练习

群体凝聚力测试

根据你对所在群体或曾待过的群体的认识,回答下列问题。选择最能反映你的感受的答案。

1. 你是否认为你是群体的一部分?

5——的确是群体的一部分;

4——在大多数情况下如此;

3——在某些方面如此,但在其他方面则不是这样;

2——没有感觉到自己是群体的一部分;

1——从不与群体中的任何人一起工作。

2. 如果你有机会到另外一个群体从事相同的活动,而且你又能够得到相同的报酬(如果那是一个工作群体),你是否打算离开现在的群体?

1——非常想离开;

2——想要离开,而不愿意留下来;

3——对于我来说无所谓;

4——愿意留下来而不愿离开;

5——非常愿意留下来。

3. 与你熟悉的另一个群体相比较,你所在的群体在以下几个方面是什么样的情况?

135

人们相处的方式？人们相互支持的方式？人们在工作方面帮助他人的方式？

　　5——大多数情况下比另一个群体要好；

　　3——大多数情况下一样；

　　1——大多数情况下不如另一个群体好。

　　把你的回答汇总起来。如果你的得分为 20 分甚至更高，那么你的群体是一个高凝聚力的群体；得分在 10—19 分之间，群体凝聚力一般；得分为 9 分或以下，则群体凝聚力低。

第三节　团队建设

　　现在许多组织都倡导建立团队，不少人也喜欢称自己的工作群体为团队。事实上，并不是任何工作群体都可以成为团队的。到底什么是团队？是不是把人们安排在一起工作，就把组织变成了以团队工作为基础的组织呢？

一、团队的概念

　　团队（team）是为满足创造性、灵活性和高水平绩效的新型组织的需求而设计出来的，是由少数为达到共同目标、具有互补技能、完整工作指标和方法并共同承担责任的人组成的群体。英国著名心理学家尼克·海伊斯（Nicky Hayes）认为，团队是一个使人想到了运动员在接力赛中的形象，想到了足球队员在球场踢球的形象。这些形象表明，不同的团队成员担任不同的角色，并且都对最终结果作出贡献。罗宾斯认为，工作团队通过其成员的共同努力能够产生积极协同作用，其团队成员努力的结果使团队的绩效水平远大于个体成员绩效的总和。他用图 5.5 对工作团队（work team）及工作群体（work group）进行了区别。

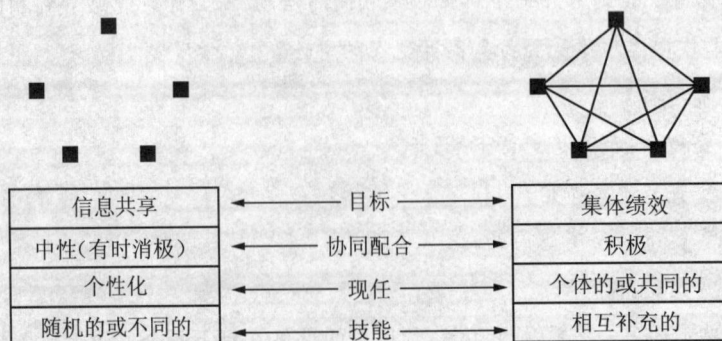

信息共享	←　目标　→	集体绩效
中性（有时消极）	←　协同配合　→	积极
个性化	←　现任　→	个体的或共同的
随机的或不同的	←　技能　→	相互补充的

图 5.5　工作群体与工作团队的对比

136

在上一章中,我们把工作群体定义为:两个或两个以上相互作用和相互依赖的个体,为了实现某个特定目标而结合在一起。在工作群体中,成员通过相互作用、共享信息、作出决策,帮助每个成员更好地承担起自己的责任。工作群体中的成员不一定要参与到需要共同努力的集体工作中,由于日常管理和决策的权力仍在管理者手里,他们也不一定有机会这样做。因此,工作群体的绩效,仅仅是每个群体成员个人贡献的总和。同时,由于在工作群体中,不存在一种积极的协同,甚至因为冲突或沟通不足而使协作成本加大,所以群体的总体绩效水平常常反而会低于个人绩效之和。

工作团队则不同,虽然它同群体一样,也是为着一个特定的目标或任务而建立起来的,但从动机、价值取向和目标追求上看,组织成员的一致性远远高于其他类型的群体,当个体利益与团队利益发生冲突时,必须以团队利益为重。团队工作的宗旨是委托和授权,管理者不仅将任务同时也将责任授予团队,团队享有对自己承担的日常工作和任务决策的权力,同时也必须承担相应的责任,因此他们在协同的时候比通常的工作群体更主动更积极。团队成员在技能、经验和知识上具有互补性,因此,它通过其成员的共同努力能够产生 $1+1>2$ 的作用,其团队成员努力的结果使团队的绩效水平远远高于个体成员绩效的总和。

由上述团队的含义可以看出,并非所有群体都需以团队形式来组建,团队建设会付出更多的成本,在一些群体中,个体要顺利完成任务并不需要依靠别的成员。例如,学校教师虽然同在一个单位,但同事之间相互依赖的机会极少,这种群体虽然从早到晚都在一个空间活动,但活动的性质决定了其相互依赖的程度低,而且这种群体的成果并不取决于成员要像团队那样协同配合,因此这个群体不必像团队那样共同工作。在决定是否该组建团队时,要考虑以下两点:①相互依赖程度如何,在此群体中,每个人的工作都和其他人的工作密切相关,而且其他人工作不出成果,他也不可能出成果,相互依赖的程度要求大家协同工作,个人的活动和行为必须同其他人密切配合,这里,团队的需要压倒一切,这种团队要想成功就必须按工作团队来运作;②要看团队的目标在多大程度上凌驾于各成员的个人目标之上,如果个人目标比团队目标更值得注意的话,组建团队就不合适。

二、团队的类型①

团队之所以被重视,是因为它有利于复杂任务的完成,能充分利用员工的智慧,激发员工的工作动机,而且它的适应环境的能力也比较强。根据团队的目标、功能和特点,可以将团队

---

① 参见斯蒂芬·P.罗宾斯(Stephen P. Robins):《组织行为学》,中国人民大学出版社 1997 年版,第 272—273 页,及 John R. Schermerhorn Jr.、James G. Hunt、Richard N. Osborn:《组织行为学》,清华大学出版社 2005 年版,第 190—193 页。

分为4种类型:问题解决型团队、自我管理型团队、多功能型团队和虚拟团队。

(一) 问题解决型团队

问题解决型团队(problem-solving team)是一种临时性团队,专注于其职责范围内的特殊问题,它会得到部分授权,用以实施自己的解决问题的方案,但权力不大,它不能从职能上重组工作或改变管理者角色。这些团队成员一般由来自某一具体部门的员工组成,他们定期聚集在一起,讨论如何提高产品质量、生产效率和改善工作环境等。如我们常见的企业质量小组、攻关小组,高校中的课题组等都属于这种类型。在问题解决型团队里,成员就如何改进工作程序和工作方法,各自承担的任务和分工互相交流看法或提出建议,但是这些团队几乎没有权力根据这些建议单方面采取行动。

20世纪80年代,应用最广的问题解决型团队之一是质量圈,这种工作团队由职责范围部分重叠的员工及主管人员组成,人数一般在8人—10人。他们定期聚会,讨论所面临的质量问题,调查问题的原因,提出解决问题的建议,采取行之有效的行动。如惠普公司引入"质量团队"的工作方式后,在6个月内,这些团队就使整个公司的效率提高了50%。我国企业的生产车间、班组里的团队,大多属于这类问题解决型团队,即职工可对改进工艺流程以提高劳动生产率和产品质量等问题提出意见和建议。

但研究表明,并不是所有采取这种方式的企业情况都那么好,大多数小组在推动业绩提升方面并不像期望的那么明显。有专家认为,其原因可能是文化上的差异,如平等的观念、对待工作的态度、合作精神等。

(二) 自我管理型团队

问题解决型团队存在时间通常比较短,在解决完某一特殊问题或完成某项特殊任务后,团队也就解散了。它在调动员工参与决策的积极性方面,尚嫌不足。这种欠缺促使企业努力创建新型团队,这种新型团队是真正独立自主的团队即自我管理型团队,它们不仅注意问题的解决,而且执行解决问题的方案,并对工作结果承担全部责任。

自我管理型团队(self-managed team)通常由10人—15人组成,他们承担部分以前自己的上司所承担的一些责任。且仍然负责完成他们以前的责任和任务。但这类团队并不是一个没有管理的团队,相反他们应该被认为是采用了某种不同管理方式的团队——由员工自己管理的团队。如图5.6所示,自我管理型团队的成员就工作日程、分配任务、培训技能、评估绩效、挑选新人和控制质量等方面进行决策的过程。成员集体为团队的最终业绩成果负责。自我管理的团队代替了原先由监督者管理的传统团队形式。将自我管理的团队与传统的团队区分开来,使自我管理型团队的成员承担了本来由经理或者一线监督者承担的责任。团队成员不是监督者,但是为诸如计划、工作安排、绩效评估和质量控制等问题共同负责。

自我管理型团队的优点是,员工的工作弹性大,能更快速地适应技术的变化,从而提高工作质量,减少缺勤率和流动率,改善工作态度和工作—生活质量。但是这些结果都没有保证。与其他的组织性变化类似,向自我管理型团队的转变会遇到许多问题。工作结构和管理框架的改变对监督者和适应了传统团队形式的成员都有影响。简单说,有了自我管理的团队,就再也不需要一线的监督者了,见图5.6。传统结构最底层的监督者被自我管理的团队所替代,同时监督的责任交给了团队本身。

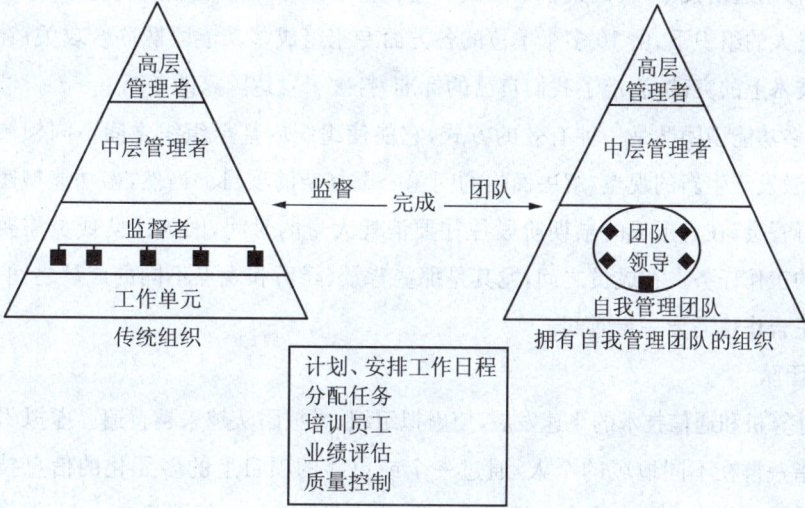

图 5.6　自我管理型团队的组织和管理意义

对已经习惯了传统工作方式的人而言,新的基于团队的工作安排是富有挑战性的。管理者必须学会管理团队而不是个人。应该注意的是,自我管理型团队并不是对所有的组织、所有情况和所有人都是适用的。这种方式有很大的潜力,但也需要恰当的环境与支持。在设计自我管理型团队之前,组织应进行工作环境分析,以确定自我管理型团队是否与一些组织因素保持一致:(1)企业对团队有明确和具体的要求,并赋予相应的权力和责任;(2)组织的价值观和目标与团队具有一致性,组织文化和领导的支持为团队运行提供了环境;(3)组织的资源、政策和训练保证团队具有竞争能力。成功地实现和使用自我管理团队通常取决于组织是否为这样的团队做好了准备。

(三) 多功能型团队

多功能型团队(cross-functional team)是由来自不同部门、不同工作领域、具有不同技能和经验的员工组成的团队,他们走到一起的目的就是完成某项任务。它能够监督、改善涉及组织中不同部门的工作程序,使之标准化,并有效地提高工作效率。

这种团队通常采用跨越横向部门界线的形式。例如,在20世纪60年代,IBM公司为了开发卓有成效的360系统,组织了一个大型的任务攻坚队,攻坚队员来自于公司的多个部门。任务攻坚队其实就是一个临时性的多功能型团队。同样,由来自多个部门的员工组成的委员会是多功能型团队的另一个例子。多功能型团队的兴盛是在 20 世纪 80 年代末,当时所有主要的汽车制造公司,包括丰田、日产、本田、宝马、通用、福特、克莱斯勒都采用了多功能团队来直接完成复杂的项目。

当今大型项目的开发和管理大多采用了多功能型团队的方式。如我国新近研制的第三代、第四代移动通信技术,就是集中了全国多个科研单位、高校和企业的力量组成的项目组,在项目总负责人的组织下,由 10 多个单位的各方面专家组成多功能团队联合攻关,在较短的时间里取得技术上的突破,制定了我们自己的标准,打破了发达国家的垄断。

总之,多功能型团队是一种有效的方式,它能使组织内甚至组织之间不同领域员工之间交换信息,激发产生新的观点,解决面临的问题协调复杂的项目。当然,多功能型团队的管理不是管理野餐会,在其形成的早期阶段往往要消耗大量的时间,因为团队成员需要学会处理复杂多样的工作任务。在成员之间,尤其是那些背景、经历和观点不同的成员之间,建立起信任并能真正合作也需要一定时间。

(四) 虚拟团队

由于计算机和通信技术的飞速发展,使虚拟组织、虚拟团队越来越普遍。虚拟团队(virtual team),是指一群在不同地域的个人,通过一个或更多的项目上的多元化的信息技术进行合作。团队成员可能来自一个或多个组织。团队成员由计算机网络联系在一起,为了共同的目的和任务在一起工作。现实世界的商业或其他领域的团队现在应用大量的电子通信技术,使得人们可以以计算机为媒介,在地理位置非常遥远的地方同时工作。

各类商业软件的出现使得各类虚拟会议和决策制定过程更为便利。声频和视频数据技术的进步,更加支持了虚拟团队的发展。例如,福特汽车的设计就是由一个虚拟的设计工作室负责的,它通过电子手段将分布在全球的设计人员组合在一起。这些人员实际上分属福特的 7 个设计中心。越来越多的航空公司,联合航空公司和汉莎航空公司正在整合他们的飞行业务,以便向乘客提供更方便和更经济的航线。对顾客来说,他们好像面对的是一家航空公司。

虚拟团队就是在虚拟工作环境(通过数字或电子通信的方式)下,由进行实际工作的真实的人组成。在这种虚拟环境下,同样可以完成信息共享、决策制定、任务执行等其他团队所能做到的全部工作。它在团队成员不能面对面协商的情况下,提供了有效的工作方式,并且提高了工作效率,有效控制成本。但是当计算机成为虚拟团队成员间的联系手段时,团队的动态情况与传统面对面的情况有重大差别。尽管通信技术使得相隔很远的人能相互沟通,但成员间可能很少有"个人"的接触,这就使虚拟团队可能缺乏和谐,缺乏成员间的直接沟通。尽管以计算机为媒介可以更专注于事实和客观信息而不是情感的考虑,但在一定的社会背景下,它可能增加决策制定的风险。

与其他形式的团队合作类似,虚拟团队要取得高绩效,依赖于团队成员的贡献和努力以及组织的支持。面对面和虚拟团队合作可以结合起来,以实现最大化管理效益。当然,虚拟团队的顺利合作,良好的计算机配置,团队成员接受应有的培训并学会使用这些技术是基本条件。

新闻中的组织行为学

日本最大电信公司5万员工将在家上班

日本最大的电信公司 NTT 集团旗下的 NTT 东日本公司全体员工明年起均可在家上班。

报道称,由于下一代网络技术 NGN 使安全及保密性得到可靠保证,NTT 东日本公司将于 2009 财年(2009 年 4 月至 2010 年 3 月)开始面向全体员工(约 5 万名)推出"在家上班"工作制。无论是营销人员还是系统、设备维护保养人员,所有工种工作均可在家完成。

据报道,为了保证公司的信息不流失,公司将向希望在家上班的员工提供专门的、没有"记忆"功能的"单线"电脑,并可根据每位员工工作内容的不同进行相应配置。

由于日本社会低生育率和老龄化问题日益突出,劳动力特别是技术人员越来越短缺。为了让更多的人包括老人和妇女加入工作行列,2006 年政府就提出了"在家上班人口倍增"设想,并采取了诸如保险覆盖等配套措施。

近年来,为了网罗人才和解决技术人员不足问题,NEC、IBM 等很多 IT 大企业在日本都实行了在家上班的弹性工作制度。松下公司去年春天推出一项类似计划,规定除工厂现场操作工人、保安以及秘书等人员外,公司近一半员工(大约 3 万人)都可在家上班。

三、团队的建设

团队建设(team building)指在企业管理中有计划、有目的、有步骤地组织团队,并对其成员进行训练、总结、提高的活动。企业通过团队建设可以迅速而有效地解决一些在岗位职责与工作标准中没有碰到过的新问题,推行一些正式规范中尚未列出的新工作方法,增加组织的凝聚力,提高组织成员的整体素质。

(一) 团队形成的原因

团队的形成,从根本上讲,是源于人们对效率的不懈追求,对不断变化的环境的主动适应。

团队之所以能够产生更高的效率,主要有这样几个方面:一是团队成员的大力协同和技能、经验、知识的互补,有助于组织更好地利用员工的才能。二是组织成员积极的参与能起到激励的作用。积极参与和强烈的认同感是工作团队的主要特征,团队能够促进员工参与决策,有助于管理人员增强组织的民主气氛,提高团队成员的工作热情和工作的积极性。三是共同的目标追求、及时充分的信息交流和良好的工作氛围有助于创新。当代社会几乎所有重要的发明、新思想、新技术的产生都依赖高绩效团队。如我国水稻基因测序工作和神舟七号的成功发射,之所以能在较短的时间里取得世界一流的创新成果,与他们都拥有一支高绩效的团队是分不开的。团队的广泛采用为组织创造了一种潜力,能够使组织在不增加投入的情况下,提高产出水平。

团队能有效提高组织运行效率,还因为在复杂多变的环境中,团队比传统的部门结构或其他固定的群体更灵活,反应更迅速,更能适应组织战略和组织目标的要求。从日本企业最初围绕提高产品质量和生产效率而形成质量小组,到各类企业为新产品研发而组建的跨部门的攻关团队,从杰克·韦尔奇为冲破传统企业的官僚组织,推动创新而倡导的"无边界组织",到现在基于互联网和信息技术而出现的"虚拟团队",越来越多的企业围绕工作团队重新组织工作流程。这样做的目的,是为减少组织层次,减少和消除官僚主义,发挥工作团队的灵活性,提高产品和服务质量,从而能够对急剧变化的环境和客户不断变化的需求作出及时响应,目的仍然是提高组织绩效。

(二) 高绩效团队建设的条件

建设高绩效工作团队必须具备下列条件:

(1) 授权和信息共享。团队之所以能有效运作,在很大程度上归功于团队内部成员享有充分自主的决策权,包括能够制定生产目标、自主雇佣员工、评估绩效等。对于许多新上任的管理者来说,委派任务是最难的。无论什么时候把一项特殊任务交给一个员工,他们都会对这件事是否做得"合适"感到担心和焦虑。因此他们要不停地检查这项任务的进展情况,甚至把某件事接管过来。他们不懂得委托和授权是团队区别于一般工作群体的基本特征,团队必须能够为他们的行动承担风险和责任。但是充分而广泛的授权并不等于不需要领导和管理,管理者和员工必须在安全的、传统的工作与不明确的、需要付出更多努力、可能存在更多风险和更具挑战性的任务之间进行平衡。

同时,如果团队承担责任和决策风险,他们就需要得到关于组织总体运行的可靠信息。它也许需要获得专门资源,也许需要找出某个特殊程序是如何运行的,或者一种特殊的费用是如何得到的。要使团队的决策符合现实,就必须能够得到确切的信息。一支团队必须能将可能发生在自己组织里的进展和变革考虑在内,这也需要获得信息,团队需要的信息对管理者而言过去可能对其他人是不公开的。要掌握这些信息,团队就可能不可避免地开始向管理者提出问题,这又会揭示出更敏感、更详细的信息。因此,在组织中建立一个开放共享的信息系统,保证团队成员能自由地获得所需的信息,是保证团队有效性的基本条件。这对管理者也是一个考验,他可能失去对信息的垄断,而这历来是领导影响力的一部分。在团队发展的过程中,团队及它的成员可能认识到自己在组织运作的某些方面也许同管理层一样重要,或者更重要。要建设高绩效团队,管理层就必须愿意接受和积极鼓励这种平等。

(2)团队规范以任务为核心。工作团队的价值观念与工作群体的价值观念差异很大。大多数人认为,每个人都有自己的工作,并且应该独立完成这一工作。与这一想法相反,一个团队的价值观是:团队有共同的任务,每个人的工作都直接对整个任务作出贡献。因此,每个人的工作都直接影响其他人的工作。

团队规范一般来说是以任务为核心的,它鼓励那些高效的、全面工作的行为,制裁那些降低效率或质量的行为。它鼓励以任务为导向的互相交往,因此,帮助某人解决困难,或者与其他团队成员协商以找到解决问题的最佳方式等做法,被认为是正常的工作行为。团队规范还认为,只要有助于完成任务,任何行为都是有价值的。团队规范同群体规范一样,都会运用群体压力去规定成员的行为,但在内容上,团队规范特别倾向于以需要做的工作为核心,使成员的交往、信念和沟通成为确保团队出色完成任务的必要条件。团队是以任务为导向的,不存在目标含糊的团队。

(3)成员之间平等、信任、注重交流。团队强调共有的信息和整个团队在共同合作中形成共识。每个团队成员的贡献都是重要的,无论他们在组织中的正式地位如何。平等而有效的交流能够消除等级障碍,培养团队成员的归属感和自豪感。每个团队成员如果都能清楚正在发生的事情,就可以分享成功所带来的自豪,分担失败所带来的忧虑,并且愿意彼此帮助,或是在必要的时候投入更多的力量。

(4)团队应有三种技能。一个团队更可能看重具有不同技能的人的价值,认为他能够带来不同的视角、不同的专长而发挥着不同的作用。团队将不同特质的人结合在一起,并使他们互相协作,以便尽可能高效地完成团队的任务。乔·R.卡特森伯奇(Jon R. Katzenbach)和道格拉斯·K.史密斯(Douglas K. Smith)通过研究强调,确保一个团队完成特殊任务必须具备三个方面的技能:

① 包括技术性或实用性专业知识在内的一系列技能。团队要完成的任务很可能需要某种专业知识,而且可能不只需要一种知识。因此,该团队就必须拥有这些方面的专家。

② 解决问题和作出决策的能力。团队不仅需要识别问题、评估方案,还要作出决定和采取最佳行动方式。团队中某些成员应具备这样的技能,至少要在解决问题的过程中学会这些技能。

③ 处理人际关系的能力。团队中至少有一些成员擅长处理人际关系,发现冲突的苗子并及时防止人际冲突,这对团队是大有好处的。

(5)团队成员与角色的匹配。团队的成员具有不同的性格。在团队成员与工作的匹配上,如果员工的工作性质与其人格特点一致,其绩效水平就容易提高。就工作团队内的位置分配而言,也是如此。团队有不同的需求,挑选团队成员时,应该以员工的人格特点和个人偏好为基础。

罗宾斯认为,在团队中人们喜欢扮演9种潜在团队角色①,如表5.1所示。

表5.1　9种团队角色

角色名称	角色作用
创造者—革新者	产生创新思想
探索者—倡导者	倡导和拥护所产生的新思想
评价者—开发者	分析决策方案
推动者—组织者	提供结构
总结者—生产者	提供指导并坚持到底
控制者—核查者	检查具体细节
支持者—维护者	处理外部冲突和矛盾
汇报者—建议者	寻求全面的信息
联络者	合作与综合

① 创造者—革新者(creator-innovator)。一般来说,这种人富有想象力,善于提出新观点或新概念,他们独立性较强,喜欢自己安排工作时间,按照自己的方式、节奏进行工作。

② 探索者—倡导者(explorer-promoter)。他们乐意接受、支持新观念。在创造者—革新者提出新创意之后,他们擅长利用这些新创意,并寻求资源支持新创意。他们的主要弱点是,不一定总是有耐心和控制能力保证创意贯彻到每一个细节。

③ 评价者—开发者(assessor-developer)。他们具有很高的分析技能。在决策前,如果让他们去评估、分析几种不同方案的优劣,再合适不过了。

④ 推动者—组织者(thruster-organizer)。他们喜欢制定操作程序,以使新创意转变为现实。他们会设定目标、制定计划、组织人力、建立各种规章制度,以保证按时完成任务。

⑤ 总结者—生产者(concluder-producer)。与推动者—组织者相似,他们也关心结果。但他们的着眼点主要在于:坚持必须按时完成任务,保证所有的承诺都能兑现。他们引以为傲的事情是:自己生产的产品合乎标准。

⑥ 控制者—核查者(controller-inspector)。这种人最关心的事情是规章制度的建立和贯彻执行。他们善于核查细节,并保证避免出现任何差错。他们希望核查所有事实和数据,希望保证"字母 i 没有漏掉一点"、"字母 t 上的一横没有漏掉"。

⑦ 支持者—维护者(upholder-maintainer)。这种人做事有强烈的信念。他们在支持内部成员的同时,会积极地保护团队不受外来者的侵害。他们对团队而言非常重要,因为他们能够

① 参见罗宾斯(Stephen P. Robins):《组织行为学》,中国人民大学出版社 1997 年版,第 275 页。

增强团队的稳定性。

⑧ 汇报者—建议者（reporter-adviser）。他们是很好的听众，而且不愿把自己的观点强加于人。他们在鼓励团队作决策之前充分搜集信息，在非草率决策方面，起着非常重要的作用。

⑨ 联络者（linker）。最后一种角色与其他角色有重叠，上述 8 种角色中的任何一种都可以扮演这种角色。联络者倾向于了解所有人的看法，他们是协调者，是调查研究者。他们不喜欢走极端，而是尽力在所有团队成员之间建立起合作关系。他们认识到，其他团队成员可以为提高团队绩效作出各种不同的贡献，他们会努力把人和活动整合在一起，尽管可能存在差异。

如果强迫人们去承担以上各种角色，大多数人能够承担得起任何一种角色，但人们非常愿意承担的角色通常只有二三种。管理人员有必要了解能够给团队带来贡献的个体优势，根据这一原则来选择团队成员，并使工作任务分配与团队成员偏好的风格相一致。通过把个人的偏好与团队的角色要求适当匹配，团队成员就可能和睦共处。开发这种框架的研究者认为，团队不成功的原因在于具有不同才能的人搭配不当，导致在某些领域的投入过多，而在另一些领域的投入相对不足。

（6）合理的团队规模。最佳的工作团队规模一般比较小。如果团队成员过多，他们就很难顺利开展工作，在相互交流时会遇到许多障碍，也难以在讨论问题时达成一致。一般说来，如果团队规模过大，就难以形成凝聚力、忠诚感和相互信赖感，而这些都是高绩效团队所必不可少的。所以，管理人员要塑造富有成效的团队，就应该把团队成员人数控制在 12 人之内。如果一个自然工作单位本身较大，而你又希望达到团队的效果，那么可以将工作群体划分为几个小的工作团队。

（三）团队建设的途径

团队形成可以有多种途径，但大致有 4 种：价值观途径、任务导向途径、人际关系途径、角色界定途径。

（1）价值观途径。无论是哪种类型的团队，拥有共同的价值观是其成员走到一起的主要原因。共同价值观的关键是团队成员对其正在从事的工作的整体立场，以及他们所采取的价值观，而不是组成团队的个人性格或者他们所担当的角色。通常所说的团队精神或团队文化的核心，是指团队全体成员就其价值观和目标达成的共识。通过确保团队中的每一个人都拥有共同的价值观，确保团队的工作目的反映这些价值观，团队成员就能够有效地工作，并且能够感知个人的行为是如何为团队的共同目标作出贡献的。共同的价值观体系的建立，有利于形成团队的凝聚力和向心力，提高员工的忠诚感，使员工的潜能充分发挥出来，使团队的全体成员自觉地认同必须担负的责任并愿意为此共同努力完成。

（2）任务导向途径。这是强调团队的任务以及每个团队成员能够对这项任务的完成所作贡献的独特方式。在这一途径中，重点不是关于人们是什么样子，而是关于人们所拥有的技能以及这些技能如何对整体作出贡献。任务导向是团队形成的最常见的形式。通过任务导向建立团队的一个重要前提是:团队执行的任务和希望达成的目标对团队成员来说是至高无上的——并且假定所有的团队成员都有这样的共识。任务为团队成员提出了聚集在一起的理由,提供了资源和环境,界定了每一个人在其中扮演的角色,也提供了相互交流信息的需要和场所。

(3)人际关系途径。良好的人际关系是团队形成的前提条件。它包括团队成员情感上的亲近,有彼此合作和沟通的愿望,他们相互信任、相互尊重并希望了解对方。如果团队成员兴趣和追求相同或相似,并且愿意互相倾听他人的意见和看法,都乐于从事现在正在干的事情,那么在工作中就会更主动地参与,更乐意与他人合作,在遇到困难时,也会更积极地承担责任,努力解决问题。反之,团队成员之间相互交流不畅,个人间的问题与冲突又不能及时妥善解决,那么团队就不可能顺利运行。当然,如果团队中至少有一些成员擅长处理人际关系,能够发现冲突苗头并及时避免冲突,这对团队的运行也是极为有利的。

(4)角色界定途径。工作团队是一种特殊的工作群体。通过界定团队成员参与团队活动时以什么样的角色出现,明确每个人对自己的期望、整个群体的规范以及不同成员所分担的责任。团队成员应是根据任务需要精心配备的;每个人在技能上是互补的;每个成员都应清楚自己在团队中的位置、责任,以及团队中其他成员对他的期望。正是这一特点,使团队能够充分发挥每个人的特长,使之产生协同效应,使团队的绩效大于个体绩效之和。

◆ 复习题

1. 比较命令型、任务型、兴趣型、友谊型群体的异同。
2. 群体行为对个体行为的影响有哪些?
3. 群体凝聚力受哪些因素影响?如何增强群体凝聚力?
4. 群体决策有哪些方法?各有何优缺点?
5. 团队对工作绩效有何影响?
6. 什么是问题解决型团队?

案例

BenQ 的高效能团队建设[①]

明基集团的主体明基电通公司成立于 1984 年。2001 年,明基宣布自创品牌 BenQ,成功

---

① 资料来源:http://www.mba321.com/(中国管理资讯网)。

地完成了从生产制造型企业向集研发、制造、营销为一体的集团公司的转型。不到20年时间，明基的营业额增长了数百倍。就明基电通本体而言，从1984年的营业额近1亿元人民币到2002年营业额已经突破250亿元人民币，整整250倍的增长速度，令众人惊羡不已。明基集团副总裁兼明基逐鹿软件有限公司总经理洪宜幸先生分析道，能够实现如此惊人的业绩增长，得益于明基拥有一支高效能的团队。那么，明基的高效能团队是如何打造出来的？

耕心之旅，启动与员工的心灵契约

目前，明基电通在全球120个国家拥有分支机构38家，整个明基集团拥有员工2.5万人以上。为了凝聚如此庞大的人力资源，明基采取的策略是追求以人为本、以团队人才为本的企业文化；将人才视为企业的资本，善用人力资本去创造企业的价值；强调员工快乐地工作、享受地生活。

2002年6月，明基被美国《商业周刊》评选为"2002年全球前100大IT企业"的第13位，并高居全球电脑及外设类企业第6位。国际化、多样化是明基长期经营中最重要的一个战略，因此公司不可避免地要迎击跨文化经营的挑战。洪经理介绍了明基的做法：把不同国家、不同语言、不同文化背景、不同饮食习惯的员工放在一起工作，要他们通过项目合作等机会，主动想办法去沟通和相处。相互融合是建立高效能团队的前提和基础。

企业文化的建设是明基建立高效能团队的重要元素。明基的企业文化分为硬性文化和软性文化两个层面，例如规章制度、绩效考核、培训计划等等都属于硬性文化的范畴。在明基，很多员工服务于生产制造部门，一板一眼的制度是高效率的保证。360度绩效评估，来自主管及周围同事的评估，可以让员工切身感受团队工作的重要性。

知识工作者对公司的培训计划相当重视。明基为所有员工设立了"明基大学"，共有150个阶梯教室，4个大型培训中心，且环境舒适。预先安装的无线网卡使每个到"大学"接受培训的员工，可以随时上网处理工作问题。明基的员工中70%—80%来自于应届毕业生，他们更加渴望了解并迅速融入公司的企业文化。历时4天3夜的"巅峰战将训练营"，又称"魔鬼训练营"，已经成为明基培训的传统保留项目——通过一系列极富挑战的训练项目，让员工在特定的环境下，勇敢地向自我挑战，克服重重困难完成任务，在完成任务的同时，发掘自身的潜力，磨练员工的意志，培养团队合作的精神。培训计划的对象不仅限于新员工，中层以上的主管每年要分批次地攀登海拔4 000多米的玉山，这是台湾最高的一座山，称之为"超越巅峰——拥抱玉山"。

明基的核心价值观在于平实务本、追求卓越、关怀社会。平实务本、追求卓越是由高科技行业流动性大、发展速度快的特点决定的，而关怀社会除了有回报社会的想法外，更多的是希望员工可以开拓视野，均衡发展，否则每天在一个自我封闭的环境下工作人格会有缺陷。这些对员工产生潜移默化影响的文化就是公司的软性文化。

2001年，明基打造"BenQ"品牌时，遇到的最大瓶颈不是外部环境，而是企业的内部管理。如何使两三万名员工集结在公司统一的文化之下，是一直困扰公司领导层的问题。于是一只象征着勇往直前的小狮子的形象应运而生。借助于这只小狮子的形象，明基在企业内部发起了"辛巴计划"，如文艺复兴运动、健康一把抓、时尚代言人、活力大本营、辛巴小管家等等，让员工对明基有了新的认同感。

明基的咖啡文化是又一项别具特色的"耕心运动"。明基有间类似"星巴克"的咖啡厅，内部的空间设计经过了数次改良，不奢华、不落伍，体现公司平实务本的价值观。为了把这种文化与工作融为一体，公司甚至开设了一门课程专门教员工如何喝咖啡。

除此之外，公司在工业园区内建造有足球场、篮球场、桌球室、健身房等，更特地从连云港运来沙子铺设了沙滩排球场。时常进行的排球赛已经成为明基文化的一道风景。明基就是运用这些充满人文关怀的点点滴滴"启动企业与员工之间的心灵契约"。

绩效管理，企业价值最大化

"绩效考核是一个动态的标准，会随着外在环境的变化而变化。绩效考核的主轴要与企业的目标等因素相关联。以往我们使用打分的方法进行绩效管理，这种方法的问题是，我们往往只能记得最近两三个月的情况，过去的几个月差不多都忘记了，因此从1998年起，我们的绩效考核转向注重过程管理。"洪经理边介绍边列出了明基公司新旧绩效管理系统的优劣分析表：

绩效管理新旧系统对比

绩效过程管理的精髓在于沟通、增加绩效评估的频次。明基对员工的绩效管理每季度进行一次，借助先进的人力资源管理信息系统，考察员工个人业绩指标的完成情况及其与企业目标、企业核心职能、部门核心目标相关联的程度。例如人员招募进公司后有三个月的试用期，试用期满员工要进行答辩，总经理、部门主管及新员工的指定辅导员出席答辩会。答辩有两次机会，第一次没有通过可以再来，第二次还是没有通过的，一般会自动离岗。"通过答辩，公司可以非常清楚地认识员工的真实能力。"

明基集团绩效管理的全过程可以这样描述：根据集团目标、部门目标制定绩效计划——设定个人业绩目标——期中回顾——过程辅导、监控反馈——年度回顾——年终评定——遗留问题解决与修订——实施激励措施。要完成这样繁复的绩效核定计划，单靠人工进行管理简直不可想象，必须要借助信息化的工具。明基花费了5年时间建立起一套企业人力资源管理信息系统，把人力资源的事务性工作移植到计算机及公司的内部网络上。例如有人出差报销，员工在信息系统上提出报销申请，财务部门审核后，也通过系统将钱划入员工的个人账户，整个过程完全实现电子化无纸办公。

激励机制，满足员工个性需求

每个公司用于激励员工的方法，因其公司规模大小的不同、员工年龄结构的不同和成长类型的不同,而反映出较大的差异性。以明基逐鹿软件公司为例,它是明基集团中唯一从事软件产品及咨询服务的公司。因为尚属于成长型企业,所以它将激励机制的重点放在考虑大部分基层员工上,并按照不同年龄段员工所表现出来的不同的需求层次制定相应激励机制。

第一个层次的员工,进入公司 2 年左右。这一层次的员工中年轻人居多,平均年龄在 27 岁左右,学历以大学本科为主。他们对提升工作技巧和业务能力的渴求远胜过对物质条件的追求,因此公司要给他们以安全感。安全感分为两种:其一,短期安全。明基通过"个人发展计划"帮助年轻员工完成业绩,有针对性地开展与个人业绩和企业目标紧密挂钩的培训课程;其二,长期安全。创造良好的工作平台,为员工提供成长和锻炼所必须的工作机会,让他们积累经验,提升自身的就业能力,为未来打基础。

第二个层次的员工,进入公司 3 年到 5 年。正所谓"三年之痒",此时的员工已经具备了一定的业绩和工作能力,开始有结婚、购房、购车等计划,现实的物质需要逐渐浮出水面,成为其第一需求,其次才是进一步充实自己。有的公司采取送员工出去上学,为员工支付学费,然后以签合同的方式来约束员工、挽留员工。而明基逐鹿则实行岗位轮换制,刺激员工迎接新的挑战,并为员工提供买房津贴、读书津贴等实实在在的资金支持。

第三个层次的员工,进入公司 5 年以上。他们的安全感已经作为基本需求得到满足,此时他们需要得到公司的尊重与认可,希望公司给他们提供舞台,为公司创造更大的价值。近年来,明基公司的发展速度有目共睹,公司内奉行的内部创业机制为每个员工创造了丰富的机会。"管理者的态度应该转变,一定要尊重员工、信任员工,给他们以空间和舞台,让他们可以尽情地发挥出各自的主观能动性。"

◎ 讨论题

    1. 明基的团队建设具有什么特色?

    2. 如果你是明基的领导,你是否会进一步考虑采取措施来加强 BenQ 的团队管理?

【本章学习目标】

通过本章学习,你应该了解:

    1. 沟通的性质、特征和功能;

    2. 沟通的一般过程;

    3. 沟通的几种方式和结构;

    4. 沟通的障碍一般有哪些?如何克服这些障碍?

  预习案例

最诚实的谎[①]

    真不知道是哪年哪月开始体态臃肿的。读书的时候,她一向是不在意的。管别人怎么说啊!任凭同宿舍的女生拼命劝告她减肥,她只要心宽就好。可是,毕业了,第一次去上班,鞋子擦干净了,衣服很得体,当她进了走廊,打算乘电梯上楼的时候,发生一件事情。她一进门,电梯发出一声尖叫。看到别人异样的眼光,她很自觉地退出了电梯。冷不防,后面有人上前,一看,进去了另外的三个女士,电梯友好地关上门平稳地上去了。

    最后电梯里的人,在夹缝里漏出的眼光,分明是在说,一比三呐。看看这个女孩啊,真沉!

    不就是个电梯吗,不坐就是了。她气呼呼步行上楼去,但却越爬越难过。

    等到进了办公室,在开会的时候,她小心地站起来正准备说话。只听见整个会场里大声哄笑,左顾右盼不知道他们笑什么。

    回过头来才发现自己的屁股上卡着一把塑料的椅子……

    回家,不吃饭,摔东西。并且,她渐渐气哭了,为什么啊,为什么,谁都笑话我胖。这关他们什么事啊!

    一个声音出现了。不胖啊!真的,妈妈就觉得你很漂亮。说话的,是那个给了她生命,带她来这个世界,并且陪伴她到如今的人。

    你不过是在安慰我。她看了一眼妈妈,情绪安定后,叹气说。

    不是安慰,真的,老妈轻轻给她了理了理额头一丝乱发,整理好衣服,笑道:来,让妈妈再仔细地看看。真的,不丑。我的女儿明明是个很可爱的女孩子。

---

    ① 资料来源:http://www.chinahrd.net/zhi_sk/jt_page.asp?articleid=66953(中国人力资源开发网)。

也许谁都会骗她,但是,面前这个上了年纪的女人,绝对不会骗她的。她也笑了,只是,忽然忍不住就想掉眼泪,最好是自己一个人躲着掉,不要让妈妈看见。于是她拥抱了自己的老妈,将脸面对了墙壁。

群体没有沟通就无法存在。沟通是群体以及组织生存和活动的基础,良好的沟通技能决定着管理质量、组织绩效和员工的士气。沟通不畅则可能引起群体内部甚至群体之间的冲突。对管理者而言,其责任并不是亲自干好每件具体工作,而是把大量的时间和精力用来沟通以广泛获取有用的信息,根据信息确立工作目标和方向,作出决策。美国的一些调查说明,企业管理人员在信息沟通方面要用掉工作时间的 50%—90%,因此,信息沟通无论从工作效果和组织效率,或者从管理者所花费的时间看,都应高度重视。

第一节 沟通方式与沟通网络

沟通对于建立良好的人际关系非常重要。美国劳工部定义人际沟通的技能,其中包括阅读、接听、管理和解释信息,以及向客户提供服务。这些技能是在工作中成功履行职能所不可缺少的。了解沟通的一般规律及其特殊性,有助于人们提高信息沟通的有效性,从而提高组织的绩效。信息的沟通是循着一定的路径或渠道进行的。群体的信息沟通远远不只是通过某一种途径,而是由各种途径交互组成的沟通网络。

一、沟通的本质和特性

掌握沟通技能,首先要了解沟通的本质意义和特性。

(一) 沟通的本质

沟通(communication)是指两个或多个信息传递主体之间传达思想和交流信息的过程。沟通不仅仅是意义的传递,还必须使意义被理解。在一个群体中,如果其中一名成员只会说德语,而其他成员都不懂德语,则这个说德语的人就不能被完全理解。无论多么伟大的思想,如果不传递给别人并被理解,都是毫无意义的。

完整的沟通过程必须包括信息的编码、信息的传递(从信息源发出信息到接收者)、编码信号的解码、信息的反馈(接收者感受到信息的传递,经解码赋予信息以意义,并受其影响而作出反应)。

(二) 人际沟通的特性

沟通有不同的种类,最常见的有:

(1) 个体自身的沟通(intrapersonal communication)即是发生在个体自身内部的沟通,包括思想、情感和个体看待自己的方式。如某人遇到一件很棘手的事情时,往往会反复权衡。这时他脑子里会不断地冒出一些想法,同时他自己又不断地对这些想法进行肯定或否定,直至想出最后的方案。

(2) 人际沟通(interpersonal communication)是指两个或两个以上的人之间的沟通。如几个朋友之间交谈,每人都把自己的背景和经验融入谈话中,每个人都表现为信息的发送者—接收者。

(3) 小组沟通(small-group communication),通常是由于某个特定的目标,少数人员聚在一起以求解决某个问题。严格说来,小组沟通也是人际沟通的一种,但比一般的人际沟通更复杂,它是人们由于某一特定目的聚到一起,所以信息的结构性更强。

(4) 公共场合沟通(public communication)。在这种沟通中,发送者(演说者)向听众发送某种信息(发表演说)。演说者通常传送一种高度结构化的信息,所利用的渠道与人际沟通和小组沟通相同,但信息反馈的机会受到限制。此外还有人机沟通(人与机器如计算机的沟通)。

群体沟通主要是指人际沟通和小组沟通,即群体成员之间传递思想和信息,并使其被理解。人际沟通(含小组沟通)有其特殊性:

(1) 社会性。人是社会关系的总和,决定了人与人之间的沟通具有很强的社会特征。1959 年美国学者赖利夫妇开发了以下模式来说明沟通与社会系统的关系,如图 6.1 所示。无论是发送者 C 在选择和制作信息,还是接收者 R 对信息的选择理解和反应,都受到各自所处群体的指导和制约。另外,沟通行为本身就是一种社会性行为,沟通双方不仅仅是交流信息,而且彼此交换内心状态,表达各自对同一事物的看法和思想感情。因而沟通主体的态度和行为一部分受群体内部成员间相互作用的影响,另一部分则受更大的社会系统(如社会风俗、传统、思想、价值观等)的影响。

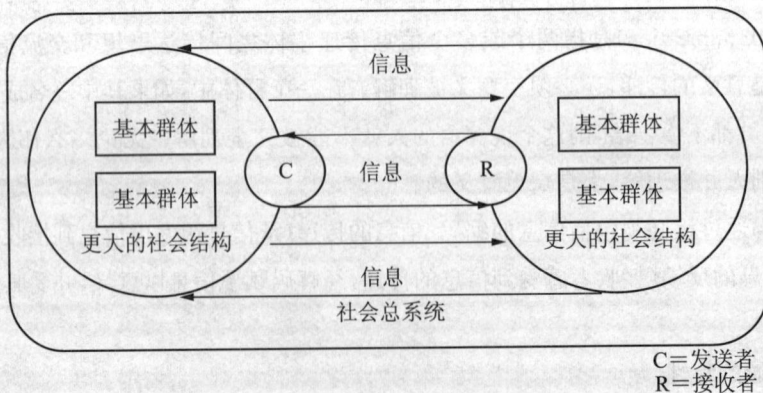

图 6.1　赖利夫妇模式

（2）选择性。人际沟通具有两方面的选择性：一方面是发送者的选择性。他必须正确选择传递的归宿即接收者，才能达到预期的目的，只有对信息感兴趣的人才会接收沟通。同时，发送者还必须正确选择沟通的内容、媒介、方式和时机；另一方面是接收者的选择性。对于接收者而言，存在选择性注意与选择性理解的问题。选择性注意是指接收者在可能的范围内喜欢选择那些与自己密切相关的信息，而不想接触与自己无关或者关系不大的信息。选择性理解是指接收者按照自己的感知、经验和经历来还原理解发送者传递的意思，而无法将信息完全还原为发送者意欲传递的意义，选择性理解的意义越接近传递意义，沟通效果越好。

（3）互动性。人际沟通是一个互动过程，人们只有通过不断传递信息和不断反馈，才能克服由于人们的知识背景和价值观差异带来的对相同事物的不同理解。

（4）符号性。沟通双方的任何信息交流只有在使用共同符号的条件下才能实现，即沟通过程的参加者都认识这些符号，并理解其所表示的意义。只有统一的意义体系才能保证沟通双方相互了解。

（5）干扰性。人是社会的动物，人际沟通中可能产生特殊的沟通障碍。这些障碍不仅是一般沟通中的渠道问题，而且还包括社会和心理的障碍。这些障碍使人际沟通变得更加复杂。

二、人际沟通模式

沟通是一种过程。如图 6.2 所示人际沟通模式，该模式包括 4 个要素：发送者、接收者、知觉屏蔽和信息。发送者（communicator）是产生信息的人，也就是信息源。接收者（receiver）是收到信息的人。接收者必须对消息加以解释和理解。知觉屏蔽（perceptual screen）是人们与外界互动的窗户。发送者和接收者的知觉屏蔽，影响着信息的质量、准确性和清晰度。知觉屏蔽由参与沟通的每个人的个人因素所决定，如年龄、性别、价值观、信仰、过去的经历、文化背景和个体需求等。这些屏蔽的开放或封闭程度，严重地影响着信息的发送和接收。

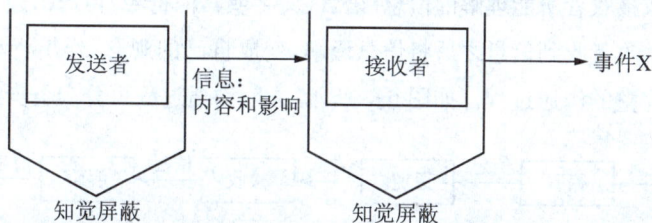

图 6.2　人际沟通的基本模式①

---

① 参见黛布拉·L. 纳尔逊（Debra L. Nelson），詹姆斯·坎贝尔·奎克（James Campbell Quick）：《组织行为学——基础、现实与挑战》，中信出版社 2004 年版，第 243 页。

信息(information)包含发送者试图引起接收者共鸣的思想和感情。信息包含两大成分。其一,是信息(内容)的思想或概念。它包含在借以显示信息所选择的语言、思想、符号和概念之中。其二,是信息(影响)的感觉或情感。它体现在发送者的强度、力量、行为和手势当中。这就使得信息在第一种成分基础上附加了如喜悦或生气、害怕或痛苦之类的情感因素,从而使信息更丰富,更明确。

信息的传递,可以借助某种媒介来完成,如电话或面对面的交谈。每种信息内容的丰富程度不同,同时各种媒介的信息传递能力也不同。表6.1比较了不同媒介的信息丰富程度。

表6.1　沟通媒介的信息丰富程度

媒　　介	信息丰富程度
面对面交谈	最丰富
电话	丰　富
电子邮件	适　中
私人信件	适　中
个人笔记或备忘录	适　中
正式的书面报告	低
传单或公告	低
正式的数字报告	最　低

资料来源:Richard L. Daft and R. H. Lengel,"Information Richness:A New Approach to Managerial Behavior and Organizational Design", in E. A. Gerloff, *Research in Organizational Behavior* 6 1984: 191—233. Reprinted by permission of JAI Press Inc.。

在这个模式(图6.2)中,反馈(feedback)环节不一定被采用。当接收者向信息的发送者作出反应时,才会发生反馈。

人际沟通是人与人之间的信息传递,即发送者把他所要传递的思想、意见、消息等通过某种方式(媒介)变成接收者所能理解的信息(语言、文字或其他符号)传送出去,经由一定的通路让接收者接收。接收者收到信息之后将信息译解,变成自己的观念,作出行动反馈给发送者,这就构成了一个完整的沟通过程。如图6.3所示,人际沟通过程可分7个步骤:

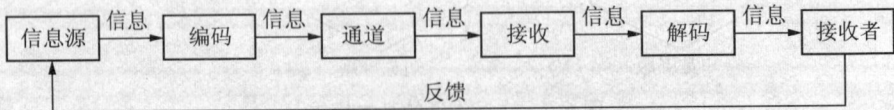

图6.3　沟通过程[①]

---

① 　参见斯蒂芬·P. 罗宾斯(Stephen P. Robins):《组织行为学》,中国人民大学出版社1997年版,第294页。

第一步,信息源。发送者产生了某些观念、想法或事实,并且有了发送出去的意向。对一个有效沟通系统来说,这一步极为重要。一个不完整的意念或未经证实的事情,若被轻易地传送出去,可能会产生无法估计的差错。所以,要"三思而后行"。

第二步,编码。发送者将其观点、想法或所要表达的事实、要传递的信息编码转换为恰当的文字、图标或符号,力求准确完整地表达,不使信息失真。同时,确定信息的传递方式并根据传递方式对信息进行组织。

第三步,通道。发送者必须选择合适的传递时机和传递渠道,并尽量避免传递过程中的信息延误或曲解,减少传递过程中的各种障碍和干扰,使信息能顺利到达接收者并引起足够的注意。

第四步,接收。信息成功发送后,接下来要做的是接收。良好的沟通不仅需要发送者准确地编码和传递,还需要接收者能应用各种接收技巧,完整地接收信息。否则,信息就会丢失或曲解从而无法实现沟通的目标。

第五步,解码。信息被完整接收后,还必须进行解码,以便准确地理解它。解码是编码的逆过程,需要解码者能透过接收的文字、图标或其他符号,理解其内在涵义。因此,成功的编码—解码过程首先要求发送者在编码时尽量根据接收者的解码技能,选取用恰当的编码方式,同时还要求接收者不断学习,提高自己的解码水平。例如,大学教授在面对一群非专业的听众时,往往选用最平实易懂的词汇讲授专业问题。同时,听众为了能更好地理解这些内容,有时需要预先看看相关资料。

第六步,接收者。接收者根据他所解码破译的信息,采取各种不同的反应行为,决定是否接受它,是完全接受还是部分接受,是使用该信息还是置之不理,等等。影响接受的因素有:对信息准确性的感觉,信息传递者的权威和信誉,接收者对相关信息的了解等。

第七步,反馈。反馈是接收者告知发送者收到信息并作出有关反应。沟通是一个双向、互动的过程,而这正是源于反馈。发送者可以根据反馈的信息,对下一个信息的内容、编码方式等等作相应的调整以提高沟通的效率,达到沟通的目标。因此,成功的沟通需要接收者良好的反馈,也需要发送者能很好地理解反馈的信息。

三、沟通方式

沟通方式是多样化的,按不同标准,沟通方式可划分为不同类型。

(一)语言沟通与非语言沟通

根据沟通过程中所使用的符号系统的不同,可把沟通分为语言沟通(verbal communication)与非语言沟通(nonverbal communication)。语言沟通是使用语言符号系统的沟通,又包括口头沟通和书面沟通。

（1）口头沟通。这是最普通的人际沟通方式，如讨论、电话、面谈、会议等形式。人们借助口头语言的表达和交流，彼此传递不同的信息、情感、思想和意志行为。口头沟通缩短了人际交流的距离，使沟通的双方处在同一的沟通状态中，在传递沟通内容的同时，及时反馈，增强了沟通的理解和接受过程。口头沟通也有其缺点：信息传递经过的人越多，被曲解的可能性越大。每个人都按自己的方式理解并解释传送信息，当信息的最终接收者收到时，信息的内容与它的本意可能大相径庭了。在一个组织中，当信息通过组织各层级传达时，信息非常容易就被曲解。

（2）书面沟通。书面沟通比口头沟通更规范、更正式。一般采用如书信、通知、文件、传真、电子邮件、组织刊物等形式。通常规范化的沟通内容总是以书面语言的形式在组织和群体中传递。书面沟通最主要的优点在于沟通的过程本身。与口头沟通相比，发送者在用词的选择上通常更谨慎；在用文字方式传达信息时，你必须更深入全面地思考你将要传达的内容。因而，书面沟通更全面、更有逻辑、也更清晰。

在沟通中，正式的信息交流一般使用语言沟通方式。

（3）非语言沟通，是指借助非正式语言符号，即语言与文字以外的符号系统来进行的沟通。如交谈时的手势、神态、表情等。非语言沟通的主要作用有：辅助语言沟通，使其所要交流的信息更明白易懂，使沟通的效果更好；非语言的沟通能显示出一种真实性，特别是情感上的真实性。非语言沟通在沟通中占据重要地位，心理学中有著名的沟通 20/80 定律，即语言沟通要传递交流中 20％的信息，而非语言沟通要传递交流中 80％的信息。

(二) 正式沟通与非正式沟通

在组织和群体内部，沟通方式依其性质可分为正式沟通（formal communication）与非正式沟通（informal communication）。

（1）正式沟通。这是组织内规章制度所规定的沟通方式，是由组织的结构所建立的途径。按照沟通方向，正式沟通又可分为上行沟通、下行沟通和平行沟通。

① 上行沟通，即组织中的下级向上层直至最高领导进行情况汇报的沟通。上行沟通中存在的困难较下行沟通更大。主要原因有：第一，由于地位差别，上级令人无法接近。例如，各部门的组织成员，就难以常与主管的领导接触。组织规模越大，中间层次越多，阻碍的程度就越大。下级的信息必须逐级上传，层层过滤，而达到最高层，也许就产生了很大的误差。第二，领导层的态度也可能产生影响。下层组织成员因有所顾虑，下情不愿上达，或有所保留。这时如果组织中的领导不善于听取下层的报告，或不善于安排时间充分与下层人员联系，上行沟通就会发生障碍。要做到有效的上行沟通，及时准确地了解组织基层的情况，就应该尽量消除上下级之间的地位隔阂及其所造成的心理障碍，引导、鼓励组织基层的成员及时、准确地与上级领导之间进行沟通。

② 下行沟通,即组织中的上级对下级的信息沟通。它一般是组织中的命令、批示或通报的形式,通常是组织中的高层人员,通过各中间层次下达到基层组织成员个人。美国心理学家卡茨(D. Katz)和卡恩(R. L. Kahn)总结了下行沟通方式的大体目的:传递工作指示;促使下级对工作及其他任务的关系的了解;向下级提供关于程序与实务的资料;向下级反馈其工作绩效;向职工阐明组织的目标,使职工增强其"任务感"。这种自上而下的沟通能够协调组织内各层级之间的关系,增强各层之间的联系。

但是,这种沟通易于造成上下级之间的距离加大,因而影响士气。而且,由于沟通具有明显的权力特征,反馈情况少,曲解、误解或搁置等因素比较多,所传送的信息会逐步减少或歪曲。尼柯斯(R. G. Nichols)曾经调查过 100 家工业企业的沟通效率,发现在逐级传递中,信息有如下损失,见表 6.2。这种信息的损失随着沟通途径上的连接点数目的增多而增大。补救的办法是辅之以自下而上的沟通和减少组织层级。

表 6.2 组织各层沟通效率

层　　　次	收到信息百分比(%)
董事会	100
副总裁	63
高级经理	56
工厂主管	40
总领班	30
职工	20

③ 平行沟通,是指组织结构中处于同一层级或个人间的沟通。它是横向沟通,通常具有业务协调的作用。传统组织中的平行沟通必须通过上行、下行沟通来进行,而且对直接的平行沟通是严格控制的,这实际上是上级对下级的监督和控制。严格控制容易产生的弊病在于传递信息花费的时间多,出现错误和被曲解的可能性大,缺乏处理紧急情况所必需的灵活性。随着组织的发展,在大规模的组织以及机械化作业的企业组织中,直接的平行沟通很有必要,这是由科学技术的应用、组织内部各部门之间直接配合的需要和建立正规化的组织制度提供的可能性所决定的。根据希斯克(J. Hicks)的研究,在企业组织中,非机械化或机械化程度低,就会强调垂直沟通;中等程度的机械化则更注重于平行沟通;而具有高度自动化设备的组织又将再次注重垂直沟通,因为此时监督控制的需求增大了。

(2)非正式沟通。在组织中,除了正式沟通外,还存在大量的非正式沟通途径,主要用于传播一些非正式的信息,或不易公开的信息,如我们常说的"小道消息"。"小道消息"不一定都是不确切的信息,其中往往也有合乎事实的消息。

赫尔希(R. Horshey)曾对6家公司的30条小道消息作过分析研究,其中有9件确实,16件全无根据,5件有些根据但有歪曲。小道消息传播的途径都是非正式的,故而几乎不可能追查其来源。在每一个机构中,每一成员都可能在传播小道消息中扮演一个角色,有的是谣言制造者,有的是传播者,有的只听不传,有的夸大扩散。组织行为学家戴维斯(K. Davis)在1953年发表的《管理信息沟通和小道消息》一文中介绍了他在一个小公司里对67名管理人员进行的一次调查研究,他采用顺藤摸瓜的方法追索小道消息的来源,发现只有10%的人是"消息"的传播者。另外两位心理学家也在政府机关作了同样的调查,发现传播小道消息的人也在10%左右,而且搞"小广播"的几乎是固定的那些人,绝大多数的人往往听了不传。

　　由于非正式沟通传送消息大都是口头的传播,故传播速度极快,也易于迅速消散,一般没有永久性结构和成员。小道消息有3个特点:它不受管理层控制;大多数员工认为它比高级管理层通过正式沟通渠道解决问题更可信、更可行;它在很大程度上有利于人们的自身利益。

　　企业中传播的小道消息,在一定条件下,如果管理人员运用得当也可能作为正式沟通的辅助。捷茨(RMHod-getts)认为,小道消息有时是组织成员的想象和忧虑心理的一条出路。因此,通过谣言可以了解到成员的心理状态。戴维斯认为,产生小道消息有3个原因:对组织的信息不明;员工中有不安全感;有抵触情绪。要消除小道消息的消极作用,从根本上讲,就要排除这些因素。改善的主要方法在于使正式信息渠道畅通,用正式消息驱除小道消息。

自我评价练习

你是一个好听众吗?

　　思考性聆听是一种可以锻炼和学习的技能。下面有10条技巧,可以帮助你成为一名好的听众。

　　1. 别说话。如果你的嘴巴一直不停,那你就无法听别人谈话。

　　2. 让讲话者感到轻松。打破沉默,让讲话者感到轻松。要微笑!

　　3. 向讲话者表示,你愿意听他讲。把你的工作放在一边。不要看你的手表。保持眼神的联系。

　　4. 除去干扰,关上门,不要接听电话。

　　5. 要投入,把自己放在讲话者的立场上。

　　6. 耐心,不是每个人都能以同样的速度传递信息。

　　7. 控制你的情绪。要能把握住自己。

　　8. 尽量避免批评。批评讲话者只会扼杀有效沟通。

四、沟通网络

在组织中,由各种沟通途径所组成的结构形式称为沟通网络(communication network)。信息沟通网络类型对信息沟通的有效性有很大的影响。沟通网络可分为正式沟通网络(formal communication networks)与非正式沟通网络(informal communication networks)。

(一) 正式沟通网络

正式沟通网络是根据组织机构、规章制度来设计的,用以交流和传递与组织活动直接相关的信息的沟通途径。关于不同的正式沟通网络如何影响个体与群体的行为,以及各种形态的网络结构的优缺点,管理心理学家巴维拉斯(A. Bavelos)和列维特(Leavitt)在 1948 年曾对 5 种结构形式进行了实验比较。图 6.4 表示这 5 种信息沟通网络结构形式:链式、Y 式、轮式、环式、全渠道式。在正式组织环境中,每一种网络形式相当于一定的组织结构形式。

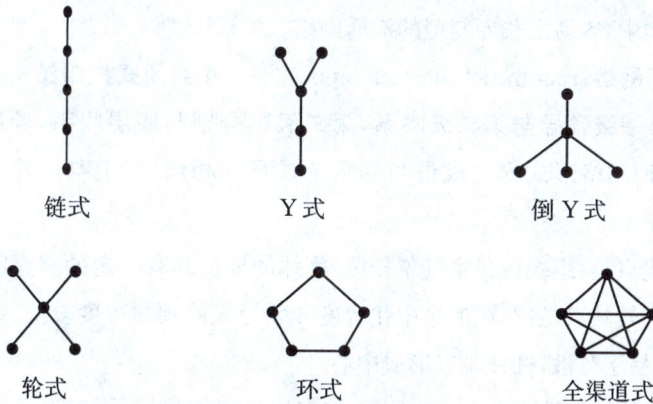

图 6.4　正式沟通网络

(1) 链式沟通网络(chain model communication),属纵向沟通网络,表示一个有 5 个等级的组织体,信息逐级向上或向下传递,不能横向传递信息。成员只能与其相邻的成员交谈,处于链条两端的成员是最不利的,只能与一个邻居交谈。在这种形式中,传递信息的速度最快,解决简单问题的时效最高。但信息经层层传递与筛选,容易失真,各个信息传递者接受的信息差异很大,沟通面窄,每个成员满意度也有很大差距。

在这种组织沟通网络中,上下信息交流是采取主管领导和底层部属无直接联系,通过中间层进行联系的方法。如果一个组织系统过于庞大,需要实行分层授权管理,链式沟通网络是一种行之有效的方法。

(2) Y式沟通网络(Y model communication),是纵向沟通网络,表示4个层次的组织体,两个领导分别通过一个下级,如秘书或一个部门与下面的中、基层管理人员逐级传递信息。这种沟通网络适用于企业规模较大、管理水平不高的大中型企业。

相似的还有一种倒Y型。这两种沟通网络的一个特点是作为"瓶颈"的这个人或这个部门一定要十分善于沟通,而且要忠诚可靠。因为处于这个地位的人可以获得最多的信息情报,因而往往会掌握真正的权力,容易成为核心人物,控制组织。这种形式集中化程度高,解决问题的速度快。但组织中成员的平均满意程度较低,易于造成信息曲解或失真,从而给组织带来不良影响。

(3) 轮式沟通网络(wheel form communication),表示一个领导者与4个下级沟通,但4个下级之间没有直接沟通,属于控制型网络。其中只有处于中心地位的领导者了解全面情况,并向下级发出指示,4个下级分别了解本部门的情况并向领导人汇报。在企业中,这种网络大体类似于一个主管领导直接管理几个部门的权威控制系统。

这种沟通网络的优点是:集中化程度高,解决问题的速度快,中心领导者的预测程度高。其缺点是:沟通渠道少,平行沟通不足,组织成员的满意程度低,不利于提高士气。将这种沟通网络引入组织机构中,容易滋长专制型的沟通网络。

(4) 环式沟通网络(ring model communication),是一个封闭式控制结构。它表示组织内有着3个等级,第一级领导与第二级联系,第二级再分别与底层联系,低层工作人员可直接横向联系。这种网络形式允许成员与邻近的成员互相沟通,但与工作关系较远者无法沟通。

环式沟通的优点是:组织内民主气氛较浓,团体的成员具有一定的满意度,横向沟通一般使团体士气高昂。其缺点是:组织的集中化程度和领导人的预测程度较低,畅通渠道不多,沟通速度较慢,信息易于分散,往往难以形成中心。

如果在组织中需要创造出一种高昂的士气来实现组织目标,同时追求创新和协作,如组织中的决策机构、咨询机构、科研开发机构以及小规模独立工作群体,适于采用环式沟通。

(5) 全渠道式沟通网络(all round channel communication)。在这类网络中,所有成员一律平等,可以自由地交换意见和信息,而不依靠中心人物来集中和传递信息,每个成员之间都有一定的联系,是一个开放式的系统。它表示一个民主气氛很浓的领导集体或部门,其成员之间总是互相交流情况,通过协商进行决策。在企业中,一个民主气氛很浓或合作精神很强的团体或委员会之类的组织机构一般都采用这种网络模式。一些非正式组织,如社交联谊会、信息交流会等交往场合,也基本适宜此种沟通网络。

全渠道式沟通的优点是每个成员之间可直接充分交流,没有限制;成员之间是平等的,可自由发表意见,因而满意程度高,成员之间满意度差距很小;组织内士气高昂,合作气氛浓厚,个体有主动性,可充分发挥创新精神;弥补了环式沟通难以迅速集中各方面信息的缺陷。缺点是:沟通渠道太多,易造成混乱;集中化和主管人员的预测程度均较低;信息传递费时,影响工作效率。

各种沟通网络都有其优点和缺点,应根据组织的工作性质与员工特点,选择不同的沟通形式,因为各种沟通形式对组织内群体行为的影响是有差异的,如表 6.3 所示。

表 6.3 不同形式的沟通网络对群体行为的影响

网络类型	解决问题速度	信息精确度	组织化程度	领导人的产生	士　气	工作变化弹性
轮　式	快	高	迅速、稳定	显著	低	慢
Y式、倒 Y 式	较快	较低	不一定	会易位	不一定	较快
链　式	较快	较高	慢、稳定	较显著	低	慢
环　式	慢	低	不易	不发生	高	快
全渠道式	最慢	最高	最慢、稳定	不发生	最高	最快

沟通网络代表一个组织的结构系统。一个组织要达到有效管理的目的,应该采取哪一种沟通网络,应视不同的情况而定。如果要求速度快,且易控制,则轮式沟通较好。在企业中,信息传递的速度与控制往往比士气与创造性更被重视。同时,轮式沟通网络中处于中心地位者因获取信息情报的来源多;具有掌控全局的权力,有充分的自信与自主权和责任感,心理上也较满足。如果要求团体有高昂的士气,则环式沟通比较理想,不过在一个大的沟通组织中,所有的人员都平等获取各种情报信息是不可能的,也是不必要的。在高层组织与委员会之类的小团体中,可以运用环式沟通网络,如果组织非常庞大,需要分层授权管理,用链式沟通比较有效。如果一个主管的自身工作非常繁重,需要有人协调、筛选信息,则宜采用倒 Y 式的沟通网络。总之,应结合组织的具体情况,从而确定适当的沟通网络。

（二）非正式沟通网络

在群体内部和群体之间,正式沟通并不是唯一的沟通系统。在非正式系统中,信息通过小道消息的方式传递。非正式沟通渠道所组织的结构形式即非正式沟通网络,它不是由组织固定设置的,而是在组织成员进行非正式沟通中自然形成的。戴维斯把非正式沟通网络归纳为下列 4 种形态:单线式、辐射式、偶然式、集束式,如图 6.5 所示。

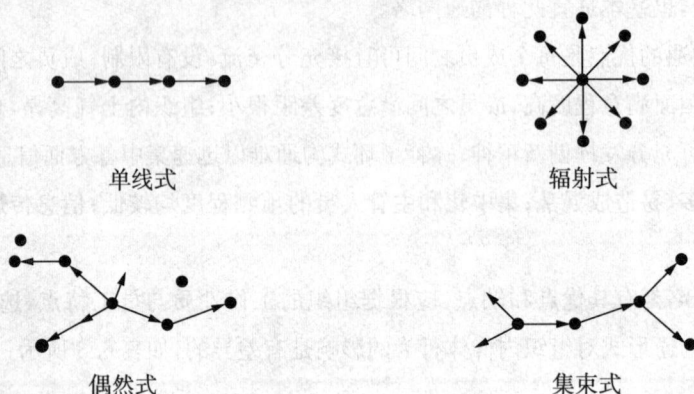

单线式　　　　　　　　　　辐射式

偶然式　　　　　　　　　　集束式

图 6.5　非正式沟通网络

(1) 单线式沟通网络,以"一人传一人"为特征,最强调非正式沟通的保密性,信息按照最亲密的人际关系进行单线传递,最后终止于某个人,如果传递的时间足够长,往往使传递的信息成为一种不公开的秘密。

(2) 辐射式沟通网络,以"一人传多人"为特征,沟通中有一个主要的信息源,他主动地将某些信息进行广泛地传播,以扩大信息的影响力。

(3) 偶然式沟通网络也称随机式沟通网络,它的传播以偶然的方式进行,传播的对象选择性较差。此外,还有一些"道听途说者"。

(4) 集束式沟通网络,信息的传递以几个人为传递中心,这些中心人物有选择地将信息转达给他的朋友或相关的人。这是非正式系统中最普通的沟通形式。

人们常常认为小道消息来自于搬弄是非者的好奇心,其实并非如此。小道消息往往是某种模棱两可的情境引起人们焦虑情绪的行为反应。如在大型组织中保密性和竞争性是司空见惯的,对诸如新上司的任命、办公室的重组、工作任务的重新安排这些事来说,都有利于小道消息的滋生和传播。如果小道消息背后,人们的愿望和期待得不到满足或焦虑得不到缓解,那么它会一直传播下去。

由此可见,非正式沟通中的小道消息在任何群体或组织中都是重要的组成部分,值得我们认真了解。它表明了一些员工认为很重要的事情,管理者未必能详尽透彻地说明,反而激起了员工的焦虑感。因此,小道消息具有过滤和反馈双重机制,它使我们认识到哪些事情员工认为很重要。

非正式沟通不受组织机构的监督和限制,可以提供正式沟通中难以获得的某些信息,也可以获取人们的真实思想和意图。管理者应对非正式沟通网络加以正确的引导和利用,以补充正式沟通网络的不足。

第二节　有效沟通的障碍及其克服

沟通方面的困难会引发组织问题或降低组织的获利能力。另外,在组织的沟通过程中,对沟通进行有效的管理,能够克服沟通的某些障碍以及存在的某些问题。组织中的这些沟通障碍可能是临时的,而且是可以克服的。新技术的运用是现代管理的一大重要特征。基于现代电子技术和计算机技术,组织管理者可利用的沟通工具比以前更多了,如何理解和认识这些新技术的运用,也将会影响到沟通的成功和效果。

一、有效沟通的特征

有效沟通首先具有及时性特征。及时是指沟通双方要在尽可能短的时间里进行沟通,并使信息发生效用,主要有三方面的标准。(1)传送及时。在信息传递过程中,尽量减少中间环节,避免信息的过滤,使信息最快到达接收者手中。(2)反馈及时。接收者接收到信息后,应及时反馈,这有利于发信息者修正信息。(3)利用及时。信息具有较强的时效性,因而这要求双方及时利用信息,避免信息过期无效。

其次,有效沟通具有充分性。信息充分要求发送者在发出信息时要全面、适量,既不能以偏概全,也不能过量,而应该适量充分。

有效沟通还具有不失真的特征。信息不失真,才能充分反映发送者的意愿,接收者才能正确理解信息。按照不失真的信息采取行动,则能取得预期效果。失真的信息,往往会对接收者产生误导。

二、有效沟通的障碍

人们在信息沟通过程中,常会受到各种因素的影响和干扰,大量的障碍(barrier)会延误或曲解有效的沟通。

(一) 信息源的障碍

信息发送者要把自己的观念和想法传递给接收者,首先必须通过整理将其变成双方都能理解的信息,也就是说,把要传递的信息清楚地表达出来。然而现实中会存在一些障碍:

(1) 发送者的表达能力。这是发送者通过口头或书面语言表达自己的思想、情感和消息的能力。在沟通中,信息发送者表达能力的强弱是能否实现有效沟通的关键。如果表达能力不佳,词不达意,口齿不清,或者字体模糊,使人难以了解发送者的意图。

(2) 语义的差异。信息沟通所使用的主要信号是语言和文字。语言不是客观事物的实体,而是通过人的思维反映客观事物的符号,它与事物之间只存在间接的关系。加上客观事物及人的思想意识的复杂多变,使语言的表达范围和人使用语言的能力具有更大的局限。有时,所用的语言和文字又是多义的,对不同的对象会产生不同的意思、不同的理解,从而引起误解错译。即使同样的词汇对不同的人来说含义也是不一样的。年龄、教育和文化背景是三个最主要因素,它们影响一个人的语言风格以及他对词汇的理解。专家对同一语言的运用,明显不同于仅获得高中文凭的工厂员工。在大型组织中,成员分布的地域十分广泛,有些甚至来自不同国家,而每个地区的员工都使用该地特有的术语或习惯用语。即使员工们说同一种语言,但在语言的使用上也并不一致。在不同学科和不同专业领域之间,专业术语的不同也会产生一种语言上的障碍。如缩写词对专业内部的人士来说是非常有用的,它是一种快速的沟通方式。技术术语在专业人士之间可以精确地传递思想。但是,对于不熟悉这些用法的人来说,缩写词不达意和技术术语只会造成理解上的困难。例如,对于专业的心理医生来说,忧郁有特定的含义,但是对于外行人来说,它的含义就要广泛得多。

(3) 信息来源上的问题。组织中的沟通主要是下行沟通,就是说管理层通常是作为信息的发送者。管理者向下属发送信息时一般会对信息进行特殊处理。比如在传达某一信息时,管理者通常要把信息分解为不同的部分,然后根据下属的职位来传达相应的部分。这种处理方法本来是无可厚非的,但是管理者在应用这一方法时往往难以把握信息分解的度,从而影响接收者对信息的准确理解。一定程度的信息封锁曾经是保持管理者权威的一种有效手段,但是这种手段目前正受到越来越多的挑战,因为人们得到信息的渠道越来越多,沟通的网络越来越发达,管理者往往难以对信息进行有效的封锁。

(4) 社会环境与知识经验的局限。当发送者把自己的观念翻译成信息时,他只是在自己的知识和经验范围内进行编译。同样,接收者也只能在他们自己的知识和经验内进行译解,理解对方传送来的信息的含义。如图6.6(a)所示,如果甲乙双方的知识经验范围有交叉区,这

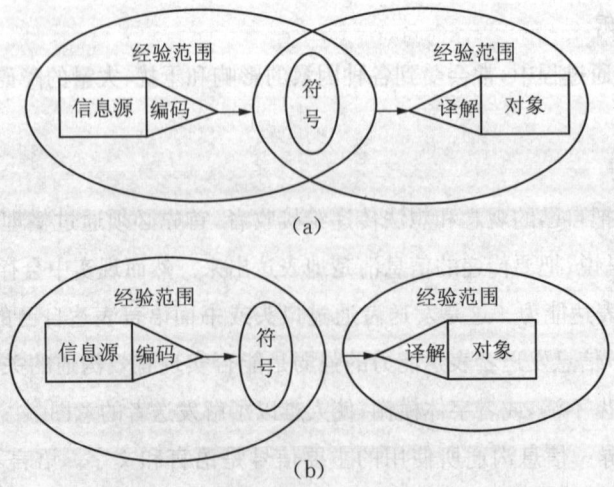

(a)

(b)

图6.6　信息沟通所必需的经验共通区

个交叉区就是双方的共同经验区(共通区)。这时信息就可以容易地被传送和接收。如果沟通双方有很大的共通区,则常常能够"心有灵犀一点通":一方话还没说完,另一方已经明白了对方的意思。相反,如果双方没有共同经验区,如图 6.6(b)所示,就无法沟通信息,接收者不能译解和理解发送过来的信息的含义。如让文科生去听专业性非常强的量子力学或生命科学的学术报告,就会很难理解,原因就在于文科生没有这方面的知识和经验。因此,信息沟通往往受到知识和经验的局限,只有存在共通区才能进行有效的信息沟通。

(二) 信息传递的障碍

在信息传递的过程中,也常常会出现障碍。

(1) 时机不当。信息传递的时机会增加或减少信息沟通的价值,不合时机地发送的信息,对于接收者的理解将是一个难以克服的障碍。时间上的耽搁和拖延,会使信息过时而无用。

(2) 媒介(渠道)选择不当。沟通媒介的选择,要依据具体条件下的有效性灵活应用,否则就会造成沟通的困难,或影响组织工作的绩效。一般而言,沟通内容越特殊,越难表述清楚,任务越紧迫,越需选用较丰富的媒介,如面谈、会见等。反之,内容越常见、简单,任务不迫切重要,越可以选择沟通能力较贫乏的媒介,如备忘录等。如果沟通渠道不对,沟通就不能顺利完成,因为接收者可能会接收不到信息,或接收不及时。解决媒介问题必须熟悉各种媒介在传送信息时的优缺点,根据要传送的具体内容选择最适合的渠道。

(3) 漏失和错传。在传递中,信息内容漏失错传,都会造成沟通障碍。

(4) 干扰。信息传递过程中若受到干扰,也会影响信息的准确传递。

(三) 信息接收和理解的障碍

接收者接收到信息符号之后,要进行译解,以变成对信息的理解。在这一过程中经常出现的障碍有以下几种情况:

(1) 知觉的选择性。选择性知觉是指在沟通过程中,接收者会根据自己的需要、动机、经验、背景及其他个人特点,有选择地去看、去听信息。解码的时候,接收者还会把自己的兴趣和期望带入信息之中。如果一名面试主考官在先前的女性求职者中看到有人把家庭置于事业之上,无论后来的求职者是否怀有这种想法,主考官就认为女性求职者都是这样的,因而并没有看到事实,而是对其所看到的东西进行解释,并称之为事实。

(2) 信息过滤。接收者在接收信息时,有时会按照自己的需要对信息进行"过滤"。美国通用汽车公司前副总裁德洛里恩(J. Deloeran)曾说过:"从下级接收者报上来的情况经过层层过滤,往往使上面接触不到实际情况。下级提供资料,往往是为了获得他们所希望的回答,或者是报喜不报忧,猜度领导需要什么,然后上报什么。"

图 6.7 反映了多层次组织的信息过滤。图中上面的箭头显示允许的理解差异的区域,表示在理解与阐述高层管理者的方针政策和思想时,允许在一定范围内有某些弹性。图中右边

的箭头显示信息传播的方向。图中黑点表示多层次的人员在传播信息时对信息理解的正确度。当一个信息传送下来，每经过一个层次，都要产生新差异，最后就会脱离出允许的差异范围。

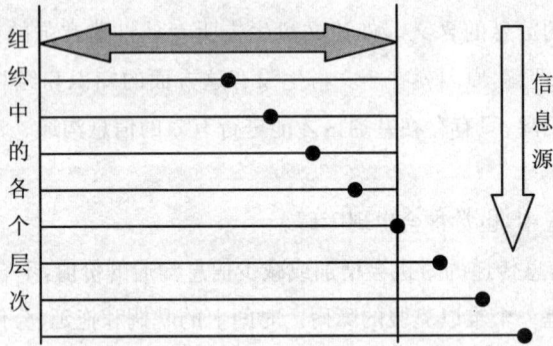

图 6.7　多层次组织的信息过程

（3）接收者的理解差异和曲解。接收者往往会根据个人的立场和认识解释其所获得的信息。由于个人的社会环境、生活背景和思想愿望不同，人们对同一信息的理解将有所差异。即使是同一个人，由于其接受信息时的情绪状态不同，或者场合不同，也可能对同一信息有不同解释，因此所采取的反应行动也会不相同。譬如，接收者可以出于个人的愿望、个人的目的而有意强调某一方面，忽略另一方面，或者曲解信息的本义。如果认为信息符合自己的价值观，就会高度重视，并完全接受；如果认为信息不符合自己的价值观，就会轻视信息，并排除信息。此外，还要判断信息是否有价值，心理学家哈维（Harvey）和克拉普（Clapp）以及史密斯（Smith）通过试验，得出下列结论：

① 接收者从不太可信的来源得到一个比他原来期望好一些的坏消息，他对这个来源会重视。

② 如果这个消息同原来期望的一样坏，他对这个来源就不太重视。

③ 如果得来的消息比原来期望的更坏，他对这个来源就更不重视。

（4）信息过量。在现代组织中，一些管理人员经常埋怨他们被淹没在大量的信息传递中，而对过量的信息采取了不予理睬而搁置起来的办法。美国一个大企业的一位经理人员估计，他每天要收到大约 600 页的计算机输出资料。这些资料详细记录了每条生产线的产量，各种原料的地址及操作中的其他各种指标。他只能找一间空的存储室来存放这些资料，最后转包给废品公司运走。

（四）组织障碍

组织自身内的一些因素也会束缚组织内成员之间的有效沟通，这主要有地位的障碍和结构的障碍。

（1）地位的障碍。当某人在管理层中的地位大大高于另一个人时，就会产生沟通过程中的地位障碍。地位障碍是上下级之间进行有效沟通的最大障碍,它来源于对组织中地位差别的过分强调。例如,上级爱摆架子,爱发号施令,或者用办公室的高级设备来有意识地显示上级的职位权威等,这些都会使下级明显感到地位差别,从而加深沟通中的鸿沟。

(2) 结构的障碍。由于组织内的结构设置不当,也会阻碍组织的有效沟通。例如,传递层次越多,失真的可能性就越大。有效沟通的主要特征之一就是不失真,信息失真,无论对上级还是下级的工作都会起到误导作用。另外,还有如机构重叠而造成沟通缓慢,各职能部门之间缺乏沟通,以及沟通渠道单一而造成信息不充分等,都影响组织内部的有效沟通。

(五) 反馈不足

反馈是指接收者给发送者一个信息,告知信息已收到以及理解信息的程度。反馈不足可能产生如下问题:①发送者可能发出第二次信息。由于发送者没有收到反馈信息,他不知道接收者是否接收或理解了信息,因此他往往会重复发送第一次信息,或询问是否收到了第一次信息。②接收者可能按不确定的信息行动。如果接收者对信息的理解正确,那么不会产生严重后果;一旦接收者对信息的理解错误,那么后果有可能不堪设想。

因为反馈很重要,所以沟通者必须努力获得反馈,而接收者也必须经常反馈。尤其是对重要信息的沟通,一定要及时反馈的方法主要有以下几种:重复原来的信息、回答自己的理解或用表情或身体语言来反馈等。

新闻中的组织行为学

网民为何苦逼万科王石

多次获得"最令人尊敬企业家"称号的王石因"慈善负担论"身陷舆论漩涡。

面对网民一窝蜂的纠缠,在股市大跌的现实下房地产老大王石还是屈服了,日前,王石在接受凤凰卫视采访时正式公开表达歉意。王石称,自己的原意是"不提倡攀比",但这"显然损伤了网友的赈灾热情"。经过"反省这个事情"后,他觉得,在那个特殊情况下自己的言论是"非常不适当的"。

事情的由头是这样的:王石"掌舵"的万科一直稳坐中国房地产上市公司头把交椅。汶川地震三天后,万科董事长王石在其博客上发表文章《毕竟,生命是第一位的》中,"理性"表达了对捐款以及延续出来的慈善事业的理解。王石称:"200万元是个适当的数额。中国是个灾害频发的国家,赈灾慈善活动是个常态,企业的捐赠活动应该可持续,而不应成为负担。万科对集团内部慈善的募捐活动中有条提示:每次募捐,普通员工的捐款以10元为限。其意就是不要使慈善成为负担。"此言一出,便在全国各界迭发此伏彼起的捐赠热潮中遭到公众广泛质疑,尤其是网民中有人认为这令王石一贯尚佳的公众形象一落千丈,且多有责问万科未做出与其身价地位匹配的赈灾举动。而资本市场的反应则是万科股票大跌。从5月15日至5月20日,其股价跌幅多达12%。于是迫于压力的王石及旗下万科打算以更多的赈灾之举从舆论漩涡中脱身。万科表示,公司决定参与到灾后恢复与重建工作中去。但与一般性的企业捐赠不同,万科将采用"王石式"保本型赈灾举动。其董事会批准万科支出1亿元以内参与四川地震灾区的临时安置、灾后恢复与重建工作,并以绵竹市遵道镇为重点。公告称,"该项工作为纯公益性质,不涉及任何商业性(包括微利项目)的开发"。万科A股次日收于每股20.50元,上涨2.24%。

三、克服沟通障碍的方法

在存在沟通障碍的情况下,管理者设法减少以上类似问题和障碍的发生,可采取以下对策,以实现有效沟通。

(一) 发送者应做好准备

发送者在沟通前先澄清概念,沟通内容必须事先妥善计划,并明确沟通的目的。发送者还应系统地思考接收者可能发生的反应,即要综合考虑接收者的心理特征、知觉、信仰和价值观等。除此之外,发送者应该选择适当的沟通动机和适当的信息沟通量,沟通内容不宜太多,也不应太少。在计划沟通内容时,应尽可能取得他人的意见。与他人商议不仅可以获得更多的看法,而且能得到他人的支持。

(二) 注意语言和文化因素

有时语言也可能成为沟通的障碍,管理者应谨慎用词,用语应该与他的听众相协调,把想表达的意思组织得更加清晰且容易理解。例如,计算机软件部经理与编程人员交流时,会使用与行政部工作人员交流时区别较大的语言。

值得注意的是,体态语言比口头语言更能表达说话者的真实含义,应该注意自己的身体,以使它与你的语言一致并加以强化。有效的沟通者通常都会注意这一点。

进行沟通时,还应充分了解对方的文化背景,掌握文化对其基本价值观的影响,从而更好地理解对方对事物的看法和态度,以消除或降低沟通中的文化障碍。

(三) 改善组织结构

为了改善沟通效果,组织应尽量减少组织的结构层次,消除不必要的管理层,同时还应避免机构的重叠,增加沟通渠道,加强部门之间的联系,以加快信息的沟通速度,保证信息的准确和充分。

(四) 运用反馈

许多沟通问题主要是由于误解和不准确造成的。如果管理者确保反馈环节在沟通过程中使用，这些问题将较少发生。这些反馈包括口头的、书面的和非语言的。

如果一名管理者向信息接收者询问："你知道我说的意思吗？"接收者的回答就是反馈。管理者可以问一系列有关该信息的问题，以判断信息是否被接收。更好的方法是，管理者可以要求接收者用自己的语言复述该信息，以了解信息是否被准确地理解。

当然，反馈并不仅仅通过语言来表达，有时动作更能表述真实意义。例如，一名销售经理向下属宣布下月所有销售人员需要完成的任务，某些销售员未达到目标就是一种典型的反馈。当你向一群人演讲时，你可以通过他们眼球的移动或其他的非语言信息来确定他们是否接收到了你要传达的信息。即时反馈的优点或许可以解释为什么电视演员在有观众观看的舞台上表演时，比录制录像带时表现更好。及时的欢呼声、鼓掌声或较高的落座率，都能向表演者传达观众是否喜欢表演的信息。

(五) 利用小道消息

不能忽略小道消息。管理者要做的是，使用小道消息并且让它为你服务。小道消息能快速地传达信息，在决策最终制定之前，能验证不进行决策的后果。当管理者也是小道消息的一员时，小道消息是一个有效的反馈渠道。当然，在正式沟通的场合中，小道消息会破坏沟通的效果。为了减少这种潜在的破坏，管理者应正确利用正式渠道，以保证它传递的是员工需要的、相关的和准确的信息。

(六) 利用新技术沟通

新技术的运用是现代管理的一大重要特征。目前，全球绝大多数组织都已经与互联网联通。基于现代电子技术和计算机技术，组织之间以及组织内部的信息和数据传递非常方便。如何理解和认识这些新技术的运用，将会影响到沟通的成功和效果。

过去，只有技术专家可以以计算机为媒介进行沟通。计算机技术实际上已经影响到社会组织的所有管理者及其员工。信息数据库已经非常普遍，只要轻轻点击一下，这些数据库就可以提供大量的信息。许多大学图书馆中所使用的系统是另外一种信息数据库。在这种数据库中，通过电子目录可以找到各种图书和杂志。

常用电子沟通技术则是传真机、汽车电话、电子信箱、语音邮件系统以及电子视频工具。这些沟通技术都具有即时性，消除了普通信件的时间耽搁。例如，利用传真机，发送信息的人可以非常迅速地传递事实、图表和说明。人们愿意选择电子邮件，还是面对面的沟通方式？研究表明，选择结果随决策的性质而变化。选择某种方式可能与所要沟通的内容和事件的复杂性有关。电子邮件有它的优势，也有它的局限性，在使用的时候一定要谨慎。对于进行国际沟通的用户来说，已经有一些设备能够在法语、德语、西班牙语和英语之间，对信息进行互译。

第三节　群体决策

管理就是决策,决策的好坏将在很大程度上影响整个企业或组织的成败。决策活动形形色色,分类很多,按照决策者或决策主体的众寡来分类,决策可以分为群体决策和个体决策。前述个体决策会受到决策者个人行为特征的重要影响。群体决策是一种十分重要也十分普遍的决策方式,正式组织中越来越多的重要决策都是由群体、团队或委员会等集体形式作出的,其共性即是群体决策。因此,研究和认识群体决策的特点、行为现象和技术方法具有广泛的使用价值。

一、群体决策的特点

决策是行动的基础,没有决策就没有合乎理性的行动。决策是识别和解决问题的过程。群体决策(group decision)就是群体成员面对问题、共同参与和组织决策的过程。群体决策与个体决策不同,群体成员有各自的认知系统和价值观念,群体对内部成员的选择行为也有巨大影响。

(一) 群体决策的优势与劣势

群体决策相对个体决策而言,既有优势,也有劣势。其优势在于:

(1) 能够获得更全面的信息和知识。群体决策参与者多,信息来源广,可以搜集更为丰富的资料数据,汇集和综合多个个体的知识等资源投入决策。

(2) 通过集思广益,增加观点的多样性,能够给决策过程带来异质性,从而为多种方法和方案的拟定和讨论提供了机会,发挥集体智慧,更加客观、合理地作出决策。

(3) 通过群体成员或其代表,按一定民主程度或议事规则,参与决策,可增加决策的合法性与管理性。当代许多国家和组织越来越重视权力分享和民主决策,许多不同文化背景的人们都认为群体决策的形式和过程即是民主的方法,符合他们的民主思想。

(4) 提高决策的可接受性,许多决策在制定以后,由于人们不接受而夭折。群体决策可以吸收那些将来执行决策或受到决策影响的个人(或其代表)参与到决策过程之中,通过传递和共享信息,参与制定方案和作出决策,参与者有机会表达自己的看法并受到重视,就会激励其接受决策,并鼓励别人接受决策,从而使决策获得更好的支持,提高其可执行性。

(5) 更能承担风险。由于一些组织成员共同进行决策,决策的风险和责任分散,所以更可能作出风险较大的决策。如果是个人决策,则会由于个人必须单独承担后果以及对风险的厌恶而趋于保守。当然,这里并不排除个人由于缺乏对风险的认识,而具有更大的冒险性。

群体决策的劣势包括:

(1) 决策时间长,速度慢。由于群体决策一般需要其成员充分发表意见,对每一个意见都进行讨论,不同意见集中后才能形成决策。此过程不仅耗费时间,而且还可能在进行中转移话题、离题太远或不着边际,从而使一项决策议而不决,拖延时间,限制了相关人员在必要时作出快速反应的能力。

(2)从众压力。如前所述,群体中存在群体压力,群体成员因为希望被群体接受和重视的愿望而可能导致其从众行为。群体决策同样会出现个人屈服于群体压力的现象。群体压力会迫使个体在群体决策时追求观点的统一。个人的创见往往与众不同,个人在决策时会由于群体的压力而放弃自己的不同意见,去附和主流意见。

(3)少数人控制。群体决策可能会被一个权威型的成员或居主导地位的小团体所控制。群体中的负责人或少数人由于实际的权力、权威、手腕、资源等原因,控制着整个群体或操纵了群体决策过程。如果控制者的水平很低,就会十分消极地影响群体的运行效率。

(4)折中性方案。群体决策时,由于各个成员常常对于某些问题会有不同的见解,为了取得集体一致的解决问题的办法和协议,经常需要采用某种妥协或折中性方案来使各方认可并执行,从而有可能放弃实际上最佳或最合理的决策。

(5)责任不清。群体决策通常是集体讨论、集体决定(如表决通过)、集体负责。责任分散,个人责任不够明晰的决策则往往导致“有人拍板,无人负责”的后果。

(二)群体决策与个体决策的比较

群体决策与个体决策相比,孰优孰劣,取决于它们被应用的环境、条件和问题,取决于衡量它们所采用的标准。

就效果而言,群体决策能提供更多选择、更富有创造性、更准确并且更有质量的最终决策,群体决策更加出色。但是个体决策比群体决策更有效率。由于群体决策需要花费大量时间和资源才能作出最终决策,其效率自然也就降低了。相比之下,当决策不是那么重要或者并不需要下属对决策成功不遗余力时,决策最好由个人制定。同样,当上级掌握了足够的信息,或者即使不咨询下属,下属也将对最终结果尽心尽力时,个体作出决策将是更佳的选择。群体决策与个体决策的比较,见表7.1。

表7.1 群体决策与个体决策比较

决策主体 对比项目	个　　体	群　　体
速度	快	慢
正确性	较差	较好
创造性	较大,适于工作结构不明确、需要创新的工作	较小,适于任务结构明确、有固定程序的工作
风险性	视个人气质经历不同而不同	视群体成员特别是领导冒险倾向性不同而不同

在实践中,人们在作出是否要采用群体决策形式的决定之前,首先应权衡一下在解决所面临问题时,群体决策在决策效果上的优势能否大于它在决策效率上的损失。

二、群体的两种心理现象

群体决策中有两种心理现象,即群体思维和群体转移,受到组织行为学研究者们的高度重视。这两种心理现象是群体决策的副产品,它们可能潜在地影响群体决策的客观水准和质量效能。

(一) 群体思维

群体思维(groupthink)是一种与群体规范有关的心理性症状,它主要是指由于群体的从众压力,使得群体中那些不寻常的、少数人的观点或者不受欢迎的观点,难以充分地表达出来,群体对其又不能作出客观评价的情况。群体思维也称小团体意识,是群体成员追求一致性的期望所导致的。经常有这样的情景,在会议、课堂上或者非正式群体中,某人原本想说出自己的看法和"高论",但是当发现自己的意见和观点与处于控制地位的大多数人的观点不一致时,多半会修改或放弃自己的意见和观点。这是因为经验告诉我们,与群体保持一致比站在群体的对立面对我们更有利。这些现象说明,群体压力的作用,将对个体的心智效率、对事实的认识、道德判断形成障碍。

群体思维的症状主要有以下 4 个特征:①群体成员使任何反对他们所提假设的意见非法化;②群体成员向那些不时质疑群体共同观点的人施加压力,使其支持大多数人的观点;③那些持有怀疑或不同看法的人,往往通过保持沉默,甚至降低自己看法的重要性,来尽力避免与群体观点的不一致;④群体往往将成员的沉默解释为对大多数观点的支持。

以上这些症状,将导致在进行群体决策时存在很多局限性。群体思维将导致下面的情况出现:对问题的评估不完整;信息搜集不充分,处理信息时存在选择上的偏见;观点的发展有局限,对观点的评估不完整,不能正确评估所持观点的风险,以及不能重新正确评价真实被否决的观点。

有关美国政府机构决策过程的研究表明,最终结果的不完善经常是以群体思维的症状为先导的。比如,1941 年毫无准备的珍珠港事件,1950 年美国入侵朝鲜,20 世纪 60 年代早期的猪罗湾事件和越南战争,20 世纪 70 年代以失败告终的伊朗人质营救事件,以及航天飞船"挑战号"发射过程中作出的错误决策等。

预防和减轻群体思维影响的方法如下:①建立宽松、和谐、民主的组织氛围,增大各抒己见、虚心倾听、集思广益的群体风气,增加群体的凝聚力;②改进群体领导者的行为,正式领导不可轻易表态,不可以权势压人接受自己观点,要鼓励以理服人,坚持原则,讲真话;③在群体充分讨论之前,避免"先入为主",过早作出结论或提出有倾向性意见。应多方征询意见,充分酝酿,慎重决策,重大问题还应实行必要的复议;④管理者应该鼓励使用系统的决策流程,采用科学的决策方法来引导人们思维活动,以促进建设性批评意见的形成,全面分析所有可能的最终决策。

(二) 群体转移

群体转移(group shift)也称群体决策的风险转移现象,是美国学者在本国背景下首先发现的。群体转移是指在群体决策时,群体成员在集体讨论、评价和选择方案,作出决定的过程中,倾向于夸大自己的最初立场或观点的决策心理现象。

群体的规范或压力导致群体的决策走向极端,变得更保守或更危险。事实证明,在比较群体决策和群体内部成员个人决策时,二者之间存在差异。在有些情况下,群体决策比个体决策更保守。更多情况下,群体决策更倾向于冒险。在群体讨论中,往往会出现这种现象,即群体讨论会使群体成员的观点朝着更极端的方向转移,这个方向是在讨论之前他们就已经偏离的方向。因此,保守的会更保守,激进的会更冒险。群体讨论会进一步夸张群体的最初观点。

事实上,群体转移可以看作群体思维的一种特殊形式,群体的决策结果反映了在群体讨论过程中形成的占主导地位的决策规范。群体决策时变得更保守,还是更冒险,取决于在群体讨论之前占主导地位的群体规范。对于为什么会出现冒险转移现象,人们有多种解释。比如,有些人认为,群体讨论使群体成员之间变得更加熟悉,随着他们之间更加融洽相处,他们会变得更加勇敢和大胆。有些人认为,群体决策受到领袖或少数能够操纵群体的人的较大影响,而这些人的冒险或保守性会影响到群体转移倾向。还有的认为,群体成员的文化价值观也会影响群体转移的行为倾向。例如,美国社会崇尚冒险,所以其群体决策更富于进取性或冒险性。不过,最有道理的一种说法是,群体使责任分散化。群体决策使得任何一个人不用单独承担最后的决策后果。因为即使决策失误,也没有一个成员能够承担全部责任,因此群体决策会更冒险。

三、群体决策技术

在一般组织中,群体决策最常发生在面对面的互动群体(interacting group)之中。互动群体会对群体成员形成群体压力,迫使人们发生从众行为而遵从主流意见。这里介绍的头脑风暴法、德尔斐法、名义群体法以及电子会议法等群体决策技术,是一些能够减少传统的互动群体决策方法固有缺陷的有效方法。

(一) 头脑风暴法

头脑风暴法亦称脑力激荡法(brainstorming),意思是克服互动群体中产生的妨碍创造性方案形成的从众压力。在典型的头脑风暴法讨论中,6—12人围坐在一张桌子旁,群体领导清楚明了地把问题解释清楚,让每个人都了解。然后在既定的时间内,大家畅所欲言,尽可能地想出各种各样解决问题的方案。在这段时间里,任何人都不得对发言者加以评论。无论是受到别人启发的观点或稀奇古怪的观点,不许任何人评论。所有观点都记录在案,直到最后允许成员来分析这些建议和方案。

这种方法被广泛地应用到许多需要大量的新方案来解决某一具体问题的场合。通过这种方法找到新的或异想天开的解决问题的方法。这种方法需要遵循以下规则:拒绝裁判性的思想和评价;欢迎随心所欲的观点,即思想越激进越好;强调产生想法的数量;寻求联合和改进。

但头脑风暴法只是创造新观点的一个过程,对产生新观点、新方法具有重要作用,事实上,接下来的两种方法更容易达成最终决策方案。

(二) 德尔斐法

德尔斐法(Delphi Technique)(德尔斐是古希腊城市名,因有太阳神阿波罗神殿而出名)是20世纪40年代美国兰德公司设计的一种意见测验法。这是一种专家集体判断、预测的方法。在操作中,并不将专家们集合在一起面对面地发表意见,而是与群体成员进行匿名的通讯联系,其实施过程是:建立特别小组作为主持机构,选定作为征询意见对象的专家名单,经过几轮的意见征询后,拟出征询的问题,然后将征询的问题书面送交各专家,让他们对所预测的问题进行推测,发表书面意见。这些意见集中到主持机构,进行归纳和分析,去伪存真。然后第二轮再送去一些征询调查表,要求他们进一步澄清自己的观点并说明自己的意见,或者将其他专家的意见(但不透露姓名)通知这些专家,让他们重新考虑自己的意见。每个专家在调查征询过程中,任何时候都可以更改修正自己原先的意见,不过修正时要说明修改的理由。这样反复多次,逐步集中,最后得出正确的结果,作出决策。这可以使每个人独立地、自由地进行思考,作出判断。

德尔斐法比面对面的群体决策可以作出更好的决策方案,是当前预测决策中用得较多的一种方法。但这种方法占用时间多,不能使参与决策人员通过互动而提出丰富多样的解决问题的方案来。

(三) 名义群体法

与德尔斐法不同,名义群体法(nominal group technique)中参加的群体成员是面对面的、互相认识的,并且彼此进行交谈,像传统会议召开一样,群体成员都出席,群体成员首先进行个体决策,但对群体成员的讨论或人际沟通加以限制。具体方法如下:

在给出需要决策问题和告知名义群体的工作方法后,群体成员聚在一起,但在进行讨论之前,每个群体成员写下自己对于解决这个问题的看法和观点。一般7人—10人,依次围坐。然后按下列步骤进行:

(1) 5分钟—10分钟以后,每个群体成员都要向群体中其他人阐明自己的一种观点,依次进行。每次表达一种观点，直到所表达的观点都被记录下来，通常使用记录纸或记录板。在所有的观点都记录下来后，记录员将每人的意见在大记事板上公布，但这时不进行任何讨论。

（2）群体开始讨论每个成员的观点，并进一步澄清和评价这些观点。表明支持还是不支持。

（3）每个成员按照大家对意见的投票情况，独自安静地对这些观点进行排序，再予以集中统计，排在第一位的意见就被认为是决策意见。

名义群体法的优点是有助于防止被能说会道但是没有真知灼见者操纵，防止自信心较低而表达能力不强的人的好主意不能得到发挥。允许成员正式地聚在一起，但是又不像互动群体那样限制个体的思维。

(四) 电子会议法

电子会议法(electronic meeting)是把现代计算机网络技术与名义群体法等集体决策技术相结合的最新的群体决策方法。只要技术条件具备，采用这种方法其实非常简单。50 人左右围坐在马蹄形的桌子旁，前面除了一台计算机终端以外，一无所有。问题通过大屏幕呈现给参与者，要求他们把自己的意见输入计算机终端屏幕即可。个人的意见和投票都显示在会议室中的投影屏幕上。

电子会议的主要优势是匿名、可靠、迅速。与会者可以采取匿名的形式，把自己想表达的任何想法表达出来。参与者一旦把自己的想法输入键盘，所有的人都可以在屏幕上看到。与会者可以坦率地表现自己的真实态度，而不用担心受到惩罚。而且这种方法决策迅速，因为没有闲聊，讨论不会离开主题，大家在同一时间可以充分地相互交谈，而且不会打扰别人。有些研究者认为，电子会议法比传统的面对面的会议快 55％。但这种方法也有缺点。那些打字速度快的人，与口才好但打字速度慢的人相比，能够更好地表达自己的观点；想出最好建议的人也得不到应有的奖励；而且这样做得到的信息也不如面对面的沟通所能得到的信息丰富。但由于这种方法更适应现代化组织的管理决策，因而正被广泛采用。

案例 1

通用电气的情感管理[①]

现代企业管理已进入到一个以人为本的管理新时代，其重要内容不再是板着面孔式的条条框框的限制，而是一门融进了管理者对职工、对事业献身精神的独特的艺术。

① 资料来源：http://mba. ce. cn/manager/qygl/200709/15/t20070915_12916008. shtml(中国经济网)。

面对面管理,是以走动管理为主的直接亲近职工的一种开放式的有效管理,它洋溢着浓厚的人情味。其内容外延广阔,内涵丰富,富于应变性、创造性,以因人因地因时制宜取胜。实践证明,高技术企业竞争激烈,风险大,更需要这种"高感情"管理。它是医治企业官僚主义顽症的"良药",也是减少内耗、理顺人际关系的"润滑剂"。通用电气公司前总裁斯通就努力培养全体职工的"大家庭感情"的企业文化,公司领导和职工都要对该企业特有的文化身体力行,爱厂如家。从公司的最高领导到各级领导都实行"门户开放"政策,欢迎本厂职工随时进入他们的办公室反映情况,对于职工的来信来访能负责地妥善处理。

公司的最高首脑与全体职工每年至少举办一次生动活泼的"自由讨论"。通用公司像一个和睦、奋进的"大家庭",从上到下直呼其名,无尊卑之分,互相尊重,彼此信赖,人与人之间关系融洽、亲切。

1990年2月,通用公司的机械工程师伯涅特在领工资时,发现少了30美元,这是他一次加班应得的加班费。为此,他找到顶头上司,而上司却无能为力,于是他便给公司总裁斯通写信:"我们总是碰到令人头痛的报酬问题。这已使一大批优秀人才感到失望了。"斯通立即责成最高管理部门妥善处理此事。

三天之后,他们补发了伯涅特的工资,事情似乎可以结束了,但他们利用这件为职工补发工资的小事大做文章。第一是向伯涅特道歉;第二是在这件事情的推动下,了解那些"优秀人才"待遇较低的问题,调整了工资政策,提高了机械工程师的加班费;第三,向著名的《华尔街日报》披露这一事件的全过程,在美国企业界引起了不小轰动。

事情虽小,却能反映出通用公司的"大家庭观念",反映了员工与公司之间的充分信任。

人际关系上常常也有"马太效应"的影子。常人总是密者密上加亲,疏者疏而愈远。美国通用电气公司总裁斯通却主张"人际关系应保持适度的距离"。现实生活中,国与国、人与人之间的关系演变例子一再证明"适度距离"理论不无道理。

斯通对"适度距离"身体力行,率先示范,密者疏之,疏者密之。斯通自知与公司高层管理人员工作上接触较多,在工余时间就有意拉大距离,从不邀公司同僚到家作客,也从不接受客邀。相反,对普通工人、出纳员和推销员,他有意亲近,微笑问候,甚至偶尔"家访"。

1980年1月,在美国旧金山一家医院里的一间隔离病房外面,一位身体硬朗、步履生风、声若洪钟的老人,正在与护士死磨硬缠地要探望一名因痢疾住院治疗的女士。但是,护士却严守规章制度毫不退让。

这位真是"有眼不识泰山",她怎么也不会想到,这位衣着朴素的老者,竟是通用电气公司总裁,被世界电气业权威杂志——美国《电信》月刊选为"世界最佳经营家"的世界企业巨子斯通先生。护士也根本无从知晓,斯通探望的女士,并非他的家人,而是加利福尼亚州销售员哈桑的妻子。

哈桑后来知道了这件事，感激不已，每天工作达 16 小时，为的是以此报答斯通的关怀，加州的销售业绩一度在全美各地区评比中名列前茅。正是这种适度距离的管理，使得通用电气公司事业蒸蒸日上。

通用电气公司像美国其他一些公司一样，从经理到基层领导人员，已有不少采用"静默沉思"法使紧张心情宁静下来，消除神经紧张所造成的不安。经常"静默沉思"的人说，自从坚持定时沉思默想后，工作效率提高了，不容易激动，能较好地对付外界压力了。

而以前通用公司也普遍采用节食和体育锻炼计划来消除工作人员的情绪病，虽长期执行，但见效甚微。许多人因紧张心理造成的血压升高、压抑感和易怒等现象并未减轻。

哈佛大学心理和体育治疗研究所推广沉思默想之后，通用公司便向雇员推荐此法，公司聘请了默思辅导员指导雇员苦练这种默思法，包括瑜伽、冥想、端坐不动等。雇员们反映，他们已初步收到效果。

公司在推行此法后，使公司精神病治疗费用减少 27％；各分公司经理用此法后工作效率大为提高，为此该分公司已安排 12 名一天工作 12—14 小时的经理人员参加静默活动。事实证明，他们工作热情普遍高涨，精神也格外饱满。

企业中的人事管理要比政府、学校等其他职能管理棘手得多，因为企业人事管理的对象、性别、年龄、学历、工种、品性等方面存有更大差异。

通用公司在人事管理上近几年采取重大改革，改变了以往的人事调配的做法（由企业单方面评价职工的表现、水平和能力，然后指定其工种岗位）。现在，反其道而行之，开创了由职工自行判断自己的品格和能力，提出选择自己希望工作的场所，尽其可能由他自己决定工作前途："民主化"人事管理，称为"建言报告"，引起了管理界的瞩目。

专家们认为，"让棋子自己走"的这种"建言报告"式人事管理，比传统的人事管理更能收集到职工的容易被埋没的意见和建议，更能发掘人才和对口用人，从而对公司发展和个人前途更加有利。

此外，通用公司还别出心裁地要求每位雇员写一份"施政报告"，从 1983 年起每周星期三由基层员工轮流当一天"厂长"。"一日厂长"9 点上班，先听取各部门主管汇报，对全厂营运有了全盘了解后，即陪同厂长巡视部门和车间。"一日厂长"的意见，都详细记载在《工作日记》上。

各部门、车间的主管得依据其意见，随时改进自己的工作，并在干部会上提出改进后的成果报告，获得认可后方能结案。各部门、车间或员工送来的报告，需经"一日厂长"签批后再呈报厂长。厂长在裁决公文时，"一日厂长"可申诉自己的意见供其参考。

这项管理制度实行以来，成效显著。第一年施行后，节约生产成本就达 200 万美元，并将节约额的提成部分作为员工们的奖金，全厂上下皆大欢喜。

通用电气公司的日本子公司——左光兴产公司还实行一种特殊的"无章管理",也是感情化管理,最大限度地减少公司内部人际间的紧张关系,增强员工之间的信任,上下级之间的信任及员工对企业的信任。该公司近几年实行"无章管理"以后,年销售额在通用电气的所有海外子公司中独占鳌头。

◎ 讨论题

1. 通用电气公司是怎样实施员工沟通管理的?
2. 通用电气公司管理的总体指导原则是什么? 依据是什么? 效果如何?

案例 2

"哥伦比亚号"事件[①]

一、灾难发生

2003 年 2 月 1 日,载有 7 名宇航员的美国"哥伦比亚"号航天飞机在结束了为期 16 天的太空任务之后返回地球,但在着陆前发生意外,航天飞机解体坠毁。

"哥伦比亚"号发生意外时的飞行高度为 203 000 英尺,时速为 12 500 英里/小时。包括一名以色列宇航员在内的全体成员全部遇难。肯尼迪机场降半旗。

"哥伦比亚"号是美国现有的 4 架航天飞机中服役时间最长的,此次的意外事件使人们回想起了 1986 年 1 月 28 日"挑战者"号的失事,当时机上 7 名宇航员全部罹难。

二、失事原因

事发后,有关各方议论纷纷,对失事的原因众说不一。

为了调查真相,美国政府 2 月 1 日宣布成立一个独立调查机构,调查"哥伦比亚"号航天飞机失事事件。独立调查机构研究了航空航天局从"哥伦比亚"号航天飞机开始降落到最终坠毁过程中收集到的所有情报,这些情报包括宇航员在航天飞机失事前发送的信息、航天飞机传感器收集的记录、飞机碎片的分析结果以及各种卫星收集的数据。

美国军方在"哥伦比亚"号 2 月 1 日失事前几分钟拍摄到的一幅"高清晰度"照片成为专家和媒体推测这架航天飞机解体过程的依据之一,但美国航空航天局航天飞机项目经理罗恩·迪特莫尔 7 日认定,照片本身"并没有揭示太多线索"。尽管如此,调查人员依然表示乐观,认

---

① 该案例转引自庄士钦:《组织行为理论与实务——怎样成为有效的领导者》,人民邮电出版社 2003 年版,第71—73 页。

为同一天在得克萨斯州找到的"哥伦比亚"号机翼大块残片或许能够为探究空难原因提供相对更为"可靠"的线索。

此前,提供专家们审视、同时也贴在航天局网站上的黑白照片是由美国空军设在新墨西哥州的一台望远镜摄取得到的,虽说属于"高清晰度"照片,却因为"哥伦比亚"号当时相当于音速18倍的飞行速度,影像仅仅显示了航天飞机的一个模糊轮廓,呈现出蝙蝠状。在疑为"哥伦比亚"号解体开始之处的机身左侧,画面似乎显出了深灰色条纹。

迪特莫尔说,按照一些人的看法,照片显露了"哥伦比亚"号左侧机翼当时已经受损。但在他自己的看法中,对照片本身还需要作进一步研究,才能确定深灰色条纹是航天飞机所致,还是照片影像失真而成。

而就在左侧机翼成为关注焦点之际,从得州沃思堡市传来消息,再由航天局航天飞机和国际空间站项目主任迈克尔·科斯捷利尼克7日吹风会上予以了明确证实:"我们已有一项实质性收获……我们确实找到了一大块机翼,来自(航天飞机)两侧机翼之一。"这块机翼残片长66—88.5厘米,其中包含46厘米的机翼支架,属于机翼的前缘部分,使用碳纤维复合材料制成,所以能够抵御航天飞机重返地球大气层过程中摩擦产生的1 647 ℃高温。

据此,有专家认为,造成美国"哥伦比亚"号航天飞机空中解体的最大可能是航天飞机底部的隔热瓦在空中脱落。这位专家认为,航天飞机在60千米的高空以2万千米/小时的速度飞行,将产生3 000 ℃左右的高温,因此航天飞机的机身上都覆盖着石墨做的隔热瓦,这种石墨隔热瓦像鱼鳞一样一圈圈地围绕着机身,之间没有缝隙,以防止高温对机身的损害。以往,美国航天飞机也有隔热瓦脱落的现象,但这次,一个是脱落的面积可能比较大,更重要的是脱落的部分可能是靠近航天飞机底部飞机结构主梁的位置,主梁受热后变形,最后造成飞机在空中解体。

伦敦皇家学院教授巴洛在接受英国电视媒体的访问时表示,"哥伦比亚"号离地升空时,机体表面的隔热瓦脱落,击中机翼。他认为,此一重击损害到航天飞机的结构。

尽管失事原因尚未最后公布,但是俗话说:冰冻三尺,非一日之寒。

三、为什么置若罔闻

据路透社报道,美国白宫2月3日称,一名前NASA安全官员曾于去年致信布什总统,警告如不注意安全,将产生"另一场航天飞机灾难"。

但布什没有看到这封信,信中的恳求遭到了有关方面的拒绝。

白宫发言人阿里·弗莱舍说,布什去年没有看到这封写给他的信。据悉,这封内容重要的信件是NASA安全工程师唐·纳尔逊于2002年8月25日写给布什的。他曾经在NASA工作过36年,在NASA工作的最后11年间,纳尔逊担负着所有高级太空运输工程执行情况的评估工作,而且他还是"哥伦比亚"号航天飞机最初设计小组的成员。退休之前,他参加过每架航天飞机的升级和改进工作。

纳尔逊在信中写道，"必须由您来干预，才可能避免另一场航天飞机灾难性事故"。他还在信中列举了一系列航天飞机安全事故，这些可能导致悲剧发生的隐患包括：

1. 1999年，由于出现氢泄漏，"哥伦比亚"号航天飞机的原定发射日期被迫推迟；因为配线损坏、发动机故障并使燃油输送线凹陷等原因，"发现"号航天飞机被迫取消原来的发射计划。

2. 2000年8月，对"哥伦比亚"号航天飞机的检查发现，该航天飞机在配线方面竟存在多达3500多处缺陷。

3. 2000年10月，"哥伦比亚"号的第100次升空飞行被推迟，原因是一枚安全销位置放置错误和外挂箱存在安全隐患。

4. 2002年4月，一起氢泄漏事故迫使"阿特兰蒂斯"号航天飞机原定的升空计划取消。

5. 2002年7月，总检查长报告称，"哥伦比亚"号航天飞机的安全程序管理方法不当。

6. 2002年8月，"哥伦比亚"号燃油线发现有裂缝出现，其发射系统出现故障。

信中还说，"宇航员的生命和我们航天计划的未来一定不能被忽视"。纳尔逊强烈呼吁布什将航天飞机的乘员数量限制到4人，直到航天飞机逃逸舱建造起来才能再增加乘员人数。并尖锐地指出：NASA和美国航天安全顾问团未能对日益明显的航天飞机安全隐患做出及时反应。

然而，美国白宫官员否决了纳尔逊要求延期发射"哥伦比亚"号的请求。

但纳尔逊并不气馁，2002年10月，他试图与NASA的管理机构取得联系，提出他认为亟待关注的问题，希望能得到NASA的重视。

白宫科学顾问约翰·马伯格于12月4日给纳尔逊写了一封回信，说他的办公室与美国宇航局官员对纳尔逊所担忧的问题进行了讨论，"NASA把安全放在非常重要的地位，他们已经组成了专门的任务小组，准备对航天飞机的安全系统进行改进，以减少航天飞机乘员可能面临的生命危险"。

但结果令他非常失望，NASA同样拒绝听取他的意见。纳尔逊2月1日对媒体记者说，他认为"哥伦比亚"号坠毁事故正是NASA大多数高层领导的"管理不善"造成的。

弗莱舍2日曾表示，逃逸舱也挽救不了"哥伦比亚"号上宇航员的生命，"即使讨论之后，我认为像要求总统宣布推迟航天飞机发射时间的做法也是不妥当的。"

◎ 讨论题

1. 通过此案例，你认为应当如何处理群体决策与个人意见之间的关系？"哥伦比亚"号航天飞机坠毁事故能否避免？为什么？

2. 纳尔逊的信件为什么得不到应有的重视，在NASA的决策中存在什么问题？

3. 你认为总统在"哥伦比亚"号事件中应该承担哪些责任？如何避免？

【本章学习目标】

通过本章学习,你应该了解:

1. 冲突的含义、类型和特性。

2. 冲突产生的来源和一般过程。

3. 如何有效管理冲突?

4. 谈判的类型及基本技能。

预习案例

万科的人事冲突①

1997年末万科从总部派出新的"三驾马车",分别任命为上海分公司的正副总经理和市场部经理,接管已严重受损的上海业务。年轻的新领导班子临危受命,急赴上海,夜以继日,重整业务,成绩显著。然而,一件意想不到的"小事",却使得这个刚组成的领导班子差点解体。

1997年大年三十,劳累了一年的万科人力资源部总经理XD,刚处理完年底最后一点工作,兴冲冲准备度假时,上海分公司一个销售主任飞抵深圳总部,向XD投诉上海分公司违反人事制度把他解雇了。

原来,这个当地的销售主任同总部刚派过去的销售经理,发生了严重的工作冲突,以至于工作不能正常进行下去。在会上,这个销售经理当场表示要炒掉这个主任。会后,他征得一同派来的正副总经理同意后,第二天解雇了这名销售主任。可是这名被炒的主任认为:上海分公司违反了万科公司的制度。因为万科的人事制度是:基层管理者如果在工作上犯了错误,首先应该是降职,如果降职后仍然表现不好,才能将其辞退。另外,公司《职员手册》在炒人的程序上明确规定,要辞退一个员工,也必须在征得分公司老总和总部人力资源部共同同意、并征询职委会(工会)的意见下方可进行。因此,仅凭他因工作问题与上司发生冲突,并不足以将其辞退。所以,秉性严谨的上海人,一气之下,大年三十向万科总部讨"说法"来了。

XD接到投诉后,抄起电话调查此事。调查过程中了解到:上海公司坚持认为该员工不服从管理,应该予以辞退;同时销售经理也表示,如果万科总部要撤销这个炒人决定,他就立刻辞

---

① 该案例节选自"万科的人事管理案例",http://www.chinahrd.net(中国人力资源开发网)。

职。XD为难了。上海分公司的做法显然不符合程序,可是上海公司已经出了公告。让上海公司收回成命,就意味着不仅要失去一名刚派去的高级管理人员,而且对新管理层的士气影响巨大。两权相害,取其轻吧! 为了维护上海公司管理层的权威和尊严,XD还是决定维持原判,同时告诫上海分公司下不为例,并将此处理意见反馈给职委会。

在组织中,人们日常的工作是以相互交流和人际关系为基础的。因此,为了能够在紧张而又复杂的情况下顺利进行工作安排、执行工作任务,管理者必须具备良好的人际交往技能。在人际关系上经常进行交流可以减少冲突,化解不同意见和分歧,而这些意见和分歧常常会使人们陷入困境。在组织中,要成功管理,提高绩效,就需要正确地理解冲突和谈判的真正内涵,掌握冲突管理的方法和谈判技能。

第一节 冲突的性质

我们每个人都会遇到形形色色的冲突,个人、家庭、组织都要面对冲突,处理冲突,作为组织管理者,更是如此。在组织中,个体与个体、个体与群体、群体与群体之间必然会发生这样或那样的交往和互动关系,在这些错综复杂的交往与互动过程中,人们会因各种各样的原因而产生意见分歧、争论、竞争和对抗,从而使彼此之间的关系出现不同程度、不同表现形式的紧张状态,这种紧张状态为交往和互动双方所意识到时,就会发生组织行为学称之为"冲突"的现象。冲突问题已成为组织行为学的一个重要研究领域。

一、冲突的基本概念

冲突(conflict)是一种广泛存在的社会现象,它不仅存在于正式组织的各项活动之中,而且存在于人类社会活动的各种形式、各个层面、各个领域和所有的行为主体之中。组织行为学主要研究广泛存在于组织各项活动之中的冲突,是作为组织活动的基本内容和基本形式之一,影响和制约着组织和组织成员的行为倾向和行为方式的冲突。

(一) 冲突的定义

关于冲突的定义很多,下面是一些学者的有关定义:

Joseph E. Champoux 认为,"冲突是指怀疑的或质疑的、对立的、不相容的行为、矛盾或对抗性的相互作用。"[①]

理查德·L. 达夫特(Richard L. Daft)和雷蒙德 A. 诺伊(Raymond A. Noe)认为,"冲突是

---

① 参见 Joseph E. Champoux:《组织行为学》,清华大学出版社 2004 年版,第 195 页。

可感知的在两个或多个价值观、目标或需要之间的不相容性。"①

芬克(K. Fink)认为冲突是"在任何一个社会环境或过程中两个以上的统一体被至少一种形式的敌对心理关系或敌对互动所联结的现象"。②

托纳(Jonatham H. Torner)倾向于主张"冲突是两方之间公开与直接的互动,冲突中的每一方的行动都旨在禁止对方达到目标"。③

罗宾斯把冲突定义为"一种过程,当一方感觉到另一方对自己关心的事情产生不利影响或将要产生不利影响时,这种过程就开始了。"④

综合诸多学者关于冲突的定义,本书对冲突给出如下定义:冲突是行为主体之间在目标、认知或情感上互不相容或相互排斥,从而产生心理上或行为上的矛盾。冲突的主体可以是组织、群体或个体;冲突是意见分歧的外化为行为;冲突是一个过程,它是从个体与个体、个体与群体、个体与组织、群体与群体、群体与组织之间、组织与组织之间的相互关系和相互作用过程中发展而来的,它反映了冲突主体之间交往的状况、背景和历史。

需要注意的是,冲突与竞争既有联系也有区别。一般而言,当组织中的个体或群体具有不相容的目标,但他们之间并不直接相互阻碍或干扰,这就是竞争。冲突是组织中的个体或群体具有不相容的目标,并直接相互阻碍或干扰。换言之,竞争可能引发冲突,也可能不引发冲突。

（二）冲突观念的演变

随着社会实践的发展,社会学家和管理学家对冲突的看法也发生变化,先后主要形成了三种观念:

（1）传统观念(traditional view)。20世纪40年代中期以前,大多数人认为冲突是消极的、不良的,是有害无益的。它常常被当作暴乱、破坏和非理性的代名词。人们认为冲突是功能失调的结果,导致冲突的原因有:沟通不良;人们之间缺乏坦诚和信任;管理者对员工的需要和抱负缺乏敏感性。这种观念认为所有的冲突都是不利的,是应该避免的。

当代大量的研究并没有给冲突这一传统观念提供强有力的支持,相反有不少研究都驳斥了这种认为降低冲突水平会提高工作绩效的传统观点。尽管如此,现实中,冲突的传统观念依然大量存在,许多人仍抱有传统观念来看待和处理冲突问题。

（2）人际关系观念(human relations view)。20世纪40—70年代,冲突的人际关系观念占据统治地位。这种观念认为,对于所有群体和组织来说,冲突都是与生俱来的。由于冲突无法避免,人际关系学派建议接纳冲突,使它的存在合理化。冲突不可能被彻底消除,有时它还会

---

① 参见理查德·L.达夫特(Richard L. Daft)、雷蒙德·A.诺伊(Raymond A. Noe):《组织行为学》,机械工业出版社2004年版,第324页。

②③ 参见陈维政、余凯成、黄培伦:《组织行为学高级教程》,高等教育出版社2004年版,第286页。

④ 参见斯蒂芬·P.罗宾斯(Stephen P. Robbins):《组织行为学》,中国人民大学出版社1997年版,第386页。

对群体的工作绩效产生有益作用。如果两名员工在采用哪个工作方法时发生冲突,管理层应该引导和鼓励这种冲突,以弄明白哪个员工的方法更佳。由于冲突既不好也不坏,因此,鼓励建设性冲突和解决破坏性冲突,使冲突保持在适度的水平,对管理者来说是非常重要的。

(3) 相互作用观念(interactionist view)。这种观念风行于 20 世纪 80 年代以后,认为冲突可能是建设性的、积极的,应该鼓励适度的冲突。没有冲突,过分融洽、和平、安宁的组织或群体则缺乏生机、活力和创新精神。它鼓励管理者将冲突维持在适当的水平,刺激组织或群体的活力、生机和创新,成为促进组织变革,保持旺盛生命力的积极动力,从而提高组织绩效。

认为冲突都是好的或都是坏的看法显然并不恰当也不够成熟,冲突是好是坏取决于冲突的类型。

二、冲突类型

依据人们的不同视角,对组织中冲突现象的分类常见的有以下几种方法:

(一) 依据冲突的内容分类

依据冲突的内容,可以把冲突简单分为以下几种类型:

(1) 认知冲突(cognitive conflict),是指主体的建议、意见和想法等与他人或组织产生矛盾时而产生的冲突。比如,员工认为公司的业绩考评方式不够合理,而管理层认为这种考评方式是适用的,这时就产生认知冲突。

(2) 目标冲突(goal conflict),是指冲突主体在目标结果追求上的不一致。例如,销售员为增加销售量而接受了小批量的工艺复杂的产品订单,而生产部门则希望加工大批量工艺简单的产品订单,销售员与生产部门就可能因此而产生冲突。

(3) 权力冲突(power conflict),一般发生在组织出现机构调整、职位空缺或权责不明时。例如,当某位经理退位或离职时,组织中两个或更多人都认为自己可以接替这一位置时,就可能形成权力冲突。

(4) 情绪冲突(emotional conflict),是指由人与人之间因为生气、不信任、厌恶、害怕、怀恨和喜欢等感情而产生的交流困难。这种冲突会出现在不同的情境中,尤其是出现于合作共事者和直接上下级之间的关系中。

(二) 依据冲突的作用分类

以冲突对组织所起作用或功能的性质不同,可将冲突分为两类:

(1) 建设性冲突(constructive conflict),或称功能正常的冲突(functional conflict),是对个人、群体或组织提供创造性,带来积极性利益的冲突。它能够揭示组织深层次的问题以便于解决,使人们仔细考虑甚至重新考虑原先所做的决定,以保证在行动中采取正确的方法。

(2) 破坏性冲突(destructive conflict),或称功能失调的冲突(dysfunctional conflict),是对

个人、群体或组织不利的冲突。它分散人们的精力,破坏群体凝聚力,加深人际冲突,在员工中形成消极的工作环境。例如,当两名员工由于情绪冲突而不能在一起合作,或群体之间因为目标不一致而不能共同行动时,破坏性冲突就产生了。

(三) 依据冲突层面分类

依据冲突层面分类,组织中主要有四个层面的冲突:

(1) 个体内部冲突(intrapersonal conflict),发生于个人内部,通常涉及某种形式的目标、认识或感情冲突。当一个人的行为将导致互相排斥的结果时,就会引发这种冲突。一般地,个体内部冲突有3种形式:

① 接近——接近型冲突,一个个体同时出现两个具有吸引力的目标物而只能取其一,即为此类型冲突。如某员工在本公司中有一个极具价值的晋升机会,同时,在另一公司中又有一个极具吸引力的高薪工作机会,必须在这二者之间作出选择时,该员工自身会产生心理乃至行为上的矛盾。

② 回避——回避型冲突,发生在两个目标都没有吸引力而只能避开一个时的冲突。如财务经理在上司要求他做假账时,是违背职业道德服从但可能日后受到追究呢,还是离职而去?这是一种"两害相权"的冲突。

③ 接近——回避型冲突。该类型冲突存在于同一个目标既有正面特征,也有负面特征。如一份高薪的工作对于你非常有吸引力,但同时沉重的工作压力可能让你无暇顾及家庭。

(2) 个体之间的冲突,即人际冲突(interpersonal conflict),发生于两个人或多个人对问题、目标或行动产生不同的认识、态度、立场时。例如两名主考官对招聘一新员工的观点发生歧见时进行的争论。许多个体差异都会导致人们之间的冲突,包括人格、态度、价值观、理解力及前述第三章、第四章所论及的其他个体差异。

(3) 群体之间的冲突(intergroup conflict),发生在组织中不同的群体或部门之间,如公司里的销售部常与生产部发生冲突。群体间冲突可能对每个群体都会产生积极的影响,如提高群体的凝聚力,增加对工作任务的关注,以及提高对群体的忠诚度。当然,也存在负面的效果。冲突中的群体会产生一种"势不两立"的心理,相互间充满敌意,沟通明显减少。

(4) 组织之间的冲突(interorganizational conflict),一般发生在同一市场中的竞争性组织之间,如同行业中各企业组织之间的竞争。但组织层面上的冲突是一个比市场更宽泛的概念。例如,在消费者协会与公司之间的冲突;在劳动监察队与公司雇佣员工之间的分歧。

三、冲突的特性

冲突广泛存在于社会组织中,但它并不轻易被所有人觉察。从冲突的相互作用观念看,冲突既可能产生积极影响,也可能产生消极作用。由此可见,冲突既具客观性,又有主观知觉性,其作用又具有二重性。

（1）客观性。冲突的客观性是指冲突客观存在于现实社会中，是不可避免的一处组织现象。任何人、任何群体或组织都会遇到各种各样的冲突，它是任何社会主体无法逃避的客观现实。社会主体在与冲突的际遇互动中的区别，只是冲突的类型、程度和性质的差异。

（2）主观性。客观存在的各种各样的冲突必须经过人们自身去感知，内心去体验，还需要人去处理和解决。冲突归根到底是人与人之间的冲突，人们产生冲突的原因和管理冲突的方式不可避免要受其主观认知的影响。冲突一定会带有人的主观因素，要做到完全客观地处理冲突几乎是不可能的。在进行冲突管理时，我们应充分考虑到人的主观因素的影响。

（3）二重性。传统的观点认为，冲突既然意味着分歧和对抗，就必然给组织和群体造成不和，破坏良好关系，影响组织目标的实现，极端的情况下还会威胁组织的生存，因而所有的冲突都是破坏性的。这种观点提供了一种简单的方法来对待冲突，就是必须避免和减少冲突。现代观点认为，冲突对组织有些是属于破坏性的，也有一些则是建设性的，冲突具有二重性。适当的冲突能使组织保持旺盛的生命力，鼓励批评和不断创新。

如果冲突能提高决策的质量，激发革新与创造，调动群体成员的兴趣与好奇，提供问题公开、紧张解除的渠道，培养自我评估和变革的环境，那么这种冲突就是建设性的。由于冲突允许百家争鸣，使得一些不同寻常的或由少数人提出的建议会在重要决策中增加权重，因此提高了决策质量。冲突还是集体决议的矫正办法，它不允许群体以消极的、不加考虑的方式赞同下面这些决策：建立在不堪一击的假设基础上的决策，未充分考虑其他意见的决策，以及各种有其他弊端的决策。冲突向现状提出挑战，并进一步产生了新思想，促使人们对群体目标和活动进行重新评估，提高了群体对变革的迅速反应力。

冲突对于组织、群体或个人既具有建设性、有益性，有着产生积极影响的可能性，以此特性为主体的冲突即"建设性冲突"。另一方面，冲突又具有破坏性、有害性，有着产生消极影响的可能性，以此特性为主体的冲突即"破坏性冲突"。前者多是由于冲突各方目标和根本利益差别不大，但手段、方式等不同而引起的功能正常的冲突，它不仅不会危害而且会促进组织的根本利益和长远目标；后者则是由于冲突各方的目标和利益悬殊而引起的功能失调性冲突，会危及组织的根本利益和长远目标。

组织的两种截然不同的特性反映了冲突本身的对立统一性。冲突既可能给组织或其他主体带来正面效应，提高组织的工作绩效，促进组织发展，也可能给组织或其他冲突主体带来负面效应，降低组织工作绩效，阻碍甚至破坏组织生存与发展。因此，简单断言冲突的好与坏，未免失之武断。

越来越多的证据表明，群体活动的类型是决定冲突作用的重要变量。群体任务的非常规化程度越高，内部冲突具有建设性的可能性也越高。那些需要用创新方法处理问题的群体或组织(如从事研究、广告设计或其他专业技术活动的群体)比那些从事高度常规化工作的群体(如服装生产流水线的工作团队)更适宜激发一定程度的冲突,并从中得到更大的收益。

理查德·L.达夫特和雷蒙德·A.诺伊认为,组织冲突的程度直接关系到它对组织的影响是正面的还是负面的。中等程度的冲突能够刺激组织的创造性,对组织绩效有积极影响。过多或过少冲突都对组织具有破坏性。严重冲突将员工的责任感转移开来,并妨碍他们创造性地解决问题。而如果没有冲突或冲突过少也有负面影响,因为人们趋向于接受现有的组织环境条件,缺乏热情与兴趣去改变现状,从而错过组织提高的机会。组织冲突的程度如图7.1所示。冲突对于组织的利与弊见表7.1所示。

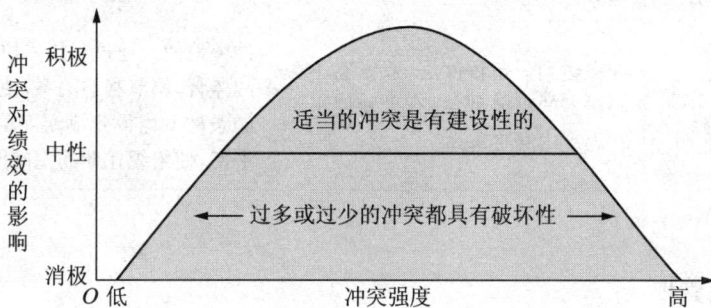

图 7.1 冲突的二重性:建设性冲突和破坏性冲突

表7.1 冲突对于组织的利与弊[①]

	消极影响(均指高强度冲突)	积 极 影 响
对成员心理的影响	带来损害,引起紧张、焦虑,使人消沉痛苦,增加人际敌意	使坚强者从幻觉中清醒,从陶醉中震惊,从不能战胜对方中看到自己弱点所在,发愤图强
对人际关系的影响	导致人与人之间的排斥、对立、威胁、攻击,使组织涣散,削弱凝聚力	"不打不成交",使人加强对对方的注意,一旦发现对方的力量、智慧等令人敬畏的品质,就会增强相互间的吸引力,团体间的冲突促进各团体内成员一致对外,抑制内部冲突,增强凝聚力
对工作动机的影响	使成员情绪消极,心不在焉,不愿服从与之冲突的领导的指挥,不愿与相冲突的同事配合,破坏团结愉快的心理气氛	使成员发现与对方之间的不平衡,激起竞争、优胜、取得平衡的工作动机,振奋创新精神,发挥创造力

---

① 参见陈维政、余凯成、黄培伦:《组织行为学高级教程》,高等教育出版社2004年版,第289页。

	消极影响（均指高强度冲突）	积 极 影 响
对工作协调的影响	导致人与人之间、团体与团体之间的互不配合、互相封锁、互相拆台，破坏组织的协调统一和工作效率	使人注意到以前没有注意到的不协调，发现对方的存在价值和需要，采取有利于各方的政策，加以协调，使有利于组织的各项工作均得以开展
对组织效率的影响	互相扯皮，互相攻击，转移对工作的注意力，政出多门，降低决策和工作效率，互争人财物，造成积压、浪费	反映出认识的不正确，方案的不完善，要求人全面地考虑问题，使决策更为周密
对组织生存、发展的影响	冲突达到一定程度后，双方互不关心对方的整体利益，有可能使组织在内乱中濒临解体	冲突迫使人通过互相妥协让步和互相制约监督，调节利益关系，使各方面在可能的条件下均得到满足，维持内部的相对平衡，使组织在新的基础上取得发展

第二节　冲突管理

认识冲突的内涵和性质，是要对组织中的冲突进行有效的管理。1976 年，美国管理者协会（AMA）赞助的一项调查显示，企业中执行总裁、副总裁和中层管理人员处理冲突问题的时间，分别占他们工作时间的 18％、21％和 26％。被调查人员普遍感到，冲突管理与计划、激励和决策一样成为企业管理中越来越重要的方面，冲突控制能力成为管理人员最重要的能力之一。而管理冲突首先要了解冲突的来源，找到产生冲突的原因，了解冲突发生的一般过程，把握冲突的强度，适当地利用冲突的建设性积极作用，防止和消除冲突的破坏性消极影响。

一、冲突来源

要理解和管理冲突，首先要找到冲突的来源。人们基于不同视角和侧面对冲突有着不同的认识与表述，下面简要介绍冲突来源的两种分类。

（一）杜布林的冲突来源分类[①]

著名行为学家安德鲁·J.杜布林（Andrew. J. Dubrin）运用系统的观点来观察冲突问题，列举了 8 个方面的冲突来源：

（1）人的个性。杜布林从弗洛伊德的心理学观点出发，认为人存在潜在的攻击意识，并想

---

① 参见陈维政、余凯成、黄培伦：《组织行为学高级教程》，高等教育出版社 2004 年版，第 293 页。

寻找机会表现出来。这种潜在的攻击性,是冲突的根源之一。同时,人的个性的差异会造成冲突各方对相同问题的处理方式也不同,而这些差异性,也会造成冲突。

(2) 有限资源的争夺。有用资源的稀缺性与资源需求主体的多元化,资源需求的无限性,所造成的个人、群体、组织三个层面的有限资源的争夺乃是导致冲突的普遍原因之一。由于不同的群体或组织在资金、原料、人员、设备、信息、时间等各种有用资源上必然存在不同程度的有限性,难以做到"按需分配"或完全公平的合理配置,所以源于资源争夺的冲突便在所难免。

(3) 价值观和利益的冲突。不同的价值观和利益的不一致性也是冲突的根源。不同主体在组织活动过程中追求自身的目标和利益,必然抱有自己的价值观念,在错综复杂的交往与互动过程中,彼此间的利益也不可能协调一致,常常存在多种形式的分歧或对立,从而导致彼此间的冲突发生。价值观是一个人长期实践形成的,在短期阶段是无法改变的,所以价值观的冲突也是长期存在的。老年员工和青年员工之间的冲突,有时就是由于价值观的不协调而引起的。员工之间待遇不公、培训机会和发展机会等问题引起的冲突则属于利益的冲突。

(4) 角色冲突。组织中的个人和群体在履行职责、承担任务、从事活动、表示形象时,常常不得不扮演两种或两种以上的相互矛盾或排斥的角色,这种角色矛盾会引发个人或群体的紧张状态,从而导致冲突发生。

(5) 追逐权力。有些人权力欲很强,特别是某些管理者热衷于追逐权力,不能安分守己地去做好本职工作,喜欢越职、越级去处理事情,这样会造成对员工的多头领导和组织管理的混乱。这种情况下冲突在所难免。有时为了取得某项权力甚至攻击对方,抬高自己,打击别人,因而产生冲突。

(6) 职责规定不清。职责规定不清意味着在一个组织或群体中,干什么、谁来干、如何干、干好干坏怎么定等类工作职责和权事不清,角色模糊,有利时人们可以揽为己任,争得好处;不利时人们也能推卸责任,保全自己。有占便宜的就会有吃亏的,自然会引起冲突。

(7) 组织变动。组织出现的变化是多种多样的,引起或加剧冲突的是组织较大的变化或变革。如企业经营方向的变化、机构精简和合并使原来的平衡被打破,这时可能出现冲突。大公司兼并小公司,在接收的公司和被接收的公司之间常常存在权力的斗争和其他方面的冲突现象。

(8) 组织风气不佳。组织冲突的水平和性质与组织的风气密切相关。组织风气佳,则冲突程度一般情况下比较适中,且多为建设性冲突。组织风气不佳,这类组织通常人际关系庸俗化,组织的价值观混乱,没有严格的管理规章,管理者和员工都在为各自的利益而忙碌,在这种风气下,容易引起冲突,且冲突程度失控,多为破坏性冲突。组织风气还会有潜移默化的作用,在此影响下冲突有"传染性"。

（二）达夫特和诺伊的冲突来源分类①

关于冲突的来源，理查德·L.达夫特和雷蒙德·A.诺伊认为主要有价值观、目标、需求及对前三者的知觉差异。如表7.2所示。

表7.2　组织中冲突产生的来源

来　源	产生的原因
价值观差异	文化差异、个体间差异、与角色有关的差异
目标差异	人格差异、任务或角色差异、资源稀缺
需求差异	人格差异、资源稀缺、权力不平衡
对价值观、目标或需求的知觉差异	关于角色、资源、任务的含糊不明确；知觉扭曲

（1）价值观差异。这方面和杜布林观点类似。价值观差异可能基于文化或个人差异。当组织将多样性的劳动力聚集在一起或经营全球性的商业活动时，价值观的差异特别明显。这种差异在大型群体和员工流动率很高的公司很可能出现。在一个员工流动率很高的公司里，个人用于学习和接受组织文化的时间原本就很少。不但员工个体之间产生冲突，员工与所在群体及组织之间也极易产生冲突。

（2）目标差异。如果个人或群体以不相容的方式定义他们的目标，那么他们就会有目标差异。个人目标冲突如某图片设计师想保持其艺术自由的目标与他想通过处理各种业务活动来促使其获得职业成长的愿望之间的冲突。

除了个人目标，组织结构也能促成目标的不相容性。如果组织被严格地分为职能群体或部门，如市场、生产、采购和财务，那么群体成员可能在定义他们的目标时只考虑这些单一职能，而考虑不到共同的更大的目标。比如财务部门可能觉得一个模糊的营销计划有投资风险，从而与其保护并使组织的资本资源增值的目标不相容。

另外，组织和领导者提供奖励的方式会产生目标差异。如果一个人的奖励是以另一个人没得到为代价，那么奖励机制就鼓励了人们在奖励竞争时产生冲突。

（3）需求差异。在一个群体或组织中，人们的需求往往不同或不相容。例如，在一个有高度归属需要的人领导的群体中，一个有高度成就需要的人就可能是冲突的来源。个人内心的需求也可能产生冲突。例如，接受升职可以满足加薪与职业发展的需求，但同时也要求对工作投入更多的时间和精力，这样就不能满足这个人的社会和自我实现的需要。组织也会导致需求差异。当组织建立了不合情理要求的时候，他们会与员工的个人需求相冲突。

---

① 参见理查德·L.达夫特（Richard L. Daft），雷蒙德·A.诺伊（Raymond A. Noe）：《组织行为学》，机械工业出版社2004年版，第326页。

（4）对价值观、目标或需求的知觉差异。对同一人或事物的理解差异也会产生冲突,冲突作为感知过程的结果而出现。交流不畅通可能会导致两个部门之间发生冲突。管理者的行为可能给员工传达一种想法,即员工认为他不想听他们的观点,事实上管理者安静地观察并等待员工开始发表意见和表达他们的观点。组织的政策不明确,也可能导致人们理解的差异,从而产生冲突。最后,当员工认为组织对工作的安排不切实际或不适当时,也会导致冲突。

除了上述冲突来源分类外,还可以从冲突形成的客观基础——组织中不同主体的相互依赖性,冲突形成的直接原因——个人、群体和组织彼此之间的差异性,冲突形成的推动力——群体和组织内在机制的不完善,以及不同层次冲突的特殊原因等多个角度来分类。认识和归纳冲突的来源,有助于更好地管理冲突。

二、冲突的过程

有效管理冲突还需要了解冲突的一般过程。在阐述组织冲突过程之前,先看一下有关冲突模式。国外许多学者从冲突过程性研究提出了冲突模式。

(一) 冲突模式

行为科学家杜布林运用系统观点来观察和分析冲突,构建了由输入、干涉变量和输出三类要素组成的冲突系统分析模式,如图 7.2 所示。

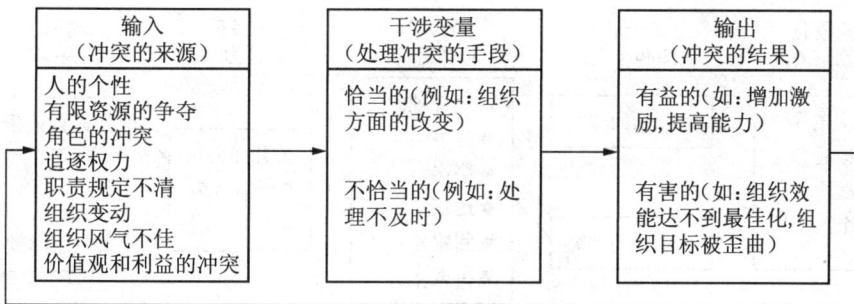

图 7.2 杜布林冲突系统模式①

杜布林关于冲突的系统分析模式的含义是:①冲突启动于输入部分——冲突来源的种类、结构和强度等状况;②再经过干涉变量——处理冲突手段的加工作用(恰当地处理或不恰当地处理);③最后产生了输出——冲突的结果(恰当处理冲突所导致的有益结果和不恰当处理冲突所导致的有害结果);④冲突的结果又会反馈作用于冲突的根源——冲突的输入,影响到新一轮的冲突。

---

① 参见陈维政、余凯成、黄培伦:《组织行为学高级教程》,高等教育出版社 2004 年版,第 293 页。

美国另一位行为科学家庞地（Louis R. Pondy）从冲突的产生过程提出冲突模式，如图 7.3 所示。庞地认为，冲突在潜在阶段并不一定表现出来，而是要经过知觉和感受阶段，冲突才表现出来，冲突的结果有冲突极端化（好斗）和合作两种。与杜布林相似，庞地也认为冲突的结果取决于冲突解决的方法。

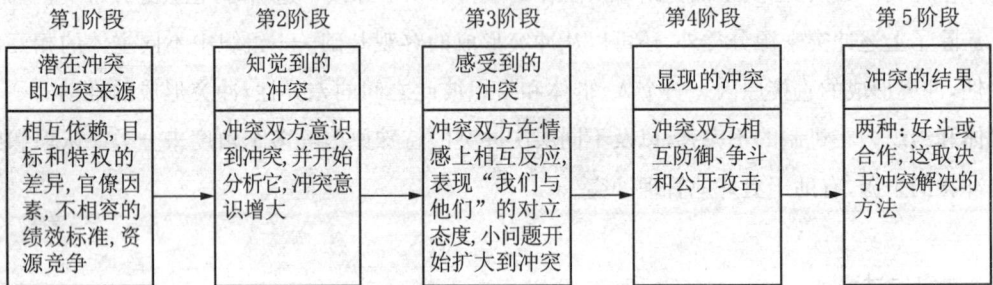

第1阶段	第2阶段	第3阶段	第4阶段	第5阶段
潜在冲突即冲突来源	知觉到的冲突	感受到的冲突	显现的冲突	冲突的结果
相互依赖，目标和特权的差异，官僚因素，不相容的绩效标准，资源竞争	冲突双方意识到冲突，并开始分析它，冲突意识增大	冲突双方在情感上相互反应，表现"我们与他们"的对立态度，小问题开始扩大到冲突	冲突双方相互防御、争斗和公开攻击	两种：好斗或合作，这取决于冲突解决的方法

图 7.3　庞地的冲突模式

组织行为学家罗宾斯结合组织群体绩效，从冲突产生过程的四个阶段研究提出冲突模式，如图 7.4 所示。罗宾斯认为，冲突来源是冲突产生的前提条件，也是冲突潜在阶段；第 2 阶段是冲突的知觉和感受阶段；然后进入冲突及其解决阶段，即冲突行为阶段；冲突行为结果的最终表现是组织群体绩效的表现即绩效的提高或降低。

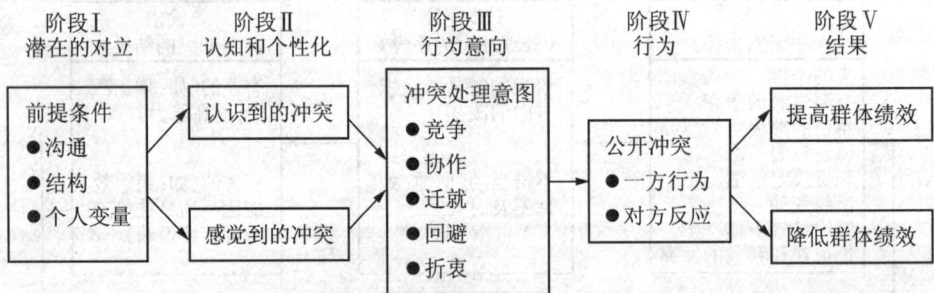

阶段Ⅰ潜在的对立	阶段Ⅱ认知和个性化	阶段Ⅲ行为意向	阶段Ⅳ行为	阶段Ⅴ结果
前提条件 ●沟通 ●结构 ●个人变量	认识到的冲突 感觉到的冲突	冲突处理意图 ●竞争 ●协作 ●迁就 ●回避 ●折衷	公开冲突 ●一方行为 ●对方反应	提高群体绩效 降低群体绩效

图 7.4　罗宾斯的冲突模式①

以上几种冲突模式都是将冲突来源作为冲突产生的前提条件，将冲突解决方法的选择和采用作为导致冲突结果的关键因素，并都从冲突的积极方面和消极方面分析冲突结果。相比而言，杜布林的冲突系统模式更简明，罗宾斯与庞地的冲突模式有更多的相似之处，二者主要的不同是罗宾斯对冲突结果的分析更明确和具体。这里主要结合在庞地的冲突模式及观点基础上发展而来的约瑟夫（Joseph）冲突互动模式，来具体分析冲突过程。

---

① 参见斯蒂芬·P. 罗宾斯（Stephen P. Robbins）：《组织行为学》，中国人民大学出版社 1997 年版，第 388 页。

(二) 冲突过程

庞地(1975)认为,组织中的冲突过程是一系列的冲突互动过程,这些互动过程会发生衰退、流逝和变化。[①]尚普(Champoux)在此基础上发展出冲突互动过程模式如图7.5所示,潜在冲突导致了冲突行为,互动过程是以冲突余波为结束的,而这种余波又把它与其后的冲突互动过程联系起来。

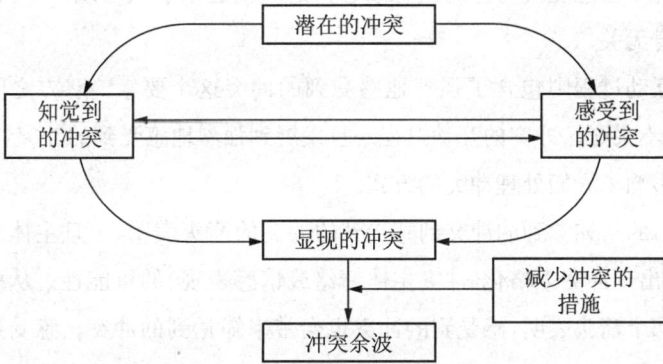

图 7.5　尚普的冲突互动模型

(1) 潜在的冲突(latent conflict),是指个人、群体或组织中可能导致冲突行为的各种因素。这些因素就是冲突的前提条件,也是组织中冲突的一种潜力。虽然这些前提条件并非必然导致冲突,但是它们却聚集了冲突的根源,是冲突产生的必要条件。一旦这类冲突的前提条件积聚到位,或者说这些交互作用主体潜在的对立或不一致处理不当时,冲突的过程就会开始,互动主体之间潜在的冲突就会转化成显现的冲突。但潜在的冲突阶段可能会被组织成员忽视。

潜在冲突的形式如有限的预算或设备、专业技术和知识等稀缺资源,以及对于个人或群体来说不相容的目标等。潜在的冲突可能同时具有两种或两种以上的形式。

(2) 知觉到的冲突(perceived conflict)。潜在的冲突因素出现后,并不一定就会被卷入冲突中的潜在主体所知觉。有两种情况可能限制了人们对于冲突的知觉。一种是人们可能会通过某种手段压制对冲突的注意,从而遮掩轻微的冲突。另一种情况是组织中存在很多诱发冲突的条件,个体往往会把注意力只集中在他们所选择的条件上。前面第三章讲述到的知觉障碍都可用于说明知觉到的冲突。

需要注意的是,潜在的冲突虽与知觉到的冲突之间存在一定联系,但二者之间并非始终存在严格的先后顺序。潜在的冲突并不一定总会先于对冲突的知觉而出现。即使不存在潜在条件,人们也可能会知觉到自己处于冲突之中。例如,同事们觉察到年轻女员工丹丹受到女上

---

① 参见 Joseph E. Champoux:《组织行为学》,清华大学出版社 2004 年版,第 198 页。

司张经理的排挤,但丹丹一副与上司相处甚欢的样子,同事们都以为丹丹太单纯,什么都不懂。直到丹丹终于找到一个机会报复了女上司,同事们才知道其实她早就知觉到上司对她的暗中排挤。

(3) 感受到的冲突(felt conflict),是冲突互动中的情感表现,比如感到紧张、生气、担忧或激动。有些冲突互动过程从不会进入到感受到的冲突这个阶段。比如说,有两个人意见不同,但是他们两个人都不会感受到对方的任何敌意。他们只是把争执当成一个需要解决的问题,而和他们个人本身无关。

而有些冲突互动过程则包含了强烈地感受到的冲突这个要素。双方之间的感觉变得紧张,恶语相向或互不买账。冲突的互动过程一旦发展到强烈地感受到的冲突,就比较难以管理了。各种情绪也影响了人们处理冲突的方式。

图7.5中给出的从知觉到的冲突到感受到的冲突的箭头表明,一旦主体双方知觉到的冲突条件出现,就会出现冲突人格化(冲突主体情绪或情感表现)的可能性。从感受到的冲突到知觉到的冲突的那个箭头表明,感受到的冲突也会带来知觉到的冲突。感受到的冲突包括了冲突互动中冲突主体各方对于对方所持的价值观和态度。高水平的信任和人际合作的价值倾向,可以带来较低的知觉到的冲突;对立的态度和价值观则会带来较高的知觉到的冲突。

(4) 显现的冲突(manifest conflict),就是冲突互动中的各方之间的实际冲突。在此阶段的主体自觉或不自觉地采取了公开的冲突处理行为,此时的冲突行为往往带有刺激性、对立性和互动性,它可能是口头的、书面的或身体上的攻击。显现的口头冲突就是各种争论;显现的书面冲突就是通过备忘录或其他文档的交换,试图证明自己的论点正确或赢得争论;身体攻击是一种强烈的负面冲突行为,其意图是伤害对方。当然,相互作用各方的不同类型和强度的行为表现,会导致不同强度和类型的冲突。

(5) 冲突余波(conflict aftermath)。冲突的互动过程是以冲突余波为终点的。如果冲突互动过程可以把冲突解决得令冲突主体各方都满意的话,冲突余波就能够扫除新的互动过程的所有潜在冲突的可能性。而如果在冲突结束时,冲突的基础仍然存在的话,余波中就会存在新的冲突互动过程的潜在冲突。例如,对稀缺资源分配问题的冲突,通常都是通过妥协的方式加以解决的。没有人能够完全获得自己所想要的东西;所以,余波中就包含了对于更多资源的潜在需求和欲望。由于在前一个互动过程的余波中留下了潜在冲突,稍后就可能会发生一个新的互动过程。

以上这些冲突过程是相互关联的,冲突互动过程中的各种相互关系,如图7.6所示。每个冲突互动过程都会通过冲突余波和潜在冲突之间的连接,和下一个互动过程联系起来。有效的冲突管理所面临的挑战就是要打破这种连接。为了长期有效地降低那些功能失调即产生破坏性作用的冲突,我们必须找出潜在冲突并把它们从冲突余波中消除掉。但是,有时候人们并不能彻底地消除某些冲突互动过程的余波。在这种情况下,冲突就会变成组织生活的一个方面。

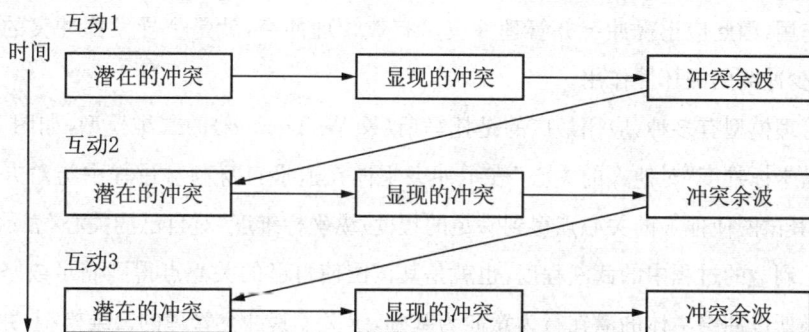

图 7.6 冲突互动过程的各种关系

新闻中的组织行为学
海信科龙与惠而浦整合资源成当务之急

ST 科龙 2008 年第三次临时股东大会于 8 月 26 日召开,审议及批准公司与惠而浦香港)有限公司为成立海信惠而浦浙江电器有限公司的《合资经营合同》。

海信科龙与惠而浦早在 2008 年 4 月就签署了《合资经营合同》。根据合同,双方共投资 9 亿元成立合资公司,双方的持股比例为 1∶1。此次《合资经营合同》被股东大会审议、批准,预示着海信科龙与惠而浦的联姻将进入实质阶段,整合资源成为各方首先要考虑的事情。

虽然,海信科龙与惠而浦联姻好处多多,但是联姻毕竟是件大事,涉及多方面内容,因此,整合各方资源就成了当务之急,特别是在品牌和管理上。

从品牌层面看,海信科龙隶属海信集团,海信集团拥有海信、科龙、容声这三个"中国驰名商标",拥有海信空调、海信冰箱、科龙空调、容声冰箱四个"中国名牌产品";惠而浦是全球最大的白色家电制造商,惠而浦品牌在全球具有巨大的市场号召力。因此,合资公司在品牌上首先要做好整合,避免各个品牌产生不必要的冲突。

从管理层面上看,毕竟海信科龙与惠而浦,一个是国内企业,一个是国外企业,双方在管理理念上多少会有所差异,这是国内企业和国外企业合作中经常会出现的一个问题。因此,在管理理念上,双方需要求同存异,统一思想。

海信科龙与惠而浦的合作需要时间,需要双方扬长避短,特别是要避免内部出现矛盾。双方最重要的就是要解决中外企业管理方式和手段的创新、融合。其次,在参与具体的市场竞争时,海信科龙与惠而浦还应该发挥各自优势和力量,实现阶段性突破。

三、冲突管理模型

既然任何个人、群体和组织都无法避免冲突的存在和影响,而冲突有其建设性作用,也有其破坏性作用,因此应正视冲突并管理冲突。有效管理冲突,就是引导发挥冲突的建设性作用,抑制减少冲突的破坏性作用。

冲突管理模型有多种,应用最广的是托马斯(K. W. Thomas)的二维模型,如图7.7所示。该模型中横坐标维度"对他人的关心"表示冲突主体在追求自身利益过程中与对方的合作程度,也就是其试图使他人的关心点得到满足的程度;纵坐标维度"对自己的关心"表示冲突主体在追求自己利益的过程中的武断程度,也就是其试图使自己的关心点得到满足或坚持己见的程度。托马斯以冲突主体的潜在行为意向为基础,定义了其冲突管理的二维模型,并组合形成了通用的竞争、回避、迁就、合作、妥协5种基本管理策略。

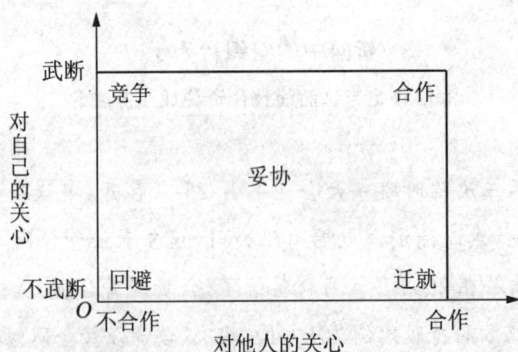

图7.7 托马斯的冲突管理模式

(一) 竞争

竞争策略(competing strategy)又称为强制(dominating)策略,是一种"我赢你输"的冲突管理策略,结果是一方赢,一方输,形成"输——赢"局面。奉行这种策略者,往往只图满足自身目标和利益,却无视他方的目标和利益,常常通过权力、地位、资源、信息等优势向对方施加压力,迫使对方退让、放弃或失败来解决冲突问题。这种策略很少有解决冲突的最佳方法,但在应付危机或冲突双方实力悬殊时较为有效。

竞争策略的表现情形有:①创造胜败局势;②运用对抗,形成敌对争斗;③运用权力等优势达到自身的目的;④迫使对方认输。

竞争策略常常在以下几种情况下被采用:①冲突各方中有一方具有压倒性力量;②冲突发展在未来没有很大的利害关系;③冲突中获胜的成本很高,赢的"赌注"很大;④冲突一方独断专行,另一方则消极行事;⑤冲突各方的利益各自独立,几乎没有共赢或相容的部分;⑥冲突一方或多方坚持不合作立场。

(二) 回避

回避策略(avoiding strategy)是既不考虑个人利益,也不考虑对方利益的冲突管理策略。奉行这一策略者无视双方之间的差异和矛盾对立,或者保持中立姿态,试图将自己置身事外,任凭事态自然发展,回避冲突的紧张和挫折,以"退避三舍"、"难得糊涂"的方式对待冲突问题,结果是双方都输,形成"输——输"或"双输"局面。当冲突双方依赖性很低时,回避可以避免冲突,减少消极后果。但当双方相互依赖时,回避冲突则可能影响工作,降低绩效,并可能会忽略某些重要的看法、意见和机会,招致对手的受挫、非议和影响冲突的解决。

回避策略的具体表现有:①忽略冲突并希望冲突消失;②将冲突问题不作为主要考虑对象,或者将其束之高阁;③以缓慢程序来抑制冲突;④采取保密手段以避免下面冲突;⑤以官僚的制度规则作为解决冲突的方式方法。

回避策略常在以下场合被使用:①问题很平常,或者更重要的问题亟待解决;②冲突主体中没有一方有足够的力量去解决问题;③与冲突主体自身利益不相干或输赢价值很低;④冲突一方或多方不关心、不合作;⑤彼此缺少信任、沟通不良、过度情绪化等,不适合解决冲突。

(三) 合作

合作策略(cooperating strategy)是充分考虑冲突双方的利益,但双方都做一定的让步,寻找一种双方都能接受的冲突管理策略。奉行这一策略者必须既关心自己利益的满足程度,又考虑他人利益的满足程度;尽可能地扩大合作利益,追求冲突解决的"赢——赢"或"双赢"局面。合作策略的基本观点是:冲突是双方不可避免的共同问题;冲突双方是平等的,应有平等待遇;每一方都应积极理解对方的需求,以找到双方都满意的方案;双方应充分沟通,了解冲突情景。

合作策略的表现情形有:①解决问题的姿态;②正视分歧并进行思想和信息上的交流;③寻求整合性的解决方式;④寻找"双赢"局面;⑤把冲突问题看作一种挑战。

合作策略被采用的场合主要有:①冲突双方不参与权力斗争;②从长远看,双方有通过双赢的可能来解决争议并能互利互惠;③有充分的组织支持;④冲突双方都是独立的问题解决者,且各方权力均势或利益相互依赖。

(四) 迁就

迁就策略(accommodating strategy)又称为克制策略或迎合策略,当事者主要考虑对方的利益要求,或屈从对方的意愿,压制或牺牲自己的利益及意愿,形成"输——赢"局面的冲突管理策略。采取迁就策略者要么旨在从长远角度出发换取对方的合作,要么是不得不屈从于对方的势力和意愿。

迁就策略的表现形式有:①退让或让步;②赞扬或恭维对方;③不指责、评论、贬低对方;④屈服和顺从;⑤愿意改进关系,提供帮助。

迁就策略常用场合有：①双方力量过于悬殊，希望以让步换取维持自身利益或在未来其他问题上的合作；②各自利益相互依赖性强，必须牺牲某些利益去维持下面关系；③缺乏使用其他策略处理冲突的能力；④和谐与稳定特别重要；⑤对冲突结果期望值低，采取消极或犹豫不决的态度。

(五) 妥协

妥协策略(compromising strategy)，是考虑冲突双方利益，但双方都做一定让步，寻找一种双方都能接受的冲突管理策略。妥协实质上是一种交易，双方的目标都是在现有条件下获取一定的利益，形成双方"不赢不输"的局面。妥协是一种被人们广泛使用的处理冲突方式，它反映了处理冲突问题的实利主义态度，有助于改善和保持冲突双方的和谐关系。尤其在促成双方一致的愿望时十分有效。冲突出现时，为避免僵局，双方可能会做一定让步，但不会一开始就这么做，以免给人以实力不强的印象，在讨价还价中失去主动性。

妥协策略的常见表现有：①谈判；②期盼成交和达成协议；③寻求满意的或可能接受的解决方法。

妥协策略常用场合有：①冲突双方彼此实力相当，从而导致互相排斥他方的目标；②目标重要，继续坚持己见会弊大于利；③暂时化解冲突，防止问题复杂化；④因时间紧迫而采取的权宜之计；⑤合作或竞争未成功时采取的策略。

自我评价练习
冲突处理风格问卷

当你与他人意见不一致时，你是否经常用下列方式？

经常　　　　　　　有时　　　　　　　很少

1. 我会进一步了解我们之间的不一致，而不是立即改变自己的看法或加给他人我的看法。

2. 坦诚地表明自己的不同意见，并欢迎对有关方面进一步讨论。

3. 我寻求一种双方共同满意的解决意见。

4. 我要确保自己的意见被倾听，而不能让别人不听我的意见就下结论。当然，我也会认真听取别人的意见。

5. 我采取折衷办法，而没有必要非去寻找完全满意的解决方法。

6. 我承认自己错了一半而不去深究我们的差异。

7. 我总是迁就别人。

8. 我希望自己只说出了真正想说的一部分。

9. 我完全放弃自己的看法,而不是改变别人的意见。

10. 我把有关这一问题的所有矛盾搁置在一旁暂不考虑。

11. 我很快就会同意别人的观点而不去争论。

12. 一旦对方对某一争论情感用事,我很快就会放弃。

13. 我试图战胜其他人。

14. 我不惜一切代价取得成功。

15. 对于一项好的建议,我从不退缩。

16. 我更愿意取胜,而不是妥协。

说明:先给全部选择打分:通常5分,有时3分,很少1分。然后计算每组总分,分组如下:

A组:13—16题

B组:9—12题

C组:5—8题

D组:1—4题

对每组进行分析。17分以上,属于高程度;12—16分之间,属于较高;8—11分之间,属于较低;7分以下,属于低程度。

A=竞争;B=迁就;C=妥协;D=合作

四、冲突管理的技术方法

冲突管理的方法有很多,这里从有效防止破坏性冲突(或功能失调的冲突),激发建设性冲突(或功能正常的冲突)方面,主要介绍几种冲突管理的常用技术方法。

(一) 预防破坏性冲突的方法

管理冲突应以预防为主,预防对群体、组织以至个人的破坏性冲突或有害冲突为主,预防工作可以从实际出发,适当选用以下方法措施:

(1) 合理选人,优化结构。即为了预防破坏性冲突,在组建群体或组织时,应当选择性格、素质、价值观、利益取向、人际关系等相匹配的人员,合理结构组织,切不可让格格不入的成员"搭配",埋下破坏性冲突的根源。

(2) 共同利益导向,把"蛋糕"做大。如前所述,冲突尤其是有害冲突的重要来源之一是由于冲突各方对于稀缺资源的争夺而造成的。所以在群体和组织管理中,要规划设计好大家的共同利益、共同目标和共同任务,决定各种分配时,把个体或各方的利益尽可能与共同利益捆在一起,努力做大"蛋糕",各自才能获其所需,减少因有限资源争夺而导致的冲突。

(3) 加强组织文化建设。一个组织或群体的冲突水平、冲突频率和冲突处理方式会受到其组织文化氛围的潜在影响。通过建设和推行理性看待冲突,崇尚合作,加强沟通等积极内容的组织文化和风气,培养员工正确处理冲突,控制有害冲突发生的精神和素质。

(4) 信息共享,加强交流。通过建立健全组织内或组织间的信息沟通渠道,加强各种主体和各种形式的交流沟通,实行信息共享,增进人们之间的互识、互信和感情,可以有效降低由于人们的差异性,由于信息掌握程度不同或理解不同等原因引发的有害冲突。

(5) 工作权、责、利界定清晰。有害冲突往往是由于个人、群体的工作责任、权力和利益等界限界定不清或配置不当,使得彼此在工作中发生争夺、对立或扯皮、推诿等行为而导致的。因此,在组织中应大力推行人力资源管理和科学合理的工作分析技术,把不同群体和岗位的工作目标、工作内容、职责范围、责权利等科学地加以界定,使个人和群体的工作走向标准化、科学化,从而防范有害冲突的发生。

(6) 强化整体观念,建立系统的考评体系。极端注重个人利益、小集团利益或本位主义思想,往往是导致有害冲突的原因。因此,在建立组织考评体系时,应强化全局和整体观念,谋求组织整体的最大利益,同时充分考虑个人、群体和组织三方面的绩效和利益,以便减少破坏性冲突的发生。

(7) 实行工作轮换制。在组织内部,有计划地进行人员流动,这种做法使组织成员对其他部门的工作有更多的了解,可以提高人们换位思考能力,而且人员之间也有更多的私人接触,使个人的价值观、态度、目标可以和其他部门相渗透。这种观点和信息的交流真诚而准确,通过轮换来减少冲突的速度很慢,但对转变导致冲突的根本态度和感知而言,是有效的。

(8) 加强教育培训,提高人际关系处理技能。不少破坏性冲突的产生与发展来源于当事人对潜在冲突或原本正常的问题解决不当,简单拙劣地处理了人际关系矛盾。因此,应适当对员工进行教育培训,以提高其处理人际关系矛盾的技能和方法。

(二) 激发建设性冲突的方法

激发冲突相对来说是一项较新的课题,而且带有一定的反传统性。长期以来人们的注意力集中于如何解决冲突,减少冲突,抑制破坏性冲突,而对如何激发冲突,发展建设性冲突,却缺少深入的研究。

管理冲突要使冲突保持在适当水平,使组织保持活力,发挥冲突的建设性作用。冲突水平过高时,要设法降低冲突;而冲突水平缺乏或过低时,则要激发冲突或加强冲突。表7.3帮助我们判断一个组织是否缺乏必要的冲突,若对表中的全部或多数问题回答是肯定的,则表明该组织需要激发冲突。

表 7.3　是否需要激发冲突

1. 你是否被"点头称是的人们"所包围？
2. 你的部下害怕向你承认自己的无知与疑问吗？
3. 决策者是否过于偏重折衷方案以致忽略了价值观、长远目标或组织福利？
4. 管理者是否认为，他们的最大乐趣是不惜代价维持组织的和平与合作效果？
5. 决策者是否过分注重不伤害他人的感情？
6. 决策者是否过分注重决策意见的一致？
7. 管理者是否认为在奖励方面，得众望比能力和高绩效更重要？
8. 员工是否对变革表现出异乎寻常的抵制？
9. 是否缺乏新思想？
10. 员工的离职率是否异常低？

激发冲突的方法常见的有以下几种：

（1）改变组织文化。管理者可以试图培养出一种新的组织文化，容纳合理的冲突，对争论和异议持开放性态度，并加以规范。倡导敢于向现状挑战，倡议革新观念，敢于提出不同看法，进行独创性思考的组织文化，可以激发建设性冲突。

（2）重新构建组织。改革组织结构，重新组合工作群体，改变原有组织关系和规章制度，变革组织、群体和个人之间的互动和互相依赖关系等类组织变革，都会因为打破了组织原有平衡和利益格局而提高冲突水平。

（3）利用信息和信息沟通渠道来激发冲突。一般来说，具有威胁性或模棱两可的信息可以用来促进人们积极思考，减少漠然态度，提高冲突水平。有意识的恰当使用信息沟通渠道或沟通手段也是一种有效的激发冲突和控制冲突的方法。比如，某组织领导者通过非正式的沟通渠道散布小道消息，将人事任命、变革措施透露出去，观察反应。当群众的负面反应强烈，冲突水平过高时，即可正式否认或消除信息源；而若冲突水平适当，正面反应占主导时，则可正式推出任命或变革措施。

（4）利用"鲶鱼效应"激发冲突。管理者可以要求群体中的某个成员来充当"唱反调"（devil's advocate）的角色，让他故意对群体中居于主导地位的观点进行批评，或者要求群体中的每个人都给正在讨论中的备选方案挑刺，从而打破定向思维、从众效应，激发冲突。

（5）构建异质性群体。有些群体的成员具有特殊的背景、教育经历、专业技能、管理风格及价值观、态度，这种群体具有很高的冲突潜力。为了给问题找出创造性的解决方案，有时候有意地构建这种异质性群体，管理者可利用其冲突的建设性作用。在构建高冲突潜力的异质性群体方面，具有多元化劳动力的组织往往更具优势。

20 世纪 90 年代以来，那些不支持、不鼓励不同意见的组织将无法生存下去。不少组织在激励员工挑战现有系统并开发新思想上采取了一系列措施。例如，惠普公司对持不同意见的人进行奖励,即使他们的想法最后未被管理层采纳。IBM 公司有一个鼓励提出不同意见的正式系统。员工们可以通过这个系统向其上司提出质疑,而不受到处罚。如果意见仍得不到解决,该系统将提供第三方进行调解。又如皇家壳牌集团(Royal Dutch Inc.)、美国通用电气公司都在决策过程中引进了吹毛求疵的提意见者。成功地激发建设性冲突(或功能正常的冲突)的组织都有一个共同特点,他们奖励持异议者而惩罚冲突的回避者。

第三节　谈判技能

上一节提到管理冲突的方法很多,谈判也是处理冲突问题的手段之一。冲突是谈判活动的主要领域,没有冲突,人们就没有必要进行大多数的讨价还价、协商沟通的谈判活动。在现实生活中,有一些谈判是正式而明显的,如两国之间因为贸易摩擦而进行的谈判,两家公司就合并条件所进行的谈判。另一些谈判却不那么正式而明显,如一个组织中上下级之间,同级之间的谈判,商店售货员与顾客之间的谈判等。事实上,现代社会的所有组织、群体和个人,为解决矛盾、处理冲突、界定交互关系,争取和保障自身利益,都或多或少地采取各种形式的谈判活动。

一、冲突管理中的谈判

谈判在冲突管理中有着重要地位,是解决冲突问题的有效方法之一。掌握谈判的技能,首先要了解谈判的基本含义。

(一) 谈判的定义

关于谈判的定义很多。谈判是"双方或多方互换商品或服务并试图对他们的交换比率达成协议的过程"[1];谈判是"当参与方具有不同意向时作出共同决策的过程"[2];谈判是"冲突的当事人就他们在交换中愿意付出并接受什么进行说明的过程"[3]。

综合诸多学者的定义,本书认为,谈判(negotiation)是冲突双方或多方就他们各自难以解决的问题,为达成一个可能协定的具体条款而展开磋商、讨论的过程。谈判是双方自愿的活动,任何一方都可以拒绝进入谈判或在任何时间退出谈判。谈判始于双方或一方希望改变现状,并认为必须达成某种双方均满意的协商后才能行动。谈判内容主要包括冲突各方对彼此争议的问题、关心的目标利益、利害关系的说教和影响对方工作,产生和评估各方能够接受的

---

①　参见罗宾斯(Stephen P. Robbins):《组织行为学》,中国人民大学出版社 1997 年版,第 397 页。

②　参见 Roger Fisher and William Ury, 1983, *Getting to Yes: Negotiating Agreement Without Giving in*. New York: Penguin, 1983.

③　参见理查德·L. 达夫特(Richard L. Daft),雷蒙德·A. 诺伊(Raymond A. Noe):《组织行为学》,机械工业出版社 2004 年版,第 336 页。

解决方案,以及协商和承诺对方案的执行工作等。

(二) 谈判的目标和结果

谈判的目的在于,达成谈判各方对共同关切事项认可的最合理可行的协议或方案,谈判的成功在于各方建立前所未有的新关系,在于各方对达成协议的承诺。因此,谈判必须考虑到两个重要的目标:实质目标和关系目标。实质目标是指谈判各方旨在协商与谈判项目内容有关的结果,例如劳资双方谈判中达成工资水平提高的协定。关系目标则是指谈判中参与方表现都不错,没有形成僵局,并且一旦谈判结束,他们之间还能长期友好合作。例如组织中员工的争议解决后能够更为有效地合作共事。

遗憾的是,现实中由于谈判各方都以实质目标和自己的利益为先,不少谈判结果损害了彼此的关系。而只有使实质问题得到解决,同时组织中冲突各方的工作关系得到维持甚至改善的谈判才是有效的谈判。有效谈判一般需符合 3 个标准:①谈判能够提供一个使冲突各方都满意的有效协定;②谈判是和谐的,能够加强而不是削弱良好的人际关系;③谈判是有效的,没有浪费不必要的时间。

(三) 影响谈判的因素

影响谈判有效性或成败的因素很多,本书把这些因素分为两大部分:外部因素和内部因素。其中内部因素又可分为个体因素和组织因素两类。

外部因素主要是指组织外部环境变化对谈判造成的影响,如市场上同种商品的供求关系变化,造成该产品价格的起伏,这就会对谈判的双方造成不同的影响。此外这类因素还有经济形势、政治形势、文化差异、技术水平等。

内部因素主要是指组织内部对谈判结果造成影响的因素。其中,个体因素包括了谈判人员的思想素养、心理状态、知识技能情况、语言的运用能力和人际交往的能力等诸多方面。组织因素包括了谈判的分工、谈判人员的权力状况、谈判的前期准备情况、谈判中的策略应用情况、对谈判人员的激励指导和心理状态的调整等。

可见,进行谈判必须做好各方面的工作。充分理解各种因素对于谈判结果的影响,既要争取己方利益,更要追求能够取得谈判双方协商一致、成功和解的谈判结果。

二、谈判的类型

如前所述,一定程度的冲突在组织中是有益的。组织可以建立一种环境,刺激建设性的冲突并加以管理。谈判是解决冲突的有效方法之一。按照谈判的方式和结果不同,谈判有分配性谈判(distributive negotiation)和一体化谈判(integrative negotiation)两种类型。

(一) 分配性谈判

分配性谈判,是一种零和博弈,即一方的所得是以另一方的所失为代价的,所以也称为赢——输谈判。它的本质是，谈判各方采取竞争性态度，对于一份既定利益或资源的分配进行协商，在谈判过程中关注的焦点是如何在有限资源分配过程中最大限度地扩大自己的收益。因为谈判一方尽力要赢，导致另一方的损失，所以分配性谈判双方将彼此视为有相反利益的竞争对手。通常买卖双方的讨价还价就是典型的分配性谈判。

尽管分配性谈判是以赢——输为基础的，它也可以导致双方都认可的结果。为了达到这个目的，每个谈判者都有自己谈判愿望范围（aspiration range）的目标点（target point）（或称期望的最高水平）和抵制点（resistance point）（或称可接受的最低结果）。人们通常会追求接近自己目标点的谈判结果，抵制或拒绝低于自己谈判底线（抵制点）的谈判结果。当谈判方案或一方出价可能导致另一方只能得到其抵制点以下的不利和解时，不利方往往宁愿中止谈判也不接受该方案或对方出价；如果谈判双方的希望范围相互交叠，双方就存在一段使彼此愿望均能实现的解决争端的范围或和解范围，谈判的目标定位在该区域时，成功的概率较大。如图7.8所示。

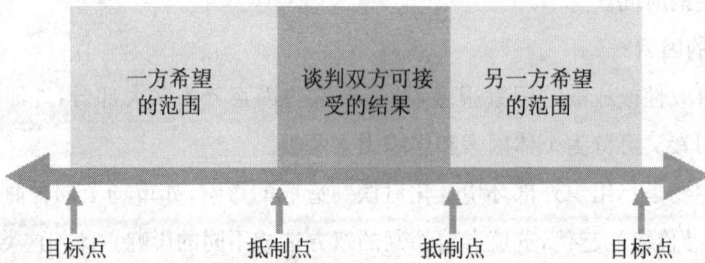

图7.8　分配性谈判的目标

分配性谈判中，除非谈判者一方比另一方更强有力，否则议价结果通常是一种妥协。例如，美国三角（Delta）航空公司和航空飞行员协会曾就波音767-400飞行员的工资进行了谈判，公司原来提供的工资是208美元/小时，工会要求提高到262美元/小时。最后双方以230美元/小时达成协议。[①]

（二）一体化谈判

一体化谈判又称整合性谈判。这种谈判寻求双赢方法，即共同解决问题来获得使双方都受益的结果，所以又称双赢谈判。在这种谈判中，当事双方发现共同的问题，找出并评价备选方案，坦率地表达各自的偏好，最后达成一个双方都可能接受的解决办法。这时，双方都积极地去解决问题，表现出灵活性和信任。通过合作、互利，注重共同问题的解决，把"蛋糕"做得更大来求得双赢结果。

---

① 参见 Delta Makes Offer to Pilots Set to Fly New Boeing Model. http://library. northernlight. com，January 5，2000。

一般地,当其他方面情况相同时,一体化谈判比分配性谈判更可取,因为一体化谈判分配的是数量可变的资源,着力建构的是长期合作关系,使谈判双方相互融合或相互一致,追求双赢的结局,每一方在结束谈判后都具有胜利感。相反,分配性谈判则只建构短期关系,使谈判双方相互对立,为数量有限既定的资源的分配而“针锋相对”,总有一方要承担失败的后果,加剧彼此间的隔阂。例如,在20世纪上半期的美国,人们认为工会和管理者的关系主要是分配性的,即要么工会赢,要么管理者赢。随着商业环境的变化,员工持股的推行,管理者或雇用者的利益同时也可能是雇员股东的利益,因而,工会也越来越倾向于采取一体化谈判策略。

　　分配性谈判与一体化谈判的差别见表7.4。

表7.4　分配性谈判与一体化谈判比较

特　　征	分配性谈判	一体化谈判
资源或利益	分割定量资源	分配不定量资源
动　　机	赢——输	赢——赢
利益关系	彼此对立的短期关系	融合或相称的长期关系
解决方案	偏重于立场之争	偏重于互惠创意与建设性
沟通状况	相互掩饰或误导	相互沟通,理解个体和文化的差异
应用情景	当时间和其他资源限制难以使各方合作时	当时间充足以及需要一个创造性解决方案时

三、谈判技能

　　谈判的实质是在有利益冲突的各方之间寻找可行的解决途径。对于谈判者而言,获得自己的谈判目标就是谈判的成功。但从组织的角度看,成功的谈判意味着冲突结果不但帮助组织取得它的目标,并且通常还要冲突双方保持长期的工作关系和积极的处理未来冲突的氛围。尽管一体化谈判对组织更为有利,但合作性的谈判需要时间和相当的创造性,才能使“利益蛋糕”做大,因此,在现实中分配性谈判仍大量存在于组织内外。无论是何种类型的谈判,成功谈判都需要掌握一些基本技能。

　　首先,谨慎的准备能提高谈判成功的可能性。谈判者应该提前收集信息并充分了解自己所处位置。应该知道自己谈判的最终目标是什么,为什么它是可行的及如何完成目标。另外,谈判者要获得成功,还应该知己知彼,如对方的谈判风格、偏好和可能的立场,是采取竞争性还是合作性态度?

　　其次,谈判成员还应该建立谈判程序。每个人都应该清楚解决冲突的时间限制和冲突的内容。对于社会群体之间的冲突,程序应该包括由谁来参加谈判。清晰的程序能帮助谈判者集中于主要关心的问题上,并避免毫无结果的争论。

再者,在谈判过程中,谈判者应进行有效的沟通,了解对方的利益要求及关注的核心问题。突出这些利益和关注的焦点问题比只注意各方所表现出的立场更可能获得成功。不管是竞争性的分配性谈判,还是合作性的一体化谈判,都需要把握一定的技巧,表 7.5 展示了一些开展有效谈判的技巧。这些技巧强调要了解双方的利益,符合职业道德的行为,将注意力集中于主要目标而不是纠缠于琐碎。

最后,谈判结束,各方应该确定所达成的协议。在非正式谈判中,比如一场解决小争论的谈判,一方可能只是简单地陈述自己对协议的理解,以确认另一方对此有相同的理解。对于比较正式的谈判,比如对一名领导者更新的工作安排,对一个团队进行的政策修订,或工会——管理者谈判,商议的结果必须有书面陈述。特别是当结果很复杂或必须向群体进行传达时,书面文件更便于人们日后回顾确认协议细节的记录,避免不必要的争议。

表 7.5　成功谈判的技巧[①]

分配性谈判的技巧
1. 争取一个能够让双方都能赢得部分利益的解决方案,即使你要获得最大的利益,也要记住另一方的利益同样重要; 2. 多问一些问题以了解什么对另外一方非常重要,不要仅仅找到一个优势就开始攻击,要了解所有冲突涉及的资源和类型; 3. 使用客观标准和理性依据,通过推理而不是运用权力推动谈判,你能够获取一种长期关系; 4. 可能的话,让一些技巧熟练的人参与冲突的解决; 5. 要真实可靠,信守诺言; 6. 关注主要矛盾,不要在细节上争执过多;考虑另一方所认为重要的问题也是自己所要关注的重要问题; 7. 尊重另一方。
一体化谈判的技巧
1. 理解冲突所涉及的资源和类型,然后关注自己的目标和期望,设定具有一定高度的标准; 2. 设计一些备选计划,以防止没有获得所期望的结果; 3. 如果另一方极具竞争性,尝试让更具有竞争风格的成员代表你来竞争; 4. 如果为自己争取利益会感到自私不安,那就按照为其他人或事业争取利益的形式来思考,例如,为了谈判工资待遇,不是要考虑会给自己的工资提高多少,而是要考虑如何能够支撑你的家庭; 5. 告诉别人关于你的谈判,包括你的期望目标;当你拥有听众的时候,你会变得更加自信; 6. 当另一方提出一个难以令人相信的报价时,用真实合理的语言回答,并给出真实的理由。

---

① G. Richard Shell, "Negotiator, Know Thyself", Inc., May 1999, 106—107 (excerpting G. Richard Shell, Bargaining for Advantage: Negotiation Strategies for Reasonable People, New York: Viking, 1999).

从组织的立场看,谈判者应该做出与组织目标相一致的结果。因此,组织应该奖励与其目标相一致的行为。当员工陷于冲突时,管理者和领导者应该帮助他们明确将组织目标包括在内的冲突。在实践中,组织应该采取措施促成一体化谈判,比如提供员工学习必要谈判技巧的机会,给予谈判双赢解决方法的时间等。

◆ 复习题

1. 什么是冲突?历史上冲突观念经历了哪些演变?
2. 举例说明什么是建设性冲突,什么是破坏性冲突。
3. 冲突的来源主要有哪些?
4. 描述冲突产生的一般过程。
5. 管理冲突主要有哪些策略和技术?
6. 什么是分配性谈判?什么是一体化谈判?
7. 谈判需要掌握哪些基本技能?

案例1

可口可乐不相信"空降兵"①

可口可乐杰出的管理者几乎无一例外地是从底层做起,一步步地升职。他们受到公司"布道团"的谆谆教诲,血脉里被输进可口可乐糖浆。

翻开可口可乐的人事档案,在历任高层管理者的名录中,你会发现一个有意思的现象,他们中的绝大多数人在提升到重要岗位之前,已经在可口可乐工作很长时间了。这不是偶然形成的,因为公司相信,只有在血脉中流淌可口可乐液体的人才真正能够带领可口可乐前进。培养经理的传统做法包括可口可乐的"新兵训练营",参与者在装瓶生产线只消呆上一天,就会膝盖流血、腰酸背痛。

当然也有极个别的例外。只有曾长期担任可口可乐出口有限公司主席的詹姆斯·法利,这位罗斯福执政期的邮政局局长,没有经历太多的业务实践,就获得了身为可口可乐人的美名。但法利只是以建立海外关系的名义领导和开拓新市场的"敲门砖"。20世纪60年代和邓肯食品公司一起并入可口可乐的唐基奥经20年辛苦磨砺才在公司具有影响,当时他的言行已经比任何人都更像一个典型的可口可乐人。

① 资料来源:http://www.chinahrd.net/zhi_sk/jt_page.asp? articleid=47146(中国人力资源开发网)。

可口可乐也曾经试图使用所谓的"空降兵"。1955年，罗伯特·伍德罗夫宣布艾森豪威尔的朋友比尔·鲁宾逊担任可口可乐公司的新董事长，希望他能够给公司带来新的变化。

公司里的人全都惊呆了。这个令人不快的局外人曾担任行销和公关工作，几乎完全不清楚可口可乐的业务。尽管如此，伍德罗夫甚至还有意把实权交给鲁宾逊。

很快鲁宾逊开始了他上任后的"第一把火"——更换了公司的广告代理商。他提前结束了与达西广告公司长久的代理关系，转而选择了麦卡恩·埃里克森广告公司。代理公司的更迭标志着可口可乐文雅广告的黄金时代正式结束。如今的新代理鲁莽地抛弃了哈登·森德布鲁姆和诺曼·罗克韦尔创作的经典油画广告。采用突出社会名流和亮闪闪的大号瓶装可口可乐的彩色照片。麦卡恩公司的小马里恩·哈伯是个着了魔似的工作狂，拼命地研究社会科学，还把当代的"科学"倾向倒入可口可乐商业广告中去。哈伯委派默里·希尔曼做库尔特·盖杰的助手，全力以赴地抛弃旧教条以颠覆百事可乐的成功。

虽然新人百倍努力，但违背可口可乐成功法则的结果可想而知。那些看似精美却空洞无物的广告迅速被观众摒弃了。

随后，鲁宾逊又点起了"第二把火"——裁减公司员工。鲁宾逊也许根本没有考虑，或者根本不知道可口可乐人对公司的感情会有多深，忠诚的雇员尽管在公司工作也许不能得到城里最高的薪水，那却意味着声望和保障。每个员工大概都是这么想的。

11月8日，星期五，1/10的雇员像往常一样9点来上班，可接着就被匆匆打发了。支付了聘约解除费，命令他们清理桌子，赶在上午9:30之前离开。一些经理发现他们的办公室被锁住，他们的东西被捆扎好丢在走廊里。这一天很快被称作黑色星期五，它几乎让每个人都惊呆了，而且他们看不出公司根据什么决定遣散的对象。"我们中的某些人连堆狗屎都不如，可他们留了下来，"查利·博顿姆斯回忆说，"其他人，那些长期的、成绩出色的雇员却被解聘回家。"广告部的特洛伊·内博斯，在公司工作了27年之久，广有人缘，却也成了牺牲品。

因为这件事，丢掉工作的雇员生活也随之破灭。一个男人跳进附近的斯必成湖自溺身亡。事发当晚，等人人都离开办公室以后，人事部的一个女职员被负罪感击垮，拿枪对着太阳穴自尽了。无论男女雇员都把可口可乐人的身价视作重于一切，于是那些突然被赶出这个饮料大家庭的人惊慌失措起来。"在大多数人看来，"博顿姆斯说，"被撵出这里简直是天大的耻辱，只要能待在这里，哪怕是打扫浴室，他们也情愿！"

这次人事变动在1958年春结束。比尔·鲁宾逊被明升暗降成为董事会主席，当李·塔利这位老牌可口可乐人，超越层层官员，被任命为新董事长时，全体员工深感宽慰。

这次用人的失误使伍德罗夫终于明白了从哪里来寻找可口可乐的管理者。

至于"空降兵"的问题现在也有很多争论，但是从大部分企业的经历来看成功者的确是少数。至于成功的案例也是基于"空降兵"能够融入企业已经形成的文化当中，在此基础上再进行改革。团队的主力干部和核心领导应以从本企业沉淀和培育为上策。"空降兵"作为职业经理首先是学习学习再学习,不妨从一线做起。作为企业掌门人应该在发挥"空降兵"的专长,在尽可能提供舞台的同时,还要在其他方面提供保护和扶持,以减少犯大错误的风险。

可口可乐也有"外来户",但在他们担任重要职务前,已经彻底"换血",他们身上流淌的是棕色的可口可乐。

面对不受欢迎的"空降兵",最好的办法是请他离开。中国有句话:众怒难犯。

◎ 讨论题
　　1. "空降兵"与可口可乐公司及其员工之间存在哪些冲突?
　　2. 如何有效解决"空降兵"可能带来的冲突问题?

案例 2

迪士尼的跨文化谈判[①]

迪士尼乐园除了在美国加利福尼亚和佛罗里达之外,在日本和法国也分别开设了一座,最新一家迪士尼乐园建在中国香港。尽管迪士尼的卡通形象在全世界都是一样的,但是迪士尼公司将这些卡通形象推销到日本、法国和中国香港的时候采用的谈判手段却大不相同。这反映出美国公司跨越文化界限的谈判技巧越来越成熟。

1979 年建造东京迪士尼乐园时,迪士尼公司同意投资 250 万美元,条件是签署一个为期45 年的合约,拿到这个乐园 5％的食品销售利润和 10％的门票及授权利润。到 1985 年,当迪士尼公司开始和法国政府谈判的时候,东京迪士尼乐园已经为公司每年赚取 4 000 万美元。

在和法国的谈判中,迪士尼公司作为乐园的拥有者投资不到 2 亿美元,占据 49％的股份,建立了合资公司。这个公司价值达到 30 亿美元。尽管现在这个乐园是盈利的,但 1992 年的时候它曾出现过严重的经济危机,债台高筑,游客稀少。看上去,迪士尼公司错误地判断了美国流行文化在法国的市场。

中国香港的这次交易和上述的两次又有不同。迪士尼公司将投资 3.16 亿美元,占据43％的股份。它的合作伙伴不是私人投资者或是一家银行财团,而是香港政府。当时让人惊讶的是迪士尼选择了香港而不是中国其他城市。内地居民必须得到特殊许可才能到香港来参观迪士尼乐园。据估计,迪士尼公司和香港政府的这个项目必须每年吸引 500 万中国游客

---

　　① 资料来源:http://bbs. salespace. cn/bbs_topic. do? postID＝22327。

和其他国家的游客才能维持收支平衡。相比之下,巴黎迪士尼乐园则要吸引 1 000 万游客才能维持收支平衡。

经验教训让迪士尼公司开始注重文化差异和谈判的基本原则。跨越文化差异的谈判是很艰难的。民族优越感(认为自己的文化方式是最好的)常常使谈判者忽略了谈判桌上交流用的相关信息。迪士尼公司应该了解到法国会考虑本国文化的主导地位。迪士尼公司没有预料到全套"米老鼠文化"搬到法国后会有什么结果。迪士尼公司在法国的经历告诉我们:跨文化的交易搞不好会产生不良的争端。

◎ 讨论题

为什么迪士尼公司将卡通形象推销到日本、法国和中国香港的时候采用的谈判手段大不相同?

【本章学习目标】

通过本章学习,你应该了解:

1. 领导的含义,领导与管理的区别与联系。

2. 领导特质理论与领导行为理论的特点与不足。

3. 领导权变理论及其几种主要模型。

4. 领导理论的新发展。

预习案例

中国经营双雄:任正非与张瑞敏[①]

　　当今中国,华为和海尔无疑是最风光的企业之一;任正非和张瑞敏这两位老总,也是最有魅力的企业领导人之一。他们是很多人顶礼膜拜的偶像,拥有无数的"粉丝"。

　　华为任老总在媒体面前很低调,但在华为内部,却是百分之百的"语言强人"。他的《我的父亲母亲》、《北国之春》、《华为的冬天》、《华为的红旗到底能打多久》等一系列企业散文,充满浓烈的华为政治气息,潜移默化到华为员工的心中,使无数华为员工情不自禁地从"绵羊"变成"饿狼",张着尖牙利齿,向着猎物猛追、猛扑、猛咬,累死也不在乎。

　　相比任正非,张瑞敏却像"教父"。虽然他没有任正非那么大的"杀气",但对海尔员工的影响力却无所不在。他更多的是从道德和哲学的层面去教化员工,激励大家竭力将工作做到极致。比如他主导策划的著名的"海尔砸冰箱的故事"、"海尔洗土豆洗衣机的故事"、"海尔赛马不相马的故事"等等,都透着传统儒家强调的诚信、以人为本和哲学式的辩证。张瑞敏这种传统儒家的精神气质,归因于海尔是山东的企业,扎根齐鲁大地,他本身也是山东人,深受孔孟文化的熏陶,一方水土造就一方人。

　　因为华为、海尔取得了巨大成功,现在很多企业家都在学习两位老总的经营思想、方法,并且搬到自己的企业去用,结果却收效甚微。不能说是"东施效颦",但总归是出了问题。其中"水土不服"是最大原因。

　　领导是一种重要而普遍的社会实践活动,自古以来就广泛存在于人类社会之中。大至国

[①]　资料来源:http://info. ceo. hc360. com/2008/09/09071165108. shtml(慧聪网)。

家、军队，小至企业、学校，凡由两人以上组成的集体，要开展有目的的活动，实现某种预期目标，都离不开领导。对于一个组织来说，领导的重要性是不言而喻的，他们对群体的稳定和绩效起着重要作用。人们常说，一个成功企业的背后一定有一个成功的企业家，领导人对组织的兴衰成败往往至关重要。现实生活中领导者由于各自能力、个性、领导风格等差异，他们的行为表现出很大差别，成败各不相同。

第一节　领导概述

一、领导的定义

关于领导(leadership)的定义很多，各国的管理学家、心理学家和组织行为学家都有不同的认识和表述。

布兰查德(Blanchard)认为，领导是一项程序，使人在选择目标及达成目标上，接受他人的指挥、引导和影响。

马克斯·韦伯(Marx Weber)认为，有效的领导有一种能力，其具有的某种精神力量和个人特征，能够对许多人施加个人影响。

哈罗德·孔茨(Horald Koontz)则把领导定义为影响力，认为领导的本质就是被追随，即影响他人，使之心甘情愿、满怀热情地为实现群体目标而努力的艺术或过程。

彼得·德鲁克(Peter Druck)认为，有效的领导应能完成管理的职能，即计划、组织、指导和度量。

杰克·韦尔奇(Jake Welch)认为，领导是一种能将其想做的事或其发展设想形成一种远见，并能使其他人理解、采纳这种远见，以推动这种远见成为成功的现实。

对领导的定义还有更多。一般认为，领导的本质是一种影响过程，是领导者和被领导者(或追随者)及特定环境的相互作用的动态过程。它是领导者或领导集团运用权力、知识、才能和人格魅力去影响、组织、控制和指挥被领导的个人或群体去实现组织目标的过程。

领导可以是正式领导(formal leadership)，即组织正式授权某位领导者对组织中其他成员的活动进行引领和指导；也可以是组织中的某个人并没有被正式授权，但通过他的影响力来引领和指导其他成员的行为的非正式领导(informal leadership)。

在英语中，"领导"(leadership)与"领导者"(leader)的区别是很明显的。在汉语的日常用语中，"领导"与"领导者"一般不加以区别，通常人们习惯地把领导人称为"领导"，而把领导者的行为也称为"领导"。事实上，领导是领导者的行为，亦即领导是促使群体或个人共同努力，实现组织目标的过程；而致力于实现这个行动过程的人叫领导者，接受指引和影响的人就是被领导者。一个组织可以指定一个领导者或选出一个领导群体，但都不能指定或选出某种领导行为,因此,对领导行为的培养就显得非常重要了。

二、领导的实质与特点

领导是率领、引导和影响人们在一定的条件下实现某种目标的行动过程。

(一) 领导的实质

任何领导活动,都是借助于他人来实现的,领导工作的绩效是通过被领导者活动的绩效而表现出来的。在组织中的各种要素和资源中,人是最重要最活跃的要素和资源,人的要素直接或间接地影响组织的效果,因此,调动人的积极性,发挥人的创造力,处理好人与人之间的关系,成为管理的核心问题,也是领导工作所要完成的任务。

领导的实质是影响力,是领导者通过自己的行为影响一个组织尽其所能地实现目标。卡茨(Katzs)和卡恩(Kahn)曾提出"在组织中,领导的实质是除了对组织日常指示机械地服从之外的影响的扩大"[①]。领导者并不是站在组织的后面推动和激励,而是要置身于组织之中学习和运用有关理论和方法以及沟通联络、激励等手段,对被领导者施加影响,使之适应环境的变化,促动人们前进,鼓舞人们为实现组织目标而努力。在领导行为中,管理艺术得到了充分发挥。可以说,领导行为使科学、技巧、艺术和人的属性在实现组织目标过程中有机地结合起来了。

(二) 领导的特点

领导行为作为一种动态活动过程,具有以下特点:

(1) 示范性。领导活动实质上是一种"投入",其"产出"是被领导者个体、群体或组织的行为。领导结果的好坏虽然是由被领导者的行为效率来评定,其影响因素主要有动机、福利待遇、工作能力和工作条件,但领导者的行为却起着示范性作用,他是下属行为的楷模,无论他是否意识到,他的一举一动对被领导者的工作态度和行为都具有导向作用。

(2) 激励性。人际关系学说认为,人们在组织中各自所处的地位决定了人们之间的感情和联系方式。领导者通过领导与被领导、控制与被控制、指挥与被指挥的关系实现领导。通过这些关系,可以激发每个人的积极性和创造性,使人力资源得到充分发挥,以实现组织的目标。

(3) 互动性。现代社会,任何一个组织都是一个开放的社会技术系统,都处在特定的环境之中,而环境的变化常常会对人的心理和行为产生很大影响。领导者的行为不仅在于改变环境,还要适应环境的要求。对于被领导者来说,领导者的行为则是环境因素的重要组成部分。因此,领导这一动态过程实际上是领导者、被领导者及他们所处的环境3个因素所决定的复合函数,这个关系用公式表示为:

$$领导 = f(领导者,被领导者,环境)$$

---

① 转引自陈维政等:《组织行为学高级教程》,高等教育出版社2004年版,第314页。

影响领导这个函数的变量,既包括以上 3 个因素,也包括这些因素之间的内在联系。领导的有效性既取决于领导者的人格素质、领导艺术,还取决于被领导者的素质和接受领导的程度,同时还取决于领导与环境条件相互制约和相互适应的状况。

领导者的工作在影响下属行为的同时,也必然不同程度地受到下属某些方面的影响,领导者的正确行为引起下属的积极反应,错误行为引起下属的消极反应,领导者通过一定的领导行为影响下属,并与下属分享影响,这就是领导作用的"互惠效应"。由于知觉效应的作用,领导作用的结果可能是正面的、积极的,也可能是负面、消极的;对领导者的评价,也因而有好坏之分。

(4) 环境适应性。任何一个组织都处在特定的环境之中,而环境常常对人们的行为有很大的影响。领导行为发生的环境是一个受时间、空间限制而又具有成就导向的复杂的组织环境。领导的行为在于适应市场和外部环境的要求,并尽可能地改变组织内部的环境。对于被领导者来说,除了其他因素之外,领导行为也是一个重要的环境因素。

三、领导与管理的区别与联系

人们常常将领导与管理视为同义语,似乎管理者就是领导者,领导过程就是管理过程。实际上管理和领导是两个不同的概念,二者既有联系,又有区别。

管理学大师法约尔把领导与管理作了严格区分,赋予领导更广泛、更抽象、更一般的涵义。他认为,领导是保证技术职能、商业职能、财务职能、安全职能、会计职能、管理职能这 6 项职能得以贯彻的力量,而管理仅仅是这 6 项职能之一。

约翰·科特认为,领导与管理是组织中两个相互区别但又相互补充的行为体系。[1]领导过程包括:为组织设定目标;通过沟通,把员工与目标联系起来;通过授权和满足人的基本需要,激励员工采取行动。领导者主要通过提出组织的远景来确立前进的方向,通过把这种远景与他人交流,并激励其他人克服障碍达到这一目标。例如,唐纳德·彼得森(Donald Peterson)在福特汽车公司推行的质量革命运动的领导就是成功的、有效的。领导相对于变革而言,主要处理变化的问题。而管理过程包括:计划与预算;组织与人事;控制与问题解决。管理过程减少了不确定性,增加了组织的稳定性。通用汽车公司经过早期几年的增长之后,艾尔弗雷德·P. 斯隆(Alfred P. Sloan)对公司进行了整合和稳定化,就是一个优秀管理的例证。

由此可见,领导与管理是有区别的。领导活动是为社会组织的整体发展指引方向、确定目标、创造条件,促进组织全面发展的创造性社会行为。管理的主要职能是为社会的具体活动确定目标、选择方法、建立秩序、维持运转。领导是一种创新变革的力量,而管理是一种程序化的控制工作,这是领导与管理的最大区别。

---

[1] John P. Kotter. "What Leaders Really Do?" *Harvard Business Review*, 1990(68), pp. 103—111.

领导与管理二者又是相互联系的,本书第一章就提到,每一位管理者都担负着管理的责任,又担任着领导者的角色。有效的领导可以带来有效的组织变革,优秀的管理可以控制组织及其情境的复杂性。成功的组织既需要有效的领导,也需要优秀的管理,二者建立一个能完成某项计划,并尽力保证任务顺利完成的关系网。

虽然管理和领导有很多相似之处,但随着现代社会的发展,组织的规模越来越大,面对的问题也越来越复杂,领导工作与管理工作越来越分离了。一方面管理越来越具体化和职业化,主要指为了达到组织的目标而采用合适的方法和手段,对有关的人、事、物、时间和信息进行计划、组织、指挥、协调和控制等一系列活动。另一方面,领导工作更需要超脱于具体的管理,以便从全局出发,用战略的眼光和头脑进行运筹谋划,致力于战略方针的决策和经营政策的制定。由此可见,管理者并不都是领导者,领导者也并不一定是管理者。沃伦·本尼斯(Warren Bennis,1989)列出了管理者与领导者的基本区别,如表 8.1 所示。

表 8.1 管理者与领导者的区别①

管 理 者	领 导 者
执行	创新
维持	开发
控制	鼓舞
关注短期	关注长期
询问怎么发生、什么时候发生	询问发生了什么,为什么发生
模仿	创造

第二节　传统领导理论

通过长期的管理实践,人们逐步认识到领导对企业发展的重大作用,不少学者开始重视领导理论的研究。20 世纪初,泰勒、法约尔等人开始总结领导活动某些方面的规律,但缺乏对领导活动一般规律的研究。第二次世界大战以后,管理科学的研究和应用快速发展,到 20 世纪 60 年代管理就成了世界各国重视和研究的中心课题,各种领导理论也随之诞生,从研究领导者的个性特征到研究领导行为,再到影响领导活动的情境因素。

一、领导特质理论

组织的成败,很大程度上取决于领导者的作用。早期的管理学研究十分重视对领导应具

---

① 参见理查德·哈格斯(Richard L. Hughes)等:《领导学》,清华大学出版社 2004 年版,第 9 页。

有的素质和个性的研究,认为领导者的素质是与生俱来的,他们总是具备一些与众不同的特点,如充满智慧、具有领袖的魅力、超群的记忆、过人的精力、明确的人生目标、坚韧不拔的勇气和毅力、正直和自信等。这一特质理论(trait theory)研究的出发点是:领导效率的高低主要取决于领导者的特质,那些成功的领导者也一定有某些共同点。只要找出成功的领导者应具备的特点,再考察某个组织中的领导者是否具备这些特点,就能断定他是不是一个优秀的领导者。我们可以列出古今中外一长串成功领导者的名字,如《荷马史诗》中的伊利亚特、英国前首相玛格丽特·撒切尔、美国通用电气前总裁杰克·韦尔奇、微软总裁比尔·盖茨、中国古代秦始皇、新中国开国领袖毛泽东等等,都能找出他们身上表现出的许多与非领导者不同的特质。早在 20 世纪 30 年代,心理学家们就进行了大量的研究,希望发现领导者与非领导者在个性、社会、生理或智力因素方面的差异。

早期研究领导的代表人物吉赛利(Ghiselli, 1963)提出了有效的领导者应具有的 8 种个性品质:语言才能、首创精神、督导能力、较高的自我评价、与员工关系密切、决断能力、兼备男性或女性优势、高度成熟等。另一代表人物斯托格蒂尔(Stogdill)则进一步扩大了特质的范围,总结了最受欢迎的领导的生理、社会和个人特性,如表 8.2 所示。

表 8.2　领导者的一些个人特性[①]

个　　性	生理特性	社会背景
● 机敏	● 行为	● 灵活性
● 创意、创造性	● 精力	
● 人格尊严、道德行为		
● 自信		
智慧和能力	与工作相关的特性	社会特性
● 判断、决定	● 以成就为驱动、成功的欲望	● 支持合作的能力
● 知识	● 有责任感	● 合作性
● 语言感染力	● 追求目标的责任感	● 名声、威望
	● 以任务为导向	● 社会能力、人际交流技巧
		● 社会参与能力
		● 机智、外交能力

　　① Bernard M. Bass. *Bass and Stogdill's Handbook of Leadership*. New York: The Free Press, 1981, pp. 75—76. 转引自理查德·L. 达夫特(Richard L. Daft)和雷蒙德·A. 诺伊(Raymond A. Noe):《组织行为学》,机械工业出版社 2004 年版,第 279 页。

领导学学者本尼斯和奥尼尔(John O'Neil)在其调查中发现人们将自信、想象力和个人成功的不断努力列为成功领导者的 3 个首要特性。但是,最近的研究表明,个体是否是高自我监控者,即在调节自己行为以适应不同环境方面具有很高的灵活性,也是一项重要因素,高自我监控者比低自我监控者更易于成为群体中的领导者。我国近年也开始进行对企业家素质的研究,认为在诸多的企业家特质中,社会适应性是起重要作用的特质。在我国,一大批成功的企业家,不是因为其具有高学历或高技术,而是因为其具有较好的社会适应性,包括诸如较好的社会洞察力、善于处理人际关系、对专业知识和管理知识较好的理解能力、在顺境和逆境中都能有较高抱负的意志力和确立奋斗目标时表现出的较好的变通性。

当今商业社会的领导者们还需要通过发展合作关系,尊重员工并使每个人发展智力资本来提升组织的能力。总之,大量的研究表明,具备某些特质确实能提高领导者成功的可能性,但没有一种特质是成功的保证。

现代领导理论认为,领导是一个动态过程,是一种发展变化的行为过程。领导者的特性和品质并非与生俱来,而是在具体实践中逐渐形成的,是可以训练和培养造就的。特质理论之所以在解释领导行为方面不成功,我们认为至少有 4 个原因:①它忽视了下属的需要;②它没有指明各种特质之间的相对重要性;③它没有对因与果进行区分,例如是领导者的自信导致了成功,还是领导者的成功使其建立了自信? ④它忽视了情境因素。这些方面的欠缺使得研究者的注意力转移到其他方向。因此,虽然特质理论在今天仍有一定影响,并在近年来有复苏的迹象,如各种媒体就常常信奉特质理论,但从 20 世纪 40 年代开始,特质理论就已不再占据主导地位了。20 世纪 40 年代末至 20 世纪 60 年代中期,有关领导的研究着重于对领导者偏爱的行为风格的考查。

从实践来看,一个人的某些特点对于他能否成为一个有效的领导,确实具有相当重要的作用,这也正是特质理论的生命力所在。但企业领导者需要在加强自己的综合素养方面做出努力。

二、领导行为理论

由于特质理论无法对领导效力进行充分解释,20 世纪 40 年代末,研究者开始把目光转向具体的领导者所表现出来的行为上,希望了解有效工作群体的领导者和无效的工作群体的领导者的行为差别。领导特质理论与领导行为理论(behavioral theory of leadership)在实践意义方面的差异,源于二者深层的理论假设不同:如果特质理论有效,领导从根本上说是天生造就的;相反,如果领导者具备一些具体的行为,则我们可以培养领导,即通过设计一些培训项目,把有效的领导者所具备的行为模式,植入那些愿意成为有效领导者的个体身上。这种思想显然前景更为光明,它意味着领导者的队伍可以不断壮大。通过培训,可以塑造出更多有效的领导者。

(一) 领导风格论

美国依阿华大学的科特·勒温(Kurt Lewin，1938，1939)与其同事合作实验对领导行为进行研究，并提出了领导风格论(leadership pattern theory)。勒温的调查研究显示，领导风格要么是独裁式(autocratic leadership)，要么是民主式(democratic leadership)。独裁领导者倾向于将权力集中，并通过正式职位、控制奖励和对下属的高压政策获取权力。民主领导者则将权力分配给其他人，鼓励参与，依靠下属员工的知识完成任务，并凭借下属的感激和尊敬提高影响力。当独裁领导当面监督工作时，由其指挥的群体才会好好表现，但是群体成员对这种封闭、独裁的领导风格极为不满，易滋生敌对情绪。由民主领导者指挥的群体则无论领导在与不在，都表现很好。民主领导者所使用的参与技巧和大众决策训练群体成员自我监督。民主领导者的这些立足点，部分解释了为什么在当今越来越多的公司倾向于赋予员工权力。

由美国管理学家坦南鲍牧(R. Tannenbaum)和施密特(W. H. Schmidt)(1958)[①]后来的调查反映了员工不同程度的参与，并显示领导方式是多种多样的，领导者的行为是连续统一的。如图 8.1 所示领导权连续统一体，两端是独裁式领导和民主式领导，中间则是领导权力同下属权力多种不同的结合方式。他们认为，不能简单地认为哪种领导方式是正确的，哪种领导方式是错误的。领导者能根据环境调整适当的领导风格。例如，如果时间紧迫，或者下属需要很长时间才能学会作出有效的决策，领导通常采取独裁式领导风格。当下属能很容易地学会决策所需要的技巧和知识，民主式领导风格则更适合。而且，技巧差异越大，领导方法越独断，因为使下属能达到领导者的专业水平是很难的。

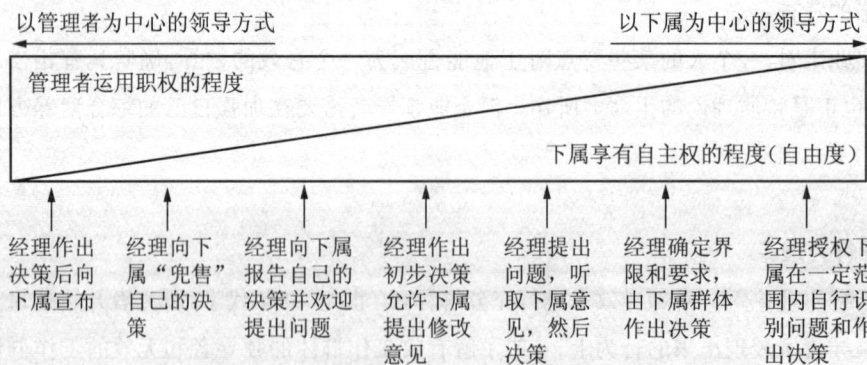

以管理者为中心的领导方式 　　　　　　　　　　　　　　以下属为中心的领导方式

管理者运用职权的程度

下属享有自主权的程度(自由度)

| 经理作出决策后向下属宣布 | 经理向下属"兜售"自己的决策 | 经理向下属报告自己的决策并欢迎提出问题 | 经理作出初步决策允许下属提出修改意见 | 经理提出问题，听取下属意见，然后决策 | 经理确定界限和要求，由下属群体作出决策 | 经理授权下属在一定范围内自行识别问题和作出决策 |

图 8.1　领导权连续统一体模式

美国比德曼(J. Peterman)公司以民主领导风格为主，其产品曾一度以罗曼蒂克的风格吸

---

① 　R. Tannenbaum and W. H. Schmidt. "How to choose a leadership pattern", *Harvard Business Review* 1958 (36)，pp. 95—101.

引着顾客,比如一双 J. Peterman 靴子和异域情调的 T 恤引领崭新、刺激的生活。其创始人约翰·比德曼以自己的参与性领导风格和灵活、悠闲的公司文化为自豪。但是在 20 世纪 90 年代中期,当公司迅速成长的时候,问题开始出现了。最后,该公司破产,被保罗·哈利斯(Paul Harris)商店收购。有评论者认为约翰需要更独断的领导风格以作出快速、艰难的决策来适应公司的成长。那些曾经使员工们能在早期茁壮成长的自由制度在公司成长期间变成了新员工的负担,因为新员工并不能分享他们用以进行决策的思想和方法。

我国的很多成功企业也都实行所谓"军事化"或"半军事化"管理,一些企业甚至对员工的衣着、走路等言行举止都有明确的规定。他们的决策和领导方式在相当的程度上是强硬和专制的,并且在一定阶段里是相当有效的。

新闻中的组织行为学

马云和史玉柱的"孔雀型"领导风格

在联想的柳传志看来,领导人大而化之有两种类型,一种是孔雀型的,以个人魅力取胜;一种是老虎型的,以发号施令树威。从这种分类来看,史玉柱与马云均属孔雀型。无论在外界怎样被误解,无论公司陷入怎样的困境,追随的人始终没有放弃对他们的信心。

史玉柱二次创业初期,很长一段时间,身边的人连工资都没得领。但是有 4 个人始终不离不弃,他们后来被称为 4 个火枪手:史玉柱大学时期的"兄弟"陈国、费拥军、刘伟和程晨。

马云创业的时候,初期的 50 万元是 18 名员工一起凑出来的。9 年过去,这 18 个人中有做到总裁级的孙彤宇,也有还是经理的麻长炜,但没有任何一个人从阿里巴巴流失。

在一些人眼中,史玉柱带着邪气,在刘伟等内部人看来,史玉柱是个重情重义的人。5 年前,陈国车祸,史玉柱连夜从兰州飞回上海,全公司停掉业务给陈国办后事。此后每年清明,史玉柱都会带着公司高层去祭奠。对高层用车,也只用 SUV,并禁止在上海之外自驾车。与史玉柱一起爬过珠峰的费拥军,说起追随史玉柱多年的理由,用的是"亲情"一词。他们相信这一点,在公司财务困难的时候,程晨甚至会从家里借来钱援助史玉柱。

外人看来总爱忽悠的马云,对阿里巴巴的 18 罗汉却是有着不寻常的煽动性。18 罗汉之一阿里巴巴副总裁戴珊说:"无论什么时候看到他,你在他眼中看到的都是自信和'我一定能赢'的信心。你跟他在一起就充满了活力。""在你绝望的时候能让你看到希望,能跟着走",刘伟也如此评价史玉柱。

马云与史玉柱都具备领导力的核心特征:提出大家都认同的愿景,并使用有效的激励手段。从创业的第一天起,马云就宣称,阿里巴巴会成为最伟大的电子商务公司,他也让部将们相信,公司上市时,会得到更多。两三年前,阿里巴巴的员工特别辛苦,待遇也不好。也有人抱怨,宁愿不要期权,多发点工资。马云的解决方案是,要有信心,我把我的股份稀释点给你们。1998年,从珠海去无锡的面包车中,史玉柱对那些20个月没领工资的追随者承诺,将来有了钱,一定会补偿。在他做征途的时候,他会告诉员工们一个梦,说巨人网络将来会上市。尽管那时候,外人几乎不相信。

尽管同为孔雀型,在关系处理上,史玉柱与马云还是有所不同。马云与18罗汉更多的是师生、朋友、伙伴关系。"不懂"网络技术的他提出愿景,业务与管理放手让部将去做。而擅长实际操作的史玉柱,与部将则是一种追随者关系,他也充分放权,无论是人权还是财权。但也会在每次商业的成败关键环节亲历而为。做脑白金时,他亲自调研了300名顾客,公司将要刊发的文章,他与大家一起,按10大标准篇篇审核。追随而非伙伴关系,与史玉柱的经历有关,1989年第一次创业时,2名员工与史玉柱在利润分配和股份多寡上发生争执。史玉柱一怒之下摔了2台IBM286电脑,那时起,他就决定,今后身边的人将只是追随者而非合作者。他从来也只考虑子公司与人共股,母公司一定自己控制。对手下,他更喜欢的是战术人才,而非战略人才。

(二) 领导行为"四分图模式"

最全面而且研究最多的领导行为理论,来自于20世纪40年代末期的俄亥俄州立大学的研究。他们研究的目的是希望确定能促进组织和群体达到目标的领导行为。他们收集了大量下属行为的描述,列出了1 000多个因素,并最终归纳和定义了领导的两个关键方面:结构维度和关怀维度。

结构维度(initiating structure)指的是在达成组织目标时,领导者更愿意界定和建构自己与下属的角色。这种类型的领导者强调通过计划、信息、交流、日程安排、工作分配及确定期限和给予指导等,指明群体的方向。他们对行为给出明确的标准,要求下属服从。高结构维度的领导者对任务的关心程度远高于对组织中人际关系和谐的关心,希望通过指明方向和期望别人来使自己完成任务,要求员工保持一定的绩效标准,并强调工作的最后期限。

关怀维度(consideration)指领导者对下属的敏感程度,尊重他们的想法和感情,更愿意建立相互信任、相互交流的工作关系。这种类型的领导者乐于向员工表达感激之情,并愿意仔细倾听下属的意见和问题,寻求下属的帮助,同时关心下属的生活、健康和工作满意程度。高关怀维度的领导者特别重视群体关系的和谐及下属心理上的亲近。

以这些概念为基础进行的大量研究表明,在结构和关怀方面均高的领导者(高——高领导者)常常比其他 3 种类型的领导者(低结构、低关怀或两者均低)更能使下属取得高工作绩效和高满意度。但是高——高风格并不总是产生积极效果。例如,当工人从事常规任务时,高结构特点的领导行为会导致高抱怨率、高缺勤率和高离职率,员工的工作满意水平也很低。还有研究发现,领导者的直接上级主管对其进行绩效评估的等级与关怀度呈负相关。总之,俄亥俄州立大学的研究结果发现:两种领导行为在一个领导者身上可能一致,也可能不一致,它们并不是相互矛盾、相互排斥的。领导者可以是单一的组织型或体贴型,也可以是两者的任意组合,具体组合方式用领导行为四分图表示,如图 8.2 所示。

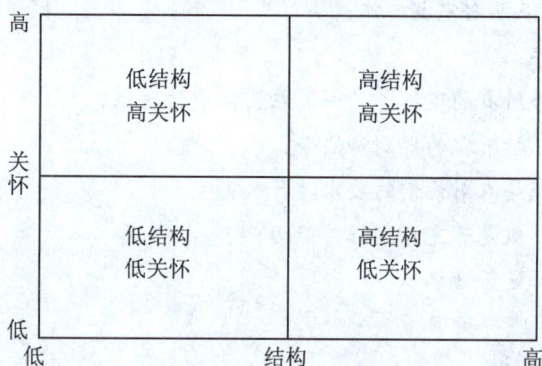

图 8.2　领导行为四分图

在俄亥俄州立大学进行研究的同时,密歇根大学采用了不同的方法进行了相似的研究。他们直接将高效率和低效率的领导进行比较,确定了两类领导行为,即以员工为中心和以工作为中心。以员工为中心的领导者(employee-centered leader)重视人际关系,他们总会考虑到下属的需要,并承认个体间的差异。相反,以工作为中心的领导者(job-centered leader)更强调工作的技术或任务事项,主要关心的是群体任务的完成情况,并把群体成员视为达到目标的手段。

总体上,密歇根大学研究发现,最有效率的领导者是以员工为中心的。这些领导者经常和较高的团队生产力和下属中的高工作满意度联系在一起。

领导行为测验

美国俄亥俄州立大学的研究者,在调查研究了上千个领导行为因子的基础上,归纳出两类因素即结构维度(或任务取向)和关怀维度(或关系取向),编制出领导者行为的描述性问卷。其内容如下:

(一)结构维度 15 个题目

1. 对下级清楚地表述自己的态度;

2. 在本单位中能实施自己的新方案；

3. 以极严的手段抓管理工作；

4. 批评那些工作表现不好的下级；

5. 以不容他人质问的口气讲话；

6. 分配下级做规定的工作；

7. 坚持一定作业标准；

8. 做事有一定计划性；

9. 强调一定要在限期内完成工作；

10. 规定工作程序；

11. 要弄清楚是否所有的下级都了解其在团体中的地位；

12. 要求下级遵照标准化的规则和法令；

13. 让下级知道领导人对他们的要求是什么；

14. 关心和注意下级是否充分发挥其能力；

15. 注意下级工作是否协调。

(二) 关怀维度的 15 个题目

1. 给下级以私人帮助；

2. 做一些使下级感到愉快的小事情；

3. 容易使下级了解自己；

4. 抽空听取下级的意见；

5. 信守诺言；

6. 关心下级个别人的福利；

7. 拒绝解释自己行为的原因；

8. 从来不会没有和下级商量而自行行动；

9. 缓慢地接受新的方案；

10. 以平等态度对待每一个下级员工；

11. 对现状愿意有所改变；

12. 平易近人；

13. 与下级谈话时，能使他们觉得轻松自然；

14. 对下级提的意见付诸实施；

15. 在推行重要事项之前，先取得下级的赞同。

评定方法：评定主体可以是上级、下级、同级，也可以是被评定对象自己。评分可用 5 级量表评定，"经常"为 5 分，"较多"为 4 分，"有时"为 3 分，"很少"为 2 分，"从未"为 1 分。经过综合评分比较，就能知道该领导者在群体成员的心目中是任务取向还是关系取向。

(三) 管理方格论

在俄亥俄州立大学提出的领导行为四分图的基础上，美国得克萨斯大学两位管理心理学家布莱克(R. Blake)和穆顿(J. Mouton)提出了管理方格理论(managerial grid)。根据对人的关注和对生产的关注两个维度，就像俄亥俄州立大学的关怀和结构空间以及密歇根大学以员工为中心和以工作为中心的领导关系空间，这个方格以鉴定领导行为等级为基础。

图 8.3 阐明了管理方格和其中 5 种主要管理风格。方格上的每条轴线都分为 9 个刻度，1 表示低关注，9 表示高关注。团队型管理(9.9)，工作成就来自献身精神，在组织目的上利益一致，互相依存，从而导致信任和尊敬的关系。当重点被放在人身上而不是工作成果时，出现了乡村俱乐部型管理(1.9)。这种管理风格，注意人们建立友好的关系的需要，形成愉快的组织气氛，产生良好的工作效率。当经营效率是主要导向的时候，出现了任务型管理(9.1)。这种管理风格，安排工作条件采用使人的因素干扰最小的方法来达到工作效率。中庸型管理(5.5)则兼顾必须完成的工作和人们有较高的士气来使适当的组织成绩成为可能，反映了对人和生产关注的中等程度。贫乏型管理(1.1)则缺少管理思想，管理者对人际关系和工作完成均付出较少努力。

图 8.3 管理方格图

布莱克和穆顿根据自己的研究得出结论,团队型(9.9)领导风格是最有效的,因为组织成员共同工作以完成任务。但遗憾的是,方格论只是为领导风格的概念化提供了框架,未能提供新信息以澄清领导方面的困惑。并且,也缺乏实质证据支持所有情境下团队型管理风格都是最有效的。不同的环境条件和不同的被领导者状况要求不同的领导方式。例如,对于研究单位来说,被领导者是知识型的研究人员,这些人员知识层次高,比较具有自己的想法和主见,他们的工作特点是创造性的工作,例外性很强,如果严格管理反而会影响其创造性,挫伤人们的自尊心。

应当指出,上述5种典型的领导方式仅仅是理论上的概括,都是一种极端的情况。在实际生活中,很难出现纯而又纯的与其相对应的典型领导方式。

(四) 领导系统模式

美国密歇根大学利克特(R. Likert)在25年的时间里,通过一系列问卷调查,对不同的管理类型和不同的领导行为类型进行了系统的研究,包括:控制手段、对雇员态度、激励的影响等方面。在此基础上,他在著作《人群组织:它的管理及价值》中提出了利克特领导系统模式。他将领导方式归结为4种系统模式,并对此作了进一步阐发:

(1)专制独裁式。领导者对他们的下属缺乏信心和信任,他们不喜欢与下属讨论工作上的事情,也很少在处理问题时接受下属的看法。领导者非常专制,决策权集中于最高层,所有的决定都由领导者作出,下属没有参与权,只有执行的义务。上下级很少交流,沟通只是采取自上而下的方式。激励也主要是采取惩罚的方法,下属对领导也心存戒备。

(2)温和独裁式。领导对下属有一定的信任和信心,有一定程度的自下而上的沟通,有时听取下属的建议和解决问题的方法,也向下属授予一定的决策权,但自己仍掌握最终控制权,重要决策权仍由高层领导者作出。采取奖赏与惩罚并用的激励方法,下属仍处在小心谨慎之中。很少有合作的团队精神。

(3)协商式。领导者较大程度地但不是完全地信任下属,他们仍然希望控制决策。下属可以相当自在地讨论工作上的问题,领导者通常会采纳下属的意见。上下级沟通较多,向下的沟通一般为下属接受,但向上的沟通通常还是领导想听到的信息,其他信息仍会受到限制。主要采取奖赏的方式来进行激励,有一定程度合作的团队精神。在制定总体决策和主要政策的同时,下属有一定的参与,并允许下属部门在一些具体问题上作决策。

(4)参与民主式。领导对下属在一切事务上都抱有充分的信心与责任,积极采纳下属的意见,上下级之间以及同事间有广泛的沟通交流,乐于授权,鼓励下属参与管理,有问题互相协商讨论。组织中充满合作的团队精神。下属充分参与决策,在控制方面有广泛的责任感,最高领导者最后作出决策。

利克特认为,一个组织的领导类型可以用8项特征来描述:①领导过程;②激励过程;③交流沟通过程;④相互作用过程;⑤决策过程;⑥目标设置过程;⑦控制过程;⑧绩效目标。鉴别和区分不同领导类型和方式的关键,是看下属参与决策的程度。利克特通过广泛的调查,发现应用第 4 种领导模式的主管人员都是取得最大成就的领导者,这种领导方式在设置和实现目标方面是最有效率的,通常也是最富有成果的。他还发现,实行参与民主式领导体制的企业,其生产效率要比一般企业高出 10%—40%。他把这些主要归因于员工参与管理的程度,以及在实践中坚持相互支持的程度。据此,利克特大力提倡企业领导由专制独裁式、温和独裁式向协商式、民主参与式的转变。他认为,单纯依靠奖惩来调动职工积极性因素的管理方式已经过时了,只有依靠民主管理,从内心来调动积极性,才能充分发挥人们的潜力。他建议领导者真心诚意地而不是假心假意地让员工参与管理。要看到员工的智慧,相信他们愿意做好工作。独裁式领导永远也不能达到民主管理体制所能达到的生产水平和对工作产生的满意感受。

三、领导权变理论

随着对领导行为理论研究的深入,人们发现只是简单地考虑这两个变量,只从二者的相互影响关系出发,仍不能有效地解释领导的作用,对领导的研究必须包含第三个变量即环境。20 世纪 60 年代后,许多管理学家、心理学家提出了领导权变理论(contingency theories of leadership),主要探讨各种环境因素怎样影响领导者的素质和行为,及其与领导成效的关系,认为在不同情境下需要不同的素质和行为,才能达到有效的领导。其中影响较大的有菲德勒的领导权变模型、途径——目标理论、领导参与模型、领导生命周期理论。

(一) 菲德勒的领导权变模型

领导权变理论研究中,影响最大的是由美国华盛顿大学教授、心理学家和管理专家弗雷德·菲德勒(Fred E. Fiedler)提出的菲德勒权变领导模式(Fiedler contingency model of leadership)。

菲德勒认为,传统的领导行为理论只是对领导行为类型进行了研究,并就此提出存在适用于一切情境的"最佳"领导风格,这明显不符合领导工作的实际,不同的情境变量会造成不同的领导风格需求,各种领导风格只有在与其相对应的不同情境中才最有效。有效的群体绩效取决于以下两个因素的合理匹配:与下属相互作用的领导者风格;情境对领导者的控制和影响程度。领导者应首先摸清自己及下属的领导风格,并争取为自己或下属建立最适合各自风格的情境,以实现最佳的领导绩效,即让工作适应管理者。

对领导风格的考察,领导行为理论注重从"任务导向"与"关系导向"两个维度去测量,存在许多不便。菲德勒经过研究,提出了"最不愿与之共事者"(LPC, least preferred co-worker)这种单一的风格诊断工具,见表8.3。LPC 问卷要求被测者首先想出并认定自己工作经历中遇到过的一个具体的人,可以是现在或以前的同事,但不必说出来。然后利用16 对极端相反的形容词去描述此人。两个相对立的形容词有一个 8 级评分标尺,除1 与8 各自代表两个极端外,中间还有 6 级过渡的分数级别。自我诊断者在这 16 对形容词间勾勒出最能准确描述其感受的,把这 16 项分数相加,即此人的 LPC 得分。LPC 不是包括一切方面,而是在工作中最难与之交往而把任务完成的人,他也许在看球、闲谈等方面还可以跟你谈得来,但是这些与完成工作无关,也就不在 LPC 的测量范围内。

表 8.3 菲德勒 LPC 问卷

快 乐——	8	7	6	5	4	3	2	1	——不快乐
友 善——	8	7	6	5	4	3	2	1	——不友善
拒 绝——	1	2	3	4	5	6	7	8	——接 纳
有 益——	8	7	6	5	4	3	2	1	——无 益
不热情——	1	2	3	4	5	6	7	8	——热 情
紧 张——	1	2	3	4	5	6	7	8	——轻 松
疏 远——	1	2	3	4	5	6	7	8	——亲 密
冷 漠——	1	2	3	4	5	6	7	8	——热 心
合 作——	8	7	6	5	4	3	2	1	——不合作
助 人——	8	7	6	5	4	3	2	1	——敌 意
无 聊——	1	2	3	4	5	6	7	8	——有 趣
好 争——	1	2	3	4	5	6	7	8	——融 洽
自 信——	8	7	6	5	4	3	2	1	——犹 豫
高 效——	8	7	6	5	4	3	2	1	——低 效
郁 闷——	1	2	3	4	5	6	7	8	——开 朗
开 放——	8	7	6	5	4	3	2	1	——防 备

菲德勒认为,在 LPC 问卷的回答基础上,可以判断出人们最基本的领导风格。他的前提是不论你怎样描述他人,这只能更多地说明你自己。如果以相对积极的词汇描述最难共事者(LPC 得分高),则表现了被测者重关系的风格,因为即使对一个自己认为是最难共事的人评价也不太坏,说明他必想到此人工作活动以外的其他表现。相反,如果被测者对最难共事者的描述比较消极即 LPC 得分低,则他可能只对此人的工作表现感兴趣,因而属任务取向型。LPC 总分高于 72(平均分为 4.5 分)为高分,属关系型;低于 64(平均分为 3.8 分)为低分,属任务型;65—72 分的人难以确定。最近的研究表明,后者即不确定型灵活性较高,在相关颇大的不同情景范围内都干得不错。但是,学术界对于 LPC 究竟是什么,以及它是否真能单独地说明一个人领导行为的倾向性,一直存在争议。

用 LPC 问卷对个体的基础领导风格进行评估之后,需要再对情境进行评估,并将领导者与情境进行匹配。菲德勒提出的决定领导方式有效性的环境因素主要有以下 3 个:

(1)上下级关系,指领导者受到下级爱戴、尊敬和信任以及下级情愿追随领导者的程度。

程度越高,领导者的权力和影响力就越大。

（2）任务结构,即分配给下属任务的结构化程度,对工作任务规定的明确程度。任务明确、程序化程度高,工作的质量就比较容易控制,每个组织成员的工作职责也容易描述清楚。

（3）职位权力,即领导者拥有的权力变量,这是指领导者所处的职位能提供的权力和权威在多大程度上能使组织成员遵从他的指挥。一个具有明确的并且相当高的职位权力的领导者,比缺乏这种权力的领导者更容易得到他人的追随。

菲德勒模型的下一步,是根据这3项权变变量来评估情境:领导者与下属的关系或好或差,任务结构化或高或低,职位权力或强或弱。菲德勒还发现,这3个变量的重要性并不相同,对情境控制力影响最大的是上下级关系,它若不好,控制力就降低。次重要的是任务结构性,若它也偏低,则对情境的控制力将进一步削弱。职权大小最不重要,但若偏小,当然也不利。3项变量搭配组合成8种不同情境或类型。每个领导者都可以从中找到自己的位置,如图8.4所示。

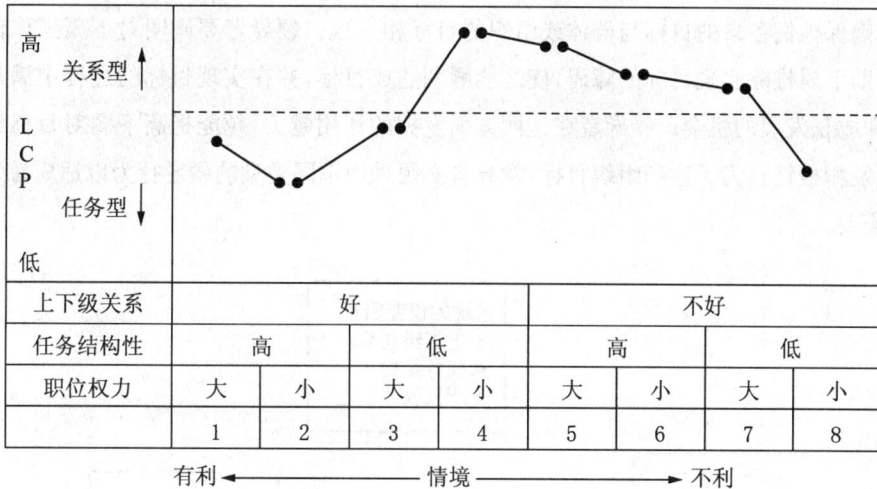

上下级关系	好				不好			
任务结构性	高		低		高		低	
职位权力	大	小	大	小	大	小	大	小
	1	2	3	4	5	6	7	8

图 8.4　菲德勒的权变领导模型

通过个体的LPC分数并评估了3项权变因素之后,菲德勒模型指出,当二者相互匹配时,会达到最佳的领导效果。菲德勒研究了1 200个工作群体,对8种情境类型的每一种,均对比了关系导向型和任务型两种领导风格,他得出结论:在情境非常有利(情境1,2,3)或非常不利(情境7,8)的情况下,任务导向型领导比关系导向型领导更有效。而在中等情境下(情境4,5,6),关系导向型领导有效。

如何将菲德勒的观点应用于实践呢? 我们可以寻求领导者与情境之间的匹配。个体的LPC分数,决定了他最适合于何种情境类型,而情境类型则通过对3种情境变量(上下级之间的关系、任务结构、职位权力)的评估来确定。但要知道,按照菲德勒的观点,个体的领导风格是稳定不变的,因此提高领导者的有效性实际上只有两条途径:替换领导者以适应情境或改变情境以适应领导者。

菲德勒模型是领导权变理论中影响最大和应用范围最广的理论之一。大量研究对菲德勒模型的总体效度的考察,都支持这一模型。但该理论仍然存在不少缺陷,比如对 LPC 分数如何影响群体绩效没有给出一个清楚的说明;LPC 问卷的逻辑实质尚未被很好地认识,一些研究指出回答者的 LPC 分数并不稳定;该模型忽视了 LPC 分数居中的领导者。另外,用来衡量情境状况的 3 项变量的意义不够清楚。有证据表明,还存在其他的情境变量,如领导人受训程度和经验就可以改变环境的顺利程度。

(二) 路径—目标理论

加拿大多伦多大学教授伊万斯(M. Evans, 1968)和豪斯(R. House, 1971)把激发动机的期望理论和领导行为的四分图结合在一起,提出了路径—目标理论(path-goal theory),如图 8.5 所示。该理论的核心是,领导者的工作是帮助下属达到他们的目标,并提供必要的指导和支持,以确保他们各自的目标与群体或组织的目标相一致。领导者要阐明对下属工作任务的要求,帮助下属排除实现目标的障碍,使之能顺利达成目标,并在实现目标的过程中满足下属的需要和成长发展的机会。领导者在这两方面发挥的作用越大,越能提高下属对目标价值的认识,激发积极性。为了达到组织目标,领导者必须采用不同类型的领导行为以适应特殊环境的客观需要。

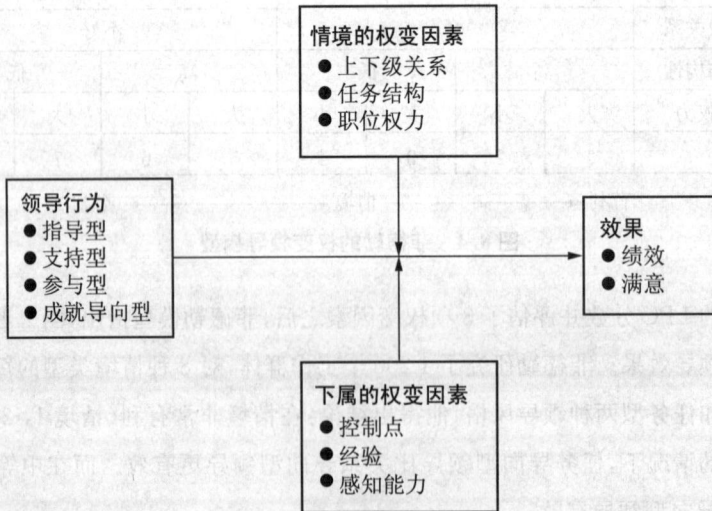

图 8.5　路径—目标理论

通过实验,豪斯认为"高结构、高关怀"的组合不一定是有效的领导方式,还应补充环境因素。路径—目标理论归纳了以下 4 种领导方式:

(1) 指导型(directive)：领导者让下属知道期望他们做什么、怎样做以及完成工作的时间安排，并对如何完成任务予以具体指导。这种领导类型与俄亥俄州立大学的结构维度十分相似。

(2) 支持型(supportive)：领导者很友善，平易近人，关心下属的福利和个人需求，但对工作环境的好坏却很少关心，不太注意通过工作使人满意。这种领导类型相似于俄亥俄州立大学的关怀维度。

(3) 参与型(participative)：领导者在作出决策时，注意与下属磋商，征求他们的意见，对达成目标的各种建议和意见采取非常认真的态度，尽量让下属参与决策和管理。

(4) 成就导向型(achievement-oriented)：领导者通常树立具有挑战性的工作目标，相信并鼓励下属最大限度地发挥潜力，达到组织目标。这种类型的领导者强调出色的工作表现，不断制定新的目标，使下属经常处于被激励的状态。

路径—目标理论认为，没有一个在任何情况下都能引发下属员工的工作动机和满足感的领导模式。领导方式的选用，要同权变因素恰当地配合考虑。豪斯提出的权变因素有两个方面：

(1) 下属员工的个性特点。当下属感到他的能力很低时，他很可能接受指导型的领导；而当下属感到自己的能力很强时，指导型的领导对下属的满足感和工作动机就不会有积极的影响；当下属是内控型的人时，他认为自己的能力和意志能控制事物的发展，则较喜欢参与式的领导方式；否则，他会喜欢指令性的领导。另外，下属的特殊需求和动机也会影响他们对不同领导类型的接受和满意程度。

(2) 情境即工作环境特点，其中包括上下级关系、任务结构、职位权力等。当任务结构模糊不清，下属无所适从时，他们希望有"高结构"型的领导，帮助他们作出明确的规定和安排，否则就会不满意。当面对常规性的工作，目标和达到目标的路径都很明确时，下属就喜欢"高关怀"型领导。因此，根据路径——目标理论，领导者必须分析下属面对的客观环境，选择一个适当的领导方式。

路径—目标理论的基本原则就是将领导行为与权变因素结合起来考虑，在研究组织中的领导行为的过程中，不仅要考虑不同的领导类型，而且要注意影响领导有效性的员工及情境权变因素。

(三) 领导者参与模型

1973 年，美国管理学家维克多·弗隆(Victor Vroom)和菲利普·耶顿(Phillip Yetton)提出了领导者参与模型(leader participation model)。该模型将领导行为与下属参与决策联系在一起，认为有效的领导者应根据不同的情况让员工不同程度地参与决策，领导方式主要取决于下属参与决策的程度。由于认识任务结构的要求随常规活动和非常规活动而变化，研究者认为领导者的行为必须加以调整，以适应这些任务结构。弗隆和耶顿的模型是规范化的，它提供了不同的情境类型应遵循的一系列原则，以确定参与决策的类型和程度。这一复杂的决策树模型包含 5 种可供选择的领导风格和 7 项权变因素（可通过"是"或"否"选项进行判定）。

领导者参与模型认为，领导者抗议通过改变下属参与决策的程度体现自己的领导风格，根据下属参与决策的程度不同，把领导方式分为三类六种，即独裁专制型二种，协商型二种，群体决策型二种，见表 8.4。六种领导风格分别适用于 14 种环境，如图 8.6 所示，图中虚线表示"否"，实线表示"是"。

弗隆认为不存在对任何环境都适应的领导风格，各种不同领导者在进行决策时都应将精力集中在对环境特征、性质的认识上，以便更好地针对环境要求选择领导风格。他和亚瑟·加哥（Arthur Jago）后来重新修订了该模型，新模型包括与过去相同的 5 种可供选择的领导风格，但将权变因素由 7 个扩展为 12 个，即补充了"下属是否拥有充分信息作出高质量决策"、"时间限制是否严格"、"把地域上分散的下属召集到一起的代价是否太高"、"在最短的时间内作出决策对你来说有多重要"、"是否愿意为下属的发展提供最大的机会"5 个因素，并对各因素分别设 5 级量表评定。

表 8.4　领导方式的三类六种

类　　型	领导风格（决策方式）	参与程度	代码
独裁专制型 （A）	1. 领导者运用手头现有的资料，自行解决问题作出决策	最低	A I
	2. 领导者向下级取得必要资料，然后自行决定解决问题的方法。向下级索要资料时，可以说明情况，也可以不说明；在决策过程中，下级只向上级提供资料，不提供解决问题的方案	较低	A II
协商型 （C）	3. 以个别接触方式，让下级了解问题，听取他们的意见和建议，然后由领导作出决定；决定可以反映下级的意见，也可以不反映	较高	C I
	4. 让下级集体了解问题，并听取集体的意见和建议，然后由领导做出决定；决定可以反映下属的意见，也可以不反映	较高	C II
群体决策型 （G）	5. 领导找个别下级研究问题，找出彼此都同意的解决方案	较低	G I
	6. 让下级集体了解问题，并且与领导共同提出和评价可供选择的决策方案，努力就决策方案的选择达成一致；讨论过程中领导仅作为组织者而不用自己的思想去影响群体，并愿意接受和落实任何一个集体支持的方案	最高	G II

A. 决策有质量要求吗？是否有某种决策方式比另一种更重要？	B. 为作出高质量的决策，掌握了充分的信息吗？	C. 是不是结构性的工作问题？	D. 是不是只有下级所接受的决策才能有效地执行？	E. 如果我自行决策，是否肯定能为下属所接受？	F. 下属是否把解决工作问题所达到的组织目标视为自己的目标？	G. 下属间对于优选的决策是否会发生冲突？

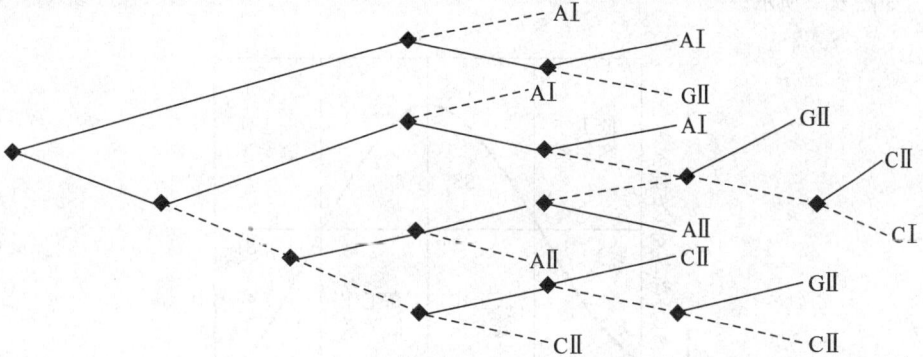

图 8.6　领导者参与模型

领导者参与模型与菲德勒模型的区别是：菲德勒模型设定领导者的领导风格是固定不变的，因而主张改变情境以配合领导者本身的特点；而领导者参与模型则认为领导者的行为并不是机械的，应根据环境的需要随时变动。

一些研究结果证明了决策树的正确性，但它也有不足：首先，该模型过于复杂，管理人员根据模型的参数确定决策模式比较困难；其次，该理论假定所有领导者的能力是相同的，其实不然。领导决策树模型只关注领导决策，在这个限制的范围之内，模型的解释效力较强，可以帮助领导者提高决策质量。但是，考虑到领导习惯化的行为方式不同，某些领导方式可能难以实施。

（四）领导生命周期理论

领导生命周期理论（life cycle theory of leadership）是由卡曼（A. K. Karman）首先提出，后由赫西（Paul Hersey）和布兰查德（Kenneth Blanchard）发展的一种流传较广的领导行为的情境理论。布兰查德认为，成功的领导是通过针对下属的意愿和成熟程度选择正确的领导风格来获得的。

对下属成熟度的评估中，领导者必须考虑两个独立的因素：(1)能力，指个人或团队参与一个特定的任务或活动的知识、经历和技能；(2)个人意愿，指个人或团队有信心、赞成和努力完成一项特定任务的程度。卡曼也认为，"高工作高关系"的领导风格并不经常有效，"低工作低关系"的领导风格并不总是无效，要看下属的成熟程度而定。赫西和布兰查德将成熟度划分为4个等级：

(1) 下属对执行某任务既无能力又缺乏意愿，因此他们既不能胜任工作又不能被信任。

(2) 下属不能胜任但愿意承担必要的工作任务。他们有能力但暂时缺乏合适的技能。

（3）下属有能力但不愿听从领导的指示。

（4）下属既能胜任也愿意承担要他们做的工作。

领导的工作行为和关系行为与下属成熟度之间并非是一种直接关系，而是一种曲线关系，如图 8.7 所示。

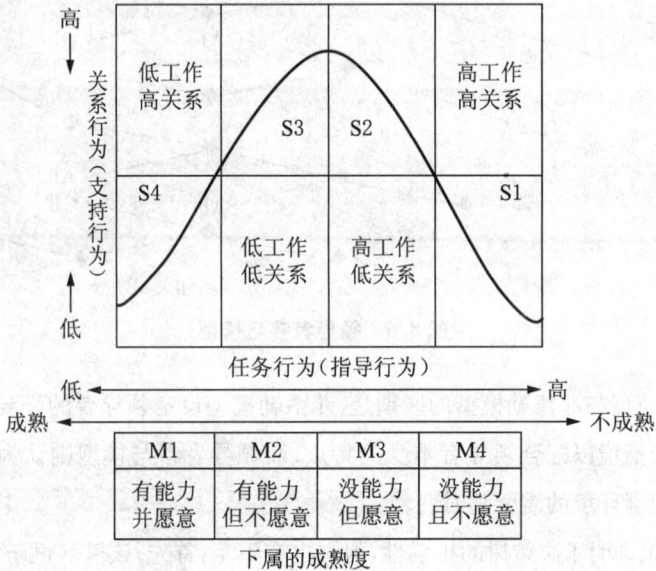

图 8.7　领导生命周期理论曲线

图中横坐标表示以工作为主的工作行为，纵坐标表示以关心人为主的关系行为，第三个坐标是下属的成熟度。根据下属的成熟度（从 M1 到 M4），有 4 种不同的情况，这样成熟度、工作行为及关系行为间有一种曲线关系。赫西和布兰查德对模式中每个部分都赋予特定的含义：

（1）工作行为：表示领导者用单向沟通向下属说明应该干什么，在何时、何地、用何种方法去完成。

（2）关系行为：表示领导者用双向沟通的方式，用心理的、培养社会感情的措施指导下属，并照顾职工的福利。

（3）有效的领导方式：表示领导方式能适应规定的环境，对各种特定的情境能作出正确的决定。

（4）无效的领导方式：指领导方式不能适应规定的环境，对于特定的情境不能提供正确的领导。

情境领导理论认为，随着从不成熟走向成熟，领导行为应按下列程序逐步推移：高工作低关系→高工作高关系→低工作高关系→低工作低关系。

图 8.7 中的 4 个象限代表 4 种领导方式：

第1象限(S1),命令型。这个象限是高工作低关系,适用于低成熟度的情况。下属既不愿意也不能够负担工作责任,这种成熟度低的下属,领导者可以采取单向沟通形式,明确地向下属规定任务和工作规程。

第2象限(S2),说服型。这个象限是高工作高关系,适用于下属较不成熟的情况。下属愿意担负起工作责任,但他们缺乏工作的技巧而不能胜任。这时领导者应以双向沟通的方式直接进行指导,同时从心理上增加他们的工作意愿和热情。

第3象限(S3),参与型。这个象限是低工作高关系,适用于下属比较成熟的情况。下属能够胜任工作,但他们不满意领导者有过多的指示和约束。这时,领导者应该通过双向沟通和悉心倾听的方式和下属进行信息交流,支持下属发挥他们的能力。

第4象限(S4),授权型。这个象限是低工作低关系,适用于高度成熟下属的情况。下属具有较高的自信心、能力和很强烈的愿望来承担工作责任,这时,领导者可充分赋予下属权力,让下属"自行其是",领导者只起监督的作用。

赫西和布兰查德还以父母与子女关系为例来说明这个理论。人在孩童时期,难以独立适应环境,因而父母必须为其安排一切,还要严格照料。在学龄以前,父母对待子女最适当的方式是高工作低关系。后来孩子逐渐长大,开始上学,父母也须为他们订立许多的规则,因为这个小孩尚未成熟到足以接受太多的责任。即使小孩开始成熟,父母也必须对其表示较多的信任与尊重,逐渐增加"关系"的分量,这时父母的行为特征是高工作高关系。继而孩子进入高中或大学,他会对自己的行为更多地负责。父母逐渐放松控制,但继续给予高度的感情上的支持。此阶段父母的行为特征是低工作高关系。最后年轻人开始工作,建立自己的家庭,并对自己的行为完全负责,对人际与感情上的需要也能自行控制。此阶段父母的最适当方式是低工作低关系。

此外,赫西和布兰查德认为,对于受过高等教育,同时又是情感成熟的人,领导者应采取低工作低关系的授权式领导方式,如高级科技人员、大学教授等。他们往往只希望"有限的社会感情上的支持"。在他们心目中,有效的领导者应该是允许他们自己决定如何工作。

随着社会的进步,越来越多的人都有较高的教育水准和生活标准,同时也较成熟,随着成熟度的改变,对生理和安全方面的需要都放到较次要的地位,更多的是对归属和被认可、受人尊敬、发挥其才能的机会的要求。

第三节 领导理论的当代发展

在当今新的经济环境条件下,领导的作用更加不断凸显,特别是领导在应对环境变化和组织变革中的作用日趋明显。在电子化工作环境中,许多工作可以在工作场所以外的地方进行,这些人不像传统的员工那样与领导直接接触。这样,激励过程和手段、领导的策略和方法都必须改变。电子商务的出现造就了全新的领导者类型——e 老板,他们关注速度、技术、高风险承担以及短时间内的高额利润。例如亚马逊公司总裁杰夫·贝佐斯(Jeff Bezos)就是这一类型的成功领导者。

越来越多的组织在使用电子化技术管理。例如,通用汽车创立了新型的零售营运系统 ROS(Retail Operating System),该系统模块包括关注组织发展、市场开拓、商务管理、销售运作、服务操作等信息,提供程序所需的资料以及满足客户期望的资源,以使通用汽车的各地区业务代表可以与不同的零售商保持密切的联系。

所有这些表明,需要对领导行为进行更深、更专业的认识和研究。当代领导理论的新发展似乎不再对抽象的理论架构感兴趣,而是更关注从成功经理身上总结他们的特点,更贴近管理实践。

一、领导的归因理论

前述第三章讨论知觉时指出,当一件事情发生时,人们总是试图把它归结为某种原因的结果。领导的归因理论(attribution theory of leadership)认为,领导对下属行为的判断是受到领导所认为的员工工作表现的原因影响的,同时,人们也倾向于将领导行为归结于某种原因。

领导的归因与其他员工的行为一样,决定了领导对员工的行为作出什么样的反应和采取什么样的领导行动。领导对行为原因的看法,作为情境分析的一部分,直接影响到领导采取的方式。例如,如果下属工作业绩不佳,是将其原因归结于个人的技能不足,还是归结于个人几乎不能控制的环境,结论不同会导致领导者与下属的人际关系不同。因为只有当领导将员工行为归结为个人内部原因时,他才会试图改变员工的行为。而领导判断员工行为的原因时,依然是基于特殊性、一致性、一贯性这三个要素。

那些习惯于将员工不好的工作表现归结为内部原因的领导,常常采取惩罚性措施。而自认为对某问题不用负责的员工则会对这种惩罚性措施心怀敌意。将问题的原因归结为员工责任后,领导所给予的支持、指导和资源会趋于减少。所以,领导应学会更仔细、公平和系统地评价员工的工作表现,学会正确地分析员工表现一般的原因。

另一方面,运用归因理论的框架,研究者发现人们倾向于把领导者描述为具有这样一些特质,如智慧、随和的个性、很强的言语表达能力、进取心、理解力和勤奋。并且,人们发现高——高(即高结构——高关怀)领导者与人们对好领导具有哪些因素的归因相一致。也就是说,不论情境如何,人们都倾向于将高——高领导者知觉为最佳。在组织层面上,归因理论的框架说明了为什么人们在某些条件下使用领导来解释组织结果。这些组织绩效常常是极端的情况。当组织中的绩效极低或极高时,人们倾向于把它们归因于领导。例如在职业体育运动中,如果运动队成绩不佳,老板常常炒经理或教练的鱿鱼,而不是队员。而一般非常成功的企业,其总裁或最高领导者往往会引起人们关注和敬仰,尤其是引起媒体的关注。

领导归因理论有助于解释当组织遭受严重的财政危机时,首席执行官们的敏感性,无论他们是否与此事有关;它还说明为什么这些首席执行官都会因为极好的财政状况而赢得人们的好评,不管实际上他们的贡献大小。

二、魅力型领导

早在 20 世纪 20 年代末,德国著名社会学家韦伯就提出了魅力型领导(charismatic leadership)概念。韦伯把社会中的权威分为 3 种类型:传统型、法理型、魅力型。他将魅力型领导描述为:该领导者展示了一项卓越的使命或行动过程,它们自身不能对潜在的下属产生影响,但是正因为下属认为他们的领导具有特殊的天赋,所以该项使命或行为才能够得以进行。在这个定义中,魅力型领导被描述为具有绝对人格力量的人,能够对其下属产生深远的影响。魅力型领导能够产生强烈的忠诚、激情及献身精神。下属们受其鼓舞,满怀激情地、义无反顾地服从领导者。领导者对下属的职业精神、积极性及表现都会产生深远影响。魅力型领导不仅可以用领导者与其下属的关系及其影响来衡量,而且这些领导者个人有其自身的性格特征和行为方式。富有魅力的领导的最明显特征是具有强烈的自信心,他们常常确信其信仰、理想和统治的正当性。

韦伯的思想在 20 世纪 40 年代末开始在美国广泛传播,并对学术界的研究产生了影响。一些研究者试图找到魅力型领导者的个性特点。以"路径—目标理论"而著名的豪斯确定了 3 项因素:极高的自信、支配力以及对自己信仰的坚定信念。本尼斯(1985)研究了 90 位美国最杰出和最成功的领导者,发现他们有 4 种共同的能力:令人折服的远见和目标意识;能清晰地表述这一目标,使下属明确理解;对这一目标的追求表现出一致性和全身心的投入;了解自己的实力并以此作为资本。不过,在此方面最新最全面的分析是由麦吉尔大学的康格(J. A. Conger)和坎南格(R. Kanugo)进行的。他们的结论是,魅力型领导人具有如下特点:他们有一个希望达到的理想目标;为此目标能够全身心地投入和奉献;反传统;非常固执而自信;是激进变革的代言人而不是传统现状的卫道士。表 8.5 总结了魅力型领导者的关键特点。

表 8.5　魅力型领导者的主要特点

1. 自信:魅力型领导者对他们的判断和能力充满信心
2. 远见:有理想的目标,认为未来定会比现状更美好,理想目标与现状相差越大,下属越有可能认为领导者有远见卓识
3. 清楚表述目标的能力:能够明确地陈述目标,使其他人都能明白,这种清晰的表达表明了对下属需要的了解,然后它可以成为一种激励的力量

4. 对目标的坚定信念:具有强烈的奉献精神,愿意从事高风险性的工作,承受高代价。为了实现目标能够自我牺牲
5. 不循规蹈矩的行为:他们的行为被认为是新颖、反传统、反规范的。当获得成功时,这些行为令下属们惊诧而崇敬
6. 作为变革的代言人出现:他们被认为是激进变革的代言人而不是传统现状的卫道士
7. 环境敏感性:他们能够对需要进行变革的环境限制和资源进行切实可行的评估

康格和坎南格还把魅力看作一个归因现象,并且提出它会随着情境发生变化。提升魅力型领导的情境包括要求剧烈变革的危机或对现状非常不满的追随者。例如,在一所大学中进行的最新研究揭示了这样一种情境:一个魅力型的领导者可以成功地实施一项技术变革,但是同时要忍受较多政治的骚动这一技术变革的"副产品"。这表明魅力型领导的研究必须关注到领导者所处的情境、工作任务及其性质。

魅力型领导者常常被描绘为伟大的英雄,但如表 8.6 所示,现实生活中既存在魅力型领导者的道德特征,也存在与之相联系的非道德特征。这一变革的观点被巴斯(B. M. Bass)采用,他提出魅力型领导确实只是更广阔基础的变革型领导的一个部分。

表8.6 魅力型领导者的道德特征与非道德特征[①]

道德特征领导者	非道德特征领导者
● 使用权力为他人服务	● 为个人利益或效果使用权力
● 使追随者的需要和志向与愿景结合	● 提升自己的个人愿景
● 从危机中思考和学习	● 指责批评或提出相反的观点
● 激励下属独立思考并且询问领导者的观点	● 要求自己的决定被无条件地接受
● 开放的,双向沟通	● 单向沟通
● 培训、发展并且支持下属;与他人分享见识	● 对追随者的需要感觉迟钝
● 依靠内在的道德标准去满足组织和社会的兴趣	● 依靠方便的、外部的道德标准满足自我兴趣

三、变革型与交易型领导

当组织改变了传统上只是被动地去应对巨大变革的挑战的方式,确认领导的魅力型特征就变得非常重要。前几年,IBM、通用汽车、联邦快递、柯达等公司都曾进行了首脑级领导者大

---

① 转引自弗雷德·鲁森斯:《组织行为学》,人民邮电出版社 2003 年版,第 418 页。

更迭,主要原因就在于,这些领导者面对组织新环境不能领导他们的企业实现所必需的成功的变革。相反,百事和通用电气的 CEO 领导他们的公司进行了成功的变革。例如,杰克·韦尔奇把通用电气公司变革为适应新经济需要的组织。变革型领导理论成为这些 21 世纪新组织进步的重要发展的基础。

伯恩斯(J. M. Burns,1978)最初确立了两种类型的政治领导:交易型和变革型领导(transactional and transformational leadership)。更为传统的交易型领导包括领导者和追随者的交换关系,但是变革型领导是更多地基于领导者对于追随者的价值、信念和需要的提升。表 8.7 总结了交易型与变革型领导者的特征和方法。基于伯恩斯的研究发现,巴斯(B. M. Bass,1978)推论,在很多情况下,交易型领导是一种对平庸的规定,而变革型领导则会带来组织在面对革新和变化中的高绩效。

表 8.7 变革型领导者与交易型领导者特征与方法

交易型领导者
1. 一致性的奖励:承诺为努力工作提供奖励,奖励良好的工作绩效,赏识成就
2. 差错管理(积极型):观察和寻找对于准则和标准的背离,采取修正行动
3. 差错管理(消极型):仅在标准没有满足时进行干涉
4. 放任:正式放弃责任,避免作出决策

变革型领导者
1. 魅力:提供任务的愿景和知觉,潜移默化自豪感,获得尊敬和信任
2. 激励:持续的高期望,用简单的手段表达重要的意图,激励下属集体努力工作去实现组织目标
3. 智慧性刺激:刺激下属运用新的思考方式,质疑其信仰,并尝试创造性地去解决老的、熟悉的问题
4. 个性化关怀:给予个人关注,个性化地对待每名员工,并相应给予培训和建议。

交易型领导者关心的是具体的领导事务,即领导的"硬"的一面。他们对下级的需要很敏感,也了解使他们需要获得满足的手段,因而他们可对下级指出,只要照其指示去实现指定的绩效目标,便能提供所需奖酬。大多数领导者属于此类型,其中有的人精明能干,行政能力突出,可表现出"结构"与"关怀"同时抓的"双高"型风格。不过这种领导一旦退位而无相同素质的继任者,该组织的领导效能便会显著下降。

变革型领导者虽然也并不忽略具体事务,但他们总是首先注意领导的"软"的一面,纲举目张,改造或创造组织文化与价值观。他们能鼓舞下级做出比原来期望更高的业绩。这种领导若不再在位,由于他们所塑造的文化价值观的持久指导作用,该组织还能较长期地正常运转下去。

在巴斯之后,蒂奇和丹瓦纳(Noel M. Tichy and Mary Anne Devanna,1986)对大公司的首席执行官进行了面谈,发现有效的变革型领导者具有下列特征:把自己作为变革代言人;勇敢;

价值驱动;终生的学习者;有应对复杂性、模糊性和不确定性的能力;有远见。最近的研究又重新界定了这些普遍特征。例如,在一个比较男性和女性销售经理的研究中,女性不受她们的群体成员关系所束缚,推行变革型和权变式的奖励模式,这与男性对照组有所不同。

我们不应认为交易型领导与变革型领导采取截然对立的方法处理问题。变革型领导是在交易型领导的基础上形成的,它导致比单纯的交易型领导的下属努力水平和绩效水平好得多。有相当多的证据支持变革型领导优于交易型领导。例如,在联邦快递公司中,那些被下属评估为更具变革型领导特质的管理者,被他们的直接上级主管评估为有更高成就的人和更应尽职的人。总之,变革型领导通常会带来下属的信任和满意。正是由于变革型领导者的激励的存在以及对领导者的信任和满意,才使得下属们表现出良好的组织行为。

四、学习型组织中的领导新方法

在新的经济环境下,创建学习型组织(将在第十章详述)成为一种趋势。而有远见的领导是公司转变为学习型组织的途径之一。为了提升企业的竞争能力,需要不断从各个方面学习新知识、新方法。在学习型组织中,领导者是"影响"而不是"凌驾"于其他人之上。为了能够影响他人,领导者以共享的愿景为基础建立合作关系,并塑造价值与团队以帮助实现该目标。在学习型组织中,领导者帮助员工纵观整个体系,推动团队工作,发动变革,并增强员工塑造未来的能力。其主要领导方法和技巧有服务型领导、通过授权进行领导及发展团队领导。

(一) 服务型领导

服务型领导(servant leadership)被认为是倒置的领导权。服务型领导者将服务于他人的需要置于自我利益之上,帮助员工成长、发展,并在组织达到更高目标的同时为员工提供了在物质和感情方面有所收获的机会。员工的成绩是服务型领导者的主要目标。

服务型领导者通常会做对员工有益又适当的事情,即使所做的事情于他本人没有任何回报。另外,服务型领导者最大的优点就是倾听下属员工,充分理解员工所面对的问题,并肯定对他们的信心。服务型领导者尽力理解团体的意愿,并尽可能地做进一步推动意愿的达成。这类领导者不会将自己的意愿强加于别人,而是通过理解别人来为组织工作做贡献。

服务型领导者通过实现他们的承诺、真心对待员工、放弃控制、关心员工的福利来建立组织信任关系。他们让所有员工分享信息并参与决策,进行决策时通常是考虑团体利益,而不是出于他们个人利益。通过相信下属并让下属自己做决策而使上下级之间的信任度增加。服务型领导者还促使其他人提高服务意识和责任感。曾担任捷克斯洛伐克总统的苏联剧作家瓦克雷夫·哈瓦尔(Vaclev Havel)曾经说过:"人类世界的救世军不在别处,恰恰是人的心灵,是人类反省的力量、人类的温顺和人类的责任感。"服务型领导者帮助他人发现人类精神的力量并接受他们的责任。这就需要一种分担他人痛苦和困难的宽阔胸怀和自愿性。这对于领导者自身的人格也是一种修炼。

商业领域中服务型领导者一个典型例子是鲍勃·汤姆森(Bob Thompson),他将自己的路建公司(Thompson-McCully)卖掉并将钱给了他的员工甚至退休工人。他要确定新的公司所有者会允许员工保留工作,鲍勃自己留下来运营公司。鲍勃的员工将他形容为一个非常有驱动力、要求很高、很公正、乐于倾听的好老板。

(二) 通过授权进行领导

传统领导者认为员工应该被告知做什么、如何做和什么时候去做,他们相信严格的控制对于帮助每个人有效地工作是必需的。但是,尤其是在当今学习型组织中的领导者,他们一般学习分享权力而不是储存自己的权力。通过对下属员工授权进行领导也可以称为自我管理型领导(self-management leadership)、参与型领导或超级领导,这是一种重要的领导方式和领导趋势。自我管理型领导本质上意味着引导员工领导他们自己的行为。授权的领导者角色是:表现信任,展示愿景,清除阻碍绩效提高的障碍,为员工提供鼓励、激励和辅导。

这种领导方式使领导者以能使每个人成为领导者的方式来和下属分享权力和责任。领导者担当教练和顾问的角色,信任下属,鼓励和支持下属员工表现自己。

这种类型的领导者不会想控制员工行为,而是培养员工挑战自我,使员工更好地表现自己,并判断他们完成任务、达到目标的完美程度。领导者还要确保员工有他们完成任务所需的信息,并使员工理解其工作与达到组织未来愿景的密切关系。通过将个人工作与组织愿景的联系,员工就有了行动方向。自我管理型领导以为员工提供自治为转移。

率先迈进"授权浪潮"的国际知名公司有通用电气、英特尔、福特、斯堪的纳维亚航空集团等。另外,还有更多的公司在实施全面质量管理时把授权活动作为努力的一个方面。

尽管授权是当今组织的一大趋势,而且越来越多的情形都需要自我管理型领导模式,但如同其他领导风格一样,授权领导对有些情境有效,如精简机构、员工技能的提高、组织对继续培训的承诺、全面质量管理项目的实施、自我管理团队的引入,毫无疑问使得运用授权领导的情境数量增加,但并非对所有的情境都有效。授权还需考虑追随者情况。曾有人说过,成为优秀领导者的条件是有"一流的追随者"。

(三) 团队领导

学习型组织中的领导者提出组织构架以支持使每个人参加到提高组织能力的目标中来。这就涉及自我指导的团队及团队领导(team leadership)问题。成功的团队始于自信并有作为的团队领导者。然而,对于那些习惯于在传统的、由管理人员做所有决策的、层级制组织中工作的人来说,他们需要心理和行为的转变。要成为有效的团队领导者,人们就必须做好改变自己的准备,打破传统习惯势力,并从以前曾指导他们行为的设想中跳出来。开发有效领导基本有以下 5 种方法:

（1）学会放松并承认无知。团队领导者不必要知道所有的事情，也不能总处于控制之中。为了做到有效管理，团队领导者摒弃在指挥与控制系统中奉行的"你若不知道，就不要问"的思想。有效的团队领导者通常敢于向员工提问，他们不害怕让人知道自己并不是对所有的事情都了如指掌，毫不隐瞒地承认自己的错误。

（2）关心团队成员。领导者为团队成员如何相互对待和如何对待顾客设定了基调。有效的团队领导将时间花在关心团队成员上，而不是总在考虑他们自己升职或加薪的机会。高层管理者期望团队领导将组织的需要向团队传达。同时，领导者也有责任将团队的需要向组织传达，使团队获得它所需要的支持以更好地完成工作，并拥护团队。

（3）沟通。良好沟通技巧是团队领导的基础。沟通不仅要求人们学会如何清晰表达自己，而且更要学会倾听。有效的领导者提出的问题比他们所回答的要更多。通过提出适当的问题，领导者帮助团队成员解决问题并作决策。另外，领导者有责任帮助团队成员集中注意力于出现的问题，鼓励成员参与团队会议，集体讨论各种想法。所有这些都需要仔细地倾听。

（4）学会真正分享权力。团队领导者不仅在语言上，而且在行为上要实行团队合作。这意味着分享权力、信息和责任。它要求领导者相信团队成员会做出他们能力范围内的最好决策。

（5）认可价值观的重要性。建立团队意味着创造一个由共同的价值观和承诺凝聚在一起的团体。这是一种精神上的保证。为了促进团队合作，领导者使用仪式、故事、典礼和其他的象征性事物为团队成员创造意义，并给他们一种归属感。

◆ 复习题

1. 阐述领导特质理论的优点和不足。
2. 概述领导风格理论和管理方格理论。
3. 描述领导权变理论的几种模型。
4. 魅力型领导主要有哪些特点？

案例

复星的"驭人术"①

驭人术并非只是帝王之道、皇家专利，企业也是需要的，这是一种超人的智慧和谋略，在中国这个有着几千年历史的国度，没有这种智慧是打不下更坐不稳江山的。

---

① 本案例根据白万纲"复星的'驭人术'"改编，来源 http://case.hr.com.cn/content/106436.htm.

复星集团是一家专业化的多产业控股公司,创建于 1994 年,是中国最大的民营控股企业集团之一,拥有医药、房地产开发、钢铁及零售业务投资这四个具有竞争优势和增长潜力的主导产业板块。此外,还战略性投资了其他行业业务,包括金矿开采及金融服务。据中国工商联 2005 年公布的 2004 年度调研排序结果显示,以销售额为基准,复星集团在中国的"上规模民营企业"中排名第三。在 2005 年中国企业联合会、中国企业家协会排出的中国企业 500 强名单中,以其公布的销售收入为基准,复星集团名列第 83 位。

复星集团领导层是一个异常年轻的团队,年轻得叫人吃惊,最年长的班长郭广昌不过 38 岁,最年轻的谈剑只有 35 岁,其他都在 36—37 岁之间。然而就是这样一个团队却在 10 年中创造了近百亿净资产的神话,成为中国民营企业三甲。

在复星,团队管理不只是原则,更是一门具体的操作艺术。有些企业的集体领导的决策结果往往是最不熟悉情况的人在作决策,专业化的意见总是无法得到及时采纳。复星的团队管理不一样,团队管理是有分工授权的,决策权下放给了最专业的人士,使得团队决策都是由团队里智商最高、最熟悉情况的人拟定,真正实现了决策的群体智商高于个人智商,这就是使复星失败的绝对值尽可能小的重要原因,也是"复星系"茁壮成长的根源所在。

复星管理的奥秘

在团队决策机制中,专业人士和一把手的权重比较大,采纳的是最专业那部分人的意见。

复星董事会有 7 人,对于房地产 3 人是内行,4 人是外行。若 1 人 1 票,决策某块已经专业人员鉴定过的土地,投票结果可能是 4:3,即有 4 人投反对票,原因可能有以下几点:①谦虚,知道自己不懂,所以弃权;②负责,认为自己没想明白对公司有利的事就反对;③自私,当然,这种人还是比较少见的。最后结果表现为在这次决策上尊重了非专业人士的意见,实际上就是决策不明了。而复星实施的是团队决策机制,同样一块土地,4 个非专业人士先讲出自己认为存在的问题,说出自己反对的理由。再由 3 位专业人士中的 2 人回答这些疑问,并反思自己在作决策时,是否考虑到了这 4 个人所提的意见,自己采取了什么对策,最后再由一把手拍板。在复星的团队决策机制中,专业人士和一把手的权重比较大,采纳的是最专业那部分人的意见,形成 1+1>1 的效果。

复星通过董事会行使监管权力,对董事长、总经理进行授权。但是授权的前提是透明,复星通过三个保障来保证透明:一是人事保障,复星对于投资控股企业至少要派两个人,财务总监和监事,财务总监是专职的,监事可以是兼职的,有条件还会派个管法律和管公章的法律总监或办公室副主任。二是制度保障,明确什么层次的人盖什么章,不管什么章,任何人批准都要经法律总监的审核,另外所有章都必须留档,两个人在的情况下才可以使用公章;三是信息抄送制度,即报告打给总经理后,还要分别抄送两份给总经理上司和自己的职别上司,并且批复也抄送。这样做好处在于:干部得到充分授权,但明白行使权力的过程是有人监督的。有抄送件的人不干预其决策，但要了解决策过程。

复星的授权跟国企不同，国企授权非常多，是规定可以干哪些事，在复星，只规定不许干哪些事，其他的自己把握，只要不越"红线"就可以。复星的分权有三层意思：第一层意思，集团公司学会跟子公司分权；集团公司严格界定子公司应做什么，必须做什么，同时监督好子公司，把该下放的权力授权给它；第二层意思，领导层要学会分权，提倡多个层次的一支笔，避免把权握在一个人的手里；第三层意思，经营上的放权和加强监控调节能力是互为因果的，一般要先有监控体系，再有放权机制。

郭广昌的用人哲学

作为复星的灵魂人物，郭广昌毕业于"什么都没学"的哲学专业，什么都不会，什么都不专。"身无长技"反而给了他最大的"特长"，那就是什么问题都要去请教人，什么事都要找专家。这就逼得郭广昌必须学会用人。

对人才具有强大磁力的郭广昌最大的体会是，一定要学会使用比自己强的人，要学会用在某个领域比自己强的人，这些人往往就是专家。企业家经营的过程，其实就是一个不断找老师的过程。复星能够快速发展到今天，也就是老师找得多、找得准。

郭广昌明白，能不能找到最好的人、有没有眼光找到最好的人，关系到企业的成败。最大投资失误，不在于一个项目的得失，而在于找错了人。

郭广昌认为，企业高层核心的主要任务是选人，而不是如何做事。以创办一个新公司为例，按通常的惯例是董事会先找几个人调查，研究新公司的市场空间，然后出资，最后招个总经理就开始干了。复星的程序则有所不同：在经过前期调研和初步决策后，接下来是把同领域内的能人找过来，让他们谈谈复星能不能办这家公司。如果能，复星会组织两个或更多的团队去论证并分别听取他们的意见，复星只要判断他们说的对不对就行。这两者的差别是复星主要发挥决策作用，至于如何做事，则是复星选的团队考虑的问题。

复星的人力资本管理机制

复星从来不对高级人才实行定编、定岗、定责式的管理，这种"三定"管理方式只在复星的底层员工管理中才用。高级人才的激励方案不与纵向比（同一岗位的历史比）、不与横向比（集团同一级别、规模的其他人比），主要应与这个人才的市场行情比，与他进入企业后可能带来的价值比。高级人才引进上的"一人一议"政策，极大地加强了复星与国有企业甚至外资企业的人才竞争力。

复星把人才作为资产来管理，即把好人才资产的保值增值关。以前企业丢了一部相机都会有人赔偿负责，可走了一个人才却很少有人承担责任，这种制度最大的缺陷是没有把人才当成资产来管理，容易造成人才流失。复星中高层人才的流动率之所以能保持在很低的水平，重要原因就是复星把人才当成资产在管理，充分重视人才，流失了一个人才，相关领导都是要负责任的。

人才养护,对留住人才也是很重要的。复星已经形成了一套制度,每60天由各级领导与他所领导的人才逐一进行一个小时的谈话,并记录在案。谈话的内容主要集中在人才对薪酬、岗位、环境的满意度三方面。之所以以60天为一个周期,是经过科学研究发现的,即激励政策对一个人的积极性一般只能维持60天左右,在这个周期内,跟员工进行一次思想交流,可以及时发现问题、解决问题,将人才的消极、抵触情绪减少到最低限度。

让人才发挥作用,就是正确定位股东、董事与经营者,或上级与下级的关系。对复星而言,真正的核心价值是股东与人才。

为了做到这一点,复星善待员工的政策可谓仁至义尽,不惜血本。复星的员工福利计划中,不仅仅涵盖了人们俗称的"三金",而且还加进了上海最新要求企业给员工加的"四金",带薪休假的概念,即使在上海的民营企业中也是比较少见的。作为一家拥有3 000多名员工的民营企业,不折不扣做到并不容易。

据了解,复星集团除了将所有员工纳入上海社会劳动保障体系外,还为所有员工购买了商业保险作为有益的补充。该集团最近几年每年支付的相关保险费用都在4 000万元以上。

让员工拥有一套涵盖了社会统筹、商业保险、带薪假期、特殊福利等一系列较为完善的保障体系,实行"个性化工资"的薪资政策体系,让每一位员工都可以有机会扩大自身的价值贡献度,这是复星集团近年开始实施的"人才培养计划"的一部分。

随着复星事业一日千里的高速扩张,现在的复星体系里面,有很多知名的企业家空降进来,他们都为复星带来了相当可观的发展空间。"空降兵"问题是许多大企业遇到的双刃剑,一是"空降兵"着陆后如何迅速转变为地面部队,二是怎么磨合"空降兵"与"元老"之间的差异。

在组织架构上,复星的经验是预留空间。郭广昌说:"企业就像一个小孩,每天都在成长,衣服永远是偏小,因此企业的组织架构搭建得大一些,甚至是说浪费一些,这样才能适应企业的迅速长大。"建设一个既可以不断吸收新的精英进来,又能保持"空降兵"与"元老"的积极互动的开放的动态平衡的组织架构,给企业急剧扩张准备了空间。

复星的人才培养计划

随着知识经济时代的来临,为了尽快构建复星的人才资源高地,培养员工忠诚敬业的职业意识,培养员工共同发展的团队意识,培养员工完善自我的成长意识,在共同探讨、反复商议的基础上,复星制定并实施了以职业发展、职业培训、职业福利为重要内容的全方位的人才培养计划,该计划包括:

(1) 职业发展计划

就是帮助每位员工确立自身在专业目标、岗位目标和职级目标等三个方面3—5年的发展轨迹,使员工明确自己在复星不同阶段的个人定位与相应任务。明确地指导员工在规定的时间内去完成预期的职业目标,不断提升员工的专业技能和管理水平,从中也体现了企业建设创业型团队的要求以及一贯倡导的"公平竞争"理念。

(2)职业培训计划

使员工把自我培训和企业培训紧密结合起来,使员工把个人素质的提高同职业培训的要求紧密结合起来。目前,复星每年的培训费用列支占工资总额的4%,还专门成立了自学成才奖励基金。

(3)职业福利计划

在企业发展的不同阶段,分配和激励机制也相应向不同业务岗位、不同技术含量的群体倾斜,此外还积极探索股权、期权等激励模式,以充分调动员工的积极性,提高员工的满意度和成就意识。

复星之所以能够在短短的几年内迅速地积累起竞争优势,实现超常规的发展,得益于较好地实施了"追求个人成功与企业发展的高度和谐统一"的企业人才经营战略。

1964年出生的吴平6年前通过公开招聘进入复星集团,从最基层的员工做起,因出色的干劲和能力,他从复星集团生物医药事业部月薪800元的普通业务员,一路升迁为主任、总经理,目前已经成为复星集团控股的一家上市公司的董事长。

"给所有人机会!"这是上海复星高科技(集团)有限公司董事长郭广昌在企业内部的一句名言。"企业的发展像一条河,一条不断流淌的河。我们每一个人正像河中的一滴水,无论是在上游、中游还是下游,都能找到自己汇入的位置。"这是郭广昌经常说的一句话。

复星的企业哲学——修身、齐家、立业、助天下

走进复星的大展示厅,迎面墙上一行"修身、齐家、立业、助天下"的大字十分引人注目。这是郭广昌心目中的复星企业文化精髓,一种企业哲学。

20世纪80年代以来的民营企业大都属于"家庭企业式"和"个人领袖式"的管理模式。企业兴,则登高一呼应者云集;企业衰,则树倒猢狲散。而复星从创业开始,就积极倡导和恪守"企业家庭"的新理念。

复星没有存在任何亲缘关系的干部,公司规定夫妇同在的有一方必须调出公司。复星没有个人"一言堂"的氛围,民主决策、团队决策、唯才是举,已经成为复星大家庭的共识。通过建立党团组织、企业工会、员工互助金小组,通过开展集体春游、中秋晚会、生日聚会、集体婚礼、员工年夜饭等丰富多彩的企业文化活动,真正把复星建设成为了员工的创业之家、感情之家。

在复星这样一个以青年知识分子为主的创业团队中,充满了青年人所特有的探索和创新精神,但也难免会出现知识分子在遇到困难和外界阻力的时候所显露出来的懦弱和保守的一面。

郭广昌非常清楚地认识到这一点,他时时告诫大家:"市场就是以成败论英雄。"一个看似无情的评判标准,却包含了郭广昌矢志将每一个复星人培养成材的良苦用心。

"以发展来吸引人,以事业来凝聚人,以工作来培养人,以业绩来考核人",复星是用有情的鼓励和无情的鞭策,让每一个复星人都能以积极的心态工作在最合适的岗位上,实现自我,超越自我。

◎ 讨论题

1. 郭广昌属于什么类型的领导人,他主要采取哪种领导方式使复星成功发展?

2. 从领导特质和领导风格看,郭广昌具有什么样的领导特点?

【本章学习目标】

通过本章学习,你应该了解:

　　1. 领导决策的含义和领导决策理论;

　　2. 领导决策的几种技术和方法;

　　3. 领导决策心理。

预习案例

汇源被收购考验中国企业家[①]

　　在可口可乐公司于9月3日高调宣布计划以179亿港元收购中国汇源果汁集团有限公司之后,网络上一时间议论纷纷。很多人把这种外资企业对中资企业的收购视为一种民族工业民族品牌覆没的征兆,并气急败坏地表达自己的反对之情。汇源果汁被收购一案同样如此。

　　一家充分进入资本市场的企业,从它挂牌的第一天起,就如同将自己作为一件商品挂了出去,只要买家卖家你情我愿,其他人不好横加干涉。

　　汇源果汁的朱新礼曾先后与德隆集团、统一集团,达能公司合作。想当年德隆欲出资将汇源拿下,让朱新礼只做一个职业经理人,却被朱新礼出招化解。而今仅过去了区区六七年的时间,难道朱新礼就心甘情愿地被可口可乐收购了? 当然,这次可口可乐出手阔绰,用179亿港元收购汇源,按照朱新礼在汇源公司的股权比重,他将坐收70多亿港元——与德隆当年的出价相比可谓收益空前,也证明了朱新礼没有卖给德隆的决策正确性。问题是,如果真以179亿港元卖给可口可乐,再过六七年时间回过头来看,是否同样能得出"决策正确"的结论?

　　汇源果汁看似成长迅速,成为产值和市场占有量都居中国果蔬饮料第一的大企业,但是这个"大"相对于尚不成熟的中国市场而言,以中国国民收入提高的速度,以市场增长的速度,放眼10年、20年后的中国果蔬饮料市场,留给汇源的发展空间极其之大。这也就是为什么可口可乐要出如此巨资的原因,因为中国的市场太庞大,提前解决掉一个竞争对手,将其资源为我所用是一种具有战略眼光的布局。

　　中国不乏艰苦创业的一流企业家,他们懂得如何驾驭社会变革年代的难得机会,发展壮

---

① 资料来源:http://www.21cn.com/weekly/2008/09/12/5189923.shtml(21世纪网)。

大自己。但是,一些优秀的企业一旦壮大起来,出现在面前的世界不是越来越宽阔,而是变得越来越狭窄。其实,获得被强大对手收购的资格,说明你刚刚有资格成为其对手,和对手的差距也还很远,作为企业家的终极目标远未达到,应该快马加鞭,知难而上,而不是"金盆洗手",成为一个局外人。

决策,无论是在企业层面还是国家层面,决策都不是件简单的事情。特大型企业如惠普有决策层,他们都是专家级企业决策人员,决策不是简单的拍脑袋想干什么就干什么。企业不能是一个人说了算,一个人的信息知识水平和认识范围都非常有限,可能存在误区,从而导致决策失误。

决策是人的思维活动的一部分。从日常生活到企业的经营活动,从工程建设到政治活动,都有着大大小小、各式各样的决策。领导和管理成功的关键就是明智的决策。尽管组织领导者几乎每天都要作出决策、解决各种问题,但大多数决策是微小的,而且人们的思维自然而然会作出决策,以至于许多组织领导人天天作出决策,却并未意识到决策的过程,不了解决策的特性。现代决策科学对个体决策、群体决策以及领导决策都有大量深入的研究,发展出不少科学的决策技术和方法。这些成果对组织的领导和管理都有着极大的意义。

第一节 领导决策的基本理论

决策是领导者众多活动中最频繁、最主要、最基本,同时也是影响最大的一种主体性活动。领导决策是一切决策中最高、最重要的决策,贯穿于领导活动的全过程,关系到领导工作全局的成败。

一、领导决策的含义与分类

前述第六章已讨论过,决策是一种判断,是在若干方案中对一个缺乏确定性的环境情景所做的选择。领导决策在科学原理上与其他任何决策都是一样的,但在一些具体的实质和特征上略有别于其他决策。这个区别其实仅在于决策主体及其行为影响、行为结果和行为责任上存在一些性质和程度的差异。决策主体就是领导主体、主要是领导者,决策影响和结果均事关组织系统全局,决策责任因决策结果涉及整个组织系统而比其他所有决策的责任都更大更重。

(一) 领导决策的含义

什么是领导决策?领导决策(leader decision)往往表现为"决策"或"拍板",是对组织未来工作实践的方向、目标和达到目标的方法、途径作出选择与决策的过程。领导者的作用和地位通常是通过决策体现出来的。决策受到情境的影响,要有明确的目标,要准备付诸实现,要从多种方案中进行选择。领导决策有两种形态:

(1) 表现为权威过程形态的决策。决策就是领导主体作出倾向性决定的一系列具体操作过程,本质上集中体现为对未来行动的抉择。这是实施领导的第一步,是领导过程的龙头,也是领导运行的最关键环节。这个过程是领导主体对自身职能职责和现实问题作出职业性反应——定向、综合、有效地释放其素质能量的行为过程,即领导主体对其职能的具体履行过程。有人把这一职能活动归结为领导的运行职能。

(2) 表现为权威结果形态的决策。这种决策是指领导主体为维持其自身和领导客体的良好存在、正常运作与理想发展,为维护其自身和领导客体的利益,为创造性地完成领导事业而达到群体或组织乃至社会提出的目标要求与准则,满足他们的合理愿望和需要,根据领导环境,考虑所有相关因素而最后在行动方案上作出的倾向性决定。

总之,决策是领导的开始,也是最实质的领导。它贯穿于整个领导过程中,一切领导活动都围绕它或随之而产生。最常规最重大的领导活动就是决策。领导决策通常成为群体或组织乃至社会的行动依据和指针,规划和指导着群体或组织乃至社会的具体行为,直接影响行为方向、行为内容和行为结果,直接造成群体或组织乃至社会的某种必然。这种必然是人为的、可控的、有强大主观因素参与而产生的现实结果,其影响具有根本性。

一个重大决策足以决定一个群体或组织乃至社会的命运。决策能够决定随后发生的领导行为,能够带来重大现实结果,事关全局利益,决定成败祸福,决定着领导主体所代表、所领导的群体或组织乃至整个社会的命运。它直接构成最重要的领导内容。可以说,没有决策就没有领导。

决策同主观因素最密切相关,比其他任何领导行为都更依赖于领导者素质。决策过程中领导者的思想素质、智力、能力素质起着最为关键的作用。这些领导者素质将直接决定决策的质量和水平。政治素质和道德素质在这个行为中表现得最为根本,直接决定决策的取向和性质;特别是在重大的决策中、在国家层次或社会层次上的决策中所起的作用就更大。

(二) 领导决策的分类

随着社会的发展和科学技术的进步,需要决策的问题越来越呈现出多样性。从不同角度看,决策可以分为许多类型,主要有以下几种:

(1) 按决策地位,可分为战略决策和战术决策。战略决策又称为宏观决策,它是对一些重大问题的方向、目标、重点等所作的带有全局性的决策。它涉及的范围广、因素多、关系复杂、随机性大。例如,一国的经济、人口、科技、教育等方面的决策都属于这种决策,一家公司的产品经营方向、投资项目等。战术决策又称微观决策,它是受战略决策制约的局部性决策,是实现战略决策的手段,是全局战略发展中某个方面或阶段的决策。战略决策和战术决策的目标是一致的,战略决策为战术决策提供方向和目标,战术决策是战略决策的具体实施,必须服从战略决策。

(2) 按决策有无先例可循,可分为常规性和非常规性决策。常规性决策又称确定性决策,这种决策往往有章可依,有先例可循,对于需要进行决策的前提、条件、后果都有比较全面深入的了解,能制定出较好的方案,实施过程一般不会发生意外。非常规性决策又称不确定性决策,是过去没有出现过的、无先例的、无章可循的决策。在通常情况下,这类决策比较少,难度比较大,但具有开拓、创新的意义。领导者必须慎重行事,努力搞好这类决策。在非常规性决策中,有一种称为"风险性决策"。这是在一般情况下决策者难以达到某一目标时进行的决策。它可以打破常规,取得一般情况下难以取得的成绩,但也有风险,弄不好就会失败。例如,企业开发新的项目和新产品,到海外开拓市场,一般来说都存在不确定性、风险性,但是,如果成功却会获得巨大的利润。决策者进行这类决策时一定要慎重,要做到心中有数。在进行风险性决策时,决策者一定要认真防范各种可能发生的情况,谨慎而大胆地选择最有希望的行动方案,做好一切应变准备,运用具备的各种条件和手段,努力化险为夷。因此,决策者作这种决策时必须留有一定的回旋余地。

(3) 按决策目标的多寡,可分为多目标决策和单目标决策。多目标决策是要同时解决多个相关问题的决策,它的活动是多个的,并且相互联系在一起,一般比较复杂,难度较大。例如一家化工厂的生产利润与环境保护和治理联系起来,就是多目标决策。单个目标决策是解决单一问题的决策,其活动目标只有一个,比较简单易行。从现代决策实践看,纯粹的单目标决策比较少,一般都是几个问题交错在一起。现代领导决策,已开始从单目标向多目标转变,这样可以获得更多的效益。

(4) 按决策主体,可分为个人决策和集体决策。个人决策是由领导者一人作出的决策。集体决策则是由领导集体共同作出的决策。现实生活中比较普遍的是实行集体讨论和个人分工负责相结合的民主集中制。凡属带全局性的重大决策应当由集体研究决定,而不得个人独断专行。但是,组织中日常工作的具体事物或一般性问题应由分工负责的领导者决定。

(5) 按决策过程的作用,可分为突破型决策和追踪型决策。突破型决策也称发展型决策,是促进事物性质突变或发展方向转折的决策。追踪型决策是指原决策在实施过程中,根据反馈情况必须进行调整或重新制定的决策。从领导实践看,追踪决策的存在是带有普遍性的。组织领导者只有自觉地进行追踪决策,才能保证决策的实施向着正确的方向健康发展。

二、领导决策理论概述

决策并不是现代社会的产物。在人类进入阶级社会以后,随着社会分工的发展和国家的产生,生产规模的扩大,社会问题的复杂,决策活动便出现了。在我国历史上,有许多高瞻远瞩、运筹帷幄之中、决胜千里之外的著名决策。例如,春秋战国时期发生的齐鲁之战,鲁国人曹刿帮助鲁庄公出谋划策,打败了齐国获得了胜利。东汉末期,由于诸葛亮"隆中献策",形成了魏、蜀、吴三国鼎立之势。明太祖朱元璋采纳谋士朱升"高筑墙、广积粮、缓称王"的建议,使明王朝得以巩固。这些古人治国安邦的经验,为我们提供了宝贵的精神财富。但是,这些决策主要是依靠决策者个人的经验、学识、才能、智慧和胆略,或依靠个别谋取臣术之士作出的,缺乏科学的理论指导,没有严格的科学决策程序,所以叫经验决策。

把决策理论和行为作为一门科学来研究,还是上个世纪初的事情。20 世纪 30 年代以后,随着企业管理和行政管理的发展,人们发现,在管理实践中,领导者的决策的作用是主要的、甚至是决定性的。因而,陆续有管理学家和领导学家开始把研究重点放到决策问题上,并逐步建立起现代决策科学。

最早把决策作为管理的主要功能进行研究的,是美国领导学家古立克(L. H. Gulich)。古立克在《组织理论》(1937)一书中,提出了决策是领导的主要功能的观点,并进行了论述。而奠定决策科学基本理论框架的是美国学者西蒙(Herbert A. Simon)。西蒙在《决策与行政组织》(1944)和《行政行为:组织中决策程序的研究》(1947)两本著作中,勾画出了现代决策理论的轮廓,并提出了一系列领导管理学的新概念。不但创立了现代管理的决策分支,而且形成了管理学的决策学科。在西蒙的决策理论提出之后,大批的学者加入决策研究的行列,把决策理论广泛引入管理学的各个领域,并创立了新的决策理论。国外决策理论较为有影响的主要有以下几种:

(一) 西蒙的决策程序论

西蒙是决策理论学派的创始人之一,是美国卡内基—梅隆大学计算机科学与心理学教授。他的决策程序论是将行政组织视为决策程序,以"理性"概念为基础。他提出两种决策前提:一是价值前提,即指有关价值判断的问题,诸如组织所要达到的目标、管理效率的标准,公正和正义的准则以及个人和组织的价值观念等。另一种是事实前提,即指客观上存在的事物和现象。决策就是以各种不同的价值因素(主观因素)和事实因素(客观因素)为前提的。决策程序是根据不同的决策前提进行抉择的过程。西蒙认为,根据价值判断制定决策,这主要是各级领导组织中最高领导者的责任。他们根据自己的价值观念确立各自组织所要达到的目标。目标确立以后,领导组织的主要任务就是如何正确客观地选择达到目标的手段,这是属于理性活动的范畴,即完全根据对客观事实的分析,而不加入价值判断的因素。组织目标确立以后,领导组织还要按分工负责制确定不同层次的领导者的决策权限。

西蒙提出的"决策人"模式,认为决策遵循"满意"的原则,追求现实的理性,而不同于追求"绝对理性""最大化"原则的"经济人"模式。由于领导者能力有限(有限理性)或其他原因,在不能达到最优标准时,也应力争达到"足够好的"或"令人满意的"决策。

(二) 拉斯韦尔的权力决策论

权力决策论在当代国外决策理论中占有特殊重要的地位,其代表作是《决策过程》和《权力与个性》。美国政治学家哈罗德·拉斯韦尔通过对决策与权力、决策与个性的研究,将精神分析方法和行为主义方法全面引入了领导学领域。拉斯韦尔认为,决策者一般都有追求权力的欲望,并且善于选择追求权力的机会。权力即为参与政策制定,它作为一种价值,在全部决策程序中始终起着重要的作用。拉斯韦尔的权力决策论既研究了权力的主体,即决策者和掌权者,也研究了权力的运用过程,即决策制定过程。这两方面的研究都具有开拓性,对当代西方领导决策理论研究产生了深远的影响。

(三) 德鲁克的有效决策论

德鲁克的决策理论主要体现在其代表作《有效的管理者》(1966)一书中。他的有效决策论的中心论点是,领导者应该是有效的管理者,而有效的管理者应该进行有效的决策。德鲁克认为,有效的管理者并非对任何问题都作出决定,他们只对具有重大意义的问题进行决策。有效的管理者不应只重视"解决问题",更应该着眼于最高层次的观念性的认识,即正确决策的目标和内容,然后再确定决策所采取的原则。

德鲁克指出,有效的决策方法具有 5 个方面要求:①要明确问题的实质是否属于常态,以找出能够建立一种规则或原则的决策;②要找出解决问题所必须满足的条件,即"边界条件";③先弄清什么是能够充分满足问题解决的正确方案,然后考虑为使方案得以接受所需的必要的妥协和让步;④要有保证决策得以实施的具体措施;⑤在执行决策的过程中,注意信息反馈以检查决策的正确性和有效性。

新闻中的组织行为学

宝洁产品提价　消费者议论四起

受原料成本持续上涨影响,宝洁 7 日宣布,从 9 月份开始,该公司纺织品、家居清洁产品、护发用品、香皂、剃须用品、卫生用品等产品售价将提高 2% 至 16% 不等,这是宝洁公司一年半以来最大幅度的提价行动。

对手:联合利华、雅芳暂未提价

宝洁在中国的最大竞争对手联合利华大中国区副总裁曾锡文昨天接受记者采访时则表示,目前公司没有接到总部全球提价的通知,但是价格的上下调整是经常有的,只是近一两年来原料和生产成本的大幅上涨使得价格基本上是向上调整,但调整只是针对不同产品进行调整。雅芳中国区相关负责人也表示,公司暂未有提价的计划。

本土洗护发欲借差价抢市场

本土洗护发系列品牌对宝洁的提价不愿跟进。广州好迪公司总经理黄家武不认为目前是好迪提价的时机。据黄家武称,目前200毫升好迪洗发水零售价格在10—11元之间。这对比提价前宝洁飘柔系列200毫升16元左右的价格,有一定的价格优势。

消费者不买账:我们有权不买你们的产品

据东方网报道,消费者对宝洁涨价普遍表示无奈,个别人无法接受,声称"你们有权涨价!我们也有权不买你们的产品!"

部分习惯使用宝洁产品的消费者表示,用惯了这一品牌的东西,即使涨价也只能无奈接受。吴女士就是其中一员:"现在东西都在涨价,涨价了也还是要买的,要用的,没办法。"

消费者严小姐表示,自己一向是国产品牌的拥护者,平时使用宝洁产品不多,所以涨价对自己没什么影响。和严小姐有相似看法的也大有人在,网友们纷纷倡议支持国货,"国产产品多的是,我不一定要买你宝洁的产品的!你们有权涨价!我们也有权不买你的产品!""地震后没见宝洁捐款(就是捐了可能也很少),现在涨价倒是第一个啊!"

据新浪网的一项调查显示,91.23%网友表示,如果宝洁涨价,将会倾向选择价格更合理的品牌。

三、科学决策原理

领导工作的成效根本取决于决策的正确程度,取决于决策的科学水平。因此,从事领导和管理活动,就应抓住决策这一环,保证决策的正确性和科学性,确保组织中领导活动顺利和成功。

(一) 科学决策的含义与特征

在小生产的社会条件下,决策者可以依靠个别高明人士的锦囊妙计来作出正确的"经验决策"。科学决策(scientific decision)是相对于经验决策而言的。现代化大生产,单靠经验决策就远远不够了。现代组织的重大决策一般都涉及许多领域,不确定因素很多,变化大,任何领导都不可能是"万能全才",不可能精通所有领域和专业。现代决策者要进行正确有效的决策,必须依靠各方面的专家学者,充分利用新的科学技术成果,进行科学决策。

科学决策有两层含义:一是指决策具有科学性;二是指决策具有真理性。决策的科学性指决策通过借助科学条件实现科学化的程度和效果以及由此形成的决策特性。这里所谓的科学条件主要是科学的决策体制、科学的决策程序、科学的决策原理和标准、科学的决策方法与技术、科学的决策思维等等。这些条件直接构成科学决策的科学基础。决策在这个意义上的科学性其实是一种借助某种外在形式条件表现出来的纯科学性质。

决策的真理性是指具有更高层次科学内含的决策,即严格反映客观事物的真实面貌和发展规律,是从决策内容上确保决策科学性的实质性决策。这是决策的最高境界,以决策的科学手段为基础,着重于以确保内容科学为根本,以实事求是的原则作为保障。

上述两者的综合就是科学决策,其内核就是对于决策的科学保证。科学决策的概念决定了它具有以下特征:①严格实行科学的决策程序;②依靠现代科学技术,有完善的科学决策手段;③有完善的、科学的决策系统和领导体制;④依赖并取决于专业知识基础和深入的调查研究;⑤借助专家智囊直接运用决策技术,有坚实的科研力量作后盾和较大的民主性;⑥充分论证决策方案的可行性、可靠性和结果的可能性,权力参与程度趋弱;⑦在多种方案中择优决定一个执行方案,并保留一定的备用方案;⑧及时、准确地根据真实的情况修正和完善决策方案。

概括而言,科学决策是以决策条件为变量,以决策方案为因变量,通过科学体制、程序和手段确保决策条件和方案之间即决策变量与因变量之间建立一种科学的函数关系。这个关系要求保证决策问题和相关情况等决策条件与决策目标和决策内容等决策方案紧密相关和对应,能够根据决策条件的变化作出快速、及时、灵敏、正确的反应,及时修正和完善决策方案,确保决策的现实性、及时性、高效性、准确性、科学性。

现代科学的重大进步,尤其是系统论、信息论、控制论和运筹学等新学科的发展,以及电子计算机的出现和广泛应用,为科学决策提供了充分的物质基础。

(二) 科学决策原则

科学决策原则是适用于整个科学决策活动的总规范,是所有决策者和决策参与者都必须共同遵守的基本准则。事实上,科学决策也是决策实践者和决策科学家们总结、研究出来的智慧结晶。它既包括总原则,也包括适合于科学决策环节的具体操作原则。这些原则主要有:

(1) 信息齐全准确原则。准确而齐全的信息是科学决策的前提,是科学决策的依据和基础。决策的科学性取决于决策者掌握各种情报资料是否准确齐全。只有掌握了准确而又齐全的信息资料,并对它进行系统的筛选、归纳、整理和去粗取精、去伪存真、由此及彼、由表及里的加工制作,才可能制定出正确的决策方案。

(2) 对比优选原则。运用系统科学的理论和方法,对各个预选方案的利弊作适当平衡组合,分析比较,利中取大,兴利除弊,化弊为利,从中选出最优方案或组成新方案。因此,从一定的意义上讲,决策就是从若干个方案中选择最优方案或综合成新方案并有效实施的过程。

(3) 系统性原则。现代科学决策所要处理的问题比过去任何时候都复杂,彼此之间盘根错节,互为因果。如果孤立、静止、片面地看待它们,那么就不能准确、全面、正确地认识和把握它们,也不能作出正确的决策。系统性本身是科学性的表现。因此,领导决策就必须做到系统全面,严谨规范。

（4）灵活性原则。领导决策事关重大，没有过硬的原则性保障必定会出现严重问题。然而，所作的决策、所处理的问题以及所依托的领导环境总是错综复杂、千变万化，每种情况都会有所不同。因而，领导主体在决策时不能只看其一不看其二，不能僵硬、绝对地看待事物，而应总览全局，进行决策。这样才能在变化的形势中找到有利的位置和角度，从容地采取措施，逐步地解决问题。领导决策不仅要有原则性，而且要有灵活性。

（5）创造性原则。由于领导性质本身就决定了必须以创造性为主要行为特征，所以整个领导工作都必须是、也必然是充满创造性的。作为领导工作的第一步，决策当然就要以创造性为最起码的准则。事实上，领导工作的创造性还主要地取决于决策的创造性含量和高度；领导工作的质量根本上就取决于决策中的创造性。因此创造性对于决策、对于整个领导工作来说，都是实质性的。这要求领导者在决策中必须摆脱各种落后观念和习惯势力以及偏见的束缚，勇于探索、开拓和创新。

（6）可行性原则。决策从开始构思到最后拿出具体方案，都是为了能够最好地解决实际问题、达到既定目标。如果所作决策是哗众取宠的，什么问题也解决不了，那就是偏离了决策的目的，丧失了决策的价值。而要切实管用，就必须有针对性和操作性，能够直接致变所要触及的领导客体，即方案中蕴涵着能解决问题的领导智慧力量。这也就是说，领导决策必须切中要害、运作方便。

（7）时效性原则。这是指在决策中既要抢时间，又要争效率。它是直接关系到决策成果的重要原则。如果效率很低，遇事议而不决，拖延时间，贻误时机，就会造成重大的损失和失误。特别是在经济全球化、现代科学技术飞速发展的情况下，各个组织处在激烈的竞争中，一切都在迅速变化，因此，坚持时效原则更加重要。

（8）集团决策。现代决策的复杂性，由单个决策者难以胜任。因此，出现了决策者和决策研究者之间的分工与合作，以及从个人决策发展到集体决策的趋势。集团决策不是指简单的集体讨论，也不是少数服从多数的简单表决，而是由专家学者和管理工作者组成的智囊团，经过周密的调查、研究、对比、分析，提出有定量依据的、切实可行的方案。因此，集团决策原则也可以说是集体智慧的体现。

第二节　领导决策技术和方法

如上所述，早期的决策主要是一种经验型决策，其基本特征是谋断结合，决策者依靠个人或群体的经验、知识和魄力，运用大脑对事物进行判断，并作出相应的对策。随着社会发展日趋复杂化、系统化，原有的应用于小生产的决策方式行不通了。经验决策发展到了一整套有关决策程序、决策指导思想和决策技术及相关方法的完整的科学决策体系。

一、决策支持技术

近年来,计算机科学的理论与技术得到了长足的发展。将计算机技术运用到决策理论中,就出现了决策支持系统(decision support systems,DSS)。决策支持系统是根据管理学、运筹学、控制论提出的基本要求,以计算机和信息技术为主要手段,协助人们从事决策工作的一种具有智能作用的"人—机网络"。这种智能化网络在数字或图像处理、建模、测算和资料分析等方面,其效率和准确性大大高于人脑。由于计算机的设计集中了大多数人的智慧,而且依赖于先进的物质技术,具有运算速度快、理性化、准确性高的特点,因而它作为一种决策的辅助技术,有着极大的优势。

计算机辅助决策系统大致可分为4个类型,包括电子数据处理系统(electronic data processing systems,EDP)、管理信息系统(management information systems,MIS)、决策支持系统(DSS)和专家系统(experts systems,ES)。其中决策支持系统和专家系统在决策中运用十分普遍。

(一) 电子数据处理系统

从世界上第一台计算机诞生那天起,人们就开始运用计算机来处理一些问题,包括决策。其实计算机主要是用于数据处理,解决一些复杂或繁琐的计算问题。从20世纪50年代起,计算机开始用于企业管理,如财务分析系统。随后,大量的应用软件出现了,其中也包括一些可用于决策的软件,但总体来说,电子数据处理系统对决策的支持是不全面的,它更多地运用于单项事物的管理,并因其具有效率高、使用方便、费用低、准确性强的优点,而广受欢迎。

(二) 管理信息系统

随着计算机在数据处理领域应用的成功,20世纪60—70年代西方兴起了管理信息系统的研究与应用的热潮。我国20世纪70年代末80年代初也兴起管理信息系统研究热。

管理信息系统是在数据处理系统的基础上,采用管理科学的方法和现代信息技术,对管理信息进行收集、存储、维护、加工、传递和利用,实现广泛的业务规划、管理运行、调控和预测的信息系统。如各大航空公司售票问题,几乎全国各航空售票点都已联网,一家航空公司售票点除了售本航空公司的机票,还可以售其他航空公司的机票。这就是管理信息系统提供的方便。

管理信息系统的功能主要有:①事务处理:任何组织都会有各种事务需要对数据进行处理。管理信息系统应具备传统的事务处理功能;②数据库存的更新和维护:管理信息系统对当前状况的数据库存的操作,主要是根据事务活动的变化进行某些项目的添加、删除和修改。对于历史信息的数据库一般只有添加操作;③产生各类报表:管理信息系统应具有对数据库中的数据进行提炼,并以报表的形式呈给用户的功能;④查询处理有预先设置好的常规查询和应付某些特殊用途的查询,查询处理还涉及数据的安全保密问题;⑤用户与系统的交互作用:管理信息系统应有和用户交流信息的功能。用户可以通过选择某种方式使用管理信息系统或对系统进行提问以获取辅助决策信息。

（三）决策支持系统

决策支持系统是以信息技术为手段，为解决决策中的非结构化问题或半结构化问题，通过提供信息、修订模型、设计方案等，为决策者提供帮助。这里的非结构化问题是指没有预先确定决策规则、决策目标与条件不明的非确定型决策，而且是一种非程序化决策。半结构化问题是指对决策目标、规则、条件、后果的分析缺乏把握，但有一定的概率可供运用，也就是风险性决策。

和前两类辅助决策系统相比，决策支持系统对问题的描述和分析更加系统化，分析手段也更为先进，更有利于决策者明确目标、设计方案、方案比较和建立修订模型。决策支持系统包括对话子系统、数据子系统和模型子系统。

（四）专家系统

专家系统是集中了人工智能（artificial intelligence，AI）和知识工程的优点而发展建立起来的一种管理系统。它是一组智能的计算机程序，具有专业领域的权威性知识，用于解决现实中的困难问题，也被称为基于知识的系统（knowledge-based systems）。这种信息系统是在新形势下将专家的推理过程应用到决策或各种问题求解过程中，可以达到甚至超过某专门领域专家的表现水平。

专家系统的基本思想是简明的，即应用人工智能技术，将专家的知识转换并存储到计算机中，模拟专家进行知识推理和提建议，达到专家解决问题的能力。在现实生活中，每个人都具备解决某些问题的能力，甚至是很强的或解决涉及很多领域问题的能力，但不可能是万能的。受人脑生理机制和时间、空间的限制，人不可能掌握各个专业的所有知识，只能在自己所熟悉的领域发挥作用。而计算机具有足够的物质条件，可以集中远远超过人脑容量的知识，利用这些知识来支持决策工作，这就是专家系统的优势。

专家系统不是决策支持系统的替代品。更恰当地说，它是一种创立决策支持系统的技术。

二、领导决策方法

为了提高决策的科学性，领导者除了了解现代决策支持技术，还需要掌握科学的决策分析方法或定量分析方法。根据对决策问题认知的不同，决策分析方法通常可分为以下几种模式：

（一）确定型决策分析

确定型决策（definite decision）是指只有一种肯定性的主观要求和客观条件，却有多种可供选择的方案。确定型决策应具备以下 4 个条件：①存在决策者希望达到的目标，或收益较大，或损失较小；②只存在一个确定的自然状态；③存在可供选择的两个或两个以上的行动方案；④不同的方案在确定的条件下的收益或损失可以计算出来。这 4 个条件都是明确的，领导者只需对各种方案结果进行比较就可以了。

例如,某公司采购一批原材料,质量同等的基础上,价格越低越好,若有几家公司可以提供同样规模、品质和服务的原料,这家企业当然决定向价格最低的那家供应商购买。

当然,确定型决策决非如此简单,它所解决的问题往往是一组条件都很明确的事物中去寻求较好的组合方案,如投资比例安排、人事编排、设备利用编排等。

(二) 风险型决策分析

风险型决策(risk decision)亦称统计型决策或随机型决策。这种决策是依照一部分信息对未来可能发生的问题作出推理判断。有一定把握,但不可靠。也就是说,决策者可以承担各种方案可能出现的后果,以及各种后果发生的可能性(概率),但不能预见究竟出现何种后果。因此,决策者进行决策,要冒一定的风险。应用风险型决策分析时,被决策的问题应同时具备下列 5 个条件:①有决策者希望达到的明确目标;②存在可供选择的两个或两个以上的行动方案;③存在两种或两种以上变化不定的客观条件或自然状态;④可以计算出在不同条件下行动方案的损益值;⑤未来会出现哪种自然状态,决策人无法肯定,但各种自然状态出现的概率决策人可以预先大致估计出来。

大多数决策都是风险型决策。当决策问题出现两种以上的自然状态,而且这些自然状态出现的概率是可以确定的,称之为风险型决策。由于它是建立在概率基础上的决策,所以是有一定风险的。风险决策大体可运用以下几种方法:

1. 期望值法

这是使用得比较多的一种分析方法。期望值法就是计算出每个行动方案的损益期望值,然后加以比较。如果决策目标是收益最大,则应选择期望值最大的行动方案;如果决策目标是费用支出或损失最小,则应选择期望值最小的行动方案。对于每个行动方案来说,损益期望值 E 的计算方法是:某方案 A 的损益期望值 $E(A)$ 等于该方案多种自然状态的概率 $P(QA)$ 与相应的损益值 $Q(A)$ 的乘积之和。

例如,根据表 9.1 所列资料,求经销商销售何种产品可获较大利润。

表9.1 经销商产品销售与利润   单位(万元)

产 品	销售自然状态				期望利润
	春 季	夏 季	秋 季	冬 季	
A	80	60	70	90	74.5
B	80	90	50	70	63
C	100	70	60	50	72.5
概率 $P(\%)$	30	25	25	20	

分别计算出表中三种产品的期望利润:

$$E(A) = 80 \times 0.3 + 60 \times 0.25 + 70 \times 0.25 + 90 \times 0.2 = 74.5$$

$$E(B) = 80 \times 0.3 + 90 \times 0.25 + 50 \times 0.25 + 70 \times 0.2 = 73$$

$$E(C) = 100 \times 0.3 + 70 \times 0.25 + 60 \times 0.25 + 50 \times 0.2 = 72.5$$

根据上述计算,可知生产 A 产品可获得收益最大。

2. 最大可能法

就是在风险型决策问题中选择一个概率最大,亦即出现的可能性最大的自然状态进行决策,其他概率较小的自然状态可以不管。通过这种方法,就把风险型决策分析变成了确定型决策分析。

上例中,在经销商预算销售的三种产品中,产品 C 在春季销售量的发生概率最大,达30%。在其对应状态中,以利润收益 30 万元为最大,因此最佳销售方案选产品 C。

3. 决策树法

决策树法既是一种技术又是一种方法,较多地运用于风险决策中对可能结果的表述,其优点是简单明了,容易分清其中的过程及每种可能结果。

决策树法是用图形来描述决策结果,决策树的画法是从左向右,由简入繁,根据问题的层次构成一个树型图,对分析多阶段的决策问题十分有效,它能说明决策点可能发生的事件,并把各种可能结果全部表达出来,很直观。如图 9.1 所示,图中的方块是决策节点,由决策节点引出若干条直线,每条直线代表一个方案,称为决策枝。概率枝末端为每个方案在各状态下的收益值。

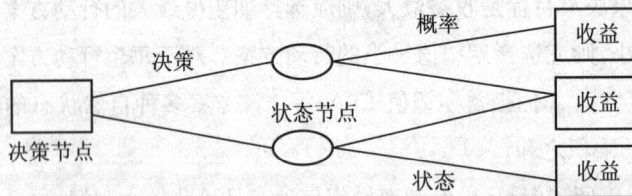

图 9.1　决策树法

根据决策树选择方案时,其决策过程是由右向左进行,即先根据收益值和概率枝的概率,计算各方案的收益期望值,标于状态节点旁,然后根据各个方案的结果进行决策。如果要舍去某方案,就在方案枝上画一个"＋"号,表示剪去,最后在决策节点上留下一条树枝,就是最优方案。

运用决策树法进行决策的步骤是:

(1) 绘制树型图先仔细分析,确定哪些方案可供决策时选择,会发生哪些自然状态;

(2) 计算当期损益期望值,当遇到状态节点时,计算其各个概率分枝的期望值之和;

(3) 剪枝决策,通过决策剪枝最终剩下的方案就是要选的最佳方案。

（三）不确定型决策分析

当决策者只能掌握各种方案可能出现的后果，而不能预知各种后果发生的概率，这时的决策分析就是不确定型的，它比风险型决策还要困难得多。因为它缺少风险型决策问题的第五个条件。可以说，不确定型决策（indefinite decision）是常见的决策模式中最困难和风险最大的一种。

上述经销商产品销售一例中，去掉自然状态发生的概率就构成了一个不确定型决策的问题。具体如表9.2所示。

表9.2　经销商产品销售与利润　　　　　　　　　　　　　　　　　　　　单位(万元)

产　品	销售自然状态			
	春　季	夏　季	秋　季	冬　季
A	80	60	70	90
B	80	90	50	70
C	100	70	60	50

不确定型决策问题，大多采取分析比较法，由于决策者的主客观因素不同，会采取多种不同、彼此差异很大的决策。通常使用的分析方法有乐观法、悲观法、后悔值法。以下结合上例作一简单介绍：

（1）乐观法，又称"大中取大法"。决策者运用这种分析方法时，对客观情况抱乐观态度，把事情估计得非常顺利，认为亏损多少无关紧要，以夺取最大收益为主要目的。这种方法留有余地较小，风险比较大。

乐观法的应用步骤是：首先找出每一个方案在各种自然状态下的最大收益值，然后对各方案的最大收益值加以比较，取其中的最大值，所对应的行动方案就是最优方案。如表9.2中，产品A销售的最大收益值为90万元，B最大收益值为90万元，C最大收益值为100万元。可见，100万元是所有最大收益值中的最大值，它所对应的方案是销售产品C。

（2）悲观法，也称"小中取大法"。决策者运用这种决策方法时，对客观情况持悲观态度，把事情估计得很不顺利，认为收益少一点无所谓，但必须以不遭受巨大亏损为主要原则。这是一种相对保险、有时显得比较保守的分析方法。

悲观法的应用步骤是：首先找出各个方案在各种自然状态下的最小收益值，然后对各方案的最小收益值加以比较，取其中的最大值，所对应的行动方案就是最优方案。上例中，产品A销售的最小收益值为60万元，B最小收益值为50万元，C最小收益值为50万元。可见，60万元是所有最小收益值中的最大值，它所对应的方案是销售产品A，即为最佳销售方案。

（3）后悔值法，也称"大中取小法"。这是以方案的后悔值或遗憾值大小来判断方案优劣的一种决策分析方法。当一种自然状态出现后，通过列表就能明显地显示出哪个方案是最优的,即收益值是最大的。如果决策者没有采取这个方案,而是采取了别的方案,这时决策者就会有后悔或遗憾的感觉。

后悔值的计算公式,是以估计与实际相比得到的机会损失作为后悔值,则后悔值就是指最大收益值与所采取方案的收益值之差:

后悔值 = 某自然状态下的最大收益值 − 该自然状态下所采取的方案的收益值

表 9.3　经销商产品销售与利润　　　　　　　　　　　　　　　　　　　　单位(万元)

产　品	销售自然状态				最大后悔值
	春　季	夏　季	秋　季	冬　季	
A	100 − 80 = 20	90 − 60 = 30	70 − 70 = 0	90 − 90 = 0	30
B	100 − 80 = 20	90 − 90 = 0	70 − 50 = 20	90 − 70 = 20	20
C	100 − 100 = 0	90 − 70 = 20	70 − 60 = 10	90 − 50 = 40	40

从表 9.3 可以看出,三种产品销售情况的最大后悔值分别为 30 万元、20 万元、40 万元。显然,20 万元是各方案最大后悔值中的最小值,它所对应的销售 B 产品的方案就是最佳方案。

上述分析表明,对同一个不确定型决策问题,采取不同的决策分析方法,所得到的结果可能完全不同。这主要是决策者对自然状态的认识和对风险的态度不同引起的,因而也就无法说明究竟哪种方法更好。这主要取决于决策者的素质、决策问题的性质、决策体制以及上级领导者和社会环境对风险的态度等。由此可见,不论使用何种科学计算方法,都不能保证在任何条件下都完全符合客观情况。在实际工作中,上述决策法可以单独使用,也可以综合使用。

第三节　领导决策心理

领导心理是指领导者个人在其生活经历的基础上,与领导活动的性质、任务、行为准则等方面的社会因素相协调、相融合而形成的特定的心理现象。人的意识作为人的一切自觉的认识、体验和意志等心理活动的总和,它不仅是自然界长期发展的产物,也是社会的产物。

从社会历史发展的趋势来看,每一历史时期的社会政治、经济和文化发展水平,都制约着领导者的意识和心理机制的形成与发展,而领导心理对领导活动的能动作用,也会受到当时社会历史的约束。

一、传统的领导决策心理

传统的领导决策心理是指在过去的决策中一些常见的心理现象,受文化背景、社会环境和现行体制的影响,传统的领导决策心理主要表现在以下几个方面:

（一）缺乏主体意识

决策是为了解决组织发展中的某些具体问题，是决策者对该组织今后发展的方向、目标的一种设计和选择，决策者应当为自己的组织发展负责，所以这种设计和选择必须是谨慎的、负责的，是权利和义务的统一。毫无疑问，决策者应对自己作出的决策负责。

但是，由于我国社会发展过程中经历了一个相当长的计划经济时期，而权力的高度集中是计划经济的另一种社会性特征，所以就造成了相当一部分决策是以上级的指令为准则，决策者普遍缺乏主体意识，一切按上级指令办事，而不考虑这类指令是否符合组织实际或是否能解决组织面临的问题。

（二）缺乏民主意识

决策民主化是现代决策理论的内容和本质要求之一，但在现实中，决策者缺乏决策的民主意识是非常普遍的一种社会现象。唯我独尊，一切由决策者说了算，制度和规则都不如决策者地位重要，甚至完全凭决策者个人的好恶决断，事实上，这类决策往往会给国民经济的发展造成严重的损失。

按照程度不同区分，决策者用专制的方式决策，其结果可以分成两类。一类是一种认识上的差异，总认为自己正确，这是一种形式错误但本质不算很严重的问题，充其量是"自以为是"，但决策所造成的失误往往不是由决策者个人负责的。另一类情况就比较严重了，决策者独揽大权是为了给自己或给与己相关的其他人攫取利益，属于典型的"以权谋私"。在许多情况下，决策者并不是不知道某个决策会造成某种后果，但为了私利而置国家或集体的利益于不顾。所以，这不完全是一个认识问题，也超出了心理范围，是决策者个人的素质问题。

决策中缺乏民主意识，必然会造成权力高度集中，个人说了算，制度形同虚设，倘若决策者另有所图，权力往往成为追逐利益的工具。

（三）缺乏理性意识

这是指一种经验型决策，决策者希望通过自身的体验和积累或依靠前人所留下的经验遗产来进行决策，这仍是相当多的决策者的决策心理。他们缺乏对理论、规则和技术的兴趣，过分地相信自己的经验和直觉，无暇顾及现代科技发展对决策带来的新变化，在心理上对理性的东西有一种抗拒情绪。究其原因，与人长期处在小生产方式和由这种小生产方式所决定的思维方式有关。

崇尚经验，轻视理论，缺乏创新，这是经验型决策的共同特征。这类决策往往是对以往某个事物的重复，而重复得越多把握就越大。20世纪80年代，我国在一些重大工程建设中引用了国际上的"迪非克条约"来管理工程项目，即严格招投标制度。一些大型建筑公司凭经验仍以低价投标，他们"富有经验"地认为，只要用较低的价格把项目揽下，以后就可以采用"钓鱼"的办法从投资者手中源源不断地得到追加投资（传统上称"钓鱼工程"）。结果在严格的管理制度下无任何漏洞可钻,一些公司损失惨重,最多的一个项目损失几千万元。

当然,在决策中,决策者的经验仍然是有益的,但过多地依赖于经验而排斥理性,是要吃大亏的。

(四) 缺乏规则意识

现代领导决策首先讲究的是科学化,它的表现方式是必须在决策工作展开前首先设置一套完整的决策规则,包括规范决策过程,预先确定决策机制,明确决策主体和决策权的分割等。尽管我们也讨论到直觉决策的必要性和可能性,但对于大多数、特别是基层的常规性决策来讲,决策规则是必需的前提。

传统领导决策中缺乏规则意识,究其原因仍然与传统文化中的专制主义和等级观念有关,决策者过高地估计个人的决策能力,崇尚"一锤定音"、"当机立断"等艺术化效果,这种家长制作风和人治化倾向的教训必须记取。

二、领导决策的心理分析

领导者的决策心理受多方面因素的影响,其表现方式也是多种多样的,主要与以下几方面有关。

(一) 决策质量与压力的关系

决策质量与决策者所受的压力有关,决策质量的高低是决策者、决策技术和决策程序所共同决定的。由于决策者对不同的决策事件所感受的压力是不同的,一般来说,决策事件越大,所涉及的范围越广,决策者的心理压力也越大。同时,要决策的事件越是重要,对决策者产生的压力也越重。例如,一个濒临倒闭的企业要决策是否贷款上一个新的项目,倘若成功,企业可起死回生,倘若失败,无疑雪上加霜;相反,一个企业新添置了一辆小车,要选择一名司机,这种决策压力就小得多。

按照决策学派所提出的理论,决策的质量不只取决于外界因素,取决于决策者的决策水平,还取决于下属的认可程度。这种认可程度大体上有以下四种类型:

(1) 低认可、高质量决策。这类决策与组织利益密切相关,但与下属个人利益无直接联系。这时候,由于认可程度低,决策者会感到较大的心理压力,甚至会产生退却的想法。

(2) 高认可、低质量决策。这类决策与下属个人利益有关,但与组织大局无关。决策者心理压力较小,但不能由此而造成错觉,自以为是作了一个英明的决定,因为这种决策与总体利益关系不大。

(3) 低认可、低质量决策。这类决策与组织和个人均无多大关系,一般来说,决策者作出这类决策时基本上无心理压力。

(4) 高认可、高质量决策。这类决策既与组织利益有关,又与下属个人利益有关。如公布一项新的考核制度,由于这类决策涉及面广,决策者必须对此有足够的心理准备。

总体上说,决策者在决策时所感受的心理压力,从主观角度看,与决策者对自己的能力是否有信心,认为自己所作出的决策是否正确有关;从客观角度看,与决策者对决策后果的负责程度有关,如果缺少必要的权力支持,压力必然加大,如果不必为此承担责任,压力就相应减小。

(二)决策过程中的心理

决策过程中的心理,即不同阶段的决策心理。前述第六章关于理性决策过程有认识问题、认识决策的目标、收集与问题有关的信息、列出并评价各种行动方案、选出最佳行动方案、决策的实施、反馈七个步骤。实际上,综合起来主要有以下四个阶段,在不同的阶段决策者产生的心理也是不同的。这里从影响决策的四个阶段分析领导者的决策心理:

1. 目标阶段

这一阶段是为了确定一个正确的目标,决策者面临大量而繁杂的信息,如何运用综合、抽象的方法来取舍,是十分重要的事,主要的心理准备有两个:

(1)是否具有全局观念。许多决策看起来在当前是很重要的,但恰恰缺少长远眼光;相反,有相当多的决策在眼前是看不到效益的,如果缺少全局观念和战略眼光就会舍弃。如中国发展足球运动,要从青少年抓起,但许多俱乐部是不愿意考虑这类决策的,他们往往看重眼前唾手可得的一些目标(冲击中超联赛),这反映了决策者的一种急功近利的浮躁心理。

(2)是否具有创新意识。缺乏创新意识,缺乏对创新的相应心理准备,喜欢用习惯的思维方式去处理问题,这是决策过程中常见的毛病。从心理角度讲,这是决策者缺少变化的心理机制,也反映了一种心理的老化现象,另外一个客观原因可能与决策者在过去的决策中遭受挫折有关。

2. 设计阶段

在这个阶段,方案的设计是由决策者参与或委托有关部门进行的,由于设计的要求和思路是受目标影响的,所以应该在这个框架下由决策部门独立完成。这里的常见问题是受决策者、特别是主要决策者的兴趣影响,使所设计的方案缺乏选择性。

这个阶段的问题多见于用人方面,本来决定由人事部门推荐一批可担任某项职务的候选人进行选拔,结果是领导亲自考虑,以领导者个人的兴趣好恶决定了某个人选,使得用人决策流于形式,这是决策者必须注意避免的问题。

3. 选择阶段

这个阶段涉及价值标准的确定和选择方法的设立,容易出现的问题有两个:一是决策者所坚持的价值标准与该项决策本身应有的价值标准不一致,如在用人问题上,提拔一名市场经理的选择标准应该是"具有市场开拓能力",而决策者有时会用"是否服从指挥"作为标准;二是决策者所坚持的选择方式与组织预设的选择方式不一致。这两种情况均会导致决策者的心理冲突,当个人坚持的意见被否定之后,或者当主要决策者一意孤行,非要按自己的意愿办时,都会使整个决策团体产生一种消极心理,这对决策的质量是不利的。

4. 实施阶段

在实施阶段,决策者必须注意与下属保持沟通,使执行者能全面准确地领会决策的全部含义。在实施过程中,决策者必须对实施中出现的问题进行指导,甚至是不厌其烦地指导。同时,对下属的监督也必须注意心理效应,一些很好的决策就是在实施中走样的,造成无法达到预期目标。

值得注意的是,当出现了需要追踪决策的情况时,问题就比较复杂了。由于追踪决策涉及目标的变更,又是在非零起点上进行,还涉及价值标准的转换,所引起的心理反响特别大。此时,决策者必须具备过硬的心理承受力,急躁、灰心、怨天尤人、互相指责或推卸责任都是不可取的,因为这些表现恰恰是对追踪决策不利的,有时会促使决策者作出错上加错的决定来。

决策者的决策心理还有许多表现方式,如决策权分割得合理与否,决策中所承担的权力和责任,以及决策结果与自身利益的相关性问题,等等。可以肯定的是,决策者的素质与决策质量是有关系的,而决定的因素不仅仅是能力问题,还有心理问题,这也是通过上述分析得到的基本结论。

◆ 复习题

1. 什么是领导决策?
2. 请分别阐述程序决策论、权力决策论、有效决策论的基本观点。
3. 科学决策必须遵循哪些基本原则?
4. 举例说明什么是确定型决策分析法。
5. 风险型决策分析的问题需要具备哪些条件?
6. 什么是决策树法? 请举例说明用决策树法进行决策的优点。

案例

索尼公司的新天地①

简介

看起来,这真有点像小孩子在玩游戏。在东京闹市的一块学术绿洲——索尼公司计算机

---

① 资料来源:http://www.ynceo.cn(万策智业网)。

科学实验室里，一位穿蓝工装裤的研究人员在地板上撒满积木。这时一个配备着小型摄像机和送话器的小型机器人开始探测这片充满障碍物的地板。随之，机器人把摄到的影像传到了一个运行模拟人类学习的软件的工作站。这样，机器人就制作了一幅"可认识图"——这是使机器人成为自动机器人的重要的第一步。在同一条街上，索尼公司的技术奇才们正在试验一种未来软件。这种软件把一个人的面部肖像逼真地搬上计算机屏幕。这个会说话的头像会执行你的指令并向你作出反应：你对它微笑，它报之以微笑。

5 000英里之外，在加利福尼亚州卡尔弗市索尼电影影像设计公司，从东京派去的工程技术人员在密切注视着他们的美国伙伴为索尼影视娱乐公司创造杰出的特技。去年，他们就因为成功地制作山高科技片《勇敢者的游戏》而一炮打响，并因制作迪斯尼的动画片《詹姆斯与大仙桃》而备受称道。但影像设计公司的最大挑战仍在前头，即协助索尼设计出注定将给电视带来一场变革的下一代"人机界面"可认识图。人机界面？这可不是那种你能从一个兜售随身听和特丽珑电视的公司所能听到的行话。但对索尼来说，对这些未来事物的关注是事关生存的大事。继承索尼公司共同创造人盛田昭夫衣钵的出井伸之，是一位嘲弄传统观念和惯例的世界主义者。在他的麾下，索尼公司正在作好充分准备，以迎接一个电视和其他家用电器的数字化、交互化、智能化的明天。

出井相信，要不了多久，电视就能处理来自电缆、卫星、视盘和互联网的程序。电视机体本身就能合成一个比今天的微电脑处理能力多出数倍的电脑机体。而且，新的人机界面将保证能使选择程序就像一手拿着遥控器，一手拿着冰镇啤酒切换电视频道一样那么轻松省心。

上任一年来，出井总裁为索尼的未来制定出了一套全面发展战略。其中的首要任务是，在当今世界上计算机、通信和家电相互渗透、融合之际，捍卫索尼公司在家庭里的卓越品牌地位。为此，他将依靠一系列新产品。这些新产品将于近期面市，其中包括能连通互联网络的大屏幕电视，还有新一代视频系统数字视盘（DVD）。

出井相信，如果他能找到最佳技术方案，索尼公司的消费品就能像在过去半个世纪那样，在即将到来的数字融合时代领导新潮流。不然的话，指挥棒势必要落在数字巨头手里——或许是惠普，抑或是IBM，抑或是微软与其众多硬件伙伴组成的某个公司。要知道，他们都把眼睛盯在家庭数字化电器产品上。如果真是那样的话，让别人抢了先手，那么索尼公司在东京的这些灵巧的机器人就有可能会发现，他们将被从日本行将倒闭的电子工厂里扫地出门，犹如秋风扫落叶一样。

出井的第二重大目标是，彻底改革在财务上一直陷于困境的它的好莱坞电影制作中心。从一开始，出井就把艾伦·莱文这位行事果断的成本控制专家摆到重要位置上。

出井战略的第三重大目标是，使他的娱乐王国的硬件和软件能够更好地相互配合。由于娱乐活动日益成为一种数字游戏，出井因此想在计算机领域占得一席之地，并把索尼公司的全球网节点——"索尼在线"建成完善的娱乐中心。6月份,索尼在美国推出一种个人电脑。这是自20世纪80年代以来,出井想挤入日本商用计算机市场的努力失败后的第一次尝试。这种电脑在市场上并不是最便宜的,但索尼的卓越商标知名度有可能引来许多消费者。

如果拿硬件之长补软件之短的想法能获得成功的话,这并不奇怪。这曾是1989年购买哥伦比亚电影公司双方"合作"的理论基础。但除了阿诺德·施瓦辛格在索尼亏损的《最后的动作英雄》一片中使用迷你CD机之外,"合作"并未能走得更远。今天,"合作"在索尼公司成了人人都避讳的一个词。

不过,这一次"硬件"与"内容"的联姻有可能真正取得成功。互联网络的全球网日益受到人们的喜爱,而太阳微系统公司Java这样的新软件也正在削弱Wintel平台的力量。Wintel平台是指配置英特尔芯片和微软软件的好机会。这种新硬件可以连通互联网络,当然也可运行独立的索尼软件。其原型产品就是Play Station游戏机。为这种硬件所制作的多数软件不能在其他任何计算机或游戏平台上运行,这样就为索尼保证了丰厚的利润和忠实的消费群。

在家电新时代,由索尼来领导新潮流似乎合情合理。自从1946年在第二次世界大战后东京的一片废墟上开设工厂至今,索尼在开发家电方面所做的工作比任何一家公司都多。它为全球市场提供了买得起的半导体收音机、盒式录音机、随身听,并同飞利浦公司合伙推出了音频激光唱片。有了在硬件方面积累的财富之后,索尼收购了哥伦比亚广播公司唱片公司和哥伦比亚电影公司,并逐渐发展成为一家拥有伊斯曼·柯达公司的年营业收入之和的公司。1995年5月15日,索尼公司报告说,在截至3月31日的1995年财政年度,公司销售收入达437亿美元,利润上升为5.17亿美元。

生杀大权

今天的索尼公司集中体现了垂直一体化公司的特色。它的业务覆盖了从二极管到女歌唱家的整个电子和娱乐界。在关键元器件方面,索尼公司掌握着生杀大权。它拥有用来读取光盘的光学磁头全球市场一半以上的份额,而且在笔记本电脑和蜂窝电话用的锂电池全球市场上占有的份额也是最多的。

索尼每年售出1100万台彩色电视机,占到全球市场份额的10%以上,而且是许多家用视听电器的头号供应商。而索尼音乐娱乐公司和索尼电影公司制作的众多丰富多彩的作品又给这些电器带来无限生机。施罗德斯证券日本有限公司的高级分析人士艾伦·贝尔说:"在数字视听电器方面,索尼能完全满足专业顾客和一般消费者的要求。而且,他们正在顺利地把软件结合到系统中去。"

系统的综合有可能是下一个重大目标。当休斯电子公司雄心勃勃开始生产数字卫星电视的时候(现已成为一项兴盛的业务),它请索尼公司在亚利桑那州考尔活城开发生产其上行线路设备。按照签订的一项5 000万美元的合同,索尼公司设计并安装了这一系统。它可为多达200个频道连续不断地输送节目。

可以说,激起索尼公司员工士气和提高索尼在外界声誉的,当首推出井总裁。出井是一位万事通,他喜欢打高尔夫球,开一辆银灰色的美洲豹。在索尼公司,他是改革的化身。一年前,索尼公司似乎得罪了上苍。日元坚挺,国内经济萧条。1993年痛失令人敬爱的索尼公司创始人盛田昭夫,索尼公司的管理因而陷入一片困顿。

1994年事情发展到危急关头。3年来营业利润直线下降,而1994年才是真正的灾年。索尼影视娱乐公司在哥伦比亚电影公司收购中,为无形资产支付了25亿美元。而且为结束亏损项目和应付诉讼又白白支出将近5亿美元。这是自索尼公司结束贝塔麦克录像制作方案以来最大的一次困境。在截至1995年3月31日的1994年财政年度,索尼有史以来第一次出现亏损,且高达28亿美元,着实令人痛心。

当时索尼公司的总裁是诺里欧·奥加,他即将接手董事长一职。他当时就想物色一位管理者来统管一切事务。自痛失了盛田以来,索尼公司的精神鼓励工作一直是空白。奥加感觉公司急需要一位盛田式的坚强领袖。盛田是开路先锋,他曾领导推出随身听,并于1992年在美国建立电视制造厂,于1989年第一次提拔外国人进入董事会。盛田温文尔雅,但却使索尼公司自主经营,而其他所有电子公司都在政府的控制下集中生产半导体和计算机主体。

无人能够替代盛田这一角色。但是,在出井身上,奥加发现他至少在精神上与盛田相似。"盛田行乃所思,我也行乃所思。现在在日本这样的经理人员已不多见了。"奥加说。出井曾是一位歌剧演员,还在学生时代,盛田就按高级管理售货员的水平要求他,培养他。所以,当时还是一位中层经理的出井,就这样升为新任总裁。出井迅速把索尼引到数字融合的路上。他提升了更年轻更有作为的人,并马上解雇了生活奢侈的美国分部总裁。

当问到出井的朋友他这个人怎么样时,回答如出一辙:"不像日本人"。出井表里如一,言行一致,而且他要求同事要真诚待人。出井的一位家族老朋友,日本有权有势的企业院外活动集团经团连总裁说:"他说话直来直去,有条有理,就是说日语也一样。"

出井和他的太太住在东京郊区一座用斯堪的那维亚圆木建成的A形豪华别墅里。与大多数日本人不同之处是,在社交上他与幕僚交往次数不如与他的高尔夫球友往来的多。这些球友大都经营有自己的小企业。出井喜欢在家唱卡拉OK,而且是歌剧和摇滚乐的爱好者。他的一位秘书回忆说:"去年11月,我们去观看天使乐队演出时,看见他听着听着就站起来,并跳起了吉特巴舞。"

为了建立一种有助于实施他的计算机战略的公司文化,出井把他的员工称作"数字之梦的孩子"。他希望能鼓励他们发扬公司创新发明的优良传统,确保公司在竞争中生存下去。就像1979年把录音机和耳机两项现代技术结合起来得以制造出随身听那样,出井旨在把计算机技术、家电和内容结合在一起创造出新产品。一个想法就是,通过"家庭终端"把电视变成多功能电器,既能玩游戏,又可上网、打印图片、拟订财务计划等。

有一点可以肯定,这种想法无独有偶。汤姆森家电公司的RCA品牌在美国市场与索尼旗鼓相当。现在,该公司已经在市场上展示了它的附带网络端口的电视机。飞利浦也正在开发同类产品,而且一大批美国公司都有把此两项技术结合起来的想法。

索尼如果想取得成功,出井就必须解决一些棘手的文化心态问题。索尼公司生性孤僻,加上其辉煌的发展成就,索尼公司骄傲自大的品性已名声在外。其负面效果不难看出,索尼公司在竞争对手的VHS系统投放市场获取成功之后很长一段时间,还在支持自己的贝塔麦克VCR格式。就在去年,在数字视盘(DVD)的格式角逐中,索尼和它的合作伙伴飞利浦因未能引起好莱坞制片业的兴趣而遭到严重打击。他们原以为其他电影制片公司会接受,不曾想到,好莱坞却支持东芝公司和时代华纳公司建起了一家新的影业公司。

在当今数字时代,索尼公司的竞争对手坚信,骄傲自大将再次使索尼公司陷入困境。汤姆森家电执行副总裁约瑟夫·克莱顿说:"数字融合的前景扑朔迷离,而索尼有史以来就喜欢单打独斗。"出井坚信,索尼知道如何在恰当的时候以恰当的方式寻求与他人的合作。就拿游戏机来说,1994年初,索尼决定在圣诞节及时推出这种新游戏平台。为了能一炮打响,索尼必须制造出激动人心的游戏。为此,索尼积极鼓励公司内部开发研究小组,但同时索尼公司又给200家独立开发商提供廉价许可证和设计工具,包括纳姆科有限公司,而纳姆科公司又同时为任天堂和世嘉制作游戏软件。算起来,今天市场上250个Play Station的游戏当中,有80%是外部承包商开发。

开路先锋

这种方法确实有效。索尼公司的游戏站自1994年12月首次投放市场以来,已抢得40%的市场份额,而以前这一市场一直是任天堂和世嘉的天下。索尼现在已售出500万台游戏机,而且消费者买一台这样的游戏机,都要买七八张游戏盘。这七八张盘总计不过50美元,但却是索尼Play Station利润的所有来源。

很多数字新产品都是商家共同合作开发出来的。比如说,为了挤入微电脑市场,出井与英特尔开始了合作。英特尔为索尼的Wintel个人电脑制作母板。为了开发先进的电缆和卫星电视、有线电视接收器,索尼公司正在加强与微软、苹果及其他计算机公司的合作。通过与夸尔科姆公司的合作,索尼公司希望成为家庭无绳网络的开路先锋。这些创新与合作,会使电视机背后的电线绝缘套管像电话交换台一排排的按钮一样密密匝匝,趣味盎然。与此同时,苹果和德尔公司都已转向索尼寻求帮助开发笔记本电脑产品。

另一方面,出井继续大力推动采用索尼独特的硬件和内容的项目,它们将比那些按行业标准生产的装置带来更多的利润。索尼的全球网节点,现在可以让网络漫游者从上面免费下载电影或音乐剪辑。今年秋季,索尼的这个节点将面临一次全面彻底的变动。其基本思路是把它变成"索尼站",一种以索尼内容为特色的交互娱乐在线区。这种新索尼站通过互联网络即可上网。但索尼公司的经理们暗示,喜欢使用索尼产品的,无论是游戏机、索尼个人电脑,还是手提电话,都可以看到别人无法看到的东西。索尼美国公司执行副总裁杰夫·萨根斯基说:"如果我们可以通过提供只能在我们自己的硬件产品上运行的专利品来给我们的硬件赋予一种优势,那么,我们是会干的,因为这样利润就更可观。"

这种方法能在全面开放的互联网络上奏效吗?很多人认为不可能,因为索尼曾两次违反新兴的计算机行业标准开发计算机,结果都失败了。太阳微系统公司总裁斯科特·麦克尼利说:"在计算机方面索尼总是背离常规,而每次又都以失败告终。"

英特尔董事长兼总裁安德鲁·格罗夫也表示怀疑,他认为家电公司绝对无法具备个人电脑的巨大能量,当然,除非是使用奔腾芯片。格罗夫说:"如果你一定想在电视机上模仿出电脑的特点,你最好也同时准备好为消费者提供电脑用户已经习惯的那种消费感受。"格罗夫说,这些用户要求有硬盘存储、快速微机处理器以及连接互联网络的良好端口,换句话说,就是一部奔腾个人电脑。

但电脑行业里有些专家并不认为索尼是如此不足一虑。原苹果公司营销部主任现任AST公司研究部主任的伊恩·迪尔里相信,在即将到来的电脑与电视大联姻时期,电脑仍将占有绝对优势。但迪尔里又说,索尼公司的品牌将具有很大优势……而且索尼将为此投下巨资。

店堂典雅

确实不假,由拉丁文 Sonus 和英文 Sonny 合并得来的 Sony(索尼)这个名字,在最近一次哈里斯民意测验中证明是美国当前最看好的品牌,其名声超过麦当劳和可口可乐。出井深知,此乃一笔巨大财富。为了宏扬这一品牌声誉,索尼正在建立许多典雅气派的"风格商店",像索尼在纽约总部盖的一间店堂就是如此。去年,这间店堂吸引了 20 万名参观者。与这间店堂相连的是介绍索尼公司技术发展史的"奇迹"博物馆。索尼公司正在崛起的影剧院业也抬高了索尼公司的形象。根据洛杉矶电影市场研究公司娱乐数据有限公司的调查,按每一屏幕计算,索尼公司在曼哈顿 68 大街的林肯广场的影院大厦是美国所有综合大剧院里票房价值最高的剧院。

但是,索尼公司最主要的优势还是其几十年来开发生产家用视听电器产品的经验。计算机工业企业非常清楚它的产品还需要走多长时间的路才能用起来轻松自如,受到家庭的欢迎。在今年 4 月份的一次计算机行业会议上,微软公司董事长威廉·盖茨三世(即比尔·盖茨)说:"如果个人电脑失去竞争力,那真是丢人现眼。但个人电脑使用起来确实很不方便。"在会上,他描述了一幅新的界面更友好的个人电脑图样。

索尼公司驻美国的经理们相信,在互联网络上,他们可以在硬件与软件内容之间规范一种新型的关系。该计划的实质,就是建立一个运行于互联网络"开放"标准之外的新系统,这种系统可以提供只能在索尼硬件上运行的特殊内容以及附加的轻松自如的特点。这种附加的轻松自如的操作特色就是索尼希望从中索取高价的理由。

在公开系统与更有利可图但潜在市场有限的专利系统之间搞一种微妙的平衡,实际上并非只有索尼一家大公司有此企图。微软公司已经对微软网络采取了同一种方式。微软网络的制作意图是想把它制作成一种专利在线服务网络以与美国联机公司竞争。现在,微软网络正在被改造成一种网络站。但是,为了区分服务,并创造一些更有利可图的服务,微软计划创制一些特殊内容,这些内容只有那些经常使用微软 Explorer 浏览器的消费者可以享受。福雷斯特研究公司的分析家威廉·布卢斯坦说,在网上,"索尼可以把互联网络当成支持自己产品的传输平台。"

索尼公司在个人电脑上的运作,无意间告诉人们索尼公司的方法将是如何在网上运作的。索尼公司的个人电脑产品将以一种比较标准的 Wintel 个人电脑开始,并在图像和声音方面作一些修饰。但是,随着时间的推移,索尼公司的个人电脑将朝新颖独特的方向发展。比如说,几乎可以肯定索尼公司将把它的即将面市的家电操作系统结合到自己的个人电脑中去。这种操作系统名叫 Apertos,它是专门设计用来使消费电子设备能够在家里"对话"的,并且可从互联网络上下载各种程序。

索尼能否照耀自己所选择的道路呢?这要看它的技术是如何超乎寻常。这就是为什么索尼公司在努力工作,确保人们在使用它的下一代产品时既不像今天在电视上调换频道那样,也不像在电脑上进行网络快速扫描那样的原因。对鸿篇巨制般的程序使用指南和错综复杂的按钮顺序,出井几乎没有什么耐心了,而且他不希望消费者会感到不安。

这就是为什么东京实验室里的这帮家伙花费这么多时间盯着一个数字化的会说话的脑袋的原因。作为未来计算机的原型,这个三维小伙子能用你的语言说话,认真地做着各种表情,而且不管你坐在哪里,它都用眼睛直瞪瞪地看着你。告诉他,你想看什么,要不了几秒钟,他就会告诉你一些节目就要开始了,并描述一番当天录下来的都是些什么内容。位于东京的计算机科学实验中心总裁托希·多伊说,这种新技术示例产品"不会是一种冷若冰霜的硬件产品。它将是一种热情的动物。不然的话,它就无法生存下去。"

如果出井能把这种精灵推向市场,那么,索尼的智能机器人就不会在日本行将破产的工厂里遭受到扫地出门的厄运。它们将帮助索尼为 21 世纪的家庭制造所有这些数字玩意,而且将会忙得不可开交。

1. 企业对长期发展计划的决策是每一个企业必须的经营活动之一,当然每次决策之前企业必须对自身所处的环境作出预测,在本案例中索尼公司对家电市场的未来作出了什么样的预测? 然后又作出了什么决策? 从领导决策理论角度你认为这个决策正确吗?

2. 为取长补短,索尼公司与其他公司开展了广泛的技术合作,你认为这种技术合作对于索尼公司来讲最大的好处是什么?

【本章学习目标】

通过本章学习,你应该了解:

1. 组织结构的内容、作用和构成要素。

2. 组织结构有哪些类型?它们分别具有什么样的特点?

3. 组织设计的权变因素有哪些?

4. 现代"新组织"的基本特征及其与传统组织的差别。

5. 学习型组织的基本含义。

预习案例

法国电信:探索转型时期的最佳组织结构[①]

对传统电信运营商来说,向综合的信息通信服务提供商的转型对电信公司的内部管理提出了新的要求。新型的信息产品和服务突破了原来的技术界限,如果还延续原有的按技术划分的部门管理结构,必将产生过多的分支部门,造成企业结构庞杂、效率低下,对新的综合服务的市场需求缺乏感受力,新服务无法及时推向市场。法国电信从 2004 年起,就一直在为组织结构的改革进行不懈的探索。

2004 年之前:以技术和业务为主导的组织结构

在 2004 年 3 月以前,法国电信集团的组织结构是按业务划分的:固定电话业务归法国电信,移动电话业务归 Orange,互联网业务归 Wanadoo,IT 网络服务归 Equant。这种组织形式是典型的以技术和业务为主导的架构。

2004 年 3 月至 2005 年 6 月:以用户为中心形成 3 个"5"的组织结构

2004 年 3 月,法国电信改变原有组织架构,以便适应客户需求和技术进步带来的一系列变革。

法国电信这次结构重组是一个从技术主导向用户主导转型的典型案例。新的结构打破了按技术和业务划分的组织格局,以用户为中心将所有的业务进行重组,这样的管理架构更加有利于产品和服务的针对性营销。

2005 年 6 月至今:实施 NExT 战略,建设面向融合服务的组织结构

法国电信对转型的期待是:旗下所有的业务部门都具有销售集移动、宽带、商业服务于一

---

① 资料来源:http://info.research.hc360.com/2007/06/04093037297-2.shtml(慧聪网)。

体的全套服务的能力,能对不同用户的需求迅速作出反应,提供最适合用户的服务,为未来的融合服务奠定基础。

在 2004 年结构重组经过一年的磨合之后,2005 年 6 月,法国电信启动 NExT 全面转型战略,旨在将集团塑造为欧洲新型电信服务商的典范。该战略的一个要点就是建立适应新形势的简单型品牌架构。该战略公布后的 18 个月中,法国电信要把集团全球的移动、宽带、融合服务和企业用户业务品牌统一为"Orange","法国电信"作为公司名保持不变。

2006 年 6 月,法国电信正式宣布重要子公司统一改称 Orange;E-quant 进行重组,Wanadoo 改名为 Orange 宽带。目前,法国电信的组织结构呈水平式。在 CEO 直接领导下,Orange 是其最大最核心的业务部,此外还有面向网络运营商及信息技术的事业部、NExT 转型事业部、战略营销部等。

法国电信 NExT 战略的精髓就是融合服务,其主要目标包括:融合和集成战略远景,在移动和 DSL 业务领域获得强势地位,为客户提供内容丰富的服务,统一品牌架构,建立世界级的研发部门以及建立统一的 IT 系统和网络。在 NExT 战略公布之初,法国电信还制定了三年计划——"FT Ambition 2008",确定了集团到 2008 年的目标:融合业务收入占公司总收入的 5%—10%;统一的业务门户覆盖所有欧洲用户;具有 200 万部 IP 电话终端,其中 30% 具有移动特征;超过 1 200 万宽带用户,其中 800 万 Livebox 用户;企业融合业务收入超过 200 万欧元。

目前,法国电信正在积极探索,力争让组织架构达到最佳状态,去实现新的使命。

组织是构成现代人类社会的基本单位,是人们共同劳动和社会生活的产物和载体。我们每个人都在一定的组织范畴内生活、工作、学习、娱乐等。组织是各种各样的,如学校、医院、政府机构、大大小小的企业。不同的组织具有不同的组织目标、组织结构和组织关系,对于组织成员的态度和行为产生重要影响。组织是管理活动中的关键环节,也是组织行为学一个十分重要的课题。

第一节　组织结构和基本模式

组织结构是具体的历史范畴。不同时期,不同的社会经济、文化环境产生不同的组织结构。组织结构的作用是使组织资源形成一个有机的整体,从而有效地发挥整体功能大于个体功能之和的优势。在组织中,对同样数量的人,采用不同的组织结构,形成不同的权责结构和协作关系,就可能产生完全不同的效果。

一、组织结构概念

组织结构(organizational structure)是关于组织在运作中涉及的目标、任务、权力、操作以及相互关系的结构系统。组织结构可以说是组织活动的一种形式或功能,也可以说是一个组织被分为几个有机部分。通常以组织图来表示。组织结构必须起到两点作用:①它必须提供一个关于责任、报告关系和组合的框架;②它必须提供一套联系和协调组织要素使其成为和谐整体的机制。

组织结构体系的主要内容包括:①职能结构,就是指完成企业目标所需要的各项业务工作关系;②层次结构,即各管理层次的构成,也称作组织的纵向结构;③部门结构,是指各管理层次的构成,也称作组织的横向结构;④职权结构,是指各层次、各部门在权利和责任方面的分工以及相互之间的关系。

组织结构是为达到组织目标和任务而设计的。影响组织结构的因素很多,其中,人们有意识的活动起着重要作用。这种在结构方面起作用的有意识的活动,就是组织结构设计。而在组织结构设计中,首要考虑的问题就是组织目标或任务。也就是说,在实现组织目标方面,组织结构起着重要的作用,它是实现组织目标的手段。

组织结构在调整个人行为方面起着重要作用。组织是由人组成的,而不同的人在个性方面会有差异,呈现为行为的多样性。如果这些人都按自己的行为行事,则组织就无法正常的运行。而组织结构对于组织原则和管理规范的设计,决定了组织成员的行为,保证了组织的存在和发展。组织结构还是行使权力、决策并进行其他组织活动的基本场所。在组织中,什么样的地位拥有什么样的权力。这些权力运行的基本途径和方向等,都是由组织结构决定的。

恰当地设计组织结构,对于实现组织目标、提高组织效率是十分重要的。通过组织结构可以把完成组织目标所需的人和事编排成便于管理的单位,又可以把组织内各个部门、各个岗位连接成为一个有机的整体,从而大大提高组织运行效率,降低组织管理成本,有利于组织目标的实现。

二、组织结构要素

组织结构由 6 个关键要素组成,即工作专门化、部门化、命令链、控制跨度、集权与分权、正规化,如表 10.1 所示。管理者在进行组织结构设计时,必须考虑这 6 个要素。

表 10.1　设计组织结构需回答的 6 个关键问题

关　键　问　题	答案提供
1. 把人物分解成各自独立的工作应细化到什么程度?	工作专门化
2. 对工作进行分类的基础是什么?	部门化
3. 员工个人和工作群体向谁汇报工作?	命令链
4. 一位管理者可以有效地指导多少个员工?	控制跨度
5. 决策权应该放在哪一级?	集权与分权
6. 应该在多大程度上利用规章制度?	正规化

(一) 工作专门化

工作专门化(work specialization)就是指为完成目标把任务和工作计划分成许多部分,通过分工使各项工作由专人来做。亚当·斯密在他的《国富论》(1776)中就早已认识到了这种观念的重要性。斯密认为,一般来说,组织中分工程度越大,组织成员的工作越专门化,组织也就越有效率,创造的财富也就越多。20世纪初,亨利·福特(Henry Ford)通过把工作分化成较小的、标准化的任务,使工人能够反复地进行同一操作。福特利用技能相对有限的员工,每10秒钟就生产出一辆汽车而富甲天下,享誉全球。福特的经验表明,让员工从事专门化的工作,他们的生产效率会提高。然而,对工作的持续分工也许会招致负面的效果。做例行而简单的工作需要很少的技能,因而员工容易厌烦和气馁,结果可能会出现低质量、低生产率、高流动率以及高旷工率。20世纪70—80年代,许多美国行业如汽车、电子、钢铁等,都发生过这种情况,过度的分工往往和严格一致的工作规则混合在一起,这会大大削弱这些公司应对新技术和顾客需要的能力。而且,整合高度专业化的职能部门需要高昂的管理成本(堆积如山的报告,更多的管理者,更多的管理控制)。越来越多的证据表明,在某些领域,达到了这样一个顶点:由于工作专门化,人的非经济因素的影响(表现为厌烦情绪、疲劳感、压力感、低生产率、低质量、缺勤率上升、流动率上升等)超过了其经济性影响的优势。

(二) 部门化

一旦通过工作专门化完成任务细分之后,就需要按照类别对其进行分组以使共同的工作可以进行协调。工作分类的基础是部门化(departmentalization)。部门化通常有以下7种方法:

(1) 职能型部门化。这是根据活动的职能对工作活动分类进行部门化。制造业的经理通过把工程、会计、制造、人事、采购等方面的人员划分成共同的部门来组织其生产。职能型部门化适用于所有组织,主要优点在于把同类人员集中在一起,能够提高工作效率。

(2) 过程型部门化。这是根据生产过程进行部门化。在生产过程中,由每个部门负责一个特定生产环节的工作。由于不同的环节需要不同的技术,因此这种部门化方法对于在生产过程中进行同类活动的归并提供了基础。

(3) 产品型部门化。这是根据组织生产的产品类型进行部门化。例如,在某石油产品公司中,原油、润滑油和蜡制品、化工产品三大主要领域各置于一位副总裁管辖之下,在公司中与某特定产品有关的所有活动都由同一主管指挥。

(4) 服务型部门化。这是根据组织提供的服务种类进行部门化。例如,某宾馆由餐饮部、客房部、文娱部、会议部、行政部组成,每个部门负责提供相应的服务。服务型部门化主要适用于服务行业企业。

(5) 客户型部门化。这是根据顾客的类型进行部门化。例如,一家销售办公设备的公司可下设零售、批发、政府服务部。根据顾客类型来划分部门的理论假设是,每个部门的顾客存在共同的问题和要求,因此通过为他们分别配置有关工作人员,更好地满足他们的需要。

(6) 地域型部门化。这是依据地域进行部门划分。例如不少大型公司在各省、区域甚至世界各地设置部门。如果一个公司的顾客分布地域较宽,这种部门化方法就有其独特的价值。

(7) 混合型部门化。这是大型组织进行部门化时,综合利用上述各种方法,以取得较好的效果。例如,一家电子公司在进行部门化时,根据职能类型来组织其各分部,根据生产过程来组织其制造部门,把销售部门分为几个地区的工作单位,又在每个地区根据其服务类型分为若干个顾客小组。

部门划分的目的在于确定组织中各项任务的分配与责任的归属以求分工合理、职责分明,有效地达到组织的目标。

(三) 命令链

命令链(chain of demand)是一种不间断的权力路线,从组织最高层扩展到最基层,明确谁向谁报告工作。它能够回答员工提出的这种问题:"我有问题时,去找谁?"以及"我向谁负责?"

为了促进协作,每个管理职位在命令链中都有自己的位置,每位管理者为完成自己的职责任务,都要被授予一定的权威。就如前面所讲的统一指挥原则,一个人应该对一个上级,且只对这一个上级负责,统一指挥原则有利于保持职权链条的连续性。如果命令链的统一性遭到破坏,一个下属可能就不得不穷于应付多头领导和不同命令之间的冲突。

但随着计算机技术的发展和下属充分授权的潮流的冲击,命令链、统一性等概念的重要性已大大降低。

(四) 控制跨度

控制跨度(span of control)是指直接向一名经理报告的员工人数。当控制跨度很宽时,组织最高层与最底层之间就存在相当少的层级。相反,当跨度很窄时,同样多的员工就要求有更多的层级。尽管对于一个经理能监督多少下属没有一个"正确"的数目,但是管理者和员工的能力、被监督的任务的相似性、规则和操作标准的范围都影响管理者的控制跨度。如果控制跨度过宽,由于主管人员没有足够的时间为下属提供必要的领导和支持,组织的绩效就会受到不良影响。

(五) 集权与分权

集权(centralization)是指组织中的决策集中程度。一般来讲,如果组织的高层管理者不考虑或很少考虑基层人员的意见就决定组织的主要事宜,则这个组织的集权化程度较高。相反,基层人员参与决策程度越高,或他们能够自主地作出决策,组织的分权程度就越高。集权式与分权式组织在本质上是不同的。在分权式组织中,采取行动、解决问题的速度较快,更多的人为决策提供建议,这与使组织更加灵活和主动地作出反应的管理思想是一致的。

现代组织发展的趋势是从集权走向分权(decentralization),下属参与决策的程度越来越高,基层管理者的决策越来越重要。在环境变化日益显得捉摸不透的今天,越是基层的人员越接近客户和市场,让他们参与决策有利于企业适应飞速变化的环境。

(六) 正规化

正规化(formalization)是指组织中的工作实行标准化的程度。如果一种工作的正规化程度较高,就意味着完成这项工作的人对工作内容、工作时间、工作手段没有多大自主权。在高度正规化的组织中,有明确的职务说明书,有复杂的组织规章制度,对于工作过程有详尽的规定。而正规化程度较低的工作,相对来说,工作执行者和日程安排就不是那么固定,员工对自己工作的处理权限就比较宽。因此正规化程度越高,员工决定自己工作方式的权限就越小。

三、组织结构的基本模式

组织结构是由组织的目标和任务以及环境的情况所决定的,它是组织各部分之间的关系模式。组织结构模式涉及以下3个主要因素:①组织结构决定了正式的报告关系,包括层级数和管理者的管理跨度;②组织结构确定了如何由个体合成部门,再由部门构成组织;③组织结构包含了一套系统,以保证跨部门的有效沟通、合作与整合。因此恰当地认识和设计组织结构,对于实现组织目标是十分重要的。组织结构千差万别,归纳起来主要有以下几种:

(一) U型组织结构

U型结构(united structure)产生于现代企业发展早期阶段,是现代企业最为基本的组织结构,又称为"一元结构",其特点是管理层级的集中控制,是一种"集权式"管理的组织结构。如图10.1所示。常见的U型组织结构有以下3种形式:

图 10.1 企业组织的 U 型结构

(1) 直线制结构(line structure),是一种最简单的组织结构形式,是沿着命令链进行各种作业,每个人只向一个上级负责,必须绝对地服从这个上级的命令。其结构形式如图10.2所示。这种组织结构模式下,指挥权集中,决策迅速,容易贯彻到底,要求管理者是"全能式"的人物,特别是最高管理层。另外,这种结构简单灵活、职权明确,没有什么繁文缛节,适应于简单和动态的环境。在这样的环境下,直线制组织结构不仅能提高工作效率,而且也能降低管理费用。今天在规模小且生产过程简单的企业或单位,直线制结构仍大量存在。我国很多民营企业在创业初期都曾采用过这一组织形式。但这种结构比较脆弱,经不起打击。如果组织规模扩大了,管理任务繁重复杂了,领导者势必因经验、精力不及而顾此失彼,难以进行有效的管理。

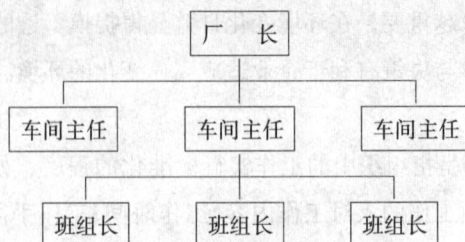

图 10.2　直线制结构

（2）职能制结构（functional structure），组织从下至上按照相同的职能将各种活动组合起来，如图 10.3 所示。现代企业中许多业务活动都需要有专门的知识和能力。通过将专业技能紧密联系的业务活动归类组合到一个单位内部，可以更有效地开发和使用技能，提高工作效率。

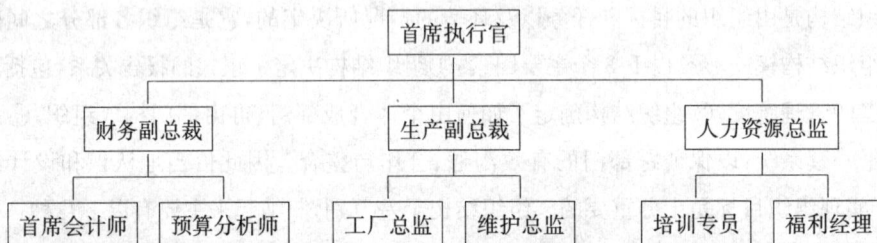

图 10.3　职能制组织结构

职能制结构最早由泰罗提出，他主张"在整个管理领域里，必须废除军队式的组织而代之以'职能式'的组织"。该结构的优势和劣势如表 10.2 所示。

表 10.2　职能制组织结构的优势和劣势①

优　　势	劣　　势
1. 促进职能部门内的规模经济 2. 促进深层次知识和技能提高 3. 促进组织实现职能目标 4. 一种或少数几种产品时最优	1. 对外界环境变化的反应较慢 2. 可能引起高层决策堆积、科层超负荷 3. 导致部门间缺少横向协调 4. 导致缺乏创新 5. 对组织目标的认识有限

职能制结构的最大优势在于它促进职能部门的规模经济。规模经济意味着所有员工被安排在一起，并共享设施。例如，在一家工厂生产所有产品，使该工厂可以获得最新机器设备。只准备一套设备而不是为每个产品线都提供独立的设备，这样将减少重复建设和浪费。职能式组织结构也鼓励员工技能的进一步提高。员工被安排从事一系列其部门内的职能活动。

---

① 参见理查德·L. 达夫特（Richard L. Daft）：《组织理论与设计精要》，机械工业出版社 2003 年版，第 44 页。

职能式结构的主要劣势是对外界环境变化的反应太慢,而这种反应又需要跨部门的协调。纵向科层变得超载。决策堆积,高层管理者不能快速做出反应。职能式结构的其他缺点还有:由于协调少导致创新缓慢,每个员工对组织目标认识有限。

(3) 直线职能制结构(line and function structure),它起源于 20 世纪初,是法约尔在一家法国煤矿担任总经理时所建立的组织结构形式,故又称为"法约尔模型"。它是在"直线制"和"职能制"基础上,吸收了这两种组织结构的特点,克服了它们的缺点而逐渐形成和完善的,如图 10.4 所示。直线职能制结构模式的特点是在组织的第二级机构按不同职能实行专业分工,即整个管理系统被划分为两类,一类是按指令统一原则而设置的指挥系统,而另一类是按专业化原则设置职能系统。而在这其中,只有管理人员是直线领导的参谋,对下级部门提供职能支持,起到一种业务上的指导和服务作用,而不能进行直接指挥和命令。这样既保证了组织的统一指挥和管理,又避免了多头领导和无人负责的现象。

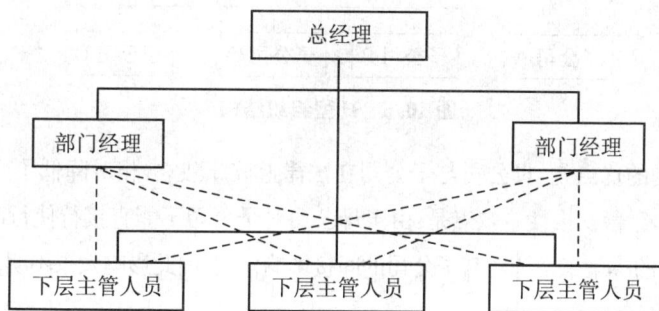

图 10.4　直线职能制结构

直线职能制结构的优势和劣势见表10.3。这种组织结构能较好地适应现代组织的要求,所以这种结构形式仍被普遍采用。

表10.3　直线职能制组织结构的优势和劣势[①]

优　　　势	劣　　　势
1. 按职能部门划分,职责容易明确规定 2. 每个管理人员都固定地归属于一个职能结构,有利于整个组织系统的长期稳定 3. 部门实行专业分工,有利于提高工作效率 4. 管理权力高度集中,便于高层管理者对整个组织的有效控制	1. 高度分工使各职能部门片面强调本部门工作的重要性,容易产生本位主义,造成部门间的摩擦,横向协调差 2. 专业分工,不利于培养素质全面、能够熟悉全面情况的管理人才

①　参见理查德·L.达夫特(Richard L. Daft):《组织理论与设计精要》,机械工业出版社 2003 年版,第 44 页。

(二) H 型组织结构

H 型组织结构(holding company form，H-form)即控股型组织结构，它严格讲起来并不是一个企业的组织结构形态，而是企业集团的组织形式。H 型公司持有子公司或分公司部分或全部股份，下属各子公司具有独立的法人资格，是相对独立的利润中心。控股公司作为母公司掌握子公司的控股权，子公司的重大决策基本上由控制了公司董事会的母公司决定，子公司的行为要受到母公司的规范与制约。H 型结构正是对作为经济组织实体的控股公司管理形态的抽象。H 型结构是实行公司内部分权的一种形式，与 U 型结构的集权形成鲜明对照。H 型组织结构中又包含了 U 型结构，构成控股公司的子公司往往是 U 型结构，如图 10.5 所示。

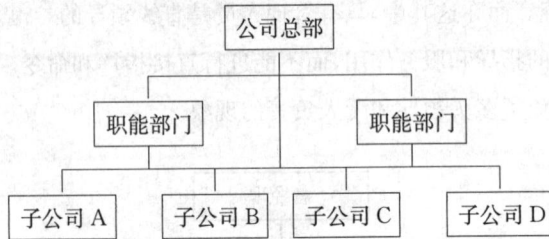

图 10.5　H 型组织结构

H 型组织结构的优点是：母公司与子公司在法律上彼此独立，相对降低了经营风险，子公司有较强的责任感和经营积极性。缺点是：由于母公司对子公司不能直接行使行政指挥权，只能通过股东会和董事会的决策来发挥对其子公司的间接影响作用，因此影响效果不明显且速度缓慢。

(三) M 型组织结构

M 型组织结构(multidivisional structure)亦称事业部制或多部门结构，是一种分部型组织，最早由美国管理学家斯隆于 20 世纪 20 年代提出。美国通用汽车公司率先采用 M 型组织结构，帮助企业顺利度过了 20 世纪 30 年代的经济危机，如图 10.6 所示。

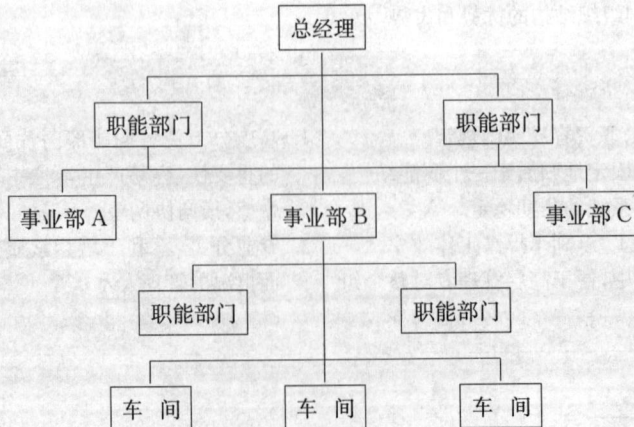

图 10.6　M 型组织结构

M 型结构是一种分权式结构，它是一种"集中政策、分散经营"的组织结构形式，即在集中指导下的分权管理形式，是集权化组织向分权化组织转化的一种改革。M 型结构的企业组织按照产品类别、地区或经营部门分别成立若干事业部。各事业部有相对独立的市场，相对独立的利益，相对独立的自主权，是总公司控制下的利润中心。事业部经理根据董事会领导下的总经理的指示进行工作，同时又统一领导自己主管的事业部及其下设的生产、销售、财务等职能部门和辅助部门，还可以利用本公司的参谋部门。公司各参谋部门负责建立和调整全公司的政策和工作程序，对有关重大事项展开讨论并建议。总经理对董事会负责，并根据董事会决议负责全公司的全盘计划，对有关事项作出最终决定，对事业部经理实行监督。

M 型组织结构的优势和劣势见表10.4。这种组织结构模式在跨职能部门协调方面非常有效。当通过传统的纵向科层不再能够实现对组织的有效控制时，当目标是以适应和变革为导向时，这种结构更为有效。如通用电气、雀巢以及强生这类组织结构复杂的大型公司，都划分为一些较小的、自主经营的组织，以便于实现更佳的控制与协调。例如，强生公司的结构包含180 个独立的运作单元，包括 McNeil 消费者产品、Tylenol 的制造者，Ortho Pharmaceuticals，该分部制造 Retin-A 和避孕药品，以及生产婴儿用品的公司。每个事业部都是一个具有独立经营资格的自主经营公司，并在强生公司总部指导下运作。

表 10.4　M 型组织结构的优势和劣势[①]

优　　　势	劣　　　势
1. 适应不稳定环境下的快速变化 2. 由于清晰的产品责任和联系环节从而实现顾客满意 3. 跨职能的高度协调 4. 使各分部适应不同的产品、地区和顾客 5. 在多产品的大公司中效果最好 6. 分权决策	1. 失去了职能部门内部的规模经济 2. 导致产品线之间缺乏协调 3. 失去了深度竞争力和技术专门化 4. 产品线间的整合与标准化变得困难

M 型组织结构的显著优势是，它能适应不稳定环境中的高速变化，并具有高度的产品形象。因为每种产品是一个独立的分部，顾客能够与确切的分部联系并获得满意，部门间协调非常好。每种产品均能满足不同的消费者或地区的需求。M 型组织结构在下述组织中最为有效：该组织经营多种产品或服务，并拥有众多的人力资源以提供给各独立的职能单位。在诸如强生、百事、微软这样的公司内部，决策制定被推移到最低层级。每个事业部都很小，以便实现

---

①　参见理查德·L. 达夫特(Richard L. Daft)：《组织理论与设计精要》，机械工业出版社 2003 年版，第 46 页。

自主快速调整,对市场的变化作出迅速的反应。

M 型组织结构的明显不足之处是组织失去了规模经济。例如,10 名工程师可能被分派到 5 个事业部;而在职能式结构中,50 名研究工程师可以共享同一设施。产品线之间相互分立,协调困难。诸如惠普、施乐等公司都拥有大量的事业部,在横向协调方面也确有不少问题。如软件事业部开发的程序可能与另一事业部出售的商务计算机是不匹配的。

(四) 矩阵制组织结构

矩阵制组织结构(matrix structure),是按职能划分的部门和按项目或产品划分的小组结合组成的矩阵型结构,它有纵横两套管理系统,一套是纵向的职能系统,另一套是为了完成各项业务而组成的横向项目系统。矩阵结构见图 10.7。这种组织结构的特点是,为了完成某一特别任务,由有关职能部门派人参加,以业务或产品为中心组织新的作业组织,力图做到条块结合,协调各部门活动,以保证完成任务。

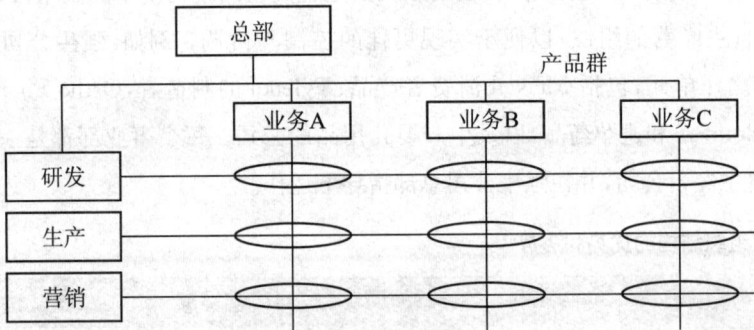

图 10.7(a)　业务/职能矩阵

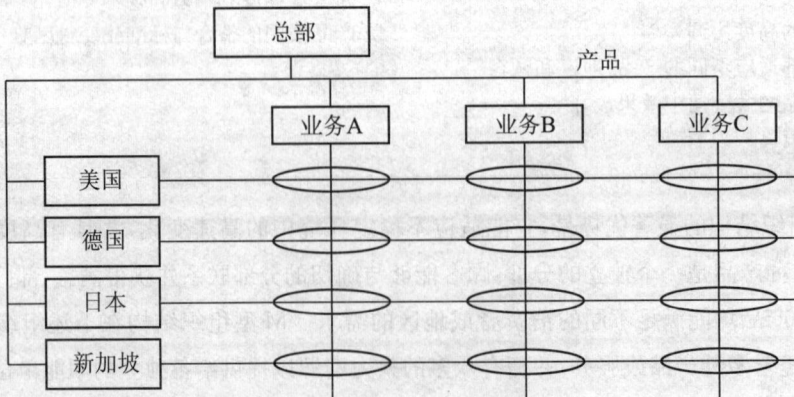

图 10.7(b)　产品/地域矩阵

矩阵制横向系统的组织,一般是结合工程项目或服务项目组成的专门项目小组或委员会,设立项目小组的总负责人,全面负责项目方案的综合工作。矩阵制纵向系统的组织是在职能部门经理领导下的各职能或技术科室,其派出人员在参加项目的有关规划任务时,接受项目负责人的领导。在设计、研究和产品等不同阶段,各有关职能部门不断派各有关专业人员参加工作。任务完成后,部门派出人员就回到原单位再去执行别的任务。

矩阵制组织结构的优势和劣势见表 10.5。当环境高度变化,而目标反映了双重要求时,比如同时拥有产品和职能目标,矩阵制结构是最佳选择。双重权力结构便于沟通与协调以适应快速的外界变化,并能实现产品主管和职能主管之间的平衡。矩阵制结构的主要优势就在于它能使组织满足来自环境变化的顾客的双重要求。人员、设备等资源可以在不同产品之间灵活分配,组织能够适应不断变化的外界要求。

表 10.5　矩阵制组织结构的优势和劣势①

优　　势	劣　　势
1. 获得适应顾客双重要求所必需的协作 2. 实现产品间人力资源的灵活共享 3. 适应不确定环境下复杂的决策和经常性变革 4. 为职能和生产技能改进提供了机会 5. 在拥有多种产品的中等组织中效果最佳	1. 导致员工卷入双重职权之中,使之沮丧或困惑 2. 意味着员工需要良好的人际关系技能和全面的培训 3. 耗费时间,包括经常性的会议和冲突解决会议 4. 除非员工理解这种模式,并采用一种团队组织形式而非纵向的关系,否则将无效 5. 需要很大精力来维持权力平衡

矩阵式结构的一个明显劣势在于,有些员工要面对双重职权领导,这可能会让员工感到困惑。他们需要出色的人际交往和解决冲突的技术,可能需要经过人际关系的培训。矩阵式结构常常使得管理者耗用大量时间来召开会议。如果管理者不能适应矩阵式结构所要求的信息与权力的共享,这种结构系统就无效。管理者进行决策时,必须相互协调合作,而不是依靠纵向的权力来进行决策。

新闻中的组织行为学

海尔迈向协同矩阵

在学习先进管理方法的征途上,海尔一直走在很多企业的前列,当下,海尔正在进行内

---

① 参见理查德·L. 达夫特(Richard L. Daft):《组织理论与设计精要》,机械工业出版社 2003 年版,第 51 页。

部大规模的重组：和许多跨国公司同步修正和升级现有的矩阵式管理架构。

海尔给出的改变动力是感觉到之前产品事业部的做法有点不合时宜，国际上家电市场正在流行整体解决方案，而非单一产品竞争。

要想跟得上形势，只能逐渐改良之前的事业部制。此次重组是在张瑞敏的直接推动下进行，将根据白电和黑电等各类产品线的运营模式的不同，重新划分为六个子集团，其中包括白电运营集团（冰箱、洗衣机、空调）、黑电运营集团（彩电、AV 产品等）、数码及个人产品运营中心（电脑、mp3 等）、全球运营中心（海外推进本部即海外市场部）、创新市场运营中心（即国内市场）、金融运营中心。

以白电运营集团为例，原来冰箱、空调、洗衣机各个事业部都有自己的研发、设计、生产、销售、宣传团队，三者并入一起，销售和宣传的资源就会导致重复，部分人员被撤也在所难免。此举的目的同样是为了增加业务单位领导对公司资源的控制权力。

这次调整被认为是海尔历史上四次组织结构调整中规模最大的一次，但海尔给出的时间表着实令人诧异：调整从 5 月初开始，计划 7 月份结束。但是截至目前，这场重组的风暴却表现出愈演愈烈之势，海尔内部人士称重组计划可能会再延续几个月。

(五) 其他模式组织结构

(1) 多维立体组织结构(multidimensional structure)是在二维矩阵组织的基础上发展起来的，实质上是 M 型结构中引入矩阵结构而构成的。这种组织结构采用三维形式即事业部、职能部门、地区或时间，这种形式克服了二维矩阵结构中组织活动受时间和地区限制的弊端，使组织能在不同时间、地点及时而准确地开展各种业务活动。例如美国道康宁化学工业公司于1967 年在改组组织结构时，把原来的事业部改造成多维组织结构，该公司把事业部作为利润中心，把职能部门作为成本中心，把各个地区作为利润中心和成本中心，并制定长远的计划，随着时间的推移而不断地对组织进行调整，以适应变化的环境。

这种组织结构适应了跨国公司多元化经营的需要，并且在多变、复杂环境中具有较强的生存能力。但其存在着机构庞大、费用较高、协调困难的不足。

(2) 动态网络结构(dynamic network)，又称虚拟组织(virtual organization)，是以市场模式组合代替传统纵向层级组织，以合同为纽带与其他组织进行经营活动的组织结构，具体表现为虚拟组织的形式。虚拟组织是一种规模较小，但可以发挥主要商业职能的核心组织，它创造各种关系网，把公司基本职能交给比自己运作得更好、成本更低的外部组织，留下来的是组织的核心管理团体。公司同其他外部组织之间通常是一种契约关系，主管人员主要是通过计算机网络联系的方式，把大部分的时间用于协调和控制外部关系上。例如耐克公司就属于这种组织结构形式。耐克公司是世界上最大的运动鞋制造商,但是它自己却没有生产过一双鞋。耐克公司成立于 1964 年,它由美国俄勒冈大学的长跑运动员费尔·那特和他的教练员比尔·波曼创立。耐克公司发展特别迅速,到 1994 年,公司的年销售额已经达到 38 亿美元,产品打入世界 81 个国家的市场。但是耐克公司自己本身并不生产运动鞋,它将生产实行 100% 的分包。从耐克公司最初发迹到后来的快速增长,97% 以上的运动鞋都是在发展中国家生产的。耐克采用合同承包的形式进行发包,然后公司将收购来的运动鞋在全世界进行独家销售。耐克总公司共雇佣了约 9 000 名员工,主要从事设计、开发、营销、管理等高附加值的活动。而设在不同国家的独立分包商却雇佣了 75 000 名工人。耐克公司从这种经营模式中受益匪浅。其重要的原因就是,耐克公司自己已经掌握了关键的产品设计和专利等资源,而把其他基本职能分包给比自己运作得更好、成本更低的外部组织。

网络结构的特点是组织决策集中化程度很高,但部门化程度很低。其优点是灵活性强,缺点是公司总部对公司许多职能活动缺乏强有力的控制,员工的忠诚度较低。它比较适合需要很大灵活反应能和远距离跨国度跨地区开展的经营活动的企业。

(3) 任务小组结构,是一种用来达成某种特定的明确规定的复杂任务的临时性结构。它近似于临时性矩阵组织,来自于组织各个部门的人员组成小组,一直工作到有关任务完成后,小组解散,组员回到原部门或进入新的小组,企业中的质量管理小组、产品设计小组、技术革新小组等即是这种组织形式。

(4) 委员会结构,是为了一些综合项目和复杂工作的需要,或者为了弥补组织原有部门和权责划分上的疏漏与矛盾,将具有不同经验和背景的一些人组合起来,赋予特定权限,使之能够跨越职能界限,合理处理有关问题的一种组织形式。委员会结构的优势和劣势见表 10.6。

表 10.6 委员会制组织结构的优势和劣势

优　　　势	劣　　　势
1. 由专家或具有多种背景的人来参加,可作出合理又高质量的决策,弥补个人决策的不足 2. 有利益关系的任何部门都可以参加,可提高对决策的信任度、支持度,增大对所做决策被采纳的可能性 3. 由于权利分散,有利于防止独裁及专断 4. 有助于传递和共享信息,委员之间对共同问题的讨论和交流,有利于交流信息及对信息做出不同解释,从而有利于澄清问题	1. 成员之间要达成共识需要花费时间较长,难以作出迅速而及时的决定 2. 容易在时间、精力、费用等方面造成浪费,产生低效率 3. 缺乏强有力的领导人,所以容易议而不决,还可能出现少数人的专制 4. 除非员工理解这种模式,并采用一种团队组织形式而非纵向的关系,否则将无效

委员会分为临时性委员会和永久性委员会两种。临时性委员会主要用于解决特定的问题而设立,有些类似于任务小组,但人数较多,权限层次也较多。永久性委员会主要用于处理常规性、综合性、多项职能交叉的问题和工作事务,由于委员会的成员一方面长期隶属于某一职能部门,另一方面又定期或不定期地参加委员会工作,行使委员的权限,十分有利于聚合各职能的资源来推动工作,用做协调和控制的手段。永久性委员会具有较高的稳定性和一致性。

需要注意的是,任务小组和委员会一般是作为其他正式组织结构的附加结构来加以设计的。

以上是常见的组织结构形模式。组织结构本身并不是目的,它是组织为了实现其目标而设置的一种手段。通过建立组织结构,一定的组织能够把完成目标所需要的人员和工作编排成可以管理的单位,然后通过组织关系把各个单位联系起来,形成一个统一的整体。因此,基本的组织结构形式可适合于任何类型组织。组织结构的模式是根据具体组织所处的内部环境和外部环境来确定的,并随着具体组织所处的内外环境的变化而发展。

第二节　组织设计

一、组织设计的概念

组织设计是对组织结构和组织活动的设计过程,把组织内的任务、权力和责任进行有效的组织协调,使组织保持灵活性和适应性,以实现组织目标的过程。一个健全的组织必然要求动态的组织设计。组织实际上是某种"再组织"(reorganization),因而组织设计是滚动式的持续规划过程。

组织设计的决策常常包括对多个因素的诊断,这些因素包括组织的文化、权力、政治行为以及工作设计等。组织设计代表了决策制定过程(包括战略、环境、科技、组织规范、组织文化因素)的结果。确切地说,组织设计将使信息流通,决策通畅,以满足消费者、供应商及代理商的需求;使各岗位、团队、部门以及分部权责分明;并在各岗位、团队、部门以及分部之间进行一种积极的协作。这样,公司能对环境中的变化作出迅速反应。

有效的组织设计在提高组织活动绩效方面起着重大的作用。它能为组织活动提供明确的指令,有助于组织内部人员之间的合作,使组织活动更具有秩序性和预见性;有助于及时总结组织活动的成功经验和失败教训,从而形成合理的组织结构;有助于保持活动的连续性,有助于正确确定组织活动的范围及劳动的合理分工与协作,提高工作绩效。

二、组织设计的权变因素

组织设计(organizational design)的权变因素,通常可分为情境因素(或关联性因素)和结构性因素两大类,由于它们是考察描述组织特点和实施组织设计的基本维度,所以又称为组织设计的关联性维度和结构性维度。如图 10.8 所示。

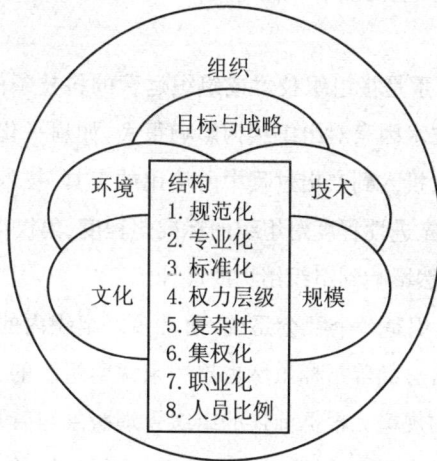

图 10.8　组织设计的影响因素

(一) 情境因素

组织设计的情境因素包括图 10.8 中的文化、环境、目标与战略、技术、规模等因素。它们描述了影响和改变组织维度的环境或情境,反映了整个组织的特征,会对组织结构有明显影响,只有正确把握这些情境因素,才能合理地设计组织结构。

(1) 组织目标和战略。组织设计必须服从组织战略和组织目标。组织的目标和战略是一个组织区别于其他组织的目的和竞争性技巧因素,它们将决定组织的经营范围、战略业务单位、资源分配、行动计划以及员工、客户和竞争者之间的关系。为了生存与发展,不同组织会采取不同的组织目标和战略来争取竞争优势,不同战略有其相适合的组织结构和基础条件才能有效执行,而组织结构是一种载体和工具,应当为组织目标和战略服务,因其所需而动。

(2) 组织环境。组织所处的环境是指组织外部可能影响组织绩效的多种结构和因素,主要包括政治、经济、法律、供应商、顾客、竞争者等。组织结构可以看作组织的外部环境与内部各子系统之间的一种纽带。组织结构的设计与所处环境的不确定程度关系密切。环境的不确定性,使得处于环境中的组织必须根据环境条件相应地调整其组织结构的形式。例如,环境较为确定的组织与部门,可采取较为稳定的机械结构,而环境较不确定的组织与部门,则应采取有弹性的有机结构。

伯恩斯(Burnes)和斯托克(Stalk)曾对英国 20 家工业企业进行研究,考察不同外部环境条件对企业的组织结构模式与管理实践等方面的影响。通过对经理人员进行面谈和现场观察,他们发现处于急剧变动环境中的组织结构与处于比较稳定环境中的组织结构显著不同。他们把这两种组织结构称为"有机式组织"和"机械式组织"。机械式组织结构的特点是高度的复杂化、正规化和集中化。有机式组织结构的特点则是灵活,对变化的环境具有高度适应性:强调横向沟通而不是垂直沟通;重视技术专长与知识,而不是依靠职权;在管理方面,强调信息交流,而不是单纯地下达指令。

(3) 技术条件。技术因素是指组织技术或组织运营的科技条件,乃是组织生产子系统或工作子系统的技术属性。技术因素对组织结构影响很大,如扁平化、远距离控制、减少中间层等。它包括用以改变组织从投入到产出过程中所使用的工具、技术知识和操作程序等。技术或科技水平的复杂化程度、先进性程度对组织的标准化程度、集权化程度、专业化程度、信息沟通方式等有着不同需求,必然影响到组织结构的设计。

(4) 组织规模。由于组织是一个社会系统,通常多以组织内的人数多少来反映组织的规模,至于组织的总资产、销售总额等指标虽然也被用来说明组织的大小,但它们难以反映作为社会系统组织的人员方面的规模。根据前述的组织管理跨度与管理层次原则,一个组织的规模——组织内人员的多少直接影响到组织内部分工,组织层级的多少以及管理跨度的大小,影响到组织结构的框架。

(5) 组织文化。组织文化要素是指组织成员共享的价值观、规范、标准和信念等,在组织中起着维系与凝集成员的作用,常常与组织成员的承诺、效率以及对顾客的服务等有关。组织文化需要一定形式的组织结构相配合,方能发挥效用。比如,如果一个组织重视切合动荡环境的"适应文化",就需要降低组织的形式化、标准化和集权程度,构建弹性而宽松的组织结构。

(二) 结构因素

组织设计的结构性因素亦见图10.8中方框内文字所示。结构性因素是指组织的内部特征,是衡量和比较组织的基础性因素,是设计组织的重要维度。结构性因素的把握与安排,直接决定了组织的具体结构。

(1) 规范化,是指组织利用工作程序、工作描述、规章和政策手册等书面文件的程度。如果组织结构被描述为规范程度高,就是采用规则和程序来规定每一项工作的内容。这样的组织都有标准化操作程序、具体的指导以及明确的政策条文。

(2) 专业化,又称专门化或工作专门化,是指将组织的任务分解成各自独立单个工作的细化程度。通过专门化,可以使组织成员专门从事特定专业的重复性工作,从而提高工作效率。如果专业化的程度高,那么每个员工只需从事组织工作的很小一部分,如果专业化程度低,员工从事工作的范围也就广。

(3) 标准化,是组织中的工作实行标准化的程度,也就是指组织中类似工作活动以统一方式来执行的程度。工作标准化程度的高低与做该项工作的人对工作内容、工作时间、工作手段的自主权成反比。工作标准化有利于人们以同样的方式投入工作,能够保证稳定一致的产出结果。在标准化程度高的组织中,往往有着明确的工作说明书,繁杂的组织规章制度和详尽的工作安排,但员工决定自己工作方式的权力很小,往往无需考虑自己的行为选择。因此,组织设计时考虑此因素,重点是要解决应该在多大程度上利用规章制度的问题。

(4)权力层级,是描述组织中谁向谁报告以及每个管理者管理的跨度,命令链是从组织高层不间断地扩展到基层的权力路线,主要解决员工个体和工作群体"有问题,去找谁?""我向谁负责?"的问题。当组织规模一定时,管理跨度与组织层次成反比。管理的跨度较窄,其层级趋势就较多;管理跨度较宽,层级就较少。

(5)复杂性,指的是组织分化的程度——组织活动或子系统的数量,复杂性可以从横向、纵向和空间3个维度衡量。纵向的复杂性是指层级的数量;横向的复杂性是横向跨越组织的部门和工作的数量;空间复杂性是指地理位置等方面的数量。显然,组织复杂性的高低决定了其组织结构的复杂程度,影响其活动管理与人员协调的难易。

(6)集权化,是指组织中决策权集中的程度,也就是指有权做出决策的层级。当企业的经营决策和管理权集中在高层管理人员手中,中下层人员很少参与决策,表明这种组织结构的集权程度较高;反之,如把其中相当部分决策权和管理权赋予较低的管理层次,基层人员能够自主地决定许多事情,表明该组织的分权化程度较高。集权和分权都是相对的,没有绝对的集权,也没有绝对的分权。通常可用投资决策权、产品销售权、日常开支的财务决策权、多大范围的物资采购权来衡量集权或分权程度。

集权化组织和分权化组织在组织结构、组织关系以及民主性、灵活性、效率等方面各有特点,适用不同的环境条件。

(7)职业化,是指员工为了掌握本职工作需接受正规教育和职业培训的程度。组织中的职业化特性一般通过员工的平均受教育年限来衡量。如果企业中的多数员工需要具有较高的文化程度,或是经过较长时间的职业培训才能熟练地从事企业中某项工作,则这个企业的职业化程度就比较高。

(8)人员比率,是指组织在不同部门和职能之间的人员配置情况。人员比率是以具体类别人员数量除以组织全体人员数量来衡量的如生产一线人员比率、管理人员比率、专业技术人员比率等。

新闻中的组织行为学

IDEO:大规模公司　小规模运作

现在"全球制造"已经成为一种流行的工作方式。在 IDEO,经常会出现这样的情况:在芝加哥的一个为期两周的项目中,工业设计师来自旧金山,机械工程师来自伦敦,技术商业开发人士由慕尼黑派出。该项目完成后,可能又会有成员随即飞往波士顿执行下一个项目。

在位于美国硅谷的帕洛阿图(Palo Alto)的总部,IDEO 的设计师们每天都在进行着"design for times"的努力。设计师们从来不静态地在某地办公,也不固定地属于某一个团队,而是以项目为单位,动态地出现在各个团队之中。在全球的 7 个办事处,"全球制造"每天都在上演。

这无疑是一种极其机动、富有生命力的团队模式。这也是它与一些其他知名品牌,如谷歌(Google)、苹果(Apple)和星巴克(Starbucks)共同被评为全球最富创意的公司之一的原因。公司的总经理汤姆·凯利(Tom Kelley)将其称为"大规模公司,小规模运作"。

汤姆热衷于谈论 40—50 人规模的"校车团队":"热情的团队知道在目标达成以后可能会解散,而在下一周又可能重组去执行下一项计划。那真是太棒了!"团队短暂的生命周期让 IDEO 人时刻处于一种流动的状态,用中文来翻译叫"流水不腐",从生物学的角度来看,这是一个健康细胞内部活跃的分子运动。

作为一位管理面向未来的设计公司的领导者,汤姆认定,将来的组织形态将从传统的命令控制型转向合作试验型,而其中商业与不同学术之间的化学反应则是最为美妙的体验。

三、组织设计的思路

组织设计的思路一般是遵循"因事设岗,因岗设人,以人成事"的原则而进行的,也就是说,按照组织目标和任务的需要进行部门划分、组建机构、设立岗位,然后再按照岗位的需要选择合适的人员来担负责任、行使权力、落实工作。常见的组织设计思路有两种:

(一) 自上而下的设计思路

自上而下的设计思路,即先要明确组织目标,根据组织目标来确定组织需要的基本职能,这是第一个层次的工作,比较宏观;然后再以对组织职能的细分和归类为依据,设计相应的组织部门机构,并把各部门机构的任务和功能分解,设置相关的具体职务,这是第二层次的工作;最后为各种职务设计必要的职位即工作岗位,确定编制即职位的数量,按照职位要求和编制数配置合适的人员,这是第三层次的工作。其中,职位是根据组织目标为个人规定的一组任务及相应的责任,职位即岗位,它是人与事有机结合的基本单元,职位与个人是一一匹配的;职务则包括了一组责任相似或相同的职位,它是同类职位的集合,也是职位的统称。自上而下的设计思路见图 10.9(a)。

(二) 自下而上的思路

自下而上的思路多用于设计全新的组织。首先,在目标活动逐步分解基础上设计和确定组织内开展工作所需的职务类别和数量,分析任职人员应负的责任和素质要素,形成职务规范;其次,依据一定的原则和组织环境、资源等条件,根据各职务的工作内容的性质和职务间关系,把各职务组合划分为组织的部门机构;再次,调整和平衡各部门、各职务的工作内容和数量,使前两步设计进一步合理化。最后,根据各部门工作的性质、内容和需要,设计整体组织结构和纵向、横向组织关系,规定各部门之间的权限、职责和义务关系,构成完整的组织结构网络。自下而上的设计思路见图10.9(b)。

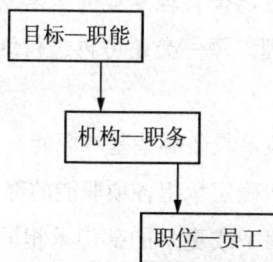

图 10.9(a)　自上而下的设计思路　　　　图 10.9(b)　自下而上的设计思路

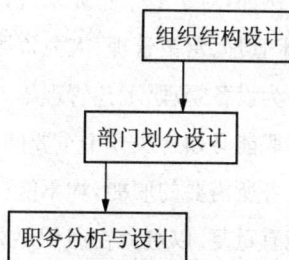

四、组织设计的程序和内容

组织设计程序的运作是一个动态的、持续规划过程。组织设计的程序一般如下:

(一) 组织基本因素分析

组织基本因素分析就是根据组织的任务、目标以及组织的外部环境和内部条件,确定进行组织设计的基本思路,规定一些组织设计的主要原则和主要维度,这些都是进行组织设计的基本依据。

如前所述,制约组织结构设计的因素主要包括关联性因素和结构性因素。在组织设计过程中,要对这些因素进行充分的了解和分析,特别是组织目标和组织的内外环境的分析。

组织目标是开展组织工作的出发点,组织目标及其保证体系是建立任何组织结构的依据,目标是组织自我设计和自我保持的出发点,也是衡量组织成败主要标志。

组织外部环境的变化对组织结构的有效性影响很大,可分为宏观环境和微观环境。微观环境主要由组织的竞争者、供应商、合作者、顾客、公众等直接影响因素所构成,宏观环境影响着微观因素,通过后者体现出对组织的强大制约力量。环境是不断变化的,在不同的环境状况下,组织结构设计特点应有所不同。一般而言,当外部环境比较稳定时,组织预测的可信度较高,组织结构可以体现较强的刚性,组织内的部门可划分得细一点,可用较为规范的手段实现部门之间的协作关系,组织权责关系的集权度可以高一点;当外部环境变化较大时,组织内部部门划分应适当粗一些,结构的弹性应大一些,适当分权以发挥员工所长,灵活地加强部门间的配合;当外部环境剧烈变化时,组织结构应更有弹性;可以通过加强信息传递,提高分权程度,建立临时性部门等更加灵活的方式来加强部门之间的协作,减少外部环境对组织的不利影响。

组织内部因素对组织结构的影响,主要体现在不同行业的组织在工作流程或生产工艺等特点上的不同会影响到组织结构的选择。

(二) 明确和分解职能

组织的基本职能是组织系统在特定的环境中保持正常运转,保证组织生存和发展所必须具备的功能。例如,对于一个企业来说,它的基本职能可以按管理专业分工来划分,可以分为生产管理、技术管理、营销管理、人力资源管理、财务管理。每一类还可再进行细分,例如技术管理还可以分为设备管理、工艺管理等。

明确组织职能必须解决 3 个重要问题。①组织中应该具备哪些基本职能?凡是实现组织目标和战略任务所需要的职能,均不能遗漏,以便进一步确定承担各项职能的部门;同时,基本职能之间不能有重复,以避免在组织结构设计时出现两个或更多的部门承担同一职能,产生职责不清、互相推诿等问题,降低管理工作效率。②各种职能之间互相联系,相互制约的关系是怎样的?这个问题是部门设计科学的基础。因为紧密联系的职能应置于同一管理子系统内,不宜分开;相互制约的职能则不能由同一部门或子系统承担,必须分开。否则,就会影响企业组织的横向协调与监督控制,造成管理工作的混乱。③在各种职能中,哪些是关键职能?这也是为组织结构的设置奠定基础,因为分工承担关键职能的部门应配置在组织结构的中心位置,其他部门的工作与之配合,以保证组织出色地履行职能。否则,各部门争当主角,形成了多个中心,就会妨碍组织目标的实现。

职能分解即对已确定的基本职能和关键职能逐级细分为各部门、各职位的职能,主要是按组织业务活动的性质与技能的相似性以及专业化原则,把组织的工作与活动进行分类。但过分强调职能专业化也会有副作用,在大型企业中,人们辅以产品、地区、顾客、项目等方式进行职能分解与部门设计。

(三) 组织结构的框架设计

这是整个组织结构设计的主体,主要承担组织各种职能、各部门的协调、高效分工协作关系的设计工作。组织结构的框架设计是在上述组织纵向部门的层层划定,横向协调方式确定的基础上,统筹考虑组织权限与责任划分关系,寻找全面优化的分工协作的组织关系,结合现有的组织模式和组织实际,来合理地设计组织结构的总体框架。

组织结构框架设计的主要内容有:组织高层权责关系的形成和组织内各部门、各岗位的责权划分等。框架设计既可以采取从抽象的原则入手,划分管理层次、应设定的部门,最后确定职务和岗位这样自上而下的设计方法;也可以采用先确定岗位、职务,再向上组合成部门,最后根据管理幅度的要求确定管理层次的自下而上的设计方法。比较常用的是前一种方法。设计好的组织结构框架图应进行反复修改,综合平衡,最后形成组织结构的整体框架。

(四) 职务分析

在分解目标、划分职能基础上,确定相应职能机构并设置职务,进而分析机构职务。职务分析又称为工作分析,是全面了解一项职务的管理活动,也是对该项职务的工作内容和职务规范的描述和研究过程,即制定职务说明和职务规范的系统过程。具体地讲,职务分析就是全面收集某一职务的有关信息,对该工作从 6 个方面开展调查研究:工作内容(what)、责任者(who)、工作岗位(where)、工作时间(when)、怎样操作(how)以及为何要这样做(why)等,然后再将该职务的任务要求进行书面描述,整理成文的过程。

(五) 管理规范设计

应将管理规范设计看作组织结构设计的继续。组织要明确各项管理业务的工作程序、应达到的要求以及应采取的相应管理方法等。管理规范体现组织对其成员的行为要求,起巩固和稳定组织结构的作用。人力资源管理制度是管理规范的重要内容。例如,应配备的人员知识和素质状况,员工的培训,绩效考核和薪酬管理制度等都将规范组织的人员配置,规范员工的工作态度和行为。需要特别注意的是,管理规范不能流于形式,成为"假、大、空"的摆设,也不能照搬照抄,不从本组织的实际出发来设计管理规范只会自欺欺人。

(六) 组织文件

组织文件的作用在于表明组织原则,显示组织结构和组织关系,方便人们了解组织,维护组织并开发组织的资源。与组织设计有关的组织文件主要有组织图、组织手册以及标准工作规程等。

组织图是用图示的方法显示组织的层次、职务间联系、沟通关系、职能部门的指挥与协作关系。其中最常见的是组织结构图。它能以简明、标准、清楚的形式,显示复杂、抽象的组织结构和组织关系,因此组织和组织结构设计的成果多以组织图的方式来进行表达。

组织手册是用于说明组织宗旨和目标、组织机构、权责关系、职务规范、职责范围、管理规则、组织制度等组织基本事务的文件汇编。组织手册是促进组织成员了解、熟悉组织,明确职责,遵守组织制度,处理关系,加强自身组织化的重要工具,并为进一步研究组织问题,改进和完善组织提供了重要依据。

组织的标准工作规程主要是指组织正常运作时的各项工作标准,通常主要包括组织的工作或生产技术标准、工作或生产技术规程、定额标准以及各项管理标准等内容。

(七) 反馈和修正

组织设计是一个动态过程,在组织结构运行的过程中,由于组织环境的不断变化、新情况的不断出现,会出现许多不足和不完善的地方。因此,在组织运行过程中,需要对组织结构进行必要的修正和完善,要将组织结构运行中的各种信息反馈到前述的各个环节中去,定期或不定期地对原有组织设计作出修正,使之不断完善,不断符合新情况。

对于现有组织而言,组织结构的设计还涉及新旧模式转换阶段。要让员工从心理上和行动上都抛弃旧模式接受新模式并不是一件容易的事。新旧模式的转换实际上是一场组织变革,面对的阻力是巨大的。有关组织变革的内容,将在第十二章详述。

第三节 传统组织与现代组织

一、传统组织结构的兴衰

传统组织(traditional organization)指的是工厂化时期的组织,它以分工为基础,以控制命令为核心。科层制组织、等级制组织、官僚化组织、直线制组织以及金字塔组织等,是从不同侧面对这些传统组织的描述或界定,反映的是同一个对象。

(一)传统组织结构的特点

上述直线制、职能制、直线职能制组织结构形式表现为集权式组织结构,是一种纵向管理、逐级负责、集中控制的机械模式,它在稳定的环境中易于发挥高效,即它适合于比较平衡的环境、低素质的员工以及生产过程稳定的情况。集权式组织结构通常具有以下特征:①明确的等级划分,自上而下的管理,决策由一个组织链和繁杂的程序,从最高层单向往下传达给员工;②职能(功能)主义,严格的部门间相互独立及工作职能细分,每个部门及子部门划清界限,也为组织本身与其环境划分了一个明确的界限;③严格的管理控制和集权化,最高层掌控计划、问题解决/执行、决策和指挥;④管理规则过多,运作程序标准化。

20世纪20年代初美国企业界两位高级管理人员——杜邦和斯隆在对公司组织进行改组中不约而同地提出分权式组织结构,它包括事业部制、超事业部制、矩阵制等形式。这一时期的最大特点是,所有者与经营者的分离——现代企业制度的出现。这一时期,产品开始从单一性到多样化,组织面临的环境也日益复杂多样,分权成为必然趋势,这样就导致了分权式层级制度的出现。

此后,在U型组织、M型组织(事业部制)中设置各种横向联系手段,如临时性任务小组、矩阵制组织、多维组织诞生,组织结构向灵活性方向发展。组织权力向组织下层转移。传统组织的权力中心不再仅仅集中于上层的决策者,而且随着环境的日益动荡,决策者的经验可能不再奏效,其原有能力无法对不断变化的环境作出正确、及时的决策;它需要组织内员工的共同参与,因而决策权呈现向下移动的趋势。企业组织的绝大部分信息也不再集中于组织的最高层,而是为整个组织员工所共享,这就削弱了高层管理者对信息的垄断权。分权制相对于集权制组织结构形式,强调适应环境,对市场变化反应更迅速。

无论是集权制组织结构(U型组织)还是分权制组织结构(事业部制、矩阵制、多维立体制等组织结构模式)，都没有突破层级制的特征，都只是传统组织的不同发展形式。

传统组织结构是人类历史上一项伟大的组织创新，它通过组织劳动分工、制定管理规程以及制定工作程序或工作规则，从而使组织内各类人员为一个共同目标努力。传统组织创造了一种制度，这种制度能够有效管理大量投资、劳动分工和大规模机械化生产。它的组织力量推动了钢铁、化工和汽车工业初期的快速发展。例如，这种制度使美国电话电报公司（AT&T）能够通过为每种任务提供详尽的政策性手册，建立一个拥有一级管理者的通信网络，从而成为一个大型联合组织；IBM 公司则是在传统组织框架下加入"以顾客为中心"的观念，从而保持了在计算机行业的领先地位。总之，在过去的一个世纪里，传统组织在制造业、零售业和服务业等领域，占据了主导地位，使社会面貌发生了显著变化，甚至许多非营利组织也采用传统组织结构模式。

传统组织作为一次伟大的组织创新，为人类社会发展作出巨大贡献是毋庸置疑的。但是，随着时代的发展和社会进步，昔日带来巨大成功的事物今天却正在成为某种束缚，传统组织受到越来越多的质疑。

(二) 传统组织设计的前提

传统组织设计主要有以下几个假定条件或前提：

(1) 组织中的人是理性的"经济人"(economic man)。"经济人"又称"实利人"或"唯利人"。这种假设最早由英国经济学家亚当·斯密提出。他认为人的行为动机根源于经济诱因，人都要争取最大的经济利益，工作就是为了取得经济报酬。传统组织中的参与者都被设计成具有完全理性的工具，而他们唯一的目的就是自身利益最大化。从马克斯·韦伯的有关论述中可以看出，传统组织是为获得效率(他所说的效率是统治者的命令权力得到执行的程度)目标而设计的"最合理"的统治方式，而这种统治方式是通过建立森严的正式制度来保证的。在这种森严的正式制度中，每个成员都是"行尸走肉"，他们只是献身于各自职位的"机器人"，或者只是组织机械上的一个零件，是完全理性的经济人。在韦伯所处的时代，机器大工业技术与理性的经济人以及严密的制度等要素的有效组合，共同构成了一部精致、合理的"机器"，其本质是通过无所不包的正式制度来管制组织成员，从而确保最高统治者的权力意志能得到准确无误的贯彻执行。

(2) 环境是稳定的。传统组织是在稳定环境中诞生的，它只是在生产技术发展到相对稳定的时期才能够得到发展。实际上，传统组织是建立在机器大工业技术基础之上的，这种工具技术的本质是一种机械技术，即其目标是单一的，功能是预定的，操作是高度程序化的。这种技术通常是比较稳定的。传统组织的产生与运作，正是以与这一技术相匹配为前提的。在技术相对稳定的条件下，或者说没有革命性技术变革的情况下，传统组织的存在与发展就成为一种必然。所以，本尼斯说，传统组织是在它的早期——工业革命那种高度竞争、稳定不变的环境中兴旺起来的。一个金字塔式的权威机构把权力集中在几个人手里,这种权力布局在过去和现在都适合解决常规的问题。

环境的稳定性不仅体现在技术方面,还体现在市场和产品的生命周期上。市场环境早期的稳定性和产品生命周期之长,从福特公司生产 T 型车的历史中可见一斑。福特公司于 1908 年推出了质优价低的 T 型汽车,它代表了在稳定市场环境中标准化大规模生产的开始,直到 1927 年黑色 T 型车停产,这种单一的标准化汽车产品在市场整整风光了近 20 年。

(3)市场需求是稳定的和可预测的。需求稳定意味着没有不可预测的需求水平上升或下降的趋势,即使存在升降,速度也很慢,也可以认为是稳定的,因为是一种缓慢的渐变的过程,这是传统组织实施大规模生产的理想环境。只要某一产品的市场需求是稳定的和可预测的,那么该产品的生产水平、开发周期以及生命周期也同样是稳定的和可预测的。

作为 18 世纪到 19 世纪工业革命的产物,在传统组织所处的市场环境中,人们的需求是相对单一的、明显的。生产性组织的目标就是如何满足人们的需要,组织的核心是生产的规模与效率。或者说,传统组织结构是在一个稳定的环境中,为生产效率而组织的。

传统组织有其自身的存在环境和条件,是人类组织历史上的一次重大的组织创新。应该说,传统组织结构是面对那些稳定的、可预测的、相对均一的环境的最好的组织形式,它在处理日常性的、重复发生的事件上,效率的确很高。即使存在激烈竞争,只要环境相对稳定,它就能将人类的活动纳入常规体系,而且处于组织顶层的管理者也总是能够借助集权机制使组织适应环境的变化,从而能够使组织有效维持和发展。

然而,随着时代的发展和环境的变化,传统组织所赖以存在的基本假设正在发生着改变,组织设计的基本原则也受到理论和现实的挑战。知识经济时代的到来,计算机和网络技术的发展为已经成熟化的全球化工厂和市场注入了一些新变量,传统的工厂化组织模式进入人类生活以来所面临的最严峻的挑战。

(三)传统组织结构面临的挑战

当前组织的运行环境正在发生着剧烈的变化,集中表现为知识经济的出现、信息技术的发展、经济的全球化趋势以及市场环境的深刻变化。在外部环境发生剧变的同时,组织内部原有的规则与程序也正在发生相应的变化。

1. 知识经济的到来

联合国经济合作与发展组织(OECD)在 1996 年度报告中提出知识经济概念,对它的定义是:知识经济是以知识为基础,直接依赖于知识和信息的生产、分配和应用的经济。同时还认为,其成员国经济中的 50% 以上都是由知识驱动的。

知识经济正使技术进步在国家经济增长中的贡献率不断地提高,如在发达国家的经济增长中,技术进步的贡献率20 世纪50—60 年代为40%—50%,到20 世纪70—80 年代为60%—

70%，到信息高速公路建立和广泛应用后，技术贡献率将达 90%。一个国家创造知识的速度和利用新知识的能力，将决定该国在国际市场中的地位。美国从 20 世纪 80 年代起迈向知识经济，近几年来发展速度加快。美国在信息技术产业领域比日本领先 10 年，比西欧国家领先程度更高。自 1993 年以来，在美国的工业增长中，约 45% 是由高技术的迅速发展带动的，高技术产业在美国 GDP 增长中的贡献率为 27%。

目前，各国都在调整科技发展战略和政策，进行各种科技研究与开发，开展更合理的教育计划，如日本的"科技立国"、美国的"建设信息高速公路，振兴美国经济"等，以及中国的"科教兴国"战略，目的都为使本国在知识经济时代的竞争中处于有利地位。

在新的以知识为基础的经济时代，要有与之相适应的组织结构模式。组织已不能再通过用低技能、低工资的员工和不断的重复的工作来实现组织经济的增长，应该意识到组织的发展越来越依靠知识。而为了适应知识经济带来的挑战，组织必须进行组织管理创新，为企业创新和经济上的快速发展提供制度与机制上的保障。

2. 信息技术的发展

现代信息技术的应用已经深入到经济生活中的各个角落。信息时代的来临不仅带来高速发展的信息产业，而且将对传统的组织管理产生重大影响。经济学家熊彼特（Joseph Schumpeter）指出，现代历史的第一次浪潮（18 世纪 80 年代—19 世纪 40 年代）送来了蒸汽机，推动了工业革命；接下来是铁路（19 世纪 40 年代—19 世纪 90 年代）、电力（19 世纪 90 年代—19 世纪 30 年代）、廉价石油和机动车（20 世纪 30 年代—20 世纪 80 年代）。而现在第五次浪潮正在为信息技术所掀起，而且，最近这项技术突破的影响较以往更迅速。

信息技术不仅可以应用于经济世界的每一部分，还可以影响组织的每一项职能。例如，信息技术不仅可以改进一辆汽车的生产绩效，更可影响设计、工程、制造和服务各个环节。在汽车的销售领域更是如此，据估计，在美国约有一半以上的汽车销售受到互联网的影响，客户可以从网上直接向制造商提出要求。

信息技术的发展与广泛应用极大地改变了传统的组织运作方式，使得通信速度大大加快，信息产业和服务的价格大为降低，从而降低了组织的交易成本，企业的边界进一步扩大。组织几乎可以轻而易举地在全球范围内进行生产要素的组合，实现资源的优化配置，使生产成本大幅度降低。

信息技术提高了组织新产品研究开发的效率。先进的传感技术和控制技术方便了从物到人和从人到物的信息流动。各种各样的计算机辅助设计系统使研究开发人员摆脱了大量的案头工作，从而可以方便快捷地将自己的设想转变为他人或机器可以接受的信息。通过互联网还可以在全球范围内临时组成虚拟化研究与开发组织，极大地提高了跨国公司的技术创新能力。

信息技术使企业能够实现全球范围内的规模经济。由于信息技术的发展和广泛应用,促使生产部门的最小生产规模不断缩小,通过加强全球范围内的协调,对于在一个国家或地区的市场需求很小的产品,跨国公司能够将世界各地的市场集中起来,在全球范围内获得规模经济。

新的技术、新的生产组织与经营环境必然带来新的组织管理方式以及新的管理问题。信息技术的推动正引发传统组织的变迁。

(三) 经济全球化

20 世纪 90 年代以来,世界贸易组织(WTO)、国际货币基金组织(IMF)等国际机构协调作用的加强,以及信息技术日新月异和国际互联网络的迅速扩展,使企业积极从事跨国界的生产和经营,实施全球范围内最佳资源配置和生产要素组合,世界经济因而日益呈现出全球化的趋势。

信息技术的发展,电子商务的日益普及,带来了巨大的全球化市场。国际贸易量在迅速增加,有些国家国际贸易量甚至超出了国内贸易量。许多知名公司或进行跨国直接投资,如美孚、花旗、吉列、惠普等公司几乎拥有美国以外的一半海外资产,或更多的销售额来自海外市场,如以上这些大公司,再如可口可乐、柯达、宝洁等。

在经济全球化发展的同时,贸易自由化和投资自由化得到迅速发展,各国政府竞相采取优惠政策吸引外资,贸易和投资壁垒大幅削减,企业在国际间转移商品、劳务和资本变得空前便利。全球一体化的步伐加快,程度更高。经济的全球化,许多公司雇佣来自不同文化不同国家的员工,文化的差异对于这些组织的管理和组织结构都会产生极大影响。

全球化使得每一个公司,无论大小,在其本土就可能面临国际竞争,因而也需要具有国际竞争力。今天的管理者及其组织正应付着经济全球化带来的不断增强的相互依存,产品、服务、资本和人力资源等正以令人炫目的速度跨出国界。面对这种不断增强的相互依存性,很多企业,如 IBM、福特等公司,都在调整其组织管理方式,使其能够不断适应全球化的要求。

(四) 市场环境的深刻变化

企业所处的市场环境的深刻变化,对于传统组织的发展是一种严峻的挑战。而市场环境的变化主要体现在:①市场变化莫测和竞争的加剧。传统组织的存在的一个前提假设就是市场需求是稳定的、可预测的,但由于市场变化加速,市场需求越来越难以预测,同时随着信息技术的发展,市场竞争程度也大大加剧,这要求组织必须能够根据竞争变化及时进行调整。在这种情况下,组织结构的调整要以能适应市场需求变化为前提和基础,使传统组织结构能够对市场变化作出快速、灵活地反应。②顾客需求多样化和个性化。技术发展带来产品的多样化,使顾客拥有了更多的产品选择余地。竞争的加剧,市场的不断细分,更进一步促进了产品的多样化发展。企业只有完全直接地面对不同个性化需求的市场和顾客,才能赢得竞争优势。企业经营的中心要从传统的低成本高效益转向顾客需求的满足;从产品观念转向顾客观念,必须能够对顾客的要求及时作出反应。

二、组织的新发展[①]

现代组织理论认为,组织等级结构形成的根本原因是有效管理幅度的限制,即当组织规模扩大到一定程度时,必须通过增加管理层次来保证有效的领导。

传统组织结构的共同特点是经营决策权集中于高层管理者和各职能部门管理者手中,以纵向命令控制为主来协调整个组织的行为,信息传递缓慢,灵活性差,横向协调不利。随着组织规模的扩大,组织集权的"副作用"的影响愈加深入,对有效的组织职能进行控制和影响开始变得困难。

彼得·德鲁克指出,现代企业产生以来,组织的概念和结构已经经历了二次大的演变,第一次是 1895—1905 年,演变的结果是所有权与管理权的分离,管理成为管理者自己权利范围内的工作和任务。第二次演变发生在 20 世纪 20 年代,出现了现代企业集团的"命令—控制"型组织。特点是分散化经营、集中化控制,世界大多数企业至今仍是这种组织模式。现在已进入第三阶段演变,即从部门和职能式的"命令—控制"型组织向知识和专家式的以信息为基础的"新组织"过渡[②](由于还处在演变的初期,有的教材或论著称这种"新组织"为未来组织)。

现代"新组织"有 6 个复杂的、相互影响的特征:等级制的弱化、组织关系网络化、组织结构扁平化、组织边界柔性化、组织多元化,以及经营全球化。

(一) 等级制的弱化

传统组织的一个基本特征就是其官僚层级制度,具体地表现为一种等级明显的组织结构形式。每个职位都有具体的工作,超过自己分内的工作就是越权;上级不适当地干涉下级分管的事情。一般来说,层级越多,组织内部的信息传递就越慢,信息的失真就越严重,组织对环境变化的反应速度就越慢,组织运作效率就越低。

在未来社会中,网络技术的发展已经迫使每个组织在互联网络上生存和发展。互联网具有无比强大的威力和作用,网络的优点在于信息共享和数据通信,互联网的几种主要服务无不体现这一优点,互联网的运用将极大地改变组织的面貌。组织利用内部的网络,把组织内部的所有信息连接起来,这样组织成员可以找到任何地方的信息,将这些信息从神秘的数据库

[①] 该部分参考德博拉·安可纳(Deborah Ancona)、托马斯·A.科奇安(Thomas A. Kochan)等:《组织行为与过程——企业永续经营的管理法则》,中信出版社 2003 年版。

[②] 参见彼得·德鲁克:"新组织的到来",选自小詹姆斯·I.卡什等:《创建信息时代的组织》,东北财经出版社 2000 年版,第 99—107 页。

中取出,变成人人都可运用的资料。内部网络的运用打破了公司内部信息和行政壁垒,使组织成员在平等的基础上进行对话和交流。网络组织不能完全取代传统组织中的等级制度,但会在一定程度上弱化这种等级制。

(二) 组织关系网络化

长期以来,管理理论与实践就强调在管理中分清个人权力和责任的需要,在不确定、易变的环境中保护组织核心活动的需要。相反,新模式认为,组织是建立在个人、群体和组织内部子单位之间的相互依存上;当然还有与周边环境的相互关系。新模式的界限是"可渗透的"或"半渗透的",可以让人和信息在其中非常频繁地活动。

在组织内部,网络化具体表现为以下几个具体的特征:

(1) 强调团队而不是个人的工作是各个活动领域中的基本活动单位。

(2) 运用团队的交叉功能,把组织内不同部门、不同层面的人聚集到一起。

(3) 创造更广泛的、跨部门和跨职能的、横向的信息分享和合作。

在组织与环境的关系中,这意味着:

(1) 与供应商建立紧密的关系,而不是通过库存和疏远性的合同及控制系统去缓冲其不当行为。

(2) 把员工安排在直接与某些客户接触的职能部门,如生产部门和研发部门,而并非依赖专门的跨界部门如市场营销部或客户服务部去协调客户与组织中负责开发和生产产品、提供服务的部门之间的关系。

(3) 与主要的利益相关者,如地方社区群体或政府机构建立联盟;或者与工会建立联盟,一起工作而非对立或防御。

(4) 与其他公司建立同盟和合作性网络,让另一公司成为一个"3C"公司,即同时是竞争者(competitor)、顾客(customer)和合作者(collaborator)。

网络化的典型组织形式通常称为"虚拟公司",一般通过先进的通讯技术把雇员、供应商和客户联结起来。有许多复杂因素促使人们日益认识到网络化的重要性,其中包括:

(1) 新的通讯和信息技术大大增加了跨越长距离和跨越正式组织界限去接触人和组织单位的可能性范围。

(2) 迅速对顾客需要作出反应以适应不断变化的环境和创新需求的竞争性需要。专门化的个人工作和专业知识不再提供创造价值所需要的知识的整合。

(3) 为开发和向顾客传递价值,需要日益复杂和多样的资源。公司必须尽可能有效果和有效率地利用外部资源。

(4) 通过在易变性的根源(顾客、供应商、管理者)与最直接受其影响的组织部门之间建立网络,就能更有效果和更有效率地对付环境的易变性。

(三) 组织结构扁平化

组织结构扁平化的一个重要手段在于尽量减少组织结构的中间层次,使任务下达、信息传递速度加快,从而保证决策与管理的有效执行,使组织变得灵活、敏捷,提高组织效率和效能。

人们对有关21世纪的组织达成了广泛的共识:公司比旧模式精悍,管理层次少得多。当然这种等级体系的扁平化并不是简单地减少管理层次,它要求扁平化组织(horizontal organi- zation)授权给操作层的员工,把制定决策的权利下放到公司的"最前线"。这样负责执行决策任务的组织单元同时有了作出决策的权力,至少是参与制定决策的机会与权力。等级体系扁平化既有可能,又有必要,原因如下:

(1) 组织需要更迅速和更灵活地对市场和技术方面的变革作出反应,并使其成员持续地改进操作,从而消除某种高耸的控制导向的等级制组织所带来的迟缓。

(2) 信息技术方面的变化消除了对中上层经理层次的需要,这些层次的主要任务一直集中在组织和传递信息上。取消中层使组织能更快地进行监督活动,并相应地作出调整。

(3) 在一个竞争激烈、资源稀缺的时代,组织面临着削减开支和提高生产率及绩效的强大压力。

(四) 组织边界柔性化

柔性是一个多维的概念:它要求组织具有灵活性与多面性,预示着稳定性、持续的优势和能力能够随时间与环境的变化而变化。柔性是与变化、革新等联系在一起的,它给企业提供了对所面临的内外部环境变化的应变能力。实际上,它所指的正是组织适应变化的能力和特性。

很多组织发现,依赖过去的官僚组织模式,如制定完善但是僵化的条例、常规惯例和结构等来达到组织的成功越来越困难。"按照规则办事"的突出优势是可预测性、可控性和公平性。然而,如今公司越来越注重对企业员工、客户及其利益相关者(即那些与组织存在利害关系的人如股东等)的多样化需求灵活地作出反应,产品寿命缩短,更新换代更加频繁。组织必须对这种快速变化作出反应,改进系统来激励改革、创新,而不是视变化为一种障碍。柔性化还包括"临时性的"或"应急性的"雇员。柔性组织能够灵活地根据外部环境的变化,适时对组织结构、人员配置做出调整。柔性化的需要受到以下几个因素的驱动:

(1) 强化竞争,按照客户的需求制定新产品和服务的能力将日益成为竞争优势的源泉。

(2) 日益多元化的劳动力的需求伴随着人们生活差异化的需求而增加。

(3) 日益复杂和不可预测的外部环境使组织之间越来越相互依赖,组织之间具有了某种网络关系。

(五) 组织多元化

新模式的前三个特征突出了新组织的多元化特征。一方面新组织需要适应组织内的多元化的观点和方法、职业发展途径、激励体系、人员和政策;另一方面,组织还需对日益多元化的组织外部利益相关者做出相应的反应。组织的新模式呈现的是一系列多元化的可能出现的职业轨道,包括兼职工作、在家工作(即员工通过计算机在家工作),人们可以根据自己的兴趣、家庭状况以及提高公司退出的标准来选择不同的方式。新模式包括在公司工作但和公司没有传统联系的员工,如全职人员或公司聘用的非在职的顾问。它对各种具有不同背景的人开放并为其提供途径。

现今的组织注重多元化的原因有:

(1) 劳动力正在日益多样化,越来越多的女性参加工作、种族与国际的巨大差异、越来越多的人在他们生命的不同时期进入和离开组织。

(2) 更加需要解决问题的革新性和创新性方法,这些方法被看作是得益于多元化的方法和观点。

(3) 有些组织具有不同的系统和文化,有些顾客具有多种需要,扁平化、柔性化和网络化组织与上述组织和顾客紧密相联。要在这种环境中有效地发挥作用,组织不但要认识到和容忍多元化的存在,而且还要意识到它的重要性,并对其予以重视。

(六) 经营全球化

以往有许多公司是国际化的,但非全球化的。因为虽然它们在许多国家经营,但它们在每个国家的经营相互孤立,不同国家的组织之间没有丝毫的相互依赖和相互作用。"全球化"指的是不同国家的组织之间能相互作用和影响。新组织的网络化特征,越来越多地贯穿于各个组织边界。在网络系统中,有些是公司内部网络,如公司通过在国外设立自己的销售办公室或工厂来扩张公司;其他的网络系统是外部的,如公司与国外客户和供应商制定国际间的联系,通过出口或与外国公司的商业联盟,为其部门和子系统寻找低成本资源以此降低成本来扩张自己的市场等。

强调新组织全球化日益增长的重要性的主要原因有:

(1) 国际运输和通讯成本的极大降低,使得在一个地方生产的产品和配件在许多地方以具有竞争力的价格卖出,如日本和德国的车在全世界销售。

(2) 发达工业国家和新兴的工业化社会(包括劳动力教育水平、技术和经营能力、通讯以及运输基本设施)之间日益均衡化。这种均衡化增加了获得和应用新产品或过程技术的公司数目。

(3) 市场"全球化",因为正在使用的标准在国家与国家之间变得更加相似,而且"消费阶段"在许多国家中变得更大和更趋向于国际市场。尽管许多市场仍然保持着地方性和区别性,但其他市场已日益为许多公司提供越来越多的扩大市场的机会,这些公司仅需对其产品或服务做少许裁剪就可以了。

(4) 国家间在成本结构上的差异性依然存在,这样那些试图降低其成本的公司就能为支持性活动或者为生产找到潜力高而成本低的地点。

（5）通过跨国界学习,特别是通过为主导市场和技术中心构建网络来提高公司潜在的能力。以前,公司通过开拓其在自己国家市场上发展起来的能力来进行国际性的扩张。而现在,一些欧美、日本公司和新兴工业国家的"新"跨国公司,为了增强(而不是去开拓)它们的竞争优势,都在向最发达的市场发展。如日本和欧洲的药品公司进入美国以获得最新的生物技术,美国公司在日本建立子公司以充分发展其技术,韩国三星将个人计算机总部设在美国加利福尼亚州等。

事实上,没有任何现实的组织体现了新组织的全部特色,而且,通常来讲,"理想模式"并不"理想",即不是天生优良的或令人满意的。韦伯的"旧"官僚模式也是适应当时的环境而形成的。只有在分析当今的组织变革趋势时,新组织模式才可能有效。表10.7对比列示了新旧组织模式的特征。

表10.7　新旧组织模式的特征对比

旧 模 式	新 模 式
● 个人的职位/工作是组织的基本单位	● 团队是组织的基本单位
● 与环境的关系是由专门的"跨界者"处理	● 与环境结成紧密的网络
● 信息纵向流动	● 信息横向和纵向流动
● 决策向下传递,信息向上流动	● 决策在信息基础上作出
● 垂直型(管理层次多)	● 扁平化(管理层次少)
● 强调组织结构	● 强调过程
● 强调规则和标准程序	● 强调结果和产出
● 固定工时	● 工作日灵活,兼职很常见
● 职业道路的上升性、直线性	● 职业发展路径的横向性、灵活性
● 标准化的评价和奖励制度	● 按客户定制的评价和奖励制度
● 强烈期望单一文化的同类行为	● 观点和行为的多元化
● 种族意向	● 全球/国际化思维
● 专门的国际经理人员	● 任何水平的边界交叉人员
● 本土价值链	● 跨国界价值链
● 在某一国家的特定环境	● 全球化的环境

新组织的这些特征涉及个体管理者角色和职业、组织以及其所在环境的联系、所需要的各种能力的变化。例如,公司在要求员工高度奉献和付出努力的同时,也对公司提出采取灵活的工作奖励方式的要求,这需要我们重新思考个体与组织之间的关系。在一个扁平化、网络化的组织环境里,管理者不能依靠正式的职位权威完成他们的目标,而必须和其他员工协商以建立彼此的信任感,并跨越他们所安排的角色的界限来工作。表10.8列示了新组织中的工作构架。

表 10.8 新组织中采取行动的工作构架

需采取的有效行动 组织特性	个人技能	组织特征	环境管理
● 网络化	● 团队工作	● 团队结构	● 发展联盟
● 扁平化	● 协商	● 形成激励系统	● 边界管理
● 柔性化	● 多任务	● 劳动力管理	● 学习型
● 多元化	● 倾听、投入感情	● 冲突解决系统	● 协调利益相关者关系
● 全球化	● 跨文化交流	● 跨界整合	● 响应本土

自我评价练习
官僚化倾向测试

请回答下面的问题,用"非常同意"或"非常反对",标出符合你的情况的选择。

1. 我认为工作中的稳定性很重要。

2. 我认可预测性强的组织。

3. 对我来说,最好的工作是未来不确定的工作。

4. 在政府机构工作是件美差。

5. 规则、政策和程序使我有挫折感。

6. 我愿意在一个员工超过 85 000 人的跨国企业工作。

7. 做自己的老板对我来说风险太大,我不愿意这样做。

8. 在接受一份工作之前,我希望能见到准确的工作说明书。

9. 我更愿意做一个自由的房屋粉刷工,而不是汽车配件商店的员工。

10. 决定薪资和晋升时,资历同绩效一样重要。

11. 如果在一家处于同行业最成功的公司中工作,我会感到自豪。

12. 如果让我选择,我宁愿去做一个年薪 40 000 美元的小公司的副总裁,而不是年薪 45 000 美元的大公司职员。

13. 我认为戴上标有号码的员工工卡有降低身份的感觉。

14. 公司中的停车位置应基于个人在公司中的职位来分配。

15. 如果一个会计为大型组织工作,他就不可能成为一个真正的专业人员。

16. 在接受一份工作前,我希望知道公司的员工福利待遇是不是特别优厚。

17. 如果一个公司不制定清晰明了的规章制度,它可能就无法取得成功。

18. 对我来说,工作时间、假期安排按部就班比工作刺激更为重要。

19. 对不同职位的人应予以不同的尊敬程度。

20. 规章制度早晚要被抛弃。

请根据下面的答案给你对每一题的选择打分,相符的得1分。

1. 非常同意	11. 非常同意
2. 非常同意	12. 非常反对
3. 非常反对	13. 非常反对
4. 非常同意	14. 非常同意
5. 非常反对	15. 非常反对
6. 非常反对	16. 非常同意
7. 非常同意	17. 非常反对
8. 非常同意	18. 非常同意
9. 非常反对	19. 非常同意
10. 非常同意	20. 非常反对

15分以上表明你喜欢在官僚机构中做事;5分以下则表明你在官僚机构,尤其是在大型官僚机构中会受到挫折。

三、组织设计的新形式

传统组织面临的挑战是以信息技术为基础的知识经济和全球化的挑战。组织设计是选择和进行结构性配置的过程,一个合适的组织设计的选择是综合了几个因素而作出的,这包括组织规模、环境、战略、文化及技术等因素。现代组织设计必须充分考虑信息技术这一权变因素的影响和战略意义。信息技术广泛应用于各类组织,管理者们正在试图以全新的方式来设计他们的组织:

(1)学习型组织。随着信息革命和知识经济时代进程的加快,学术界和企业界都将关注的焦点转向组织如何适应新的知识经济环境,从而保持和增强自身的竞争能力以及延长组织的寿命。在这样的背景下,学习型组织这一概念也越来越受到人们的重视。人们发展比竞争对手学习和变化得更快的是许多组织唯一持久的竞争优势。

这是一种以"地方为主"的扁平的网状组织结构,这里所说的"地方为主"是指尽最大可能将决策权向组织结构的下层移动,让最基层单位拥有充分的自主权,并对产生的结果负责。不同于传统的金字塔式结构,这种扁平式结构中,中间相隔层次极少。这样能够保证上下级之间不断沟通,下级能直接体会到上级的决策思想,上级也能亲自了解到下级的动态,迅速准确地掌握第一手资料。采用这样的组织结构是新的知识经济环境对学习型组织的本质要求。(学习组织具体概念与特征,将在后面详细讨论。)

(2)基于业务流程再造的组织。组织横向结构的转变通常与业务流程再造密切相关。而业务流程再造是一种涉及业务流程彻底再设计的跨职能管理过程,它将导致组织结构、文化、信息技术的同时变更,并在客户服务、质量、成本、速度等方面引起绩效的重大改善。

迈克尔·哈默(Michael Hammer)和詹姆斯·钱皮(James A. Champy)的著作《公司再造:企业革命的宣言书》(1993)的出版,使业务流程再造在管理学界和企业界引起强烈反响并形成热潮。组织的再造工程在本质上意味着:采用全新的流程管理方式,抛弃所有有关现在如何工作的概念;着眼于如何更好地设计工作以取得更好的绩效。其思想在于消除工作流程中的死角和时滞。再造流程的特征主要体现在:首先,它以流程为中心组织工作。流程再造后将不再以劳动分工为基础组织工作,而是以流程为中心组织工作;其次,以顾客为出发点。传统的供求关系正在发生深刻的变化,顾客的需求越来越趋于多元化,企业的任务正在从以满足顾客需求为主向开发、创造顾客潜在需求为主转变;最后,多项工作融为一体,把原来一些不同的工作、任务整体化和压缩成一项工作并由一个人完成,是再造后的业务流程所具有的一个最基本的特点。

业务流程再造是对传统组织结构的一个创新。把工作分解成若干个简单任务,并把每一种任务分派给专门人员去做的传统做法,对于组织结构的设计影响很大。而今,这种做法或思路开始出现转变,整个组织结构应转向以流程为基础进行设计。以流程为基础的再造工程在组织结构、文化、信息系统方面带来了一些根本变化:

(1)组织结构。由于再造工程要审查跨职能团队的工作流程,因此总是引起向更为横向式结构的转变。例如,百事可乐公司将其职能式、层级式的组织转变为一种围绕顾客服务而设计的组织,7个管理层级减少至4个。组织结构更为扁平化,管理层级减少,撤除了一些检查或是重复工作的职位,并放宽了总部地区一级的集中控制。再造工程表明随着对工作转变的设计,组织从纵向到横向的发展,这种工作转变是由注重职能向注重流程的转变。

(2)文化。当公司扁平化,更多的权利转向下层时,公司文化便发生了变化。低层的员工被授予决策权,并对绩效的改进负有责任。信任和对过失的宽容成为核心文化价值观。在通用电气公司的前总裁杰克·韦尔奇看来,改变体制和结构只是"硬件"上的变化,以企业文化为核心的"软件"再造才是实施流程管理的可靠保证。

(3)信息系统。在传统组织结构的公司中,信息系统一般将职能部门的人员联系起来。

但是随着工作流程向过程而不是向职能的转变,信息系统也需要跨越部门边界。例如,吉列公司进行再造,将其采购过程时间从 12—15 天减少到 1—2 天。信息系统进行了重新设计,以使接受采购的客服代表能够迅速从他的个人电脑或工作站中获得顾客资料。

但是流程再造也存在不足之处。主要是其成本高,耗时多,而且常常是一件痛苦的事情。因为流程再造不仅仅是一种工作和组织结构的再设计,它实质上是一种企业文化的再造。经过流程再造后的企业组织,人们原来熟悉的那套行为方式和人际关系都会发生巨大变化,因而在文化观念及行为上都会产生很大的冲击。所以,应该认识到流程再造是一个长期工程,要求在思维方式和组织系统各部分都有重大的转变。

(4) 动态网络组织设计。20 世纪 90 年代以来,一个重要的趋势是:一些公司决定只限于从事自身擅长的活动,而将剩余的部分交由外包组织和企业来处理。这些网络化组织,特别是在一些快速发展的行业,如服装业或电子行业,甚为兴盛。

动态网络组织结构以自由市场模式组合替代传统的纵向层级组织。公司自身保留关键活动,对其他职能,如销售、会计、制造等进行资源外取,由一个小的总部协调或代理。在多数情况下,这些分立的组织通过电子手段与总部保持联系。

四、学习型组织

学习型组织(learning organization)被广为关注是在 20 世纪 90 年代美国麻省理工学院彼得·圣吉教授的著作《第五项修炼:学习型组织的艺术与实务》出版后。这之后,在企业界和管理思想界,推广和研究学习型组织的热潮迅速风靡全球。据统计,美国排名前 25 名的企业中,已有 20 家按照学习型组织的模式改造自己。在世界排名前 100 名的企业中,已有 40 家按照学习型组织进行彻底改造。我国的联想集团也是创建学习型组织的一个典范。

(一) 学习型组织的含义

虽然学习型组织受到了越来越多的组织的关注,但是人们对学习型组织的理解还没有达成共识。有些学者从知识的角度来认识学习型组织。例如,加尔文认为学习型组织是一个能熟练地创造、获取和传递知识,同时能善于修正自身的行为,以适应新的知识和见解的组织。彼得·圣吉则是从另一个角度阐述学习型组织。他认为学习型组织的战略目标是提高学习的速度、能力和才能,通过建立愿景并能够发现、尝试和改进组织的思维模式,并因此而改变他们的行为的组织才是最成功的学习型组织。事实上,他关注的是如何塑造学习型组织。

在新的经济背景下,组织要持续发展,必须增强组织的整体能力,提高整体素质。未来优秀的组织将是能够设法使组织内部各个层面的员工全身心投入并有能力不断学习的组织,即学习型组织。学习型组织充分体现了知识经济时代对组织管理模式变化的要求,代表着现代新组织的发展趋势。

（二）学习型组织的本质与特征

学习型组织是一种新的管理理念，它一般具有以下 5 个方面的特征：

（1）有一个人人赞同并共享的愿景。

（2）员工抛弃了解决问题和以往工作的陈规陋习和思维定式。

（3）员工把组织过程、活动、功能以及与环境的相互作用作为一个相互关系的系统中的一部分。

（4）员工可以跨越组织内部水平与垂直边界，彼此之间相互坦诚交流，而不用担心因此受到批评与惩罚。

（5）员工抛弃个人和部门利益、为实现组织共同愿景而通力合作。

很显然，学习型组织的最根本特征是学习。虽然所有组织都有意或无意地在学习，但是学习对于学习型组织具有特别的意义。

（1）学习型组织强调"终身学习"。在学习型组织中，组织成员均应养成终身学习的习惯。正是这种贯穿组织生命始终的学习观念，使组织可以针对外部挑战和机会，根据自己拥有的资源和能力，通过周密计划的学习过程来弥补自身的不足，建立独特的核心专长进而形成竞争优势。

（2）学习型组织强调"全员学习"。不论你处于组织的决策层、管理层还是操作基层，作为员工你都要全身心投入学习。组织内部有良好的学习气氛促使其成员在工作中不断学习。对于组织的核心或骨干成员，他们对组织的发展和价值创造起着关键的作用，因而更需要学习。

（3）学习型组织强调"全过程学习"。也就是说，学习必须贯穿于组织运行的整个过程之中。组织运行每一个阶段都需要学习，而且这种学习要带来行动的改变。

（4）学习型组织强调"团队学习"。虽然学习型组织也重视个人学习和个人智力的开发，但是它更强调组织成员的合作学习和团队或组织智力的开发。个人始终都在学习，并不表示组织也在学习。在某种意义上说，个人学习与组织学习是无关的。学者普遍认为，团队是学习型组织的基本构成单位，团队学习是学习型组织的基本学习方式。当然，所有的学习都是在员工个体的头脑中发生的。这样，组织就需要认真分析个人学习如何转化为团队和组织所有。

学习型组织与传统的"命令—控制"型组织是两种截然不同的管理范式。学习型组织是全球化竞争和高度不确定性的环境催生的管理理念及组织形态，它通过在员工充分掌握知识基础上增加员工自主权而提高组织适应能力；传统的"命令—控制"范式是适应环境较为稳定，以追求有形资源的有效利用和规模经济为目标的管理范式。所以，学习型组织的本质是区别于传统"命令—控制"型组织的基本特质。

从学习型组织的产生背景及含义，可以抽象出学习型组织的概念模型，如图 10.10 所示。从该模型图可知，学习型组织的本质在于，通过不断获取外界信息和知识使组织具有较强的环境适应能力。换言之,如何处理信息和创造知识,组织可以根据自身特点如行业、所处的发展阶段等,采用不同的组织学习模型,表现为不同的学习行为,但它们的出发点和目的都是相同的,就是使组织具有较强的适应能力。因此,可以更概括地把学习型组织定义为具有较强适应力的组织。

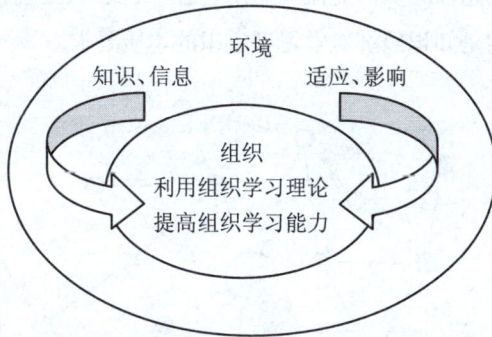

图 10.10　学习型组织的概念模型

(三) 学习型组织的组织结构

组织结构是组织战略、组织目标实现的重要保证。学习型组织在结构上要满足它促进信息交流,鼓励员工学习,适应组织发展的要求。圣吉概括了学习型组织和传统组织之间的差异,如表 10.9 所示。这些差异帮助阐明了为什么学习型组织变得越来越重要以及为什么越来越多的企业现在正在努力发展创造性学习的环境。

表 10.9　传统组织与学习型组织比较

作　用	传统组织	学习型组织
● 决定整体方向	高级管理层提供愿景	共享的愿景从许多地方出现,但高级管理层对这个愿景的存在及培养负责
● 表达及执行想法	高级管理层决定要做什么,组织的其余部门去实现这个想法	想法的表达和执行发生在组织的所有层级上
● 组织思想的性质	每个人对自己的工作负责,焦点是发展个人的竞争力	员工理解自己的工作,也理解他们的工作与其他人的工作发生交互作用并影响其他人的方式
● 解决冲突	冲突通过使用权力和层级影响得到解决	冲突通过共同学习和整个组织的员工的不同观点的综合得到解决
● 领导与动机	领导的角色是建立组织的愿景,提供适当的奖赏与惩罚,以及维持全部员工活动的控制	领导的角色是通过授权和超凡的领导能力在整个组织内建立一个共享的愿景,授权给员工,激发参与,以及鼓励有效的决策制定

典型的学习型组织是一种以"地方为主"的扁平的网状组织结构,如图 10.11 所示。这里,"地方为主"是指尽最大可能将决策权向组织结构的下层移动,让最下层单位拥有充分的自主权,并对产生的结果负责。不同于传统的金字塔式结构,在"地方为主"的扁平式结构中,从最高的决策层到最低的操作层,中间相隔层次极少。借助现代信息技术,增大一级主管的管理幅度,减少管理层次,缩短信息在组织内的流动周期,使决策及时、正确,从而增强组织的适应能力。采取这样的组织结构是知识经济对学习型组织的本质要求。

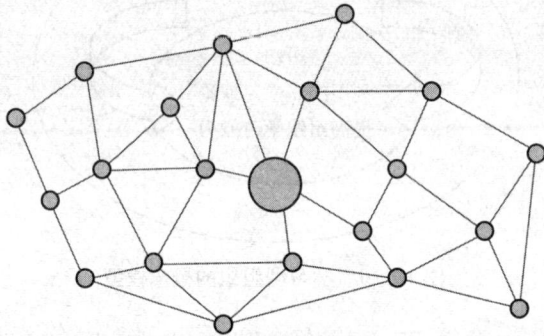

图 10.11 学习型组织的组织结构

学习型组织在结构上具有较强的弹性。学习型组织以团队为基础的横向结构代替传统层级制的纵向结构。团队一般是以项目负责制为特点,团队是根据项目特点所需人员性格、知识特长、信息来源等选取合适的成员构成特定的集体,团队成员伴随项目的全过程,该项目结束后,原有成员又重新组成新的项目团队。团队的形成使组织内的界限模糊化,有利于知识和信息的流动。另外,组织的虚拟化也增加了组织的弹性。虚拟组织使每个组织专心致志发展自己的核心能力,根据项目需要灵活地与其他组织合作,增强了组织的适应能力。

在向学习型组织迈进的过程中,美国通用电气公司将突破点放在变革其组织结构上。前任总裁韦尔奇刚上任后,曾对通用组织结构实施精简(削减人数达 30%)、扁平化(等级层次平均减少 4 个)、弹性化(适应外部变化、有弹性的灵活组织)等三项措施,使通用电气恢复生机和活力。

以"地方为主"的扁平的组织结构极大地利用授权,强调自主管理。自主管理使组织成员能边工作边学习,使工作和学习紧密结合。通过自主管理,组织成员自己发现工作中的问题,自己选择伙伴组成团队,自己选定改革进取的目标,自己进行现状调查,自己分析原因,自己制定对策,自己组织实施,自己检查效果,自己评定总结。组织成员在自主管理的过程中,能以开放求实的心态互相切磋,不断学习新知识,不断进行创新。

另外,在"地方为主"的扁平式网状结构中,传统的领导者角色发生了根本的变化。领导者将是设计师、仆人和教师,而不是传统组织中的"发号施令"者。领导者的设计工作是一个对组织要素进行整合的过程,他不只是设计组织的结构和组织政策、策略,更重要的是设计组织发展的基本理念。领导者的仆人角色表现为他对实现愿景的使命感,他自觉地接受愿景的召唤。领导者作为教师的首要任务是界定真实情况,协助人们对真实情况进行正确、深刻的把握,提高他们对组织系统的了解能力,促进每个人的学习。

与传统的组织结构相比,以"地方为主"的扁平式网状组织结构对员工素质的要求明显提高了,首先,它要求员工具备广泛的知识面和交际语言能力。在这种组织结构中,人们不必受命令链的束缚而能够直接与他人保持接触,员工需要花费大量时间与其他团队或个人相互作用。这样,员工需要广泛的知识面和交际语言能力来发展和维持这些纵向和横向关系。其次,它注重员工的合作精神。在这样的结构下,员工之间必须保持默契,进行有效的协调,通过相互之间的密切合作来共同学习和解决问题。最后,在这种结构下,信息在组织内上下左右畅通无阻,这样一方面使信息传递快速、失真减少,另一方面也要求员工有能力来有效地使用这些信息。

◆ 复习题

1. 什么是事业部制组织结构? 它具有什么特点?
2. 矩阵制组织结构具有哪些优缺点?
3. 阐明工作设计的结构因素。
4. 阐述学习型组织的特征及学习型组织结构。

案例

联想:创建学习型组织的典范[①]

联想集团创建于 1984 年,诞生以来一直健康迅速发展,成为行业的优秀企业和成功的典范。联想的成功是有多方面的原因的,但不可忽视的是联想极富特色的组织学习实践,使得联想能够顺应环境的变化、及时调整组织结构管理方式,从而健康成长。

一、极富特色的组织学习活动

联想的成功原因是多方面的,但不可忽视的一点是,联想具有极富特色的组织学习实践,使得联想能顺应环境的变化,及时调整组织结构、管理方式,从而健康成长。联想集团存在以下几种组织学习方式:

---

① 资料来源:http://www.xxzg.net(学习型中国网)。

（一）从合作中学习

联想与多家国际大公司如惠普、英特尔、微软、东芝等建立或保持良好的合作关系，并把向这些合作伙伴学习作为实现自己战略目标的重要步骤。学习他人之长，培养本土人才，提高企业综合竞争力一直是联想的学习脉络。套用柳传志的一句话："不长本事的事不做"。

首先，联想把向合作伙伴学习作为实现自己战略目标的重要一环。其次，虽然联想进行合作的着眼点是为了实现自己的承诺："把世界最先进的技术，最快捷地以最便宜的价格提供给中国用户"，但更深层次的含义则在于弥补自身的不足。同时，在每一次合作中，联想都能做到以我为主，积极消化、吸收国际最先进技术，学习国际性大公司在技术、产品开发、生产管理、组织管理以及市场运作等多方面的管理经验和科学方法，并能创造性地加以运用，带动自身管理水平的不断提高。

（二）向他人学习

除了能从合作伙伴那里学到东西之外，联想还是一个非常有心的"学习者"，善于从竞争对手、本行业或其他行业优秀企业以及顾客等各种途径学习。

1. 前车之辙，后车之鉴

在美国硅谷，每年都有几百家公司诞生，同时也会有几百家公司破产。凭借一个好产品，一项新技术，公司的股票市值可以长10倍，但当这个产品被人超过以后，公司也可能就此一蹶不振。而在中关村，潮起潮落，你方唱罢我登场，各领风骚三五年的戏也唱了很久。置身于商战的潮头，联想领略了太多酸甜苦辣，他们学会了"跳出画面看画"，学会了"照镜子"，懂得了"前车之辙，后车之鉴"的道理。因此，联想不仅经常反思、总结自己的成败得失，而且特别关注别人的成功与失败。正如柳传志所说："联想今天能与国外厂商竞争到这种程度，确实反复研究过人家的管理方法。"

2. 他山之石，可以攻玉

联想现在已成为中国计算机世界的"领头羊"，其一举一动都已成为别人注目的焦点，同业其他公司对于联想来说似乎没有什么值得学习的地方。但联想人并不因此而目空一切，盛气凌人。他们清醒地认识到，虽然联想在中国市场上取得了市场占有率第一的成绩，但总体份额还不高，也就11％左右，竞争对手还很强大；联想一年产销40—50万台微机，而IBM或康柏（Compaq）一年的产销量就是500—600万台，联想只是在局部战场上打了个小胜仗，在国际市场上力量还很弱小，还远没有什么值得骄傲的资本。因此，联想本着海纳百川的宽广胸怀和谦虚好学的态度，积极向同行优秀企业学习，"边打边学"，积累了大量经验。

同时，联想也放远眼光，善于向不同行业的企业学习，例如，联想电脑公司在向著名家电企业海尔集团学习的基础上，提出了"五心服务"的口号，极大地拓宽了服务范围，改善了服务质量，在计算机界刮起了一股"服务热"。

3. 向顾客学习

联想电脑公司于1997年10月首家推出对方付费电话热线咨询服务，它能够解决联想电脑售前的机型、售价以及售后服务内容等用户常见的问题。联想热线开通了一个联想与用户相连的窗口，每天都有上万位用户打进热线，咨询有关电脑售前、售后的各种问题。另外，公司还专门设立技术支持服务电话，负责解答用户在使用电脑中出现的各种问题，能当时解决的问题当时解决，不能马上解决的及时转到有关技术部门妥善处理。

另外，联想热线既接进来，也打出去，经常主动电话回访用户，了解市场需求，发现问题，并将用户无序的问题综合归纳，以求对电脑市场的重要问题有的放矢，对症下药。在联想系统集成公司，回访用户、了解用户的需求，不仅是一种服务，更成为联想学习市场，获取市场信息的重要手段。

4. 从自己过去的经验中学习

柳传志有句名言："要想着打，不能蒙着打。"这句话的意思是说，要善于总结，善于思考，不能光干不总结。实际上，联想是一个非常善于从自己过去的经验中学习的公司。

联想人善于总结，不仅总结"联想是什么"（指的是过去做的工作和取得的成功），而且总结"联想为什么"（主要是总结出规律性的管理经验，用以指导以后的工作，为今后的发展打下基础）。在14年的发展过程中，联想成功地总结出了"贸、工、技三级跳"的发展道路，总结出了一个目标、三步走、五条战略路线、六大事业等经验，总结出了建班子、带队伍、定战略的"管理三要素"的理论。这些成功经验都是善于总结的联想人在市场的摸爬滚打、风风雨雨中总结出的宝贵精神财富。有了这些严谨细致的成果总结，联想完成了起步、助跑等阶段，必将迎来起跳、腾飞的辉煌。我们可以毫不夸张地说，善于总结是联想成功的真正秘诀。

二、组织学习机制

在不断向别人、向自己的经验学习的同时，联想在组织内部也形成了几种朴素但行之有效的组织学习机制，包括开会、教育与培训、议事制度、委员会与工作小组等。

（一）开会

联想从来就是以爱开会而出名。联想的会也有很多名堂：有统一思想、振奋精神的誓师会；有回顾过去、展望未来的总结会；有征求意见、探讨工作的研讨会；有协调会、工作会等等。通过开会，不仅能统一思想，贯彻精神，而且还能交流经验，集思广益，提高决策的科学性。例如，联想科技公司是一个特殊的企业群体，整合后还保持着事业部的架构，班子的磨合多源于会议。

（二）教育与培训

教育与培训是统一思想、提高骨干队伍素质的主要手段，同时又是个人学习的重要方式。联想注重全员、全方位、全过程的教育培训，截至目前已初步建成较完善的教育培训体系：从新员工"入模子"培训，接受联想企业文化的熏陶，到高级干部研讨班及管理培训班；从专业技能培训到理论务虚研讨，每年都坚持不懈地搞，并且不断将其健全、完善，力求搞出实效。通过教育与培训，联想已经培养了一支稳定的、高素质的、对企业目标、企业文化有着强烈认同感和归属感的核心员工队伍，造就了一批善于建班子、定战略、带队伍并忠实于联想事业的"领导人物"，为企业实现长远的发展目标奠定了坚实的人才和组织基础。与此同时，联想员工适应岗位的能力不断增强，个人素质不断提高，为员工个人成长提供了强有力的支持。

(三) 领导班子议事制度

为了建立起一个强有力的领导班子，提高领导班子的战斗力，同时加强信息交流，提高决策的科学性，联想在总结公司内有效领导集体的工作经验基础上，有意识地在公司内推行良好的领导班子议事制度，包括：每周一次总经理晨会，通报日常工作，部署安排工作，主要解决具体问题；每月一次总经理例会，通报、分析经营中的重大问题和情况，决策发展中的重大问题；每季一次总经理沙龙，研讨未来发展战略和公司重大组织管理问题。

与此同时，联想领导班子有一整套约定俗成的议事规则，如"把问题放到桌面上谈"，"算大账不算小账"等等。诸如此类的议事规则，虽然很朴素，但可以保证班子中的成员既精诚团结，畅所欲言，集思广益，又能统一思想，统一步调，做到坚强有力。

这些议事制度、议事规则，加上"管理三要素"中"建班子"的内容和岗位责任制、薪酬制度、人力资源开发与管理制度，组成了联想牢固的组织结构和领导运作体系，有效维护了公司协调、高效运转。

(四) 委员会和工作小组

为加强横向综合管理力度，联想计划于今年陆续成立投资委员会与技术委员会，规划、领导和协调集团重大投资活动和研发工作。这是联想适应环境变化和公司发展需要的重要举措。委员会将由来自不同部门的领导、技术人员和专家学者组成，便于加大企业对投资和研发工作的领导力度。同时还将针对具体工作成立专门委员会与工作小组，确保重点工作快速推进，协调一致。建立这种工作机制虽然着眼点并不是为了进行组织学习，但却会在客观上产生这种效果。

三、组织学习保证与促进机制

除了以上几种学习机制以外，联想集团内部还存在一些组织学习保证与促进机制，有力地配合了组织学习活动。它们是：

(一) "鸵鸟理论"：学习的理论基础

联想之所以能虚心学习，原因在于联想集团总裁柳传志有一个很有趣的"鸵鸟理论"：当两只鸡一样大的时候，人家肯定觉得你比他小；当你是只火鸡，人家是只小鸡时，你觉得自己大得不得了，而人家才会认为咱俩一样大；只有你是只鸵鸟时，小鸡才会承认你比他大。提出"鸵鸟理论"是为了提醒自己要有自知之明,千万不要把自己的力量估计得过高。你想取得竞争优势,就得比别人有非常明显的优势才行。正是有了"鸵鸟理论"作指导,联想才不自高自大,才会经常看到自己的短处,发现别人的长处,并努力学习,取长补短,使自己不断得到提升。

(二)建立共同远景

自创办之初,联想就抱定了"要把联想办成一个长久的、有规模的高技术企业"的信念,并逐渐为自己定下了更清晰的目标:到 2010 年力争进入世界 500 强。在联想集团内部,上至子公司总经理,下至车队司机,都爱听柳传志讲话,认为听了柳总的话有劲。即使离开联想的人也对柳传志评价甚高。原联想软件部总经理,现任莲花(Lotus)公司中国区总经理的皮卓丁先生对柳传志的评价是:"(柳总)头脑里总有一个超前的远景,他可以把这种远景不断建立在你的脑袋里,让周围一批人与他有同样的想法和抱负……"柳传志自己也曾说过:对于联想领导核心而言,最重要的工作是深刻理解市场运作的规律,认识企业管理的基本规律,并带动各层次的领导共同认识。因此,建立共同远景是联想成功进行组织学习的第一步。

(三)企业文化认同

柳传志反复强调,人力资源管理的一个重要工作就是建立一支稳定的、高素质的、对企业目标、企业文化有强烈认同感和归属感的员工队伍。企业文化认同对于维护整体、保持战斗力具有重要作用。因此,公司采取了几种行之有效的措施来保证员工对企业文化的认同,增强企业的凝聚力。首先,新员工在进入联想之后都要接受"入模子"培训,深入了解联想的历史、现状,接受企业文化的熏陶。其次,联想人善于通过开会来统一思想,贯彻企业文化和经营理念、决策准则。通过这些朴素而行之有效的措施,联想已形成稳定的企业文化和一支稳固的核心员工队伍。

(四)领导以身作则

联想集团认为,成熟的"领军人物"有四项标准:一要有强烈的事业心,能以大局为重,不争尺短寸长;二要立意高,能经得住表扬,不因点滴成功而骄傲自满;三要有自知之明,能看到别人的长处和自己的不足,能够接受别人的批评,开展自我批评;第四要能善于总结,勤于思考,努力找出规律。由此可见,一个成熟的领导者本身就应该是一个好的学习者。领导以身作则可以在公司内培养起良好的学习风气,从而带动整个组织进行学习。

(五)及时调整组织结构

昨天的成功不能保证今天和明天的成功,因为昨天的经验可能已经不适应今天的形势。因此,在科技、社会日新月异的今天,企业要想生存和发展,就必须根据内外环境的变化,及时调整组织结构,绝不能因循守旧,故步自封。在短短十几年时间里,联想的组织结构变了好几茬:从大船结构到舰队模式;从众多的事业部到整合为六大子公司;从北京联想、香港联想分而治之到统一平台……联想几乎每年都在变。但经过几次"折腾",联想已经摆脱了大多数民营企业小作坊式的经营模式,走向大集团、正规化、协同作战的现代企业管理模式。这种调整,更多地是为了适应市场环境变化和公司发展的需要,但客观上也起到了促进组织学习的作用。

（六）人员流动

伴随着组织结构调整而来的是公司人员的频繁流动。在联想集团内,人员流动一般有以下几种情况:一是为培养后备干部而进行的工作轮换;二是在人岗不相称的情况下,称职的要么给更大的舞台,更重的职责,要么尝试新的岗位;不称职者降职;三是由于现工作环境不适合或组织业务发展需要而进行的调整。通过人员流动,不仅可以提高人才的适应性,增长才干,而且可以发现人的潜能,以做到人尽其才,发挥每位员工的聪明才智。除此之外,伴随着人员流动,知识可以在组织内流动,提高了组织学习的效果。

（七）建立健全管理制度

在不断调整组织结构的基础上,联想也在不断积累经验,建章立制,力争完善组织管理,堵塞漏洞,提高效率。今天,联想集团已发展成拥有六大子公司,几十个事业部,成百上千个分公司,成千上万名职工的大型企业集团。如何将这些人凝聚起来,协同配合,共同作战,是对联想的一次新的考验。自1997年业务整合之后,联想又在摸索适合自己发展的管理制度、组织方式和激励方式,如推广岗位责任制、领导与下属面谈制度、领导班子议事制度、改革薪酬制度,建立全员培训制度等。它们也构成组织学习顺利进行的必要保证。

（八）知识的收集、传播与利用

知识将成为21世纪"知识经济时代"最重要的战略资源,应用知识、提高知识的附加价值将成为经济活动的核心。信息对于企业经营具有举足轻重的作用。同样,联想的成功也离不开广泛搜集信息、充分利用信息和促进信息在组织内的传播。在联想集团内部有以下几种收集信息、促进信息在组织内传播与利用的机制:

（1）广泛收集外部信息。联想善于向国外大公司学习,向国内的兄弟企业学习,善于总结别人的成败得失,从中汲取经验教训,并力图找出规律,用于指导自己的工作。为此,联想集团采取各种方式,广泛收集外部信息。首先在公司内部设立专门的信息收集部门——市场部信息处,设立热线电话、公开信箱以及Internet主页;其次,由总公司信息管理部和业务发展部综合负责信息的规划与处理。

（2）促进知识传播。为了传播知识、信息,联想采取了以下几种办法。首先是开会。联想以爱开会而闻名。其实,开会、研讨这种普通的形式有着巨大的作用。通过开会,不仅能传播知识、交流经验,而且能统一思想,贯彻企业文化。其次是制度保证。目前,联想已形成一整套领导班子议事制度、决策保证制度和培训制度,从制度上保证了知识、经验在公司内的传播。第三,通过公司内部刊物传递信息。目前,公司内有五六种内部刊物,包括《联想报》、《新闻集锦》、《参考资料》、《政策与动态》、《沟通与交流》、《LAS动态》等,从不同角度反馈公司内外各种信息；同时，联想集团舍得在内部现代化建设上下功夫，不仅更新了通讯设备，而且增加了对电脑设备及网络基础建设的投入，努力向无纸化办公的方向迈进。目前，公司正在大力推进办公自动化和管理信息系统的建设，方便员工内部沟通，促进知识的传播与利用。

◎ 讨论题

1. 创建学习型组织对联想的发展有哪些影响？
2. 你认为，联想的哪些学习经验值得借鉴？

【本章学习目标】

通过本章学习,你应该了解:

1. 组织文化的概念、类型。
2. 组织文化功能有哪些?
3. 组织文化是如何形成的?
4. 伦理道德和组织伦理的含义。
5. 社会文化背景与组织伦理的差异。

预习案例

宜家的细节之美①

世界上最大的家具巨头宜家家居(IKEA)到底在哪些方面与众不同? 走进宜家,经常忘记了是在逛商场,那种回家和留恋的感觉不得不叫人佩服宜家的经营思路。宜家之美,美在细节,成功绝非偶然。

走进宜家,"借一个手提袋"的告示赫然在目,仿佛是邻居善意的提醒一般,既方便了顾客,和购物车相比又可以节约场地和维护费用,"借"又像是朋友的语气,出门时还不忘记提醒归还。

近几年传媒竞争有句经常说的话"不要走开,广告之后更精彩",目的就是保证人气和受众的忠诚关注。走进宜家,处处在设置这样的"传媒屏障",你累了可以在床或者沙发上休息,饿了宜家餐厅有价格很实惠的快餐,美好的环境叫你不忍离去,而且近距离内绝对没有著名的洋快餐,避免受众轻易地"换台"。当你需要方便的时候,宜家洗手间的水永远比五星级酒店的水更温暖,一年四季都是舒适的温度,宜家对顾客的感受贯穿于每个细节,这样的环境,使每个消费者都不会感到疲惫或者厌烦,经常光顾的结果就是习惯消费,而停留时间越长和购买数量之间是成正比的,宜家就是这样和顾客对话的。

宜家喜欢把最实惠的产品摆放在显眼的位置,1元钱的餐桌垫其实也可以做鼠标垫,制作的美轮美奂,很多顾客随手就拿上几个,哪怕每个产品只有一分钱的利润,这些东西每年将为宜家增加8位数以上的利润,这就是宜家的产品设计理念和价格理念。

宜家的每款产品都有一个响亮的名字,虽然没有多少人能记住产品的品牌,但是毫无疑

---

① 节选自"宜家的细节之美",http://case.hr.com.cn/content/104896.htm。

问的是,产品上面大大的 IEKA 都会说话,告诉顾客自己是什么。IKEA 的经营理念是"提供种类繁多、美观实用、老百姓买得起的家居用品"。实际上,目前也是这样,宜家根据中国人的消费习惯,加上中国的原料采购,产品本身就好像是本土的产品经过了现代化的工艺设计,自然深得人心。

宜家究竟在销售什么呢?实际上,宜家销售的就是简单实用的生活准则,也是现代人一致追求的生活方向,不奢华不夸张,在简单之中体现品质和品位,以科技照顾生活的每个细节,自然会融入更多人的生活。

20 世纪 70 年代初,随着日本企业的崛起,人们注意到了文化差异对企业管理的影响,进而发现了社会文化与组织管理的融合——组织文化。20 世纪 80 年代产生的企业文化和组织文化的崭新概念及其理论,把企业和其他组织的管理从技术、经济、政治等层面提升到了文化层面,是管理科学的一次大综合,是管理思想发展史上的又一次革命。组织文化作为管理理论和管理方法,越来越受到国内外企业界、学术界的重视。世界知识经济、信息经济的到来更是把组织文化推向了一个新阶段,即为了适应新的时代和日新月异的经济环境,组织不断运用新的知识和文化进行管理创新。

而伦理及道德问题和选择,以及行为的是非对错,直到最近几年才进入到组织行为学的研究中。人们现在已经认识到,决定伦理行为的不仅仅是个人和团体,来自文化、组织、外部环境等一系列因素都会对其产生影响。文化对伦理行为的影响来自于家庭、朋友、邻居、教育、宗教信仰和媒体。组织影响来自于伦理规范、角色榜样、政策和习惯,以及奖惩体系。外部环境对伦理行为产生的影响则包括政治、法律、经济制度乃至国际化准则体系。这些因素通常是相互作用,在一个组织中塑造个人和群体的伦理行为。

第一节 组织文化的发展

现在,组织的成功或者失败,人们常常从其所拥有的组织文化来寻求原因。如世界知名企业惠普、3M、英特尔以及我国的海尔、华为等公司以各自特有的文化及其创新性而著称,而一些公司如通用电气、IBM 所面临的问题也被归结为组织文化问题,这些组织把改变文化视为重新获得成功的基础。

一、组织文化的概念

关于组织文化的概念、范围和特征的问题,学术界还存在各种不同的看法,尚未形成一致的认识。由于任何一个组织都是处在一定的社会环境中,组织文化必然受到社会文化、民族文化的深刻影响,因此,在论及组织文化概念之前,先简略谈谈文化的概念。

(一) 文化的概念

"文化"一词具有悠久的历史。在西方,古希腊罗马时期,文化被理解为培养公民参加社会政治活动的能力。英国、法国的"culture",德国的"kultur"都源于拉丁文的"cultura",而"cultura"的含义是耕种、居住、练习、注意、敬神。在启蒙运动时期,法国启蒙思想家和德国古典哲学家将文化同人类理性的发展联系起来,以此区别于原始民族的"不开化"和"野蛮"。在中国古代,《周礼》曰:"观乎人文以化天下。"汉代刘向《说苑·指武条》云:"凡武之兴,谓不服也,文化不改,然后加诛。"晋代束皙《补亡》一诗中写道:"文化内辑,武功外悠。"这里的文化,指的都是文治和教化,与现代科学所指的文化一词有别。

随着社会学、人类学的发展,文化的定义不断廓清。《牛津现代词典》对文化的解释是:人类能力的高度发展,藉训练与经验而促成的人们身心的发展、锻炼、修养。新韦氏字典则将文化定义为"包括思想、言论、行动以及现象在内的人类行为的综合模式,并有赖于人的学习知识和把知识传递给后代的能力"。法国思想家卢梭在《社会契约论》中指出:文化是风俗、习惯,特别是舆论。威廉·A.哈维兰在《当代人类学》中指出:文化是一系列规范或准则。当社会成员按照它行动时,所产生的行为应限于社会成员认为合适和可接受的变动范围之中。

我国人类学家对文化比较一致的看法是,文化就是人们的生活方式和认识世界的方式。人们总是遵循他们已经习惯了的行为方式,这些方式决定了他们生活中特定规则的内涵和模型,社会的不同就在于它们文化模式的不同。从一般意义上说,文化可以定义和表示为人们的态度和行为,它是由一代代传下来的对于存在、价值和行动的共识。文化是由特定的群体成员共同形成的,它形成了社会与人们共同生活的基础。社会生活在很大程度上依赖于人们的共识,这种共识就构成了特定的文化。

总体上讲,文化有广义和狭义两种界定方式:广义的概念,包括人类在社会历史发展过程中,通过人的后天学习所掌握的各种思想和技巧,以及用这种思想和技巧所创造出来的物质文明和精神文明的总和;狭义上讲,仅指精神领域的,或社会的意识形态领域的,如风俗、习惯、价值、观念、规范、准则和舆论等的总和,起着规范、导向和推动社会发展的作用。

(二) 组织文化

组织文化(organizational culture)是指所有社会组织中的文化。相对于一般国家、民族或社会等宏观范畴的文化而言,组织文化是一种微观文化。任何一个社会组织都有自己的文化,不同类型的组织会有其不同类型的组织文化;比如,一家企业会有其企业文化,一所学校会有其校园文化,一支军队会有其军营文化,一个政府部门会有其机关文化,等等。其中,企业文化是人们普遍关注、研究最为深入的组织文化研究领域,已经形成了较为丰富的理论知识体系。

关于什么是组织文化,至今似乎没有一个统一的定义,这反映了组织文化内容的丰富性,涉及的问题比较复杂。国外学者倾向于认为组织文化是组织成员共同具有的某种观念、意识等。

特雷斯·E.迪尔(Terrace E. Deer)和阿伦·A.肯尼迪(Alan A. Kenndy)(1982)认为,企业文化是"价值观、英雄人物、习俗仪式、文化网络、企业环境"。[1]

霍夫斯蒂德(Hofstede, 1980)认为,组织文化是一种"企业心理"及组织的潜意识,它一方面在组织成员们的行为中产生,另一方面又作为"共同的心理程序"引导这些成员的行为。[2]

沙因(Edgar Schein, 1985)认为,组织文化是组织在寻求生存的竞争"原则",是新员工被组织所录用必须掌握的"内在规则"。[3]

中国学者大多认为,组织文化有广义和狭义之分。"广义而言,组织文化是组织中物质文化和精神文化的总和,狭义上是指组织所创造的精神财富,包括组织传统、价值观、组织精神、道德规范、行为准则等,其中价值观是组织文化的核心。"[4]

组织文化是组织发展到一定阶段,组织领导人将其在初创阶段关于经营理念、基本假设等达成的共识用于对组织管理过程中包括文化、价值和心理因素等在内的非结构性因素的一种整合,并使之成为一个组织或企业独具个性化的管理模式,以文化的力量推动着组织的长期发展。概言之,组织文化是组织在其生存与发展过程中所形成的,组织成员共有的价值观、信仰、理念、哲学、规则规范以及在组织活动中的外在表现。

从组织文化的结构来看,一般可分为可见的和不可见的两种一共三个层次[5]:

表层文化,是可见的人为事务,如组织名称、商标、服装、行为模式、仪式、办公室布局、同事间称呼等,包括外人通过观察组织成员可看到及听到的一切事物和行为。

中层和深层文化,是直接观察不到的,但可以从人们解释或辩解自己行为的方式中察觉。组织成员有意识地坚持某类价值观。例如,3M公司的全体员工都知道,公司文化推崇创新并予以重奖(正因如此,有的学者把类似的制度、行为规范、工作传统、报纸杂志等归为中层文化[6])。而另一些价值观念则深入根植于组织文化的更深层,这是组织文化的精化。如3M公司关于"员工是一切创新的来源","每个人必须有独立的思考和行为"。又如海尔的技术创新理念"创造新市场,创造新生活,市场的难题就是我们的新课题"。这些理念和价值观一开始可能是明示的,但其内涵是深深根植于组织成员的意识当中。

① 转引自刘光明:《企业文化》,经济管理出版社2004年版,第6页。
②③ 转引自孙健敏、李原:《组织行为学》,复旦大学出版社2005年版,第356页。
④ 参见苏勇、叶永青:《企业文化——企业管理理论的第四阶段》,中国展望出版社1987年版,第5页。
⑤ 参见理查德·L.达夫特(Richard L. Daft):《组织理论与设计精要》,机械工业出版社2003年版,第420页。
⑥ 参见孙健敏、李原:《组织行为学》,复旦大学出版社2005年版,第357页。

笔者则将企业(组织)文化分化由内而外的四个层次,即精神文化、制度文化、行为文化、物质文化,其中,精神文化是企业文化的核心。①

二、组织文化的类型

关于组织文化的类型,学术界也有多种不同的划分方法,下面介绍几种典型的划分依据及类型。

(一) 桑南费尔德的4种文化类型

艾莫瑞(Emory)大学的杰弗里·桑南费尔德(Jeffrey Sonnenfeld,1980)提出了一套标签理论,它有助于我们认识组织文化之间的差异,认识人与文化之间匹配的重要性。通过研究,他确认了以下4种文化类型:

(1) 学院型(academy)。这是为那些想全面掌握每一种新工作的人准备的。拥有这种类型组织文化的公司喜欢雇用年轻的大学毕业生,并对他们进行大量的专门培训,使他们不断成长、进步,然后指导他们在特定的职能部门领导或从事各种专业化的工作。桑南费尔德认为,IMB公司、可口可乐公司、宝洁公司、通用汽车公司都属于这种类型。

(2) 俱乐部型(club)。这种组织非常重视适应性、忠诚感和承诺。与学院型相反,这种组织把管理人员培养成专才,其中人员的资历、年龄、经验是最重要的。像贝尔公司、政府和军队都属于这种类型。

(3) 棒球队型(baseball team)。这种组织是冒险家和改革家的天堂。他们在各种年龄和有经验的人中寻找有才能的人,公司根据员工的生产能力付给他们报酬。由于它们对工作出色的员工予以巨额报酬和较大的工作自由度,员工一般都会拼命工作。这种类型在会计、法律、咨询、广告、投资银行、软件、生物研究等领域较为普遍。

(4) 堡垒型(fortress)。与棒球队重视创造发明相反,堡垒型组织则着眼于组织的生存。这类组织在以前可能是上述三种中的一种,如今正面临困难。在这样的组织文化中,工作的安全保障不足,但是对于喜欢流动性和挑战性工作的人来说,这样的组织还是比较合适的。

(二) 科特和赫斯克特的3种文化类型

美国哈佛大学商学院的约翰·科特教授和詹姆斯·赫斯克特教授(John Kotter & James Heskett)在《企业文化与经营业绩》(*Organizational Culture and Performance*,1992)中把有利于促进组织经营业绩的文化分为强力型、策略合理型和灵活适应型3种:

(1) 强力型。强力型组织文化,往往将组织的主要价值观念通过规则或职责规范公之于众,而且组织的核心价值观得到强烈的认可和广泛的认同。接受这种核心价值观的组织成员

---

① 参见苏勇:《中国企业文化的系统研究》,复旦大学出版社1996年版,第119页。

越多,他们对这种价值观的信仰越坚定,组织文化就越强。这种类型组织文化对员工的行为产生巨大的影响,高度的文化强度在组织内部创造了一种很强的行为控制氛围,即使高层管理人员更迭,组织文化也不会随之改变。

研究表明,强力型文化会减少员工离职率。因为在这样的文化中,组织成员对于组织的立场有着高度一致的看法,并对组织的目标和核心价值观强烈认同,形成了内聚力、忠诚感和组织承诺,从而使员工离职的倾向降低。

(2)策略合理型。具有这种文化的组织,不存在抽象的、好的组织文化内涵,也不存在任何放之四海而皆准、适应所有组织的"克敌制胜"的组织文化,只有当组织文化适应组织环境,这种文化才是好的、有效的义化。与组织经营业绩相关联的组织文化必须是与组织环境、组织经营策略相适应的文化。组织文化适应性愈强,组织经营业绩成效越大。策略合理型组织文化的产生及影响:如果组织存在策略合理型组织文化,那么可能组织经营业绩就好。当市场竞争更趋激烈,组织环境发生变化,新型组织经营策略没有制定,或无法成功贯彻执行,组织文化策略的不适应就会日渐突出,从而导致组织经营业绩状况恶化。

不同的行业,所需的组织文化不同。对于有多种经营项目的组织,单一的组织文化也不能满足组织发展的需要。对于不同特性的组织业务,组织文化必须相应变化方能适应某一特定业务的文化要求。

(3)灵活适应型。只有那些能够使组织适应市场经营环境变化并在这一适应过程中领先于其他组织的组织文化才会在较长时期与组织经营业绩相互联系。灵活适应型组织文化在员工个人生活中和组织生活中都提倡信心和信赖感,提倡不畏风险的精神,并要求员工注重行为方式。员工之间相互支持,勇于发现问题,解决问题。员工之间互相信任,互不猜疑,具有能够排除一切困难、迎接各种挑战和机遇的能力。员工有高度的工作热情,愿意为组织牺牲一切。员工还敢于革新,对革新持欢迎态度。在文化适应程度高的组织中,文化的理想目标在于一个组织中各级管理能够不仅随时以满足股东的需求、满足顾客的需求、满足员工的需求为宗旨,而是要以满足这三位一体的需求为宗旨,发挥领导才能和领导艺术,倡导组织经营策略或战术上的转变。

(三)主文化与亚文化

尽管组织文化是组织成员所共享的那些价值,但是这并不意味着组织中所有不同背景和不同层次的成员只是共享唯一的一套价值系统和一系列共同认识。如同描述某个人的性格一样,各种不同层次的性格特征会同时有机地融合在一个人的身上,组织中的文化也有各种不同的侧面和层次,它们同时融合在一个组织中。从这个角度来看,组织文化又可分为主文化和亚文化。

主文化(dominant culture)体现的是一种核心价值观,它为组织中的大多数成员所认可。

当我们谈到组织文化时,一般就是指组织文化的主文化。

亚文化(subculture)是某一社会主流文化中一个较小的组成部分。相对于社会主文化来讲,组织文化又是一种亚文化。组织中的亚文化可以有两种解释:其一是相当于组织的副文化,即组织在一定时期内形成的非主体、非主流的不占主导地位的组织文化;其二是相当于组织的亚群文化,即组织文化的次级文化。因此,组织的亚文化可能是组织的补充文化、辅助文化,也可能是组织的对立文化、替代文化。

在一个组织系统中,还存在许多正式和非正式的子系统,正式的如部门、车间、班组,这样的小团体由于工作性质的不同在认同组织文化的前提下,也具有自己独特的亚文化。亚文化或者是对组织文化更好的补充,或者是与组织文化相悖的,或者是虽然与主文化有差别,但是,对组织来说是无害的,在一定条件下又有可能替代主文化的文化。与主文化相悖的,对组织有害的消极亚文化要注意控制和清除,把这类消极亚文化的文化污染减小到最低。比如:派别文化、拆台文化、内耗文化、吹捧文化、迎合文化、个人英雄主义文化。这样的消极亚文化如果不清除,必定会影响组织未来的发展。对于与主文化不一致但是不产生危害的积极有益的文化,应该采取宽容、容忍的态度,并加以适当地吸收、同化、激励和开发,将有益的亚文化流汇集到主文化流中,或者进行文化交流。

实际上,主文化与亚文化在组织中的地位并不是一成不变的,而是处于一个动态平衡的状态,是可以相互转化的。主流与非主流的地位变化是以组织发展需要为基础的,一旦环境发生变化,出现了文化危机和冲突,随之而来的往往都是组织文化的革命和转型,某些符合时代要求的积极健康的亚文化也可能成为新的主文化。

现实中的许多组织并不能简单而明确地归入上述组织文化的某一种类型,因为它们往往是一些不同类型文化的混合体,或者正处于不同类型文化的转型期,有一些组织在不同时期还会拥有不同类型的组织文化。不同的组织文化会吸引和保留不同特点和需求的个人,个人与组织文化的匹配状况会影响到个人在该组织中成长与发展状况。

三、组织文化的功能

组织文化对于组织行为的影响是无形而持久的,组织文化往往能在很大程度上影响组织成员的行为,甚至超过正式的权责关系、管理制度等所发挥的作用。但组织文化也存在与组织环境适应和匹配与否的问题,因而,组织文化对组织行为与绩效可以产生积极影响,也可能产生消极的负面影响。

(一) 组织文化的正向功能

组织文化作为组织成员共享的价值观念,具有稳定性,所以组织文化对于管理者而言是非常重要的,因为它可以增加组织承诺,增强组织成员的行为一贯性,引导组织进步、成长,进

而提升组织绩效。具体来讲,组织文化的正向功能有以下几种:

(1) 分界线功能。组织文化不仅造就了独特的组织,而且造就了独特的个体。一个组织区别于其他组织的根本在于组织文化,在于其价值观、理念及制度规范。比如说,日本有松下文化,美国则有通用电气文化。即使在同一国家、同一地域,乃至同一领域,组织因各自的发展历史不同也会形成不同的组织文化,例如,华为和中兴同属国内通信行业的知识企业,华为在业内是有名的狼文化,而中兴在人们眼中则是稳健成长。

(2) 增强组织认同感。组织文化把个人的目标同化于组织的目标,把建立共享的价值观当成管理上的首要任务,坚持对职工的理想追求进行引导。组织文化的同化作用使组织成为一个由具有共同的价值观念、精神状态、理想追求的人凝聚起来的团体,进而使组织成员产生强烈的认同感。组织获得成功的关键是吸引组织员工,建立共同的目标和价值观念,造成职工对组织的忠诚,使组织具有更强的凝聚力和向心力。总之,组织文化促使组织成员的个性心理、价值观、思想意识、行为取向与组织的整体心理、价值观、思想和行为取向进行整合,积极促进组织内部形成共同的组织意识,从而增强人们对组织的认同感和归属感。

(3) 协调个人和组织关系。组织文化能使组织成员不仅关注自身利益,而且注重群体利益和组织利益,正确认知和整合三方面的利益关系,促使组织成为多种利益和命运的共同体。组织文化是组织成员共同的价值观体系,因此,组织目标同绝大多数成员的个人目标是一致的,组织成员在共同价值观和奋斗目标的牵引下,向着同一个方向前进,在实现组织目标和利益的同时,个人的利益及价值也得到了实现。

(4) 增强社会系统稳定性。组织如同一个缩小的社会,其内部自有一套运行机制和规律,组织文化就类似于社会系统中人们的主流价值观,组织文化越强,价值观就越统一,则组织成员的态度和行为越为一致,组织越稳定。而各组织作为组成社会这个大系统的微观单位,其稳定必然有助于增强整个社会系统的稳定,特别是优秀的组织文化、组织精神、组织价值观、伦理道德规范等以产品和成员的言行为载体,随组织的发展壮大、知名度的提高而辐射到社会的每一个角落,甚至影响整个社会的价值观。例如,海尔的企业精神从"敬业报国、追求卓越"到面向全球化而升级为"创造资源、美誉全球",都无不体现了其强烈的爱国热情,发展民族产业,壮大中国经济实力。这种精神因海尔在国内乃至国际的影响而得到更多人的认同,从而激发人们的爱国主义精神。

(5) 引导和塑造优秀行为。组织文化是一种无形的、隐含的、不可捉摸而又约定俗成的东西,是人们认为理所当然而又必须遵守的无形的准绳和隐含规则,它可以对组织成员形成约束、激励的优化机制,从而引导和塑造组织成员的态度和行为,使得组织成员的信念、行为与组织的要求尽可能一致,而那些不符合组织核心价值观和战略目标的行为则受到抑制。组织文化弥补了管理制度的缺陷,通过组织文化微妙的渗透和精神感染,在组织中会形成一种相对稳定而无形的精神力量，促使人们按照组织核心理念和规则自觉调整和重塑自身行为。

（二）组织文化的负向功能

文化的相对稳固性也是组织的一种束缚，尤其当某种文化已经不再适应环境而必须加以调整的时候。实际上，几乎每一种文化观念的另一面很可能就构成对组织的束缚和制约，特别是强文化对组织的效能存在潜在的负面作用。

（1）变革的阻碍。如果组织的共同价值观和进一步提高组织的效率的要求不相一致时，这种组织文化就成了组织的束缚。在一个拥有强势文化的组织中，人们很可能被某种思维方式所主宰，很难接受变革，因而缺乏变革的视角和变革的气氛。在一些强势文化组织内部培养起来的管理人员，由于受到组织文化的长期影响，一旦内部发动变革，这些管理人员首先作为组织文化的代言人开始出来阻挠变革的进行。

（2）多样化的障碍。对于较大的组织，尤其是跨国组织，由于员工身份、种族、民族、性别等因素的差别，组织的新老成员之间的观念差异很大。管理者希望新成员能够很快适应和接受组织的核心价值观，否则这些新成员很难被组织接受；但是作为一个大型组织，管理者另一方面又希望组织保持文化上的多元化以适应外部环境的多样化。这时候，强文化就会对员工施加较大的压力，在强文化的作用下，员工的适应行为可能会导致多样化的丧失。

（3）兼并和收购的障碍。在组织间的兼并与收购当中，除了考虑产品线的协同性和融资方面的因素外，更多的应当考虑文化方面的兼容性。如果两个组织的文化无法成功的整合，将导致组织出现大量冲突、矛盾甚至对抗。例如，2005 年 3 月联想完成了对 IBM 笔记本电脑业务的收购，在整个收购案的技术层面，联想的表现是令人称赞的，但对收购最重要的文化整合方面，联想至今还未拿出一个方案，而与技术层面的流程相比，文化的整合才是影响两个企业合并最终成败的关键所在。杨元庆此前在公开场合表示，整合后原 IBM 员工待遇不变，但这仍然挡不住一些 IBM 员工被流失到竞争对手手里，而且这样的流失现在仍然在发生。这其中就源于 IBM 与联想公司的文化的不同。整合能否成功，最终靠的还是企业的文化魅力，要让 IBM 的 PC 业务部的员工认同联想，合并才算真正顺利的开始。①

四、组织文化研究的兴起与发展

德鲁克曾指出：管理以文化为基础。管理是一种社会职能，并植根于一种文化，一种价值传统、习惯和信念之中，植根于制度之中。组织文化是一门在组织管理实践中产生的理论，它在世界各国的兴起，是现代管理科学发展的必然结果。

---

① 参见丁然："新联想何时进行文化整合"，http://tech.tom.com/1121/1793/200539-167550.html。

(一) 组织文化研究热潮的兴起

组织文化研究热潮的兴起,源于日本经济的崛起对美国所造成的冲击,美国学者在比较了美日两国企业管理的根本性差异之后,首先提出了"组织文化"这一概念。

日本是第二次世界大战的战败国,但在以后,日本经济却在短短30年左右的时间里迅速崛起,一跃成为世界第二大经济强国。日本从20世纪50年代开始引进美国的现代管理方法,60年代实现了经济起飞,70年代获得了长足进展。日本的经济创造了连续增长的奇迹。至20世纪80年代,日本已经作为一种超级经济力量出现于国际舞台,大有取代欧美之势。

组织文化运动自20世纪80年代初在美国开始,即成迅猛发展之势。这无疑打上了那个时代的印迹:经济竞争的日益国际化和日本经济与管理对美国产生的冲击与震荡。1981年,美国加利福尼亚大学美籍日裔学者威廉·大内出版了他的专著《Z理论——美国企业界怎样迎接日本的挑战》,该书分析了组织管理与文化的关系,提出了"Z型文化"、"Z型组织"等概念,认为组织的控制机制是完全被文化所包容的。1982年,特雷斯·迪尔和阿伦·肯尼迪出版了《企业文化》一书,他们提出,杰出而成功的公司大都有强有力的企业文化,他们在这本书中还提出,企业文化的要素有五项:①企业环境;②价值观;③英雄;④仪式;⑤文化网络。其中,价值观是核心要素。该书还提出了企业文化的分析方法,应当运用管理咨询的方法,先从表面开始,逐步深入观察公司的无意识行为。同年,美国著名管理专家托马斯·彼得斯(Thomas Peters)与小罗伯特·沃特曼(Robert Waterman)合著《寻求优势——美国最成功公司的经验》,研究并总结了3家优秀的革新型公司的管理,发现这些公司都以组织文化为动力、方向和控制手段,因而取得了惊人的成就,这就是组织文化的力量。帕斯卡尔(A. Pascale)和阿索斯(R. Athos)合著的《日本的管理艺术》也于1982年出版,书中提出现在通称为"7S"模式的企业管理7个变量:战略(strategy)、结构(structure)、制度(system)、人员(staff)、作风(style)、技能(skills)、崇高目标(superordinate goals)。这4本著作合称为企业文化研究的四重奏,标志着组织文化研究的兴起。

(二) 组织文化研究的深入

1984年,奎恩(Robert Quinn)和肯伯雷(Kimberly)将奎恩提出的用于分析组织内部冲突与竞争紧张性的竞争价值理论模型扩展到对组织文化的测查,以探查组织文化的深层结构和与组织的价值、领导、决策、组织发展策略有关的基本假设。该理论模型有两个主要维度:一是反映竞争需要的维度,即变化与稳定性;另一个是产生冲突的维度,即组织内部管理与外部环境。在这两个维度的交互作用下,出现了4种类型的组织文化:群体性文化、发展型文化、理性化文化和官僚式文化。竞争价值理论模型,为后来组织文化的测量、评估和诊断提供了重要的理论基础。

1984年,美国麻省理工学院教授爱德加·沙因发表了"企业文化的新认识"一文,1985年出版了其专著《组织文化与领导》(*Organizational Culture and Leadership*)，他对组织文化的概念进行了系统的阐述，认为企业文化是在组织成员相互作用的过程中形成的，为大多数成员所认同的，并用来教育新成员的一套价值体系。沙因教授还提出了关于组织文化的发展、功能和变化以及构建组织文化的基本理论，他提出的关于企业文化的概念和理论为大多数研究者所接受，沙因也因此成为组织文化研究的权威。

20世纪90年代，随着企业文化的普及，企业组织越来越意识到规范的组织文化对企业组织发展的重要意义，并在此基础上，以企业文化为基础来塑造企业形象。因此，组织文化研究在80年代理论探讨的基础上，由理论研究向应用研究和量化研究方面迅猛发展，出现了4个走向：理论研究的深入探讨，企业文化与企业经营业绩的研究，企业文化测量的研究，企业文化诊断和评估的研究。

首先，关于组织文化理论的深入研究。20世纪90年代，西方企业面临更为激烈的竞争和挑战，因此，企业文化的理论研究从对企业文化的概念和结构的探讨发展到企业对文化在管理过程中发生作用的内在机制的研究，如：企业文化与组织气氛(Schneider, 1990)，企业文化与人力资源管理(Authur K. O. Yeung, 1991)，企业文化与企业环境(Myles A. Hassell, 1998)，企业文化与企业创新(Oden Birgitta, 1997)等。其中具代表性的有：本杰明·施耐德(Beenjamin Scheider)的专著《组织气氛与文化》(*Organizational Climate and Culture*, 1990)，其中提出了一个关于社会文化、组织文化、组织气氛与管理过程、员工的工作态度、工作行为和组织效益的关系的模型。在这个模型中，组织文化通过影响人力资源的管理实践、影响组织气氛，进而影响员工的工作态度、工作行为以及对组织的奉献精神，最终影响组织的生产效益。

霍夫斯蒂德(Hofstede)及其同事(1990)将他提出的民族文化的四个特征(权力范围、个人主义—集体主义、男性化—女性化和不确定性回避)扩展到对组织文化的研究，通过定性和定量结合的方法增加了几个附加维度，构成了一个组织文化研究量表。

1997年，沙因的《组织文化与领导》第二版出版，在这一版中，沙因增加了在组织发展各个阶段如何培育、塑造组织文化，组织主要领导如何应用文化规则领导组织达成组织目标，完成组织使命等，他还研究了组织中的亚文化。1999年后又与沃瑞·本尼斯(Warren G. Bennis)出版了他们的专著《企业文化生存指南》(*The Corporate Culture Survival Guide*)，其中用大量的案例说明在企业发展的不同阶段企业文化的发展变化过程。

其次，关于组织文化与经营绩效的研究。1992年，约翰·科特(John P. Kotter)和詹姆斯·赫斯克特(James L. Heskett)出版了他们的专著《企业文化与经营业绩》，在该书中，科特总结了他们在1987—1991年间对美国22个行业72家公司的组织文化和经营状况的深入研究，列举了强力型、策略合理型和灵活适应型3种类型的企业文化对公司长期经营业绩的影响，并用一些著名公司成功与失败的案例，表明企业文化对企业长期经营业绩有着重要的影响,并且预言,在近十年内,企业文化很可能成为决定企业兴衰的关键因素。此外,还有迪威迪(R. K. Divedi)的《组织文化与经营业绩》(*Organizational Culture & Performance*,1995)和丹尼尔·丹尼森(Daniel R. Denison)的《企业文化与组织效益》(*Corporate Culture & Organizational Effectiveness*,1997)。

组织文化研究发展的另一趋势是组织文化的量化研究与测评。奎恩(Quinn)和卡梅隆(Cameron)教授在竞争价值观框架(competing values framework,CVF)的基础上构建了 OCAI(organizational culture assessment instrument)量表。CVF 是由对有效组织的研究而发展起来的,此类研究主要想回答的问题是:什么是决定一个组织有效与否的主要判据? 影响组织有效性的主要因素是什么? 坎贝尔(Campbell)等(1974)构建了一套由 39 个指标构成的组织有效性度量量表。奎恩和罗哈巴夫(Rohrbaugh)(1983)考察了这些指标的聚类模式,发现了 2 个主要的成对维度(灵活性—稳定性和关注内部—关注外部),可将指标分成 4 个主要的类群,4 个象限代表着不同特征的组织文化,分别被命名为团队型(clan)、活力型(adhocracy)、层级型(hierarchy)和市场型(market)。奎恩和卡梅隆等(1998)通过大量的文献回顾和实证研究发现组织中的主导文化、领导风格、管理角色、人力资源管理、质量管理以及对成功的判断准则都对组织的绩效表现有显著影响。OCAI 从中提炼出 6 个判据(criteria)来评价组织文化:主导特征(dominant characteristics)、领导风格(organizational leadership)、员工管理(management of employees)、组织凝聚(organizational glue)、战略重点(strategic emphases)和成功准则(criteria of success)。

美国密歇根大学另一位教授丹尼森构建了一个能够描述有效组织的文化特质模型。该模型认为有 4 种文化特质即适应性(adaptability)、使命(mission)、一致性(consistency)、投入(involvement)和组织有效性显著相关,其中每个文化特质对应着 3 个子维度,一共组成了 12 个子维度,每个维度都有特定的解释。

第二节　组织文化建设

组织文化是组织经营管理科学发展的必然,组织文化的功能不仅仅是对内的导向和规范,还在于提高组织的团体绩效,提升组织的外部良好形象和品牌价值。优秀的组织总是不遗余力地进行组织文化建设。组织文化建设是指组织有意识地培育优良文化,克服不良文化,完善组织文化的过程。组织文化建设主要包括组织文化的创立或形成,组织文化的维系和传承等方面内容。

一、组织文化形成的一般模式

组织是一个开放系统,它不能脱离社会环境而存在。自然,组织文化通常是在一定的社会环境中,为适应组织生存发展的需要,首先由少数人倡导和实践,经过较长时间的传播和规范管理而逐步形成的。组织文化的核心价值观就是在组织图生存、求发展的环境中形成的。例如用户第一、顾客至上的经营观念,是在商品经济出现买方市场,企业间激烈竞争的条件下形成的。

组织文化往往发端于少数领袖人物和先进分子的倡导与示范,启发并带动了组织新的文化模式。如企业家在思考过程中,构建了组织的基本价值观、基本理念和行为准则,它通过一定的方式传达出去,为员工接受,并在将其贯彻于组织的经营管理制度和管理过程中,体现于员工的观念和行为上,这就是组织文化的实质。科特和赫斯克特在《企业文化与经营业绩》中提出了组织文化产生的一般模式,如图 11.1 所示。

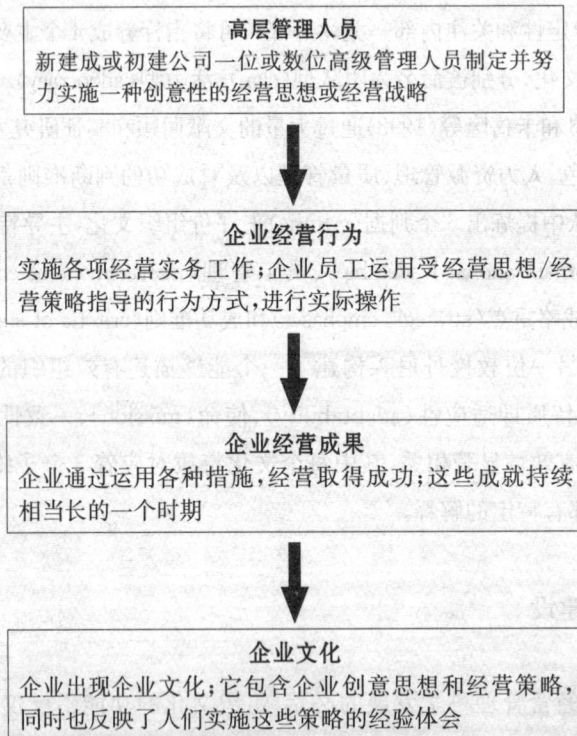

高层管理人员
新建成或初建公司一位或数位高级管理人员制定并努力实施一种创意性的经营思想或经营战略

↓

企业经营行为
实施各项经营实务工作;企业员工运用受经营思想/经营策略指导的行为方式,进行实际操作

↓

企业经营成果
企业通过运用各种措施,经营取得成功;这些成就持续相当长的一个时期

↓

企业文化
企业出现企业文化;它包含企业创意思想和经营策略,同时也反映了人们实施这些策略的经验体会

图 11.1　组织文化的形成模式

组织文化产生所需要的条件具有共通性,因此,企业都有自己的文化。沙因及其同事曾经论证说:组织文化产生的必要条件在于,企业成员能够在相当长的一段时间里保持相互间的密切联系或交往,并且该企业无论从事何种经营活动均获得了相当的成就。当他们处理所遇到的问题时,不断重复使用的解决问题的方式方法就会生成他们组织文化中的一个部分。它们有效使用的时间越长,它们就会越加深入地渗透于组织文化之中。这些融入组织文化的价

值观念或特定问题的解决方法可以从组织不同层次的人员中产生：它们可能是个人行为，也可能是群体行为；既可能是组织基层，也可能源于组织的最高管理者。但是在组织文化力量雄厚的公司中，这些价值观念出自公司发起人或企业初创时期的其他领导人士。[①]

初创者建立起整个组织，他们的个人价值观、道德取向、个性特征、行为方式、决策风格、经营理念等等都给组织烙下了深深的印记。如柳传志对联想文化的影响，张瑞敏对海尔文化的影响。然而，文化的自然演进是相当缓慢的，因此，组织文化一般都是规范管理的结果。初创者高级管理人员通常会制定并努力实施其思想和经营策略，通过某些制度规定来实施这些战略；组织员工运用其经营思想、经营策略指导的行为方式，进行实际操作；通过运用各种措施，经营取得成功，这些成就持续相当长的一段时间；于是出现了组织文化，包含了组织初创者思想和经营战略，同时也反映了人们实施这一战略的经验。

组织文化一般都要经历一个逐步完善、定型和深化的过程。一种新的思想观念需要不断实践，在长期实践中，通过吸收集体的智慧，不断补充、修正，逐步趋向明确和完善。

二、组织文化的维系

组织文化一旦形成或建立，就需要一系列有效的管理措施和方法来维系组织文化，保持组织文化的活力和特色。达夫特和诺伊认为[②]，要维系组织文化，保持文化的生命力，有两个尤为重要的机制即员工甄选和社会化。许多组织都越来越小心，力争雇到与组织文化相吻合的人。此外，培训及职业发展等活动均旨在传播、强化具体的价值观。本书认为，高层管理人员的表率作用也是组织文化的维系的重要因素之一。组织文化的维系过程如图11.2所示。

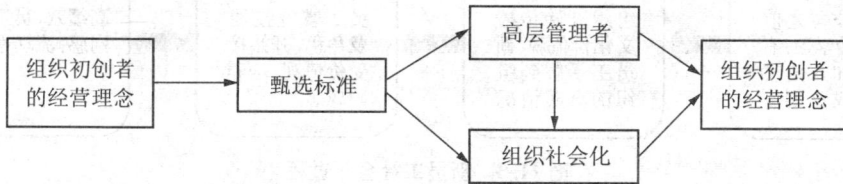

图 11.2　组织文化的维系过程

(一) 人员甄选

组织在创始者领袖魅力的影响下，形成了组织文化的雏形。组织文化的维系与强化有待于组织成员的进一步认同与融合。在员工招聘甄选过程中，组织都希望招到的员工拥有适当

---

① 转引自约翰·科特(John P. Kotter)、詹姆斯·赫斯克特(James L. Heskett)：《企业文化与经营业绩》，中国人民大学出版社2004年版，第6—7页。

② 参见理查德·L. 达夫特(Richard L. Daft)、雷蒙德·A. 诺伊(Raymond A. Noe)：《组织行为学》，机械工业出版社2004年版，第428—430页。

的技能和知识,可以完成组织内的具体工作。除此之外,还需筛选出与组织自身价值观相同或相近的应聘者。现在不少大型公司,在招聘时都要几经面试,层层筛选,那些有希望被招聘进来的员工,甚至还要进行情景模拟或会有真的顾客去面试他们,以求招聘到那些与组织文化吻合的人。

实际上,甄选过程,也是求职者了解一个组织的过程。如个人感觉与组织价值观差距太大,他可能会自行选择退出竞聘。因此,甄选是个双向选择过程。作为组织,一般都希望招到有技术、技能且与组织文化吻合的人才,而作为个人,也想找一个有"归属感"、能认同至少某些关键文化价值观的组织。如果员工与组织文化不相容,那么员工对组织的认同感和满意度都会很低,员工流动率也就会升高。

因此,甄选认同组织价值观的人,有助于维持一个强有力的组织文化。值得注意的是,管理者在甄选与组织的文化吻合的人员过程中,要避免歧视行为。

(二) 组织社会化

新员工进入组织后,就要向他们灌输组织文化,将组织的核心价值观、信念、准则、预期行为传授给他们,这就是社会化过程。如果组织对员工进行细致、深入的社会化过程,就可使组织文化更加强有力。

社会化过程可分三个阶段:预期、遭遇和改变,如图 11.3 所示。这三个阶段会影响到员工的工作效率、承诺感、满意度以及流动率。研究表明,正式的社会化机制对新员工有积极作用,它能减少角色模糊性、角色冲突和压力,从而增加员工的满意度及认同感/承诺感。

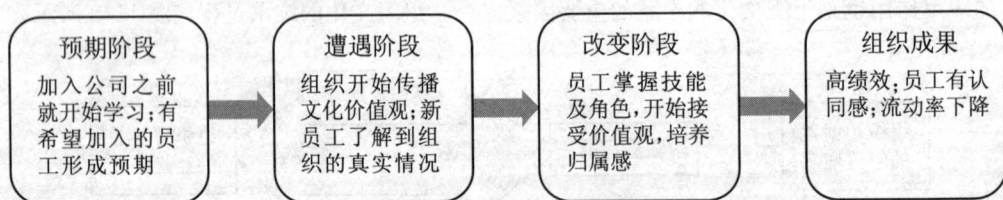

预期阶段	遭遇阶段	改变阶段	组织成果
加入公司之前就开始学习;有希望加入的员工形成预期	组织开始传播文化价值观;新员工了解到组织的真实情况	员工掌握技能及角色,开始接受价值观,培养归属感	高绩效;员工有认同感;流动率下降

图 11.3 新员工社会化过程

(1) 预期阶段(anticipatory stage)。社会化过程实际上在上述人员甄选阶段就已开始了。在培训的预期阶段,在甄选过程中,组织往往会给应聘者有关工作及组织的相关信息,以确保个人、工作与组织相互吻合。

(2) 遭遇阶段(encounter stage)。这是在员工正式加入组织后的开始阶段,这一阶段往往对新员工进行入职培训、实习、正式或非正式的"迎新活动"。新员工不仅学习如何工作,也学习组织的运转方法、个人行为应该怎样等等。例如,华为公司对新进员工首先进行为期两周的半军事化训练,将操练、课堂教学、分组讨论、团队竞赛、集体活动进行结合,使新员工在学习中引发思考,在讨论中互相启发,在竞赛中实践演练,在活动中展示才华,旨在培养具备"开放意识、合作精神和服务意识，富有责任心"，具有自我批判能力，理解公司的价值观和经营理念，认同公司文化，掌握基本的工作常识和专业技能。

遭遇阶段对新员工来说也是个关键，有时，新员工的期望可能与工作现实有矛盾，进华为工作是不少通信领域人才的梦想，但也有人终于有机会竞聘成功进了华为，却在参加入职培训时，不能接受或不适应华为的半军事化训练，因而也不认同华为的"狼文化"。这样在预期阶段的积极热情就烟消云散，半个月或数月后就离职了。

如果新员工在预期阶段对工作及组织有了基本准确的了解，遭遇阶段即可加强这些认识。不仅如此，新员工要与组织融合，还可能要接受组织的一些做事方法。不少大公司派新进员工尤其是应届大学毕业生去做一些最基层的小工作。通过这一阶段的大量培训，新员工可以不断了解组织的价值观、宗旨以及组织历史上的重大事件、代表组织价值观的模范人物。

（3）改变阶段（change stage）。这一阶段新员工解决遭遇阶段遇到的问题或冲突，并逐渐适应组织环境，与组织文化融合。而不能成功过渡到这一阶段的人，通常自愿辞职或被辞退。这一阶段，组织也往往注重对员工绩效的评估，并反馈，对态度及行为符合组织文化的新员工还可予以奖励。

以上三个阶段构成员工进入组织社会化的初期。但社会化实际上是一个持续不断的过程。在员工任职期间，组织还要继续对其进行社会化，如许多公司对老员工进行定期培训，当然这一社会化过程也可能是非正式的或不明确的。组织成员的这种不断社会化有助于强化和维持组织文化。

（三）高层管理者的示范作用

高层管理者的言行举止对组织文化有重要影响，往往具有示范效应。他们的所作所为会告诉或暗示组织成员什么是可接受的行为，什么是不可接受的行为，把活的行为准则渗透进组织，如鼓励什么行为，晋升、奖励什么，什么衣着得体等。他们的偏好会决定该怎样对员工进行社会化，进而影响组织文化的维系。

三、组织文化的传承

人类的文化现实和文化遗产是由一代又一代人的传承才得以实现的，文化的共创和共享借助于维系与传承才得以完成。组织文化源于创建者的价值取向、经营理念，同时又需通过一定的方式和途径来得到培养加强，这些途径主要有仪式典礼、传说故事、象征物和语言等。

（一）仪式典礼

仪式典礼（rites and ceremonies）是有组织、有计划的活动，是表明和强化组织最关键的价值观，最重要的目标和最重要的人而进行的重复性活动。有的公司定期搞仪式典礼，以戏剧性地显示公司推崇的东西。在仪式的重复过程中，组织所强调的信息得到传承和强化。最常见的仪式可能是酒店在每天开业前由经理举行的一段训话,整理装束,员工列队倾听,有的酒店员工还高声齐念酒店口号如"服务第一"、"永远微笑"等等。有的公司则通过精心设计的颁奖仪式,对工作绩效好的员工予以承认并为之庆祝,强调对绩效的奖励。这些仪式典礼反复强调着组织对员工的要求和期望,传递着组织的核心价值观。

(二)传说故事

故事(story)是基于真实的叙述,它会在组织员工中长久流传,使组织的基本价值观得以传承。不少故事常常又涉及组织中的英雄人物,他们是体现组织准则及价值观的模范,有些故事被认为是传说,这是指事件是历史上真实的,但情节或细节上可能有所虚构。讲故事已成为组织传播价值观的重要方法之一,因为故事会激发人们的想象和感情,从而帮助员工记住讯息及关键的价值观。IBM、可口可乐等公司都曾给经理办培训班,让其了解讲故事作为传播文化价值观与促进变革的方法所特有的优点。我国企业界,最有名的故事当属海尔的张瑞敏砸冰箱事件。

新闻中的组织行为学
米其林轮胎人的故事

法国百年老店——世界头号轮胎巨人"米其林"(Michelin)以13万员工、18个国家、70多家工厂的雄厚实力,在全球市场中雄踞同业榜首。米其林之所以获得如此骄人的业绩,与其企业文化的深刻内涵密不可分。

米其林轮胎人(米其林宝宝)的构思源于米其林公司在1894年里昂举办的一次展览会上,展台入口处那由许多不同直径的轮胎堆成的小山启发了老爱德华·米其林:"如果有了手臂及腿脚,它就是一个人了!"于是在1894年4月,一个由许多轮胎做成的特别的人物造型出现了,上面有画家奥加罗普的签字。从此米其林轮胎人便开始出现在海报上,他手擎一只装有钉子和碎玻璃的杯子说道:"Nuncestbibendum"。这句意为"现在是举杯的时候了"的拉丁语来自古罗马诗人贺拉思的一句颂歌,寓意是米其林轮胎能征服一切障碍。这句话立刻成为一句口号,在几个月的时间里,"米其林轮胎人"被明确地以法语命名为"Bibendum"。

(三)象征物

传播文化的另一重要工具是象征物(symbol),它可以是物体、行为或事件,但对其他人传达了某种东西的特别意义。从某种意义上讲,仪式、典礼、故事也是象征物,因为它们象征了组织更深刻的价值观。

象征物是组织的具体物质。具体的象征物亦很有效果和力量,因为它使人注意某具体事物及其象征意义。如玫琳凯化妆品公司为美容顾问设立的多种奖励办法中,最著名的就是象征成功的"粉红色轿车"计划。玫琳凯公司垄断了世界上"粉红色"轿车的使用权,因而驾驶着这种颜色的轿车就象征着你在玫琳凯事业的成功。这项物质奖励传达了玫琳凯理念,实现他们的销售指标很重要,通过努力工作和足够的勇气,他们也能获得成功。

(四)语言

语言也是文化传承的途径之一,而且是最为常用的途径。因为沟通在组织中无时无刻不在进行,语言作为沟通方式之一,承担着重要的传递信息的功能。专门的语言还可用来塑造和影响组织的价值观和信念。组织有时会用特别的口号或格言来表达组织关键的价值观。如飞利浦公司的"让我们做得更好",这句话对客户及公司员工都适用。

第三节　组织中的伦理道德与伦理行为

一、伦理和组织伦理的含义

"伦理"一词,从词源上看,早在古希腊荷马史诗《伊利亚特》中,已经出现了"ethos"一词,最初这个词表示一群人所共居的地方。以后意义扩大,还包括了这一群人的性格、气质及其所形成的风俗习惯。公元前 5 世纪,苏格拉底、柏拉图等,特别注意对"善"的思考,甚至专门以青年的道德教育作为他们道德思考的主要内容。亚里士多德的《伦理学》则是古希腊思想家们伦理思考的最卓越的成就。他认为,伦理,即求得个人的善良和幸福。

《韦氏大词典》将"伦理"定义为"符合道德标准或为一种专业行为的行为标准"。《哲学百科全书》对伦理的定义则为:"①一般的形式或生活方式;②一组行为规范或道德规范;③有关生活方式或行为规范的调查。"

在中国,"伦理"一词最早见于秦汉之际成书的《乐纪》:"乐者,通伦理者也。"意指音乐同伦理是相通的。这里所说的"伦理"二字中,"伦,犹类也;理,犹分也"。东汉文字学家许慎等人则从文字学上解释为:"伦"字,从人从仑。仑字有"条理"、"思虑"等意,加上单人旁,便含有人与人之间应有之理的意思。所以,在汉语中"伦"是指人们之间应有的关系,故有"人伦"一说;"理"则指道理、规则和原则。"伦理"合称,则是指人与人之间相处应当遵守的道理,或者说处理人与人之间相互关系的道理和准则。伦理即道德,现代意义上的伦理问题则包括道德和利益的关系问题。用中国传统思想家的话来说,即"义"和"利"的关系问题。这个问题包括两方面:一是经济利益和道德的关系,即经济关系决定道德,还是道德决定经济关系,以及道德对经济关系有无反作用。二是与上述问题直接相关的,就是个人利益和社会利益,或者说局部的、单个组织的利益和社会整体利益之间的关系。

西方对于组织伦理的定义也很多，主要体现在企业伦理的释义。如"企业伦理是将判断人类行为举止是与非的伦理正义标准加以扩充，使其包含社会期望、公平竞争、广告审美、人际关系应用等"(Clarence C. Walton, 1977)；"企业伦理是一种规则、标准、规范或原则，提供在一特定情境之下，合乎道德上对的行为与真理的指引"(Lewis Philip V. , 1985)；"企业伦理是含有道德价值的管理决策"(J. Gandz, N. Hayes, 1988)。

卡罗尔(A. B. Carroll, 1987)更详细地界定出企业伦理的范围，包括个人、组织、专业团体、社会群体、国际等。个人，即个人的责任，及个人拥有的伦理动机与伦理标准；组织，即组织必须检查流程与公司政策、明文规定的道德律令后再作出决策；专业团体，即以专业团体的章程或道德律令作为准则方针；社会群体，如法律、典范、习惯、传统文化等所赋予的合法性，及道德可接受的行为；国际，即各国的法律、风俗文化及宗教信仰等。

组织伦理(organizational ethic)即关于组织中的个体、群体及组织的伦理关系及道德行为规范体系。组织伦理的范围涵盖了组织成员的道德标准、组织的规章制度、社会规范和文化以及国际行为准则等层面。

二、道德行为与不道德行为

一般地，把道德行为(ethical behavior)视作正确和可敬的行为；而不道德行为是指那些被人看作错误和可耻的行为。这种定义给组织及其管理者带来了困惑：应当使用何种标准来判断某种行为是道德还是不道德的？用正确和错误这两个词汇能否把道德行为和不道德行为区分开来？道德行为的标准在国家与国家之间又是不尽相同的。当我们把道德问题和不断增长的全球商业活动联系起来，组织行为学中的道德问题的复杂性就更明显了。

伦理道德问题在组织中很常见，而且还会影响到管理层的决策。对于一个组织来说，扣住产品安全性的信息不发，是否道德？最低工资制的工作会使人们困于经济现状而无法改善生活。那么支付给员工最低工资是否道德？有研究表明，那些外表缺乏吸引力的人，在应聘时被考虑是否适合被雇用或涉及组织晋升时，明显处于劣势。这种事实上的"区别对待"几乎没有法律来保护这类员工，使他们能够对不公正的待遇提出申诉，是否是符合道德规范的做法呢？

这些问题有助于说明什么是道德行为，以及为什么好人有时也会做出不道德的事情。虽然许多人宣称自己在处理个人事务时很注重道德规范，但实证研究发现，这一类人在组织中往往得不到同事的喜爱。简而言之，来自周围同事的压力使得人们有时不想考虑那么多的伦理标准。另外，在一个人或团体看来不道德的事情，可能在另一个人或团体眼中不算什么道德问题。例如，对于企业管理层和员工对未经授权就拷贝电脑程序这一问题的研究发现，员工并不像管理层那样，会把它视作一个很大的道德问题。

罗伯特·杰克尔(Robert Jackall)在"道德迷宫"一文中指出，在纷繁复杂的管理决策世界，道德经常不被包含在特定的决策准则中。相反,管理者发现他们的决策受到了情境的限制,从而导致情境形式的道德问题。经验丰富的管理者可以跨越这样的道德迷宫,让自己在组织中生存下来并获得成功。芭芭拉·托夫勒(Barbara Toffler)对道德和管理的研究更进一步说明了管理决策中的道德模糊性。她所获得的大量的访谈数据表明,道德困境在管理决策中是很常见的,而且选择究竟是正确还是错误也并不总是非常明确的。尽管道德问题遍布于各种管理决策和管理活动之中,但是管理者在决策过程中几乎不会用到明确的道德准则。

这些例子还有助于说明,在确定伦理道德行为的标准时,存在不确定性和偶然性。除了和环境保护("绿色"或"生态"问题)有关的明显的伦理问题外,行贿、渎职、定价问题以及其他一些会导致和传播不良道德规范的违法行为,都是最近才为组织行为研究关注的问题,人们也已经认识到了这些问题的重要性。例如,随着经济全球化的到来,伦理道德已经成为跨国管理必须考虑的一个主要内容。斯塔科维奇和鲁森斯(Alexander D. Stajkovic and Fred Luthans)还提出了一个跨文化伦理的社会认知模型。①这一模型以本国文化为社会基础,机构的(伦理立法)、组织的(伦理规范)和个人的(价值观和个人调整机制)等因素相互作用,共同影响对伦理道德标准的知觉和真正的跨文化道德行为。

道德行为标准具有模糊性、不确定性、情境性等特点,但仍然可以给道德行为下一定义:道德行为是指人们认为有益的、正确的、公正的、可敬的和值得表扬的行为;不道德行为是指人们认为错误的、不公正的、可耻的或未能履行义务的行为。②判断行为是道德或不道德的基础是各种原则、规则或指导方针,它们可以来源于某种特定的道德理论、人格特征或社会价值观。

值得注意的是,要找出一个所有人都能赞同的道德判断标准是一件非常困难的事情;而且,好与坏、对与错的问题对于不同的人和不同的社会而言,具有不同的含义。道德问题判断的复杂与矛盾还源于道德的主观性和客观性的差异。如果一个人认为自己的行为是符合道德的或不符合道德的,那么他的行为就是主观道德的或主观不道德的。如果一个人是按照或违反规则或法律行事的话,那么他的行为就是客观道德的或客观不道德的。

关于商业道德行为,美国得克萨斯州奥斯汀大学(University of Texas, Austin)哲学家罗伯特·C. 所罗门(Robert C. Solomon)和女商人克里斯汀·汉森(Kristine Hanson)坚持认为,符合道德的商业经营是有益的,道德是商业组织能够顺利、有效地运作的基石。如果我们无法相信其他人,或者对他人能否遵守合同协议缺乏信心,就很难进行业务合作和往来。尽管现实中也的确存在部分商人的行为不符合道德要求,而且他们的不道德行为也没被人抓住,但从长远看,不道德行为只会对业务产生负面影响。感觉受了欺骗的顾客不会再次与你进行业务

---

① 参见弗雷德·鲁森斯(Fred Luthans):《组织行为学》,人民邮电出版社 2003 年版,第 61 页。
② 参见 Joseph E. Champoux:《组织行为学准则》,清华大学出版社 2004 年版,第 40 页。

交往,而且可能对你提起诉讼,或者会把业务欺骗或其他非法情况向执法机构报告。因此,人们如果经营符合道德要求,关注自己的决策与行为可能引起的社会影响,不但会赢得他人的信任和良好的声誉,而且也避免或减少不必要的行政或司法处罚。

所罗门和汉森认为道德管理应是长期的。值得一提的是,从短期来看,符合道德地行事要比不道德地做事成本可能更高。例如,如果一家企业在生产制造过程中增加了现行法律所没有要求的安全设备,而同行业中的其他企业则没有这么做的话,那么这家企业的制造成本就会比其他企业更高,从而可能使它的竞争力变弱。

新闻中的组织行为学
跨国企业的双重标准是"自毁长城"

从 33 家到 80 家,再到目前的上百家,据报道,包括百事、通用、3M 等在内越来越多的跨国公司出现在了由公众与环境研究中心搜集整理的污染企业名单上,有的甚至已经成了当地的污染大户。

近日,由益普索研究集团发布的《2007:中国人眼中的跨国公司》指出,73.1%的人表示了对跨国公司"把污染产业和工厂转移到中国来经营生产"的强烈不满,56.6%的公众对跨国公司收购国内企业特别是国有企业将损害中国经济独立性表示担心。跨国企业在中国的拙劣表现,可以说是"自毁长城"的不智之举。

百事、雀巢、通用、三星、3M 等皆属"世界 500 强"企业,美国百盛餐饮集团旗下的肯德基和必胜客等也并非刚刚建立,不仅拥有雄厚的资金优势,同时具有现代环保技术及国际标准。丹麦嘉士伯集团中国区副总裁王守仁说:"环境保护在嘉士伯公司的发展战略中占有非常重要的位置。目前,嘉士伯在所有投资项目进行的初期,都会建立关键功能指标体系和环境保护汇报制度,以确保嘉士伯的合资厂在运营时能够在环境保护和资源节约方面做到最好。"大部分上了污染企业名单的跨国公司,其实在环保方面都拥有良好的口碑。

遗憾的是,他们实行的却是双重道德标准。在其本土厉行环保,不敢越雷池一步。可在发展中国家,则实行另一套社会责任标准。在其本土 8 家工厂 7 家达到零排放的一个日本公司,在中国却连最基本的排放标准都未达到。日资上海花王有限公司因"任意排放超标废水,违反水污染物防治管理规定",而被上海市环保局列入"违法企业名单"。由德国诺尔起重设备有限公司投资的招商局福建漳州开发区诺尔起重设备(中国)有限公司,因"未建污染治理设施便擅自投入生产,造成严重污染,威胁饮用水安全",被列为福建省十家挂牌督办企业之一。

同样,雀巢、联合利华等跨国公司虽已在国外市场作出不使用转基因原料的承诺,却不肯对中国消费者作出同样的承诺。国税总局曾透露,2004 年,我国外企的亏损面达 50％以上,其中很大部分是不合理亏损。益普索的报告分析,跨国公司"假亏损、真避税"的技巧并不神秘,主要是采取"高进低出"的形式,形成账面上的亏损,达到把利润转移的目的。31％的受访者对跨国公司在中国市场上采用双重标准表示不满,认为这是对中国消费者的歧视,事实上也是对中国法治体系的不尊重。

我们在谴责跨国公司社会责任沦丧和道德伪善的同时,也应思考他们何以会实行双重标准。不能不看到,企业道德行为是建立在社会灵敏的惩罚机制之上的。在市场经济发达国家,一旦公司出现不道德行为,除了其在资本市场上的市值立刻会受到不利影响,还会受到执法机构天文数字的罚款,足以使其破产倒闭。安然、世界通讯、安达信等事件都是活例证。而在中国,不说企业污染普遍存在,不说处罚约束机制不健全,甚至最大的罚单也仅是 100 万元,再加上一些地方政府为了 GDP 而对跨国公司的不良行为过于宽纵,这亦是其"入乡随俗",肆意开办血汗工厂,使污染到处横行的重要原因。

三、社会文化差异与组织伦理差异

文化是人类所创造的一种成果。在这一成果中,既有某些共同的东西,即为大多数人所普遍接受的东西,例如艺术、科学,但也有很多迄今为止仍然存在很大差异的东西,例如各自的价值观念、文化传统,更包括某些意识形态。这种文化上的差异自然也反映在组织管理上。

对文化差异进行较全面的分析,是由霍夫斯蒂德(G. Hofstede)所进行的。大量早期的组织研究,其中毫无疑问存在着较大的误差。霍夫斯蒂德则相反,他对 IBM 公司在 40 个国家的子公司的 11.6 万名员工进行了调查,这一数据排除了把差异归因于各公司活动与政策的不同这些理由,从中确认了社会文化差异的四个维度。以后,霍夫斯蒂德和其他学者又进行了后续研究,增加了所研究国家的数量,并提出了第五个维度。

(一) 个人主义与集体主义

个人主义是一种松散结合的社会结构。在这一结构中,人们只关心自己的和直系亲属的利益。在一个允许个人有相当大的自由度的社会中这是可能的。与个人主义相反的是集体主义,它以一种紧密结合的社会结构为特征。在这一结构中,人们希望自己所归属的群体或组织中的其他人在他们遇到困难时能帮助和保护自己。以这种安全感为交换条件,他们感到自己应该对群体绝对忠诚。霍夫斯蒂德发现,一个国家的个人主义程序与这个国家的富足程度密切相关。像美国、英国和荷兰等富裕国家,都是极为个人主义的;而像哥伦比亚、巴基斯坦等贫穷的国家,则是极为集体主义的。

(二) 权力距离

权力距离是指衡量社会对机构和组织内权力分配不平等这一事实的认可尺度。一个权力距离大的社会认可组织内权力的巨大差异,雇员对权威显示出极大的尊敬。称号、身份及地位占据着极为重要的地位。一些公司发现,在与权力距离大的国家谈判时,所派出的代表至少应与对方头衔相当才有利。这样的国家有菲律宾、委内瑞拉、印度等。相反,权力距离小的社会尽可能减少这种不平等。上级仍然拥有权威,但一般雇员并不恐惧和敬畏老板。丹麦、爱尔兰及奥地利是这类国家的典型。

(三) 不确定性规避

我们生活在一个不确定的世界中,未来在很大程度上是未知和千变万化的,不同的社会以不同的方式对这种不确定性作出反应。一些社会和组织使其成员比较容易接受这种不确定性。在这样的社会中,人们或多或少对风险泰然处之。他们还能对与自己不同的行为和意见表现出容忍,因为他们并不感觉因此而受到了威胁。霍夫斯蒂德将这样的社会描述为低不确定性规避的社会。也就是说,人们感到相对的安全。属于这类的国家有新加坡、瑞士和丹麦。高不确定性规避的社会里以成员中的高焦虑水平为特征。在这个社会中,由于人们容易感到受社会中不确定性和模糊性的威胁,因此采取各种方法来提供安全和减少风险。他们的组织可能有更正式的规则,人们对异常的思想和行为缺乏容忍,社会成员趋向于相信绝对真理。在一个高不确定性规避的国家中,组织成员表现出较低的工作流动性,终身被雇用是一种普遍实行的政策,属于这类的国家有日本、葡萄牙和希腊。

(四) 阳刚与阴柔

在阳刚意识指数低的国家和组织中,雇员与经理的关系、合作友好的气氛被视为比较重要;组织相信集体决策;人们宁可缩短工作时间而不增加薪水;公司干预个人生活遭抵制和反对;工作压力较小;在同类岗位上,男女之间没有或较少有差异。而在阳刚指数高的国家和组织中,雇员们则把收入、获得承认、职务晋升以及工作的挑战性看得比较重要;相信独立的决策者;工作重要性较大;人们宁肯增加薪水而不愿缩短工作时间;公司干预个人生活可以接受;工作压力较大;在同类岗位上,男女间的价值差异较大。

(五) 长期取向

长期取向的国家有这样一些准则、价值观和信念:储蓄应该丰裕;坚持一件事以达到目标;节俭被看作是非常重要的;对社会关系和等级关系十分敏感;愿意为将来进行投资;接受缓慢的结果。长期取向文化的组织,其经理人员的选拔主要基于与公司相适应的个性与受教育的特点。基于对组织长期承诺的培训和社会化,可以弥补最初在与工作相关的技能方面存在的任何不足。而相比之下,短期取向文化的组织则必须集中于直接应用的技能。因为管理人员总是假定雇员不会长久地在公司工作,并不能保证雇员培训与社会化方面的任何投资将会得到回报。长期取向文化与短期取向文化,在公司战略决策中的设定目标方面表现得很明显。美国等国家的经理期望的是直接的财务收益,因为他们最喜欢快速的、可计量的成功。而长期取向的组织也并没有忽视财务目标,但是他们将增长和长期回报放在更优先的位置,较长的时期就可以使经理通过在实践中不断完善其战略计划来尝试与探求成功之路。

霍夫斯蒂德的文化维度,使我们在分析不同国家和不同组织之间的文化差异时,有了一个可以使用的具体框架和指标体系,使我们能够比较清晰地认识到不同国家和组织之间文化的差异性。这种文化上的差异自然也反映在管理方面。这对于东西方两个最发达国家——日本和美国而言,在整个文化和组织管理上都存在很多差异。

美国是一个年轻而富有朝气的国家。1776 年 7 月 4 日在费城通过的《独立宣言》,宣告了美利坚合众国的诞生。美利坚民族形成的历史和美国式的资产阶级革命,使美国社会走向民主主义。在美国革命的过程中,美国先驱者带有浓厚个人主义色彩的自信信念、冒险精神和平等观念,成为美国人文化意识的基调。在美国的企业管理中,个人权利受到重视,重视员工个人的作用、强调个人的努力和责任是一个明显的特色。美国 IBM 公司最基本的哲学信条就是尊重人。该公司总裁小托马斯·沃森在《一家公司和它的信念》一书中说:“我看来最重要的一条信念,那就是对人的尊重。这是一个简单的概念,但在 IBM 公司,管理当局却把大部分时间花在这方面。我们在这方面所下的功夫比在其他方面确实多得多。”

有人把个人主义,非长期雇用和能力主义工资体制归纳为美国企业管理的主要特点。这种美国式企业管理的特色,导致了美国式的管理伦理。在美国的企业中,强调的是个人负责,在每一项管理工作中,负责任的是一个明确的个人,而非某个部门或是某个集体,而一旦有过失,也非常明确地归咎于具体的责任者。无论是管理当局或是企业中的管理人员,无论是因公受伤或是因过受罚,都认为这是理所应当的,丝毫没有什么不妥。而与此管理伦理相配套的则是能力主义工资体制。只要个人在工作中作出了成绩,表现出了相应的能力,就可以获得较高的工资和其他报酬,而不是过多的考虑工龄、资历等方面的因素。一个年轻人可以心安理得地拿着比那些年龄大得多的同事要高得多的工资,他自己觉得这是天经地义的,因为“我作出了比别人更多的贡献,这是对我能力的一种承认”。而企业管理当局也认为这种评价方式和奖励方式是完全合乎情理的,因为企业付给某人的工资报酬就是根据他现在为公司所作出的贡献。他们或许会问:如果一个人虽然在企业里干了很长时间,但一直没有杰出的表现,那么为什么要付给他高报酬呢? 美国企业管理者认为,这种能力主义工资制是极其公平的,也是十分道德的。而美国大多数企业中实行的“非长期雇用制”也是与这一文化基调相适应的。一个美国人,当他进入一家企业工作,主要是一种主雇关系,合则留,不合则去。职工和企业之间,主要是雇佣和契约关系,不存在“忠”与“不忠”的问题。企业一般不对职工承担很多的责任与义务,而员工也把"跳槽"视为十分正常的事,因为这是一种追求自我价值实现的方法。尽管近年来美国企业界开始对这种传统的管理模式进行反省,较多地认识这种管理模式的弊端,但这依然是目前美国管理文化的主流。

与美国不同,日本社会经历了一个漫长的种族和文化融合过程。绝大多数日本人身为一个单一的庞大部族的成员,他们之间不但有共同的国籍和语言而且有着共同的血缘、共同的种族记忆和共同的规范。这种"单一民族"、"同质社会"等先天条件,使日本形成了"集团趋向"的传统特征,并由此而产生的共同习俗、同种语言和文字以及思维习惯的强烈共同性,使日本人对他们所属的企业产生强烈的责任感和事业心,并促进集团主义的形成。

集体主义、年功序列工资制和长期雇用,可谓是日本企业管理的特色,由此构成了日本的独特的管理伦理。在日本企业中,哪怕是一个很小的问题,也很少是哪一个人当场便作出决定。那种在中国的管理模式和宣传中较受推崇的"当场拍板",在日本企业中极为少见,而更多的是集体研究、共同决策。但一旦作出决策后,就不折不扣地遵照执行。日本人认为,脱离集体作用而过分强调个人的能力,是不道德和不妥当的。美国加利福尼亚大学的著名管理学教授威廉·大内在其《Z理论》一书中写道:"西方人最难以理解的也许是日本人强烈的集体价值观,特别是集体的责任感。"他举了两个实例来说明这一问题。

一个例子是美国电子公司投资并经营的企业。美国母公司的决策者们,根据美国管理文化的特点,认为凭个人成绩和个人能力获得奖励永远是一个好办法。于是,他们在新厂的最后组装这道工序中,对一项由许多日本年轻妇女把电子元件用导线连接起来的工作实行计件付酬,即谁完成的件数越多,工资就越高。但想不到开工刚两个月,女工们却提出了罢工。她们的看法是:要不是全厂的其他职工首先把他们的活做好,我们最后组装工序的工人就什么也干不成。挑出任何一个人来,说他产量最高的做法根本就是错误的,而且对我们每个人来说也是耻辱。这家公司终于把其工资制度从计件制改为日本的工资方式。

另一例子是日本的另一家美国公司建立了一种合理化建议制度。合理化建议一被采纳,建议人便可获得一笔奖金,其数额为实现该建议所获得效益的一定百分比。但奇怪的是,这项制度推出后,时间过去了六个月,却没有收到一项建议。美国经理对此大惑不解,经过向日本雇员询问后,他们的回答是:"没有人能够单独提出改进工作的方法。我们在一起工作,其中一个人所提出的任何方法,实际上也是由于观察别人并和别人交换意见的结果。如果把建议归功于我们之中某一个人,那是会使我们都感到难为情的。"于是,公司把它改成集体建议制度,由工人集体建议制度,由工人集体提出建议,奖金则发给小组。制度改变之后,建议和生产革新的意见像雪片一样飞来。

强调集体的作用,不过分突出个人,是日本组织伦理的一个重要特点。与此相配套的则是日本企业中普遍实行的"年功序列工资制"。某个大学毕业生一旦被一个大企业所雇用,就等于开始登上年功序列制的电梯,开始他缓慢上升的过程,工资随着工龄的增加而增加。同一级的职员,往往在差不多时间内一起晋升。尤其是刚雇用的职工,在相当长一段时间里,有时长达 10 年左右,晋升幅度和工资待遇完全一样,随着资历的增长、技术的提高,工资也随之增长。

日本企业领导人认为,这种迟缓的评价与晋级的过程,有助于鼓励员工的长期行为,十分符合人的行为伦理要求。它尽可能地排除了那种哗众取宠,或打击别人、抬高自己的不道德的做法。这种过程虽然对有抱负的年轻人来说似乎过于缓慢,但它却有效地促进了人们以非常坦率的态度对待合作、工作表现和评价。因为这种制度使得每个人的工作能力和工作实绩完全、充分地得到表现和暴露,有助于人们彼此之间公平、友好的竞争。

长期的、甚至是终身的雇用制度,更是日本企业组织伦理的一种体现。政府部门、事业单位和大企业的员工一经雇用,一般就不会被辞退。解雇在日本是极为严厉的处罚。被解雇的人一般很难再找到较好的工作。美国著名的文化人类学家本尼·迪克特在《菊花与刀》一书中写道,日本文化最大的特点,是一种恩耻感的文化。恩耻是日本社会中重要的伦理道德规范。上级有恩于下级,则得人心;而下级则应该知恩图报,卖力工作,这样就会赢得别人的信任。日本人认为,如果有谁背叛了自己所属集团的规范,或是伤害了自己所属集团的名誉,是一种很大的耻辱。而员工一旦进入组织,就是这个集体的一个成员,他的所作所为必须忠于整个集团,否则不仅会给本组织的人瞧不起,而且也难以在社会上立足。日本的企业员工,为私利而损害了企业的利益,就会被整个集团的人所鄙视。这种组织伦理是双向的。它一方面要求组织员工对组织要"忠",即使有不满意的地方,仍然必须尽心尽力地工作。另一方面,它也使得组织尽可能地提供较好的待遇和福利,多方面关心员工的情况,以更好地培养员工的效忠心理,使他们更加努力地为组织工作。

以日美管理文化为代表的东西方管理文化的差异,体现出两种不同的组织伦理观。美国人认为凭能力吃饭,看贡献给钱是道德的、公平的、天经地义的。而日本人认为不能看一时一事,而应注重长期表现。美国人认为应重视个人的作用,将责任落实到人;而日本人认为过分强调个人的作用有违道德,因为个人离不开集体的帮助。美国人认为一个人如果一生在一个组织中工作,是一件极其愚蠢的事情,而且说明那个人没有能力、缺乏自信,也得不到别人的赏识;而日本人认为一个人终生为一个组织服务,正说明其忠心耿耿,是良好道德的体现。日美文化的差异,实实在在地体现在组织伦理和管理行为中,造成了管理认识和管理行为的差异。

四、伦理中的国际化问题

随着组织国际化、全球化,很多跨国企业组织的出现,都要面对本国以外的伦理道德问题。跨国企业在许多国家的直接或间接运营,都必须遵守东道国的法律和道德标准。这使得管理者要面临更复杂的道德困境。道德国际化问题关于国际事务和跨国组织的道德观点有两种即文化相对论和道德现实论。

文化相对论(cultural relativism)认为在各种不同的文化中,伦理价值观也是不同的。文化相对论的论点建立在以下三方面基础之上:首先,道德判断只是对感觉和观点的描述,而非对正确或错误的描述;其次,道德判断的基础是其所适用的道德体系范围,而不能跨文化地判断正确或错误;最后,因为没有任何方法可以证明一项行动究竟是正确的还是错误的,所以明智的方法是不要断言这项行动是正确的或是错误的。文化相对论认为,管理者应当根据其经营所在东道国的道德体系而不是根据他们自己的国家的道德体系行事,即便这些行为可能会违反自己国家的道德体系。

伦理现实论(ethical realism)认为伦理道德不适用于国际化的活动、行为和交易。由于在国际事务中并不存在强制性规则,人们就不会以符合道德的方式行事。这其实是一种传统的现实论,其观点可以追溯到哲学家托马斯·霍布斯(Thomas Hobbes)时代。现在对这种观点进行了修正,在国际事务中,个人或组织如果不按照特定道德原则行事,会使自己处于被动竞争劣势之中,而且这种国际交往行为就不可重复发生。事实上,市场中许多交往是可重复的,而且会有第三方强制者(国际机构)来影响市场交往双方。在重复的国际交往中,人们必须以符合道德要求的方式行事。

◆ 复习题

1. 列举组织文化的类型和划分依据。
2. 组织文化是如何维系和传播的?
3. 什么是组织伦理?
4. 什么是社会道德价值观?
5. 论述霍夫斯蒂德关于社会文化维度与组织伦理差异的关系。

案例 1

Gucci 营造奢侈文化[①]

在东京繁华的银座商业区,路人们仰视着索尼大厦上的巨型青铜色屏幕,沉醉于上面的虚拟影像——街对面一幢闪闪发光的大厦。

Gucci 旗舰店前一阵子开业时,不仅引起消费者瞩目,也引起企业界的关注。

---

① 资料来源:http://www.em-cn.com/article/2007/108249_3.shtml(有效营销网)。

这家令人眼花缭乱的商店装饰着华丽的红木和洞石,店内包括三个手袋部、两个珠宝部、男装及女装部、一间提供 Gucci 巧克力的咖啡厅、一条艺术馆和一个活动大厅。

Gucci 拒绝透露这家店的成本,但它坐落于全球最昂贵的地段。日本房产学会(Japan Real Estate Institute)2004 年发布的一份报告称,这里的地价为每平方英尺 12 753 美元。一座可与之相媲美的建筑是位于青山区(Aoyama)的普拉达(Prada)商店。该店建于 2003 年,耗资约8 000 万美元。

然而,虽然银座旗舰店是 Gucci 在零售店方面的最大投资之一,但它的真正意义却在于,奢侈品零售商们开始采取百货公司式的策略。

高盛(Goldman Sachs)奢侈品分析师雅克-弗兰克·道森(Jacques-Franck Dossin)表示:"这是零售方式演变的最新阶段。"

"15 年前,奢侈品牌从百货公司等多品牌模式的第三方零售店中撤出,转移到自有商店。随后,它们开始为旗舰店建造吸引眼球的建筑。"

"如今,它们正着眼于为购物体验增加新元素,通过塑造品牌的现代气息,来增加品牌内涵。"

全球化第二波

Gucci 集团母公司巴黎春天(Pinault Printemps Redoute)首席执行官弗朗索瓦-亨利·皮诺(François-Henri Pinault)表示:"我们认为,这是全球化的第二阶段。起初,所有商店看起来都一样;而现在,它们都根据当地市场量身定制。"

今年早些时候,伦敦咨询机构未来实验室(The Future Laboratory)对美国运通公司(American Express)进行了一项研究,并得出如下结论:"渴望体验"是奢侈品消费者愿意忠于一个品牌的首要因素。

这一点在零售商店不断变化的外观上显露无遗。从普拉达纽约店(有自己的文化表演空间),到路易威登(Louis Vuitton)巴黎香榭丽舍(Champs-Elysées)大道旗舰店(有艺术馆和书店),奢侈品牌日益将大笔资金押注在这样一种信念上:只有产品是不够的。

Gucci 首席执行官马克·李(Mark Lee)表示:"最初的计划一直是,用两层楼作零售店,然后再加几间公司办公室。"但在 2005 年接掌公司后,他决定将零售空间最大化。"这似乎是一项更好的投资。"

加入文化元素

零售店的经营策略也发生了转变,在关注收入的同时,也注重品牌交流。例如,路易威登允许香榭丽舍店的艺术馆在周日开放,认为它为商店增加了一种文化元素。

马克表示,Gucci 商店的"垂直构造",使其得以将咖啡厅和长廊置于高处,鼓励顾客穿过商店向上走。艺术馆和咖啡厅形成了另一种吸引力:正如一个新时尚系列能够推动零售量一样，一次艺术品展示会或一套新品 Gucci 巧克力，或许也会起到同样效果。

百货商店习惯于在店内配备餐厅和咖啡厅，同时也配备 Borders 等高档商店和 Colette 等流行小店。

奢侈品牌的商业模式也一样：你将潜在顾客留在店内的时间越长，他们在那里花钱的几率就越大。

律师事务所 Withers 的合伙人休·德夫林（Hugh Devlin）表示：“假设你与朋友一起购物，他们想去 Gucci 店喝咖啡。即便通常情况下你可能不会去，但由于你和他们在一起，所以你就去了。”Withers 专门从事奢侈品领域的相关法律业务。

在日本，鼓励消费者养成这种习惯尤为重要。过去十年中，虽然日本对各奢侈品牌来说一直是至关重要的市场，但该国消费者的品位最近已显现出变化迹象。

道森表示：“日本消费者似乎正在远离‘提供全套行头’的奢侈品牌。他们甚至可能认为，穿些不这么贵的东西才是酷。”

马克称，日本是 Gucci 零售量和零售额最高的市场，该市场的收入占其 2005 年全球收入的 22％。因此，它需要设法延长人们在店内停留的时间。

丧失精英的风险

但这种策略隐藏了奢侈品牌面临的一种风险：丧失精英阶层供应商的特权地位。道森表示，既然一个奢侈品牌开了一间吸引所有来客的大型商店，它也就创造了“一个面向广泛受众的巨大殿堂。从定义上讲，广泛受众不具有排他性”。

Gucci 当然一直竭力打消这种感觉。它将高端皮包摆在商店入口旁，而将价格较低的帆布包放在二楼。

顾客购物时可以利用硬币托盘、鞋拔和手袋杆。在展示手袋时，会铺开原料皮垫，而在更衣室则配备了缀有 Gucci 字母的长衣。购买行为在这里被称为“销售仪式”。

马克·李表示：“主要目的之一就是，展示 Gucci 最奢华的一面。”

德夫林表示，加上艺术馆（用于举办各种展览，例如陈列 Gucci 85 周年纪念册中的照片），隐含的暗示就是“Gucci 是一个品位营造者，而且懂得欣赏文化”。

商店走文化路线的风险是，它可能给人四不像的感觉，他继续说道，“作为艺术展示空间，它们确实不够大，无法发挥与画廊一样的效果。这就使它显出了本来的面目——一种营销策略而已。”

这种广告成分是各奢侈品牌在谈到旗舰店时，几乎从不提及“回报”的原因之一。它们的价值不仅在于对销售的贡献，还在于它们使品牌知名度获得了无法量化的额外提升。

德夫林表示：“单从商业角度看，这家惹人注目的旗舰店的确是个败笔。他们要收回成本非常难。”

然而,路易威登表示,它的香榭丽舍旗舰店在运营不到一年之后就实现了盈利。缪科雅·普拉达(Miuccia Prada)在 2003 年接受一家杂志采访时声称,她公司旗下的大型商店"销售状况近乎疯狂"。

如何实现盈利

Gucci 集团首席执行官罗伯特·波莱(Robert Polet)认为,银座旗舰店能在 12 个月内实现盈利。

"你把它分摊到了整个网络,"德夫林解释道,"盈利不是关键所在。投资对象是这个品牌的神话,它使得人们不仅想在这家店花更多的钱,在其他店也是一样。"

然而,正如道森所指出的那样,经济效果是一种不稳定的平衡行为。建一些这样的旗舰店可能会增加利润,但如果建得太多,投资负担就会过重,令零售网络难以承受。

马克在谈到 Gucci 时指出,银座店很可能是 Gucci 在不同市场建造一系列商店的开始。从外观上看,它们将各不相同——要视各自所处的特定环境而定——但它们都会采取类似的多层零售手法。

与此同时,波莱表示,Gucci 的姊妹品牌之一 Bottega Veneta,准备在未来几个月内,在 Gucci 银座店附近开设自己的旗舰店。

"多元化方式还将持续一段时间,"道森表示,"从某种程度上讲,我认为我们将看到一种新商店理念的出现。它可能更为私密,关注范围更小、更为集中的受众。"

"但在我们看来,这在很短的时间内不太可能发生。"

德夫林对此表示赞同,"它只是最公开地表达了我们都知道的一件事,即购物就是娱乐。"

"如果能再提供爆米花和碳酸饮料"——更不用说Gucci品牌的巧克力了——"那就更好了。"

◎ 讨论题

1. Gucci 的奢侈品牌文化是如何营造和传播的?

2. 与其他奢侈品经营公司相比,你认为 Gucci 有没有独到之处? 请举例说明。

案例2

冲突与摩擦:麦道公司在上海①

经国家外经贸部批准,上海飞机制造厂于 1985 年 3 月与坐落于美国加利福尼亚长滩的麦

---

① 节选自张文贤:"中外合资企业的跨文化管理",http://www.chinahrd.net,中国人力资源开发网。

道公司签定了协议书。协议规定:双方合作,在上海装配生产具有 20 世纪 80 年代水平的 MD-82 飞机。同时,美方向中方提供先进的管理技术,帮助中方把工厂全面改进成现代化的航空企业。但是,这种合作并不是一蹴而就的,中美双方在文化方面的冲突和摩擦随处可见。

1. 麦道的圣经:方针与程序

中方工程技术人员 1979 年初在麦道公司考察,取得了一些训练教材、人员的素质要求等资料。当时,据美方个别人员介绍,还有"方针与程序"这样一套文件。当中方人员索要时,美方回答:"那是公司的圣经,目前还不能给。"

这套"圣经"实际上是公司管理的指令性文件系统,包括两大部分:一是方针,二是管理程序。这二者都是公司有效经营所不可缺少的支柱。其中,方针部分不多,大头在于管理程序。它分为三个层次:公司一级的简称"CP",是全公司贯彻方针必须遵守的工作程序;下面一层是"SP",是一个贯彻公司方针或公司程序所必须遵守的工作程序,也可称为"标准工作法";再下一层工作程序是"OI",是办公桌、钳台等现场一级的工作程序。从工作类别来说,它分为三个类别,第一类是总的管理程序,第二类是项目或课题管理程序,第三类是合同方面的程序。每个层次类别的编号相同,因此,一看便可知道该程序的类别。多年来,麦道公司就是靠这套方针与程序管理生产。麦道公司的管理方法的最大特点,是各项工作的规范化、标准化、程序化和系统化。有些工作标准、程序,实际上就是麦道公司管理的法规。而麦道公司的主管部门——美国联邦航空局(FAA)对程序的执行也是严格督促、检查,在联邦航空局的 8120·2A 指令第二章 23 节中规定:一个生产许可证持有者,有责任保持质量控制系统与颁发生产许可证时批准的资料和程序相符。

从文明形态来说,美国属于工商业文明,其特点是人口不断流动,无法建立稳固持久的社会关系。因此,人们只能用不以人际关系为转移的契约,作为保障生存的有效手段。正因为如此,美国人的法律意识是根深蒂固的。在美国,治国靠的是基本国策、法律,自然,治厂也就是要靠规章制度。于是,麦道公司也就有了他们的程序。而中国的管理,无论是机关、学校,还是工厂、商店,在一定程度上实行的都是人治,而这往往干扰了组织行为的有序进行,弊端很大。在一次与职工代表的对话会上,上飞厂厂长谈到了对全厂中层干部普查评议的结果,大多数干部都是信得过的,但也的确有一些干部好坏不分、奖惩不明、好人主义。一位麦道负责培训和审计的专家谈到自己在上飞厂工作三年的感受时,就呼吁"要建立公平与道德"。再者,因为不是按照程序管理,所以上飞厂以前通行的是发"红头文件"、开会、搞突击。过去,上飞厂就是采用这种方法研制出了"运十"飞机,而这耗去了一年的时间,当然,以拼的方式搞一架是可以的,但是搞多架就很难说了。

在中美合作生产 MD-82 飞机项目的合同签订以后,上飞厂开始引进麦道程序。为了保证质量控制系统的建立,麦道公司专门为中国项目编制了质量保证手册第 5 卷和质量工作程序,其中就有中国项目标准工作法(PSP)。麦道公司的方针与程序共有500多项,根据中国的国情,中国项目的标准法暂定为89项,以后逐渐扩大。因为编定了程序,厂部的红头文件逐渐减少了,2/3已被程序替代。

2. 两种心态

"美国是在马背上建立起来的国家,充满进取精神;而中国则洋溢着温情脉脉的家庭气息。"麦道公司中国计划管理主任的感悟是耐人寻味的。

美国是一个新移民随处可见的国家,移民们的社会等级变化无常。在这里,从来没有东方的专制君王,也没有世袭贵族,所以生活在这块土地上的人就特别自由自在,不受任何权威与传统观念的支配。这种社会历史背景,培养了美国人强烈的创造意识和竞争意识。美国人有句名言:"允许失败,但不允许不创新。"

麦道管理的指导思想就是创新。至今为止,麦道公司每四年就要进行一次"创造性的破坏",再继续探寻新的方法,开辟新的途径。麦道公司对敢于创新的人,总是进行嘉勉。上飞厂一车间有位工人改进了一个工艺装置,美方副总裁得知后,就亲自送给他一个礼品。美方经理说:"美国如有人提出对一事进行改变,别人就会鼓励。而在中国,旁人就会问,为什么要改变呢?"从上海麦道总工程师那里,又了解到一个很有趣的现象,那就是麦道公司编定的程序,每一部分都有号码,而号码所代表的那部分文件是活页的,随时可以修订、调换。而大多数中国企业则往往喜欢装订成册,而且一用就是好几年,尽管有些部分需要改动或淘汰,仍然不能触动。中国人只知道沿用而不知道创新。

美国人的文化心态是属于积极进取的,这除了创新意识之外,很突出的就是竞争意识。在美国,没有平均主义和大锅饭,什么都要靠个人能力。对于平均主义,美方经理提到过这样一个现象。四个人在一起,老板给其中一个人一支钢笔,在中国,其他三个就会感到尴尬,而在美国,其余三人会觉得很自然。对于中国分配奖金的方法,美国人感到很奇怪,因为奖金人人有份。目前,上飞厂已实施了根据不同工作岗位的劳动强度、技术要求发放奖金的方法。在美国,如雇员劳动态度不端正或不能胜任自己的工作,就会被炒鱿鱼。而在中国,这批人却可以无忧无虑地吃大锅饭。现在,上飞厂也采取了一定的措施,他们努力打破大锅饭,富余人员,除换岗培训外,就发展第三产业或实行"厂内待业"、"待退休"的制度,这是一个良好的开端。

3. 两种思维方式

从思维方式来说,中国人一般重视直觉、内省,重先验理性与伦理精神。这种理性与实践相脱离的思维方式,导致了中国人重整体、轻个体,喜欢作定性研究,不善于作定量分析。而西方人则比较注重实证经验、逻辑推理,善于作定量化的分析。这两种思维方式的差异,在麦道公司和上飞厂的管理方式中也有体现。

美国人对任何事情都有条分缕析的习惯,这在企业管理中则表现为很强的分工意识。比如说美国麦道公司的分公司美国道格拉斯飞机制造公司制造部的机构设置,就体现了分工明确、精简高效的特点。制造部下属4个部门,制造工程部负责工艺技术准备工作,设施部负责生产设施保障,制造支援部负责零件、工装、工具、材料、资料的配套供应,生产部负责组织现场生产任务的完成。这样,制造部副总裁只要从工程部拿到图纸资料,从器材部拿到器材,就可以依靠下属四个部组织任务的完成。如果与工程部、质保部、器材部有了矛盾,到执行副总裁那里就可以解决。

上飞厂原有组织机构内权力线(指挥环节)不明。照美国的管理方式,谁负责哪项工作,都有十分明确的概念。在多数情况下,负责的主管人员均能获得必要的授权。而上飞厂管理部门的相互关系十分复杂,要区分责任和权力是很困难的。

美国人这种讲究精确的精神,在工作过程中也表现得很突出。比如说,麦道公司对文件的归档、工艺流程的处理、计划的安排都十分精确,用强总的话来说,就是大猫钻大洞、小猫钻小洞。比如说,麦道公司将6 200小时作为一架飞机的标准工时,主管人员是通过完成多少标准工时来了解工程进展状况的。而上飞厂以前则没有这种习惯,只是有个大概估计,如一架运十飞机就是用现场指挥的方式制造,整整耗去了一年的时间,麦道公司在生产管理中,对车间的温度、湿度都有精确的要求,而我们则习惯"毛估",大约差不多就可以了。

4. 美国的民族哲学:实用主义

实用主义是美国的民族哲学。美国民族热衷于实际效用,而不关心崇高的理想,这都可以从实用主义中找到合理解释。

这种精神也体现在麦道管理中。上飞厂厂长和MD-82项目办公室主任认为,麦道公司现在十分注重研究明治维新时代的历史,通过了解日本现代化的整个进程来从中吸取有益的经验。他们发现日本企业管理的一个巨大特点就是团体精神。这种团体精神表现为,传统的家族意识,转化为现代"公司"的集团意识;传统的效忠精神,转化为对公司的忠诚;集团竞争法则转化为公司的通力合作和强烈的对外竞争意识。而这些对日本在国际间的竞争起了重要的作用。

麦道公司深受启发,因此,也积极培植公司的企业文化,增强公司的凝聚力。目前,麦道公司在每个季度都发布一册题为《精神》的小册子,其中第一页就是总裁的讲话,中心内容就是宣讲企业的基本信念、基本道德。公司还每周出一期厂报,用以表扬好人好事。

本来,在美国企业中企业与职工的关系是严格的雇佣关系,企业可以任意解雇工人。目前麦道还有这种制度,但已经基本上不解雇工人,与日本的终身雇用有些接近,而平时对工人也总是给予应得的荣誉和待遇。如定期给职工颁发荣誉证书、送工人出国深造、组织工人旅游等。麦道公司现在也有"自然工作小组",这种小组由10名左右成员组成,其中有工长、工会成员、普通工人等。"自然工作小组"定期举行活动,将工作中的心得、困难、要求、设想告诉管理人员。

从组织形态上来看,自然工作小组属于"非正式组织"。所谓非正式组织就是企业成员在共同工作的过程中,由于抱有共同的思想感情而形成的非正式团体。这些团体有自然形成的规范或惯例。有时候,正式组织不能解决的事,通过非正式组织往往能得到解决。事实上,这种"自然工作小组"就是借鉴日本的质量管理小组(QC小组)而设立的。

当然,中国也有很好的经验被美国人采用了。美方专家说:"任何到中国来参与项目的人都可以学到许多经验,就像做事情可以有多种方法一样,有时候,我们觉得他们的方法同我们的一样好。"目前,麦道公司学习中国的管理,也有了厂长接待日,也有了"党委书记"——他们称之为"协调员"。厂长接待日可以做到上情下达、下情上达,协调员能够协调处理错综复杂的人际关系。

5. 美国人最头痛的问题:内耗

如果说日本式的企业管理是因为强调团体精神、强化企业内部员工的团结奋斗、集团竞争精神,因而很少有内耗的话,那么美国式的企业管理则是因为企业内部职责明确、制度严密,再加上美国人有很强的宪法意识,所以也很少有"扯皮"与"窝里斗"现象。

这在中国则不同了。中国传统的以家庭为中心的小农经济生产使社会长期处于分散状态。合作精神只体现在家庭和以血缘、亲缘、地缘为主体的组织中,而不是体现在集体和社会的组织中。由此,就产生了狭隘的地方意识和帮派体系。

对此MD-82中国项目主任举例道:某种物品需要化验,化验是在中心实验室进行,那么,样品怎样到达中心实验室呢?是由中心实验室去拿?还是由车间去送?这时候,扯皮现象就发生了。中国企业管理中的扯皮,对于来自大洋彼岸的美国人,感触特别深刻。

美方经理也谈到,我们管理不行,内耗严重,车间各方面的配套协调跟不上。他们特别指出,碰到需要相互协作的情况,中国的习惯是大家退缩,因为中国的习俗是,干好了,谁也不说好;干坏了,则群起而攻之。对于干的人来说,有百害而无一益。这自然就产生了扯皮现象。他们认为,推诿扯皮直接影响了工程程序的执行,影响产品质量,应当尽快消除。

6. 共同语言

尽管上海的麦道飞机制造厂中有着这样那样的摩擦和冲突,不过无论如何,从1985年3月18日上海市航空工业公司与美国麦克唐纳·道格拉斯公司经过长期谈判,达成合作协议,到1987年7月2日处女飞行成功,从1989年举行的传统的表示飞机已转交主人的剪领带仪式,到今天继续在生产上取得的辉煌成就,上海飞机厂的成绩是可喜可贺的。

麦道公司负责中国分公司业务的副总裁说:"上海,现在已成了长滩的缩影。我们的一套做法,如工艺流程、造型、工程制度、规程、标准、质量保证、资料、电脑化运输和接收系统及仓储管理都已在这里实施。工人们正在学习如何依照联邦航空局的检验要求,生产出国际上认可的客机。全世界只有少数几个国家能够做到这一点。"

无疑,东西方将继续相会,文化的冲突与摩擦将继续发生。但通过飞机,上海与长滩能找到更多的"共同语言",飞机能够巧妙地弥合差距——无论它属于文化上还是地理上。

◎ 讨论题

1. 中美文化差异对麦道公司在上海的管理有哪些影响?
2. 根据麦道公司在上海出现的运行情况,试述组织伦理的不确定性、模糊性等特点。

【本章学习目标】

通过本章学习,你应该了解:

　　1. 组织变革的含义和动因。

　　2. 组织变革的几种模式。

　　3. 组织变革主要受到哪些方面阻力? 如何克服阻力?

　　4. 组织发展的含义和未来趋势与特点。

预习案例

青啤组织变身①

　　青岛啤酒股份有限公司(600600. SH,下称青啤)正在悄然进行着新一轮的组织变革。这次组织变革"致力于全公司整体一致性、协同性的价值链平台的建设,实现由小价值链到大价值链的整体转型",打造"结构一体化、资源集约化、分工专业化、执行一致性"的组织体系。

　　青啤公司一位不愿具名的总部高管 15 日对本报表示,"此次变革是两年来进行的系统整合的延续。核心是强调整体一致和协同作战,从分权向集权的转型可以说是这次组织变革的最大特点。"

　　青啤自 2000 年起先后组建 8 个事业部,把全国的子公司按区域收归各事业部,划小范围管理。实施的是区域管理的事业部制,事业部同时承担区域市场中心、管理中心、利润中心职责。

　　2005 年 5 月,青啤大扩张时期的事业部制最终撤销,取而代之为 8 个区域营销公司和 3 个子公司。变革后的组织结构中,总部是决策服务中心,第二级是营销公司,第三级是工厂。16 个职能部门分为 3 个价值部分——业务职能中心、资源职能中心、支持职能中心。业务部门是价值链,其他各部门对价值链进行资源配置、专业化支持服务。

　　今年正式开始的新一轮组织变革,将形成战略投资、制造和营销三大中心,公司组织将变成矩阵型结构,三大中心成为全国整体一致、协同作战的大价值链,改变此前全国各地营销公司小价值链单兵作战的格局。尤其体现在营销变革上,据了解,原有八大营销中心将被打破,营销中心下属的营销公司计划以省级为单位划分。而与生产相关的 50 个工厂及技术、质量、安全等相关部门计划划归生产运营中心;而原来行使总部管理职能的部门将归属战略投资中心。

---

　　① 参考文献:http://www.chinahrd.net/zhi_sk/jt_page.asp? articleid=134599(中国人力资源开发网)。

青啤这位高管表示,目前已经明确成立、即将运行的是营销中心和制造中心,战略投资中心目前还是虚设,总部各管理部门职能在一个时期内将继续行使。

早在半年前,新一轮组织变革雏形就已经在青啤公司决策层中酝酿形成。青啤公司执行董事、常务副总裁孙明波在今年 6 月 20 日的一次培训会议中曾表示,"公司面临新的转型,将从分权式的组织管理向集权式管理转变。为什么要实现这一转型?而且马上实现?主要来自市场的竞争和演化,主要是来自华润的挑战。"

2006 年,华润雪花以 534 万千升的产销量位居中国啤酒行业产销量第一,青啤以 454 万千升位居第二,燕京以 352 万千升位居第三。今年华润雪花目标销量是 700 万千升,青啤目标是 508 万千升,燕京目标是 400 万千升。业内人士分析,这些目标在年内实现没有问题。这三大啤酒公司也规划出了 2010 年目标,华润雪花的目标是率先达到 20% 市场份额,逾 1 000 万千升的销量,青啤去年年底提出的是"未来三年产能扩张 200 万千升"的战略规划。今年 6 月 5 日,燕京啤酒董事长李福成表示,燕京力争 2010 年实现产销量 500 万千升。

前有标兵,后有追兵。对于致力于成为中国啤酒行业领导者、国际市场开拓者的青啤公司而言感受到前所未有的压力。

"华润的市场,最大特点是协同作战,以集团公司的力量应对青啤区域的力量。青啤的八大营销公司,都感受到华润的威胁。但每一个区域的力量是不够的,这就要实现集团化管理,实施集中化战略。集权管理,就是提升公司的管理水平的重要步骤。"孙明波说。

"由分权式管理向集权化管理的转型,应该说面临相当的挑战。这种挑战主要来自内部。目前管理人员专业化水平还不够好、不够强。每一个部门必须达到本行、本专业数一数二的水平,必须扎扎实实把本专业做到第一。"孙明波表示。

当今世界处于变化多端的时代,全球市场一体化的不断深入,新技术、新产品大量涌现,政治形势风云变幻。动态的、变化不定的环境要求组织去适应,组织只有不断进行有效的变革,才能适应新的不断发展的形势。

竞争不断加剧,企业既要与已有的传统竞争对手抗争,开发新产品和新服务,同时又面临具有创新优势的小型新建组织的挑战。只有那些根据竞争态势作出相应变化的组织才能立于不败之地。

第一节 组织变革的基础

有效的组织必须根据自身功能和环境特点保持适当的变动性和稳定性。组织的有计划、有目的的变动即组织的变革,它是组织适应环境,保持活力,维持生存与发展必不可少的工作与活动。观察和管理一个组织时，必须兼备动态和静态眼光，了解组织变革是怎样发生的以及组织变革对组织及其成员可能产生什么影响。

一、组织变革的含义

组织总是不断地进行一定的变革，比如工作流程调整优化，员工甄选与录用，机构改革与整合，战略的改变，组织文化的革新，实施新技术，等等。所谓组织变革（organizational change），是指组织为了适应内外环境的变化，通过有效的系统方法和措施，使其自身从当前状态到目标状态或未来状态的动态平衡过程。组织总是面临各种压力，包括来自竞争对手、信息技术及客户需求等方面的压力。因此，组织变革已成为管理的重要任务之一。

组织变革可以理解为变革对象的内在变动与革新。组织变革面对的问题是组织的现实状态与目标状态之间存在的差距，组织原有的稳定和平衡状态不能适应环境变化和自身发展的要求，需要通过变革来打破它们，构建能够适应新形势、新需求的，具有足够的革新性、适应性、持续性的新的组织稳定和平衡。就实践角度而言，组织变革指的是：组织根据内外情况的变化，有目的、有计划地改变组织活动的方式和形态，适时地改变本组织的内在结构、行为和技术等，促成某种新平衡状态的形成，从而适应客观发展的需要，更好地实现组织目标的组织活动过程。

概括地说，组织变革可以分为5类：组织结构变革、技术变革、组织管理制度变革、人员变革以及组织物理环境变革。结构变革涉及对权力关系、协调机制及其他类似的结构变量的改变。技术变革包括对工作流程、方法以及所用设备的调整。人员变革涉及对员工态度、技能、期望、观念和行为的改变。人员变革涉及对员工态度、技能、期望、观念和行为的改变。组织管理制度变革包括组织的管理理念与管理方法的改变。物理环境变革包括对工作场所的位置和布局安排的改变。

二、组织变革的成因和动力

很多压力来源或动力因素都迫使管理者对其所在的组织进行变革。一般来说，影响组织变革的因素和过程比较复杂。一方面，各种因素通常是同时而不是单独起作用，这样，要明确区分各种因素的影响力就相当困难。另一方面，即使是同一个因素，不同组织对其敏感性也可能存在很大差异。一个因素会引起一个组织的变革，但并不一定会引起其他组织的变革。例如，那些欧美制度化、规范化的公司基本不因人事变动而受影响。相比较而言，中国的民营企业往往由于高层人员的变动而引起公司大变故。迫使组织变革的力量可能来自于组织内部，也可能来自组织外部。比如，市场份额的竞争迫使管理者变革组织的战略，尔后在实施这项战略时又变革了组织的结构。

(一）影响组织变革的外部环境

组织外部环境通常不受组织管理者和决策者直接控制。国际国内经济增长速度的变化、资源的变化、产业结构的调整、政府经济政策的调整、科学技术的发展等都可能成为引发组织变革的导火线。组织结构是实现组织战略目标的重要手段，外部环境的变化要求组织结构做出相应调整。资源变化，是组织变革的直接动因之一，主要包括组织赖以生存与发展的自然资源、资本资源、信息资源和人力资源的变化。政府产业发展和税收政策的变化，可能会影响组织的生存条件，从而使组织的经营理念、管理方式等发生变化。科技发展对组织的影响越来越明显。例如计算机的出现使得大量资料的处理更为简便、迅捷。机器人的出现，在产品制造、分配上掀起一场革命。信息技术的发展正在改变人们的思维方式，向传统的组织结构和工作模式提出严重挑战。事实上，互联网已经并将继续给组织带来冲击和机会。另外，源于竞争对手、客户、社区等方面的压力也是激发组织变革的重要因素。例如，被并购的威胁会使管理层变革组织的结构和内部流程，从而免遭并购接管。随着经济全球化的发展，竞争日趋激烈，要展开竞争，管理者就必须对其组织进行重大的变革。劳动力多元化和对质量管理要求不断提高，都会使组织进行变革。

社会态度或价值观的改变也是激发组织变革的一种外部力量。整个社会对环保、个人权益的日益重视也将影响组织的经营方式和理念。例如，过去靠钻政策空子的手法，由于市场规则的不断完善和企业对营销管理认识的提高，逐渐失去其价值。如何与时俱进，转变观念，通过组织变革来建立一个有利于吸引、使用、留住人才的机制成为企业界当前的热门话题之一。在经济全球化和科技快速发展的今天，企业经营环境的变化不是意外，而是一种常见现象。与传统的相对稳定的组织外部环境相比，当前这种竞争日趋激烈的动态环境向组织变革提出了更多的要求。

(二）组织变革的内部因素

组织变革的内部动因主要是由组织成员的变化、组织运行和成长中的矛盾所引起的。对组织变革影响较大的内部因素主要有组织目标和价值观的变化，组织运作效能低下，组织成员心理和行为变化，组织自身管理方式、管理技术方法的改进，以及组织生命周期的不同阶段变化等。

组织目标是指一个组织在未来一段时间所期望达到的目的，它指明了一个组织行动方向和活动的意义。组织目标的作用，一是引导组织成员的行动方向，维持组织的生存与发展；二是激励组织员工更加努力，提高管理绩效。组织目标的确立与保持要靠价值观系统来维系，价值观的变化，会使人们对目标的价值、目标的选择、目标的可行性等重新评估和权衡，进而引起目标的变化。组织目标一旦变化，组织的任务，各项工作的基础，组织稳定、组织决策、组织活动的依据和标准等都会发生变化，而这些因素自然成为组织大大小小变革的动力。

当一个组织决策迟缓，错误不断，无法把握机遇时；当一个组织因循守旧，墨守成规，难以产生新思想、新方法时；当一个组织内部沟通阻塞、冲突频繁、活动失调、人事纠纷严重时；当一个组织机能紊乱、效率不高、组织成员的积极性无法调动起来时，组织就处于组织运作效能低下的状态，迫切需要通过组织变革来诊治"病症"，焕发生机，提高组织的运作效能。

在任何一个组织中，人是最宝贵的资源和动力，员工构成和员工素质的变化可能会引发工作任务的重新分配和组织结构的变动。当组织有新成员加入或原有人员离职或退休时，也可能促使组织进行变革。当前组织之间人才争夺异常激烈的背景下，由于核心员工的变动而激发组织变革的案例很多。例如微软中国区前总裁唐骏加盟盛大带来了盛大公司管理的大变革，使其管理水准提升；原方正集团的周险峰率部下十几人加入海信，出任海信数码的CEO，使以家电生产起家的海信得以改变战略，逐鹿 IT 产业。员工队伍的构成情况如年龄结构、性别结构、技能和知识结构，以及员工的价值观等也是组织变革的重要因素。不同员工队伍结构通常会有不同的工作作风与主流价值评判标准。组织文化和团队建设正越来越受到重视。如何建设团队，使组织内部的员工发挥出"1＋1＞2"的效应对传统的科层组织提出了挑战。另外，员工的积极性、主动性和创造性是任何一个组织成功的实现目标的关键。但是，人们的工作积极性受制于其士气、动机、态度、行为等社会心理与行为因素的影响，如果组织成员的价值观、工作期望、工作态度和行为等方面发生变化，与组织目标、组织结构、组织关系、责权利系统相矛盾或不相适应时，往往需要对组织或组织的某些部分进行相应的变革，从而调动员工的积极性，发挥人力资源的效用。

管理模式和技术的现代化也为组织变革提供了良好的契机。例如管理信息系统(MIS)和决策支持系统(DSS)等管理工具和手段的使用完全有可能引发组织变革。另外，组织最高决策者的更迭无疑会对组织结构造成巨大的冲击。特别是当前后两任领导人在管理风格、工作能力和思维方式等方面存在较大差异时，组织变革经常会随之发生。

组织变革也经常是组织本身成长的要求。组织本身所处的生命周期阶段，如创业期、成长期、成熟期、衰退期等，也会促使组织进行变革。如在初创期，组织结构可能趋于非正式化，彼此权力关系尚未正式定义，然而，当组织发展成熟，规模扩张至相当大的程度时，就必须建构正式权力关系，此时官僚体系的组织结构就会取代先前非正式的组织结构。而当组织处在衰退时期，管理者更会构思组织变革之道，力图使组织重振雄风而避免走向被淘汰的结局。总之，组织处于不同的生命周期对组织结构的要求是不同的。例如，在小企业成长为中型或大型企业，单一品种企业成长为多品种企业，单厂企业成为企业集团等过程中常常伴随着组织变革。

新闻中的组织行为学

变革中的盛大"玩"文学

陈天桥一直在努力,在为改变"盛大网络"网络游戏公司的形象而努力。

但迄今收效甚微。

2004年,在盛大在中国网络游戏市场做到登峰造极后,2005年,陈天桥模仿美国在线、时代华纳模式并购新浪的企图遭遇了新浪管理层"毒丸"抵制,随后,他推出的家庭娱乐平台"盒子"同样受挫。此后,他还有意入股电影公司华谊兄弟,并考察了地处湖南的宏梦卡通,甚至还有一些音乐公司,不过这些对象最终都花落别家。

当时没有太多人注意到,在2004年,陈天桥还收购了一家毫不起眼的原创文学网站——起点中文网。

4年之后,当初因为资金问题难以为继的起点中文网,出人意料地出落得楚楚动人,"起点中文网一天的访问量已经接近3亿次的PV,这么高的页面访问量,本身就是一个机会。"侯小强说。

文学当然可以为盛大网络游戏提供创意的源泉,不过,这并不是陈天桥最终目的。"盛大文学不是专门为游戏服务的,文学贯穿的是另外一条产业。从根本上讲,我们希望是中国创造。中国排名前十位的企业一个文化产业的都没有,而文化产业是一个大的篮子,我们希望未来能做这个东西。"侯小强多少道出了陈天桥借助文学涉足中国日益兴起的文化产业的野心。

为了发掘并帮助那些"未来盛大"成长,盛大陆续推出了"18计划"、"20计划"和"风云计划",这些计划针对不同特点的网游创业者进行投资,鼓励内部与外部的创业者在盛大平台之上创业,盛大则作为投资人分享其成果。

在这一指导思想下,盛大的组织结构也随之进行"企业集团化,事业部企业化,项目部创业化"调整。

调整之后,由高管、财务、人力资源等构成的集团层面主要负责战略规划,技术积累、信息化、培训等业务。事业部则像一个独立的企业,拥有相当于企业的董事会的管委会,由管委会把决策权限授权给CEO,每个事业部有自己的CEO、总裁和管委会,这些授权关系是通过法律文件明确下来的。在事业部之下,则由分公司、子公司、项目组构成。项目组是最基本单位,可以由公司构成,也可以由内部员工或盛大投资的团队等不同实体构成,他们有着一定的指标和考核,盛大按协议与其分红,甚至会鼓励其脱离盛大组织独立运作。

从 2007 年下半年起，盛大 SDG 事业部 CEO 李瑜的一项任务就是发掘有创业潜力的员工，鼓励他们承担游戏项目，甚至出资帮助他们成立公司，从盛大独立出去，当然，盛大会在这些公司中占有股份。

变革中的盛大被分拆成"盛大游戏"（SDG）与"盛大在线"（SDO）两大事业部，其中规模最大的 SDG 负责盛大网络游戏的研发和运营代理等业务，"盛大不再是网游企业，SDG 是网游企业"。谭群钊的话听起来有些费解。

新出现的 SDO 事业部，则是一个面向用户的开放网络，盛大的营销渠道和客服这两个主要业务模块被划归到 SDO 平台。在 SDO 的网站平台上，除了容纳盛大 SDG 的网络游戏，还向其他公司的游戏提供支持，同时还有着起点中文网这样的非游戏内容。

三、组织变革的计划性

组织变革可以是无计划的，也可以是有计划的。当变革的压力超越了阻碍变革努力的时候，就会发生无计划变革（unplanned change）。管理层并没有想到会发生这种变革。由于管理层和组织并没有为变革做好准备，所以可能会导致对组织产生即使不是混乱无序，也会是无法控制的变革影响。例如，某广告公司总经理发现，员工迟到率偏高，影响公司形象和工作氛围，立即制定员工出勤规章新制度，员工一个月迟到一次受警告，迟到二次扣除当月 30％奖金，迟到三次以上扣除全额奖金。一周后，总经理发现客户投诉其要求的广告资料没有及时提交，员工上班时打瞌睡，或精神不振，等等。究其原因，员工为了早上上班不迟到而不再为赶客户急需资料而晚上加班，离公司较远的员工早上起得太早，以至影响必要的睡眠时间。这一管理制度的变革就是没有事先充分考虑各种现实情况，也没预计好变革可能带来的后果及相应的防范措施。

有计划的变革（planned change）是指管理者为了把一个组织或一个子系统转变到某种新的状态，而采取的种种系统化措施和努力，其中包括有意地改变组织的设计、技术、任务、人员、信息系统，等等。尽管管理者会按照某个计划进行变革，但是变革并非总能顺利地进行。变革经常会碰到种种阻碍，从而使管理者不得不重新考虑自己的目标和计划。

有些组织把所有变革都视为意外出现的状况。但是，我们关注的是主动的、有目的的变革活动。有计划的变革要达到什么目标呢？主要有两个：一是致力于提高组织适应环境变化的能力；二是致力于改变员工的行为。组织要想生存，就必须对环境的变化作出反应。组织需要适应如前所述的资源变化、竞争对手推出新产品或新服务、政府政策变化乃至社会价值观等变化。激发员工积极性和创造性、建立工作团队、授权给员工等，都是组织为了适应环境变化而采取的有计划变革活动。

由于组织的成败主要取决于员工工作的成败,所以,有计划的变革还关注于组织中个人和群体行为的改变。组织变革的方法将在后面介绍。

有计划的变革为组织确定了一种理想的未来状态,对组织的当前状态进行分析,并管理组织从当前状态迈向理想的将来状态的整个过程。变革推动者(change agent)指导着变革过程,并帮助管理者进行有计划的组织变革。这种变革推动者是一位咨询人员,他既可能是组织之外的,也可能是某个专门从事帮助管理者实施有计划的组织变革的职能部门的员工,也可以是组织以外的顾问。现在,越来越多的组织变革求助于外部咨询顾问提供建议和协助。由于这些人来自外部,所以常常能提出一些内部人员不会提出来的、更为客观的见解。但是外部顾问也有不足之处,他们对组织的历史、文化、人员、操作程序缺乏充分了解。外部顾问还可能倾向于推行更为激进的变革(这一点对组织可能有利也可能不利),因为在变革实施之后他们不受变革后果的影响。相反,当组织内部的专业人员或管理者作为变革实施者时,常常会考虑更多,或者说更为谨慎,因为他们会受到变革结果的影响。

第二节 组织变革的理论模式

组织发展是无休止的过程,解决了一个问题,又会出现另一个问题。尽管组织发展的过程没有中止,但一个变革的辩证过程一般都经过一定的步骤。为保证这个过程的顺利开展,实现组织向更适宜环境和竞争的组织形态进化的目标,组织必须依据特定的步骤来进行变革与发展,即需要特定的变革与发展模式。许多学者对组织变革的过程和程序作了大量的研究,提出了不同的组织变革模式,这里介绍其中比较有代表性的几种模式。

一、勒温模式

心理学家、应用行为学家勒温(Kurt Lewin)是有计划变革理论的创始人。他特别重视组织变革过程中的人的心理机制,"解决——变革——再冻结"就是他针对组织成员的心理状态而提出的变革三阶段,如图 12.1 所示。

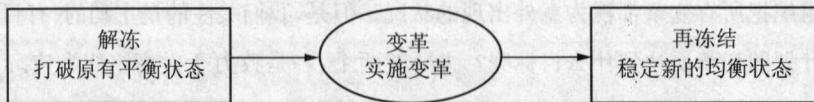

图 12.1 勒温的三阶段模式

第一阶段:解冻(unfreezing)——打破原有平衡状态,创造变革的动力。

这个阶段主要打破现状——一种旧有的平衡状态,打破原有的行为模式,克服个体阻力和群体的从众压力,减少使组织行为维持现状的力量,因此必须先行"解冻"。解冻是一种包括三种特定机制的复杂过程,这三种机制都必须发挥作用,使组织成员受到激励,从而否定目前的行为或态度:①确定地否定目前的行为或态度或者在一段时间内不再强化或稳定;②这种否定必须建立足够的、能产生变革的迫切感;通过减少变革的障碍,或通过减少对失败的恐惧感来创造心理上的安全感。这一阶段特别要注意收集有关令人不满的现状资料,与其他组织作比较,请有关专家来证明变革的必要性。

第二阶段:变革(changing)——实施变革,把组织行为移动至新水平,组织平衡移动至新状态。

这　阶段是推行组织变革本身,通过以下两种机制而发生:①对角色模型的认同,即学习一种新的观点,或确立一种新的态度的最有效的方法,就是观看其他人是如何做的,并以这些人作为自己形成新态度或新行为的榜样;②从客观实际出发,对多种信息加以选择,并在复杂的环境中筛选出有关自己特殊问题的信息。

这一阶段要特别重视为组织成员指明改革方向,提供变革的情报资料和变革问题咨询,鼓励人们参与变革,共商变革的计划、措施和问题的解决办法。

第三阶段:再冻结(refreezing)——稳固变革,把组织稳定在变革后新的均衡状态。

这一阶段旨在采取各种方式和手段不断强化变革所形成的新的心态、行为规范和行为方式,使组织刚刚形成的新的均衡状态趋于稳定、巩固并持久化。一项组织变革的真正成功不仅需要"解冻"和"变革"环节,去打破旧的均衡创造新的均衡状态,而且需要"再冻结"环节,去长时间维护"新的均衡"。否则,员工会因为惯性等多种原因自觉不自觉地试图重回以前的平衡状态,从而导致短命的变革。

再冻结又要通过以下两个机制:①让成员有机会来检验新的态度和行为是否符合自己的具体情况,成员一开始对角色模型的认同可能很小,应当用鼓励的办法使之保持持久;②让成员有机会检验与他有重要关系的其他人是否接受和肯定新的态度,群体成员彼此强化新的态度和行为,个人的新态度和新行为可以保持更持久些。

这一阶段应注意建立变革的控制体系,加强诸如组织文化、规章制度、政策和结构等新均衡状态的支持机制建设,系统地收集和传播变革成功的客观证据,奖励顺向变革的行为,组织成员得到变革带来的利益。经过一定时间的强化之后,组织成员和工作群体自身的规范会发生改革以适应和维持新的组织平衡。这时,管理者就可以依赖正式的机制进行运作了。

二、行为研究模式

行为研究(action research)模式是指一种以数据为基础,系统收集信息,然后在信息分析的基础上选择变革行为的组织变革过程。行为研究的重要性在于它为推行有计划的变革提

供了科学的方法论。行为研究变革模式如图 12.2 所示,包含以下 5 个基本步骤:

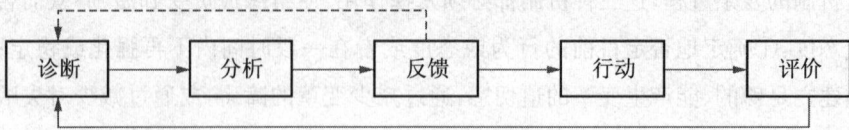

图 12.2 行为研究模式

第一阶段:诊断。在行为研究中,变革的组织者和推动者通常定位于外部顾问角色,他们必须从组织成员处收集变革需要、热点问题以及利害关系方面的信息,诊断组织现状的"病症",确定需要解决的问题。这种诊断与医生了解病人到底得了什么病相似。在行为研究中首先要通过提出问题,与人面谈,考察记录,倾听员工所关注的问题。

第二阶段:分析。对诊断阶段所收集的信息进行分析。员工认为哪些过程是关键的? 这些问题以什么形式出现? 变革推动者把这些信息综合成几个方面:组织成员主要关心的问题;这些问题的范围和形式;问题的成因和关键所在;可以采取什么样的行动来解决问题;也就是说,在对组织的"病状"初步诊断的基础上,分析确定问题产生的原因(病因),并初拟解决问题的方案。

第三阶段:反馈。行为研究还包括了变革对象的广泛参与。也就是说,任何变革方案涉及的员工都必须积极参与问题的确定以及解决办法的寻求。所以,第三步是让员工共同参与前两步发现的问题。在变革推动者的帮助下,员工可以开发任何有关变革的行动计划。

第四阶段:行动。这一步是行为研究中的实际行动阶段,基本任务是计划并执行专门的行动来实施变革,应当由变革推动者和组织成员共同采取行动来改进业已确定的问题。

第五阶段:评价。变革推动者评估行动计划的效果。他们以收集到的原始资料为参考点,对此后发生的变革进行比较和评价。有些情况下,行为研究前 4 个步骤的工作需重复多次循环,方能完成评价工作。

行为研究对组织的显著优点有:①以问题为中心,变革推动者客观地发现问题,问题的类型决定了变革行为的类型,这样能克服许多人往往以解决问题的方法为中心,先有一个好的管理思想、管理方法或解决方案,然后再去寻找与之相应的问题的变革行为;②由于行为研究中包括了员工的大量参与,所以减弱了变革阻力,实际上,只要员工在反馈阶段积极参与,变革过程通常就有了自身的动力。参与变革的员工和群体就成为带动变革的内部的、持久的、强大的力量源泉。

三、吉普森模式

管理学家吉普森认为,企业作为一个经济实体,经常会遇到来自内外部的各种压力如政府法令、资源、市场金融情况等的变动;组织结构、人的行为变化等,这些压力的存在,会导致决策迟缓、信息沟通不良、领导软弱、人际矛盾等,就要改革。对问题的觉察和识别,关键在掌握内外部的有关信息。认清问题所在后,要深入分析以下问题:哪些方面需要纠正;引发问题的根源;作什么样的变更,何时变更;怎样规定变革的目标及其衡量方法,有无限制因素,如领导作风、组织结构和成员特点等。这一组织计划性发展和变革模式,较好地综合了多种组织变革过程模式,如图12.3所示。

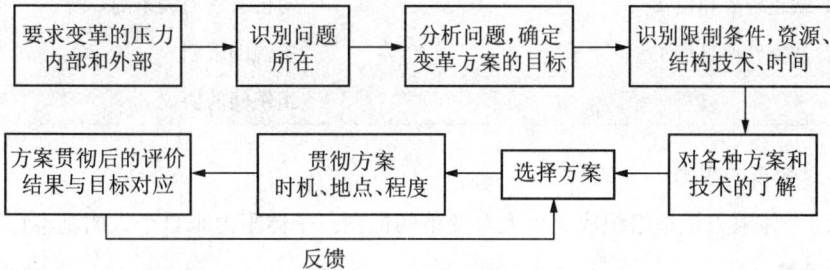

图12.3 吉普森变革模式

第三节 组织变革的阻力及其克服

组织变革是一个除旧布新的过程,必然要打破原有的组织系统形态,改变原有的运作机制,这将关系到组织内部每个员工的切身利益,因而在某种程度上,变革会受到个人和组织不同层面的抵制。要成功实施组织变革,需要认识和分析变革的阻力,并采取相应措施加以克服。

一、组织变革的阻力

任何组织的变革都会直接或间接地涉及对原有制度、惯例、关系、利益和传统的改变,都会触动原有的心理平衡、行为平衡和组织平衡,从而产生对组织变革的阻力。变革的阻力应当从其利弊双方面来认识,一方面变革的阻力会使组织的行为具有一定的稳定性和可预见性,减少混乱而随意的组织行为或变革的发生及其对组织的冲击和破坏,而且它也是功能正常的冲突根源之一。例如,对组织激励制度的变革会激发对这些激励制度和方案的优缺点的讨论,并产生许多有益的建议,使变革方案更完善。另一方面,变革的阻力阻碍了组织对环境的适应和进步,影响组织的效率、效能的提高,还可能因为因循守旧而使组织丧失发展的机遇。

变革阻力(change block)的表现多种多样,可以是公开的或潜在的、直接的或间接的、即时的或延后的。变革阻力的形成原因是十分复杂的,变革阻力可能来源于个人或组织,可能源于人们的心理、个性、习惯或利益,也可能源自于组织的结构、文化、资源、惯性或既得利益格局等。下面将从个人和组织层面来具体说明组织变革受到阻碍的原因,如表12.1所示。

表 12.1　组织变革的阻力来源

个体对变革的阻力	组织对变革的阻力
1. 习惯和性格	1. 结构惯性
2. 对未知世界的担心	2. 变革关注点有限
3. 对个人损失的担心	3. 文化与规范
4. 缺乏理解和信赖	4. 对已有权力关系的威胁
5. 选择性信息加工	5. 资源的限制
	6. 组织间的协议

（一）个体对变革的阻力

变革的个体阻力是指组织成员个人对变革的抵制。个体阻力来自个人的基本特征。

1. 习惯和性格

除非人们感到非常需要改变，否则人们总是按照自己的习惯来对外界刺激作出反应。某种习惯一旦形成，就可能成为个人获得满足的源泉。如人们较长时间从事某项职业活动，对工作环境、工作方法、职业用语、职业习惯等形成了"职业认同"，如变革一旦改变人们熟悉的工作方式、职业习惯，使某些人由于心理上的不适而产生不快或抵触情绪。此外，有的人天生就比别人更反对改革，这说明人们的内心深处的性格方面某些特点，如依赖性或教条主义，会使其抵制变革。

2. 对未知世界的担心

变革是新事物，是用模糊性和不确定性的东西来代替已知的东西。人们一般不喜欢不确定性，未知的东西会使大多数人产生焦虑不安。如果一个人还不清楚地了解变革的目的、机制和潜在的结果时，他很可能对变革忧心忡忡，宁愿维持原有的状况。例如，公司并购会使员工担心，能否适应新的组织结构，会不会遭到新的领导团体的排挤，等等。这些问题主要来自于他们对未知世界的担心，并且这种担心会引致相应的行为。

3. 对个人损失的担心

员工一般会抵制他们认为会夺走有价值东西的改革。在工作设计、机构或技术上的改革，可能使员工担心失去权力、地位、工资和福利，甚至是工作。对个人损失的担心，可能是组织改革面临的最大障碍。任何改革都有正反两方面的结果。可能需要进行教育，以帮助员工更多地了解改革的积极方面，减少消极方面的影响。

4. 缺乏理解和信赖

员工一般不信赖改革的意图，或不理解改革的目的。如果以往改革的执行者与员工的工作关系并不好，员工就会抵制新改革。比如财务经理每年都会修改财务报告制度，但过一阵又没兴趣了,改革就不了了之。当再次进行改革,员工就不再给予支持,因为他们不相信经理会为了大家的利益坚持将改革进行到底。

5. 选择性信息加工

个体在自己的知觉基础上塑造他们自己的世界,而且一旦形成个人的认知世界(或成见),就会下意识地选择自己的注意力和保持力,有意对信息进行选择性加工,倾向于选择感受那些最适合自己对当今世界理解的事物,不愿意随时对新事物作客观深入的了解。如果新生事物与自己原有知觉和观点相左,便容易对变革产生抵制。例如,上述公司并购改革,员工可能对并购后公司壮大发展带来的潜在收益充耳不闻,而防御并购可能导致既得的地位利益受损。

(二) 组织对变革的阻力

组织就其本质来说是保守的。例如,政府部门往往愿意继续从事它们干了多年的工作,而不论对这种服务工作的市场需要是否已有改变;教育机构本应是为了开放思想和挑战已有学说而存在的,但它本身也极端抵制变革;很多公司也都明显表现出抵制变革。组织层面的变革主要有六个来源。

1. 结构惯性

组织拥有内在的机制并保持其稳定性。组织是由经过甄选的人员构成的,拥有一定层级部门结构、权责任务结构,组织内的个人、团队、部门都被分配相应的角色,建立正式的工作关系、规章制度和行为规范,从而使组织运转保持稳定性和连续性。但是,当组织面临改革时,组织固有的结构、机制、关系和规范等仍然会惯性地发挥作用,结构惯性就会充当反作用力,维持原有的稳定状态,从而成为变革的阻力。

2. 变革关注点有限

组织是由一系列相互依赖的子系统组成的,对其中一个子系统实施变革就会直接或间接地影响到其他的子系统,并受其他子系统的影响。而管理层实行变革时可能认识不到这点,或可能低估某子系统改革对其他方面产生的影响。例如,如果管理者改变了技术流程,但没有修改组织结构、工作设计和薪酬制度来加以配合,那么这一变革就可能遇到抵制。当管理层认为成本最重要,因此对与成本无关的改革不予关注时,另一个问题就会发生。所以,在子系统或局部进行有限变革很可能会因为更大系统或全局的问题而变得无效。

3. 文化与规范

组织文化和群体规范具有一定的惯性,是不容易立即变化的。即使个人想改变其行为,即使领导力推改革,也可能因为文化和群体规范的约束力和惯性作用而受到制约。所以组织文化和群体规范的惯性可能对组织变革形成一定的阻力。

IBM 和通用汽车公司曾以创造了生产非常大的产品——计算机主机以及大型、大马力汽车——统领它们的行业。当对它们的产品需求急剧下降时,两家公司被迫进行了巨大的文化变革以继续保持盈利。且不说其他情况,仅这两个组织的规模就使得它们很难迅速地改变它们的文化。

4. 对已有权力关系的威胁

有些变革会影响到组织内长期存在的权力关系,因此会受到抵制。尤其是自我管理的工作团队、授权计划或参与性管理的引入,均可能被视为威胁了中下层管理人员的权力。因此,这些管理人员可能不赞同变革,且不会帮员工理解和支持变革。

5. 资源的限制

如果一项变革会变更组织的资源结构,原有那些资源就会闲置,造成资源浪费,对固定资产投资或技术相关性强的组织更是如此。现有的资源也会限制变革的幅度。变革是需要资本、时间和相关技术人员的。有时组织的管理层和员工可能已经认识到应该进行变革,但由于资源的有限或缺乏,可能不得不推迟或放弃一些想做的变革。

6. 组织间的协议

组织间的协议通常给人们规定了道义上、法律上的责任,这种协议可以约束人们的行为。如终身雇用制度,使可能导致减少劳动力需求的改革难以进行。与其他组织如供应商或客户签订某种合同,要改变组织的目标也会有所顾虑。所做的变革如果波及其他组织的成员情绪,那些组织也会通过一定的手段来进行干预。

二、组织变革阻力的克服

任何一个组织的变革,都必须依赖于大多数组织成员的积极支持和配合,从而不断克服阻力,才能取得成功。克服变革阻力的最重要方法之一是高层管理者对拟定的改革予以强有力的支持。一般来说,高级管理层的支持向员工表明,这些改革对组织很重要。此外,当改革涉及各个部门或资源将被重新分配时,高级管理层的支持尤其具有关键的意义。主持改革的各级管理者可用具体的策略来帮助克服员工对改革的抵制。

(一) 克服组织变革阻力的方法

最著名的克服变革阻力的方法是社会心理学家勒温提出的"力场分析法"(force field analysis),这是一种考察变革过程的方法。勒温认为变革遇到阻力时,如果用强硬的手段压下去,可能一时平息,但是反抗的因素会积聚力量,卷土重来。因此他主张把支持变革和反对变革的所有因素采取图示方法排队,分析比较其强弱程度,然后采取措施,把支持因素增强,反对因素减弱,导致变革的顺利贯彻。力场分析法的一般程序为:①确定问题,调查变革的矛盾冲突;②分析问题,列出变革的动力与阻力因素(二者的数目不必相等),并按其强弱程度排序,绘制"力场分析图";③制定变革策略,对其中的一些阻力因素或动力因素,找出减少阻力或增加动力的办法,从而使变革顺利进行。

以下是勒温亲自参与的一个变革实例。

第二次世界大战期间,勒温碰到一家工厂要求全体女工带防护眼镜,受到抵制。他调查、分析了正反两方面的因素,绘成图12.4。

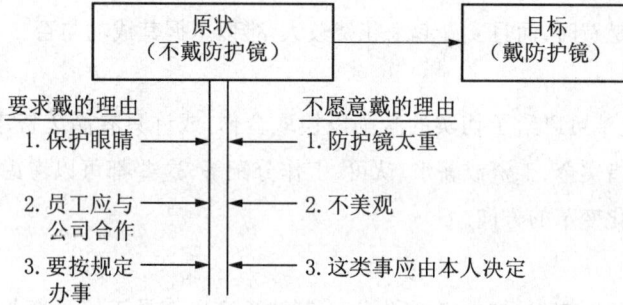

```
┌─────────────┐              ┌─────────────┐
│    原状     │─────────────▶│    目标     │
│ (不戴防护镜) │              │ (戴防护镜)  │
└─────────────┘              └─────────────┘

要求戴的理由              不愿意戴的理由
1. 保护眼睛    ────────▶  ◀──── 1. 防护镜太重

2. 员工应与    ────────▶  ◀──── 2. 不美观
   公司合作

3. 要按规定    ────────▶  ◀──── 3. 这类事应由本人决定
   办事
```

图 12.4　力场分析实例

对第一个反对因素,经过了解,只要多花5美分就能调换一种比较轻而舒适的镜架。公司同意增加这笔支出。对第二个反对因素,他让女工自己设计美观合适的眼镜式样,并开展评比竞赛,引起了大家的兴趣。这样就使女工们对公司规定从反对变为支持。

注意因变革而引起的员工利益和能力需要的变化,尽量用协商态度办事,某些变革可能会使少数人或团体受到损失,管理者应该同他们充分协商,对变革所引起的技能要求的变化,要组织培训,使人们得到技术补偿。

(二) 克服组织变革阻力的策略

对组织变革阻力的克服需要进行系统的分析以确定阻碍变革的因素,同时需要科学地克服组织变革阻力的方法进行总体地变革指导,但在组织变革中也需要具体的措施以推进组织变革。组织变革专家约翰·科特和伦纳德·施莱辛格在"选择变革的策略"(载《哈佛商业评论》,1979 年 3—4 月号)一文中提出,在组织变革的过程中,组织的管理层有必要依据变革阻力的层次、大小和变革者的权力合理选择变革的措施。他们提出了以下 6 种策略:

1. 教育和沟通

当人们对变革不理解或对变革后果把握不定时,往往可能抵制变革。通过适当的教育和沟通,帮助人们理解变革的原因和性质,减少或消除人们对变革的恐惧,提供充分的信息以帮助人们为变革作好准备。这种策略对于化解由于沟通不良、信息缺失所引起的变革阻力较为有效。

2. 参与和投入

变革推动者应倾听那些受到变革方案影响的人的心声,让他们参与到变革计划的制定和实施,增加对员工利益的考虑,吸收员工的意见,增加人们对变革的理解、认同和投入,从而减少人们对变革的抵制。但这种策略也有不足之处，即可能影响决策的质量，并且耗时太多。

3. 提供便利和支持

变革推动者可以通过提供一系列支持性措施来减少阻力。当员工十分恐惧和忧虑时，给员工提供心理咨询和治疗、新技术培训或短期的带薪休假，这些将有助于调整员工的心理。这个策略的不足之处是费时，而且实施起来花费较大，难以把握其成功与否。

4. 谈判与奖励

必要时，组织变革可以给予切实的激励以换取合作，或许只有高工资率才能使工作丰富化而有效。奖励是指奖金、工资或薪水、认可、工作分配等，这些都可以考虑，有时还可以重新安排奖励方案以强化变革的方向。

5. 操纵和收买

操纵是指隐含的影响力，如封锁不利信息，制造流言以使员工接受变革，歪曲事实使事件显得更有吸引力等。如果管理者威胁说，员工要是不接受全面的降薪方案，公司就要关门停业了，而实际上并没有这种打算的话，管理层使用的就是操纵手段。收买则是一种包括了操纵与参与的形式。它通过让某个变革阻力群体的领导者在变革决策中承担重要角色来收买他们。之所以征求这些领导者的意见，并不是为寻求更完善的决策，而是为了取得他们的允诺。相对而言，操纵和收买的成本都比较低，并且易于获得变革的反对者支持。但如果有关人员意识到自己被欺骗和被利用时，这种策略的效果可能会适得其反。

6. 强制

有些变革推动者可能会对反对者动用惩罚措施或是以惩罚相威胁，在这种方式下，管理者利用权力使人们如他所愿。比如，公司员工如果不同意降工资，而管理层真的决定要关门停业，那么这种变革策略就会具有强制色彩。另外，如威胁调职，不予提拔，消极的绩效评估等都是强制的实例。强制的优缺点与操纵和收买相似。

除了上述策略外，管理者还可以采用创新组织文化，提高员工参与度，正确运用群体动力等方法，来克服变革阻力，推进组织变革。

新闻中的组织行为学

阿里巴巴马云：这个冬天如此寒冷

"打着望远镜也找不到竞争对手"这一句马云的豪言在阿里巴巴的冬天里将面临前所未有的挑战。

在这个炎热的夏天，阿里巴巴中报显示，与 2007 年同期相比，该公司 2008 年上半年收入增长 47.8%，净利润增长 136.2%，其中国内市场收入增长 84.6%。马云却再次抛出过冬论,给人们对于经济前景的预期再添寒意。

7月底,马云给阿里巴巴集团内部的一封邮件在互联网行业引起轩然大波。邮件中,马云表明了自己的看法:"整个经济形势不容乐观,接下来的冬天会比大家想象得更长! 更寒冷! 更复杂! 我们准备过冬吧!"8月初,马云再次阐述"冬天论",并称"全球进入了自二战以来最为复杂、最为困难的时期"。阿里巴巴希望有几年的休整时间,并鼓励员工要有过冬的信心和准备。

马云的过冬论已经在阿里巴巴身上得到了充分的应验。去年,阿里巴巴刚在香港上市时,股价高达40多港元,市值超过2 100亿港元,被称为中国"市值最大的互联网公司"、"香港新股王"。然而形势急转直下,阿里巴巴股价在3月18日"破发"后,目前已跌至10港元以下,被戏称为"港版中石油",成为无人问津的垃圾股。

为什么在如此短的时间里,阿里巴巴会沦落到这般田地呢? 是否整个互联网产业也已经步入寒冬了呢?

在阿里巴巴业绩大涨的同时,受全球次贷危机及高通胀的国内经济环境影响,国内中小企业面临前所未有的挑战。以浙江为例,今年上半年浙江规模以上亏损企业有1.07万家,亏损面达19.6%。全省有超过1 200家的企业如今已经关门歇业,在国内的另一大加工贸易重地广东东莞,今年上半年该市就有超过1.2万家中小企业倒闭。

阿里巴巴CEO卫哲表示,我们开始感受到全球经济放缓、成本上涨及中国政府的宏观调控措施对我们的客户和业务的影响。这个冬天令我们某些客户经营产生困难,导致期内部分业务增长较为缓慢,这种情况有可能延续至明年。

第四节　组织发展及其未来方向

一、组织发展的含义

组织发展(organizational development)是一个较为模糊的概念,学术界至今还没有普遍认同的定义。有代表性的定义有:

著名的组织变革学家伯克(Burke,1982)认为:组织发展是通过利用行为科学技术和理论对组织文化实施有计划的变革过程。

哈佛商学院教授比尔(Beer,1980)则指出:组织发展是一个系统的收集数据、诊断、行动计划、干预和评价的过程。组织发展的目的概括得较为精辟:增强组织结构、过程、战略、人员和文化的一致性;制定新的、有创造力的解决方案;培养组织自我更新的能力。

在此我们更倾向于推崇罗宾斯(Stephen P. Robbins，1997)的定义：组织发展这个术语包括了建立在人本主义的民主价值观基础上的有计划变革的干预措施的总和，它寻求的是增进组织的有效性和员工的幸福。

组织发展与组织变革是密切相关的，组织发展可以看成是实现有效组织变革的手段。组织发展在狭义上指组织成员行为的变革，在广义上则还包括了组织的结构变革和技术变革。

组织发展将组织看作复杂的社会和技术系统。组织发展的种种努力可以把重点放在组织中的人力过程、组织设计、工作设计、技术及组织中的许多其他方面。组织发展试图建立一个非常灵活的组织，从而使得组织可以根据自身的任务和外部环境的性质，改变自身的设计。它在组织内部建立了一个机制，从而使得组织成员可以获得有关组织状态的反馈。然后，这种反馈又能促使员工不断改进工作。组织发展将冲突视为组织生活中不可避免的一部分。它试图建立一种文化，使人们能够对冲突进行积极的管理，从而实现组织的目标。

二、组织发展的干预措施[①]

组织发展的干预措施(organizational development intervention)又称干预技术，是指为了改善组织效能，针对有关组织成员或团体所采取的各种措施或技术。组织发展的干预措施实际有很多，这里从组织变革因素介绍几种主要干预措施：

(一) 人力过程

人力过程(human process)的干预措施主要关注人际过程、群体内过程和群体间过程，例如冲突、沟通和决策等。其目标是：降低功能性紊乱的冲突，使人际过程更有效，促进人们价值观在组织中的实现等。人力过程主要包括以下几种干预技术：

(1) 过程诊断。这种干预措施主要针对工作组在工作中发生的人际关系和团队能量问题。一般来说，过程咨询专家需要帮助组织进行诊断，并制定适当的解决方案，比如，功能性失调的冲突、交流不足或无效的规则等。目的是帮助员工学会人际关系技能，学会鉴别并解决问题。

(2) 团队建设。这种干预措施帮助工作组在工作中提高效率。同过程诊断一样，团队建设也要帮助员工诊断团队过程并对症下药，它在检测团队任务、考查团队成员的角色，以及设定任务的战略等方面超出了诊断的范畴。

(3) 冲突解决。这种干预致力于解决人们以及部门之间的分歧。个人冲突的解决只是过程诊断中解决两个或两个以上的人之间功能失调引起冲突的一种形式。团队问题冲突解决

---

① 该部分与后面的"组织发展的未来方向"，参考托马斯·卡明斯(Thomas G. Cummings)、克里斯托弗·沃里(Christopher G. Worley)：《组织发展与变革精要》，清华大学出版社 2003 年版，第 6 章与第 16 章，第 103—113 页，第 320—330 页。

模型中包括对两个或更多的团队，弄清冲突的原因，然后采取相应的解决冲突的措施。

(4) 大群体干预。这种干预是把一大群利益相关人员集中到一起，共同澄清一些重要的问题，拟出工作的新方案，设计组织的新形象或者解决紧急问题。这种干预是认识组织中存在的问题的强有力工具，也是为未来行动设定方向的有效途径。

(二) 结构和技术

结构和技术(structural and technological)的干预关注组织设计、组织上的工作以及在组织中增加新的技术等，其目标是提高人们的生产率和组织效率。这种干预措施包括能够改变某个组织过程的机能和效率的所有技术。如大量使用自动化控制设备或个人电脑和网络，会改变人们工作和相互交往的方式。尽管这类干预措施的目标是改变组织结构或技术，但是它们也会直接影响组织的人力过程。

(三) 人力资源管理

人力资源管理(human resource management)的干预措施是从组织全体人员出发，包括激励和奖励、职业规划和职业发展以及压力管理等方面。例如，管理者应当把红利和晋升与那些能够不断改进生产质量的行为联系起来。

人力资源管理干预措施的对象是个人。例如，目标设置和运用奖励的目标是沿着组织希望的发展方向，来塑造人们的行为。个人行为和绩效的改进提高组织的效能。

(四) 战略干预措施

战略干预措施(strategy interventions)关注的是组织对于其外部环境变化的反应。这种反应包括为获取竞争优势而进行的战略转变；为创造和组织的新环境更一致的价值观和信念，而进行的组织文化的变革。例如，企业组织所处环境的巨大转变，提高了对他们的产品或服务进行质量管理的要求。这种转变包括把质量视为一项战略优势；改变组织文化，从而使得重视质量成为每位组织成员工作的一部分。

通常，使用多种干预措施的组织发展可以引发更大的变革。把团队建设、结构干预措施和让员工参与目标设置相互结合起来，将会产生更积极的效果，而且会对员工的态度产生积极的影响。而单独使用某种干预措施，可能效果不明显。研究表明，最强有力的干预措施是结构与技术以及人力资源管理这两种类型。此外，这种效果在小型组织中要比在大型组织中更为显著。

三、组织发展的未来方向

组织发展的环境不断变化，组织发展的领域继续成长和成熟，新的理论和理念不断发展，更多复杂和艰巨的研究不断开展，新的方法不断得到应用。目前不少学者对组织发展未来方向的研究尽管还不成熟，但提供了一些推测组织发展领域的发展方向的线索。

组织内部相互关联的趋势影响组织发展在近期内可应用的范围，如图12.5所示。它们涉及组织的不同方面,如生产力、技术、组织。在某些情况下,这些趋势直接影响组织发展的方向。技术趋势,诸如互联网,肯定会影响组织发展实施者,简化组织和管理方式。其他趋势,如财富的集中,代表一些重要的环境因素,这些因素将通过与其他趋势的相互作用来间接影响组织发展。

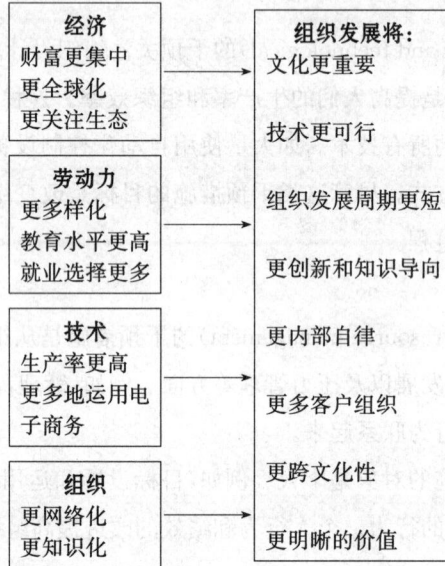

经济	组织发展将:
财富更集中 更全球化 更关注生态	文化更重要
劳动力 更多样化 教育水平更高 就业选择更多	技术更可行 组织发展周期更短 更创新和知识导向
技术 生产率更高 更多地运用电子商务	更内部自律
组织 更网络化 更知识化	更多客户组织 更跨文化性 更明晰的价值

图 12.5　未来组织发展的趋势和作用

(一) 经济

　　对未来经济的可能状况有许多研究和描述。达成共识的是世界经济已经经历工业时代的重大转变,而工业经济代表了 20 世纪经济的绝大部分时期,未来经济变化的趋势和推动力是全球化、财富的加速集中、对生态系统的关注等。

　　经济快速地全球化,手工制造业从高劳动成本国家向低成本国家转移,国际并购的增长以及世界范围内的服务业扩展都预示着全球化经济正处于发展成长之中。今天,几乎任何产品和服务都可以在世界的任何地方制造、购买和销售。全球化使企业组织降低成本、获取资源、扩展市场、更快地开发新产品和服务。全球化可能使组织管理更为困难。由于全球经济超越国界,这使得政府难以控制和影响全球化的发展。许多发展中国家面临着西方资本模式化的压力,即使这种模式可能不适合他们的文化。

　　经济发展的第二个趋势是财富越来越集中于少数个人、公司和国家。在过去 20 年间,美国大公司总裁和普通职员的报酬比率从 35∶1 上升到 150∶1;世界上亿万富翁的人数翻了 14 番;世界 500 强的大公司雇用了世界人口的 5/10 000,却带来了世界经济 25% 的产出;有 50 家公司已富可敌国,即使在世界经济中也可排在前 100 个国家之列;同时,世界上的 60 亿人口中有 48 亿生活在发展中国家,其中有 30 亿人每天生活费不足 2 美元。[①]

财富的集中可能是市场经济的自然结果,但它也可能导致资源的不合理分配、环境恶化及短期利益的考虑。例如,现在华尔街关注的焦点是短期投资,这样影响决策的标准将会发生变化:人们会忽略预防性和安全性措施,而只关注眼前利益,重要的长期资本投资计划也将得不到青睐。财富的集中化还可能由于富人以牺牲穷人的利益为代价来实现自己利益而激化社会矛盾。

最后,经济成功不能以牺牲环境为代价,注重生态系统的保护。如爱默克与皇家荷兰壳牌石油,正采取积极措施减少工业化带来的温室效应。荷兰宜家家具制造商正积极地减少辐射、废物与环境恶化的发展,并增加可持续发展性、利润及客户的满意度。

(二) 劳动力

劳动力正变得越来越多样化,教育程度也越来越高。各种组织无论它们是在本国还是在外国开展业务,都需发展适合劳动力的民族、性别和年龄的政策和运作模式。教育程度较高的工人可能要求更高的薪资,更多地参与决策制定以及在知识技能方面的边际投资。例如,当今的信息系统人员就需要不断地更新自己的知识技能,以保持在这一工作领域内的竞争力,相应地,各机构正大幅度增加培训和管理发展预算。这些组织更多地投资和大学、研究机构合作,许多大公司如摩托罗拉、施乐和 3M 都规定了每个员工每年必须接受技术和管理培训不得少于一定时间。另外,大量的公司重组、并购或精简机构使劳动者进行更多的就业选择,而不是忠于某一公司。

(三) 技术

信息工业技术改变了内部运作,提高了生产率,多年来经济学家被“生产力神话”所困惑。制造业收益最大,运输、贸易和金融等行业也从新科技投资中得到回报。信息科技也促进了电子商务的发展,这一新的经济形式有无穷的发展空间。电子商务牵涉的是网上产品和服务交易,如从自动取款机提款,在网上利用内部结算购物。B2B(商家对商家)、B2C(商家对客户)的电子商务交易为组织发展提供了新内容。信息科技推动的商业改革可能仍是组织在近期内关注的焦点。比如戴尔公司出售为客户订制的电脑,但它是从一家在杂志背后印广告的邮购公司发家的。今天,它有 25％的客户来自网上。它在改革中的组织结构、劳动技能、工作方式的设计和工作过程的转变代表了许多组织要面对的问题和组织发展推行者将迎接的挑战。

(四) 组织

组织将更加网络化,网络结构依赖于战略联盟、联合企业及其他超组织关系。这些结构使单个组织能和其他组织合作发展,生产及销售产品和服务,网络适应性很强,可根据情况的需要,随不同的任务和市场变化而变化。为了顺利实行网络化,组织将学会如何快速评价它们是

---

① 参见马斯·卡明斯(Thomas G. Cummings)、克里斯托弗·沃里(Christopher G. Worley):《组织发展与变革精要》,清华大学出版社 2003 年版,第 321—322 页。

否与网络中心的其他伙伴关系合适,以及联合的产品服务是否成功;它们能否迅速地进入网络,以便取得开发产品和市场的机会,或在网络已不起作用时快速撤出。

网络结构还可以使组织在保持小规模的同时具有许多传统大公司才具有的优势。网络结构可以帮助小公司联合起来更有效地生产产品和提供服务。在某一具有优势的小型化公司,也可以和具有互补经验优势的组织进行合作。这样,网络就使得每个合作公司在保持小型化和灵活性的同时产生了规模经济。

此外,知识正成为组织竞争力和适应性的一个重要决定因素,组织将更多地将自身构建在知识的基础上,而不是构建在功能、产品或地理等因素上。这样的结构超越了内部和外部组织的界限,消除了学习的障碍,使员工获得、组织和传播知识的过程简单化。例如,惠普咨询中心是一个由5 000人组成的全球性咨询组织,在其各种学习社区,设施和知识图片被大量使用,以便员工在咨询时可获取所有实体组织的信息和经验。学习社区是由组织内的员工组成的非正式团体,他们在组织的不同部门工作。组织鼓励他们用各种可能的方法讨论最佳经验、问题、技术,包括面谈、电子聊天、电子邮件或电话会议。

◆ 复习题

1. 组织变革的动因主要有哪些?
2. 勒温变革模式有什么特点?
3. 行为研究模式包括哪几个阶段?
4. 分别简述吉普森模式和勒温模式的变革环节和特点。
5. 组织变革的个人阻力和组织阻力主要有哪些方面?
6. 什么是力场分析法?
7. 组织发展的干预措施主要有哪些?

> 案例

惠普:我要走动式的管理架构①

前所未有的,马克·赫德成为了6月底酷暑中"最炙手可热的人"。其任职期间对惠普固有的矩阵式管理进行大刀阔斧改革而使之股价两年内飙升84.47%,远高于同行业平均水平。

太多人对惠普的内部转型充满兴趣。对矩阵式架构的升级改良是一种新的趋势。

---

① 资料来源:http://finance. sina. com. cn/leadership/mzzjg/20070706/22503762002. shtml(新浪网)。

和惠普做生意，很难找到拍板的人

"我赋予你的责任越重大，你就越容易脱颖而出。我用的矩阵越多，就越容易迁罪于别人。"上任伊始，赫德就毫不掩饰他对矩阵管理结构的意见，这与他在公众面前的低调截然不同。

赫德有意见的矩阵式结构由专门从事某项工作的工作小组形式发展而来。矩阵管理结构中的人员分别来自不同的部门，有着不同技能、不同知识和不同背景，大家为了某个特定的任务而共同工作。这种结构有很多好处，比如提高各部门协同作战的能力，但也有几大缺陷，包括多重领导造成职责不清、责任相互推诿等。

在卡莉·菲奥里娜时期，矩阵管理对惠普的客户关系产生了一些消极影响。"要知道，作出最后的销售决定其实并不是一件容易的事情。"说这话的是惠普的前销售人员。

彼时，销售人员的决定权的确不大，因为在这个矩阵式组织中他们实际上受到营销部门和业务部门的双重指挥，并不是一个部门就能赋予其拍板权的。一些客户向赫德反映，和惠普做生意很难，因为他们难以找到能够拍板的人，交易速度无法令人满意，而且有的销售员责任心不强。惠普在技术研发方面有很强实力，但销售人员的工作却无法很好地开展，责任并不在于他们，而是内部过于复杂的指挥结构。

高举矩阵式管理大旗的IBM也是一度在此栽了跟头。IBM全球高级副总裁兼全球研发部总裁保罗·霍恩(Paul M. Horn)很无奈的一件事发生在20世纪90年代，当时IBM有一项很好的技术可以取代现在的路由器，但由于没有及时与产品部门沟通，所以并没有推到市场上来。

"造成这种局面的障碍之一，就是IBM大而全的产品部门各自独立，从技术研发到产品制造，基本上都处于一个相对独立的状态，由此而产生的最直接后果，就是研发力量的严重重复和浪费。"IBM i系列全球首席科学家弗兰克·索蒂斯(Frank Soltis)博士深有感触。

实用的"对角线"带动公司"走动式管理"

时隔20年，汤姆·彼得斯在《追求卓越的激情》中说："在美国头号的管理效率问题实际上很简单，那就是，管理人已经和自己的员工以及自己的客户失去了联系。我所说的保持接触和联系，不是指通过计算机打印文件或者没完没了的会议所进行的接触和联系，而是指真诚的和发自内心的交流和沟通。"他提倡大公司应该采用"走动式管理"。

而赫德亲自操刀所进行的改变似乎无意识地正在靠拢彼得斯的观点。在过去的两年时间内，他解散了原来集中了惠普销售职能的客户解决方案事业部，将1万名销售员重新分配到3个大的事业部。此举大大增加了业务单位领导对公司资源的控制权力。在这个被强化了的公众平台上，这些业务单位可以很大程度地在人事、财务、研发等方面共享资源，可以随时调动公众平台上的数据为己所用。这样一来，整个企业部门与其业务相关的成本控制比例就由原来的30％上升到大约70％。

知名管理学家王育琨这样评价赫德："马克·赫德使得惠普的管理结构呈现出崭新的特

点,成就走动式管理宝典,出现了全新的组织管理菱形结构图。这是马克·赫德的创造,其价值不可估量。"

他认为惠普的新体制,并不是恢复金字塔结构,而是上为金字塔下为一个倒金字塔组成的菱形结构。上端可以是实体组织结构,下端则为一个由走动式管理形成的虚拟结构,虚虚实实组成一个新型管理架构。

很显然,菱形结构的组织特点是只要保持两个点的固定,四条边可以随意扭动,只要能够保持对客户的服务,企业内部可以作快速的结构调整,从而提高效率。要达到这样的理想局面,意味着企业内部要有更多的协同优势,包括人事、研发、财务等等以前只有在出现问题时才会接触的部门现在则变成了"分分钟"的同事,随时会共同解决问题。

能够成为全球著名的咨询公司,麦肯锡在"协同"上的表现值得很多企业学习。全球的数据库一直共享,在问题和解决方案之间可以直接拉一条对角线,而不需要沿着以往四边形的边来找到解决方案。

多维矩阵式,让企业资质从平面到空间

国泰君安证券有限公司的相关管理人员在考察完惠普的管理体系后感慨地说:"真是把部门间的合作运用到了极致。"

惠普有一个让国泰君安超级羡慕的数据共享系统,在这个系统上,任何部门都可以随时调用对自己业务有帮助的数据,并随时通过系统反映给其他可能的协作部门。比如产品部门可以在看到产品需求后立即联络客服部门和技术部门,一套建立在客户要求基础上的解决方案短时间内就可以完成。国泰君安认为,这种多维的沟通方式将发挥巨大的能量。

"多维"这个词让企业的资质架构一下子从平面的概念上升到了空间的概念。事实上,以客户为中心的理念,随着现代企业各职能以及非职能部门的不断升级,企业已经不能仅仅在同一个平面上来下完一盘棋了。

IBM先做了这样的尝试。2002年,错失了主导新路由器技术市场良机的IBM在研究院内组建随需应变的创新服务部。这个部门的科学家以顾问身份直接与客户合作,收集客户的实际需要和遇到的问题。研究院超越了事业部制的限制,把一个固定的组织架构也变成了一个可以随意扭动的立体平行四边形结构,研究院俨然就是平行四边形的重心,随时可以向四面八方拉对角线。

即使船大,也同样好掉头。

◎ 讨论题

　　1. 惠普为什么要进行管理架构的改变?

　　2. 你认为IBM组织变革存在哪些障碍? 走动式管理结构是否适合IBM?

图书在版编目(CIP)数据

组织行为学/苏勇,何智美编著. —上海:格致出版社:
上海人民出版社,2009
(复旦企管.企业管理精品教材系列)
ISBN 978 - 7 - 5432 - 1587 - 0

Ⅰ. 组… Ⅱ. ①苏…②何… Ⅲ. 组织行为学-高等学校-
教材 Ⅳ. C936

中国版本图书馆 CIP 数据核字(2009)第 037324 号

责任编辑 张菲娜
装帧设计 陈 楠

复旦企管·企业管理精品教材系列

组织行为学
苏勇 何智美 编著

出 版
世纪出版集团
www.ewen.cc
格致出版社
www.hibooks.cn
上海人民出版社

(200001 上海福建中路193号24层)

编辑部热线 021-63914988
市场部热线 021-63914081

发 行 世纪出版集团发行中心
印 刷 上海书刊印刷有限公司
开 本 787×1092毫米 1/16
印 张 24
插 页 1
字 数 486,000
版 次 2009年6月第1版
印 次 2009年6月第1次印刷
ISBN 978 - 7 - 5432 - 1587 - 0/F · 165
定 价 38.00元